注册会计师审计数据标准（2023）

中国注册会计师协会　编

中国财经出版传媒集团
中国财政经济出版社
北京

图书在版编目（CIP）数据

注册会计师审计数据标准 .2023 / 中国注册会计师协会编 .-- 北京 ：中国财政经济出版社，2023.12
ISBN 978-7-5223-2512-5

Ⅰ. ①注… Ⅱ. ①中… Ⅲ. ①注册会计师—审计—规范—中国— 2023 Ⅳ. ① F239.22-65

中国国家版本馆 CIP 数据核字（2023）第 184369 号

责任编辑：张若丹等　　责任印制：党　辉
封面设计：孙俪铭　　责任校对：张　凡

中国财政经济出版社 出版
URL：http：//www.cfeph.cn
E-mail：cfeph @cfemg.cn

社址：北京市海淀区阜成路甲 28 号　邮政编码：100142
营销中心电话：010-88191522
天猫网店：中国财政经济出版社旗舰店
网址：https：//zgczjjcbs.tmall.com
北京时捷印刷有限公司印刷　各地新华书店经销
成品尺寸：185mm × 260mm　16 开　45.5 印张　1 030 000 字
2023 年 12 月第 1 版　2023 年 12 月北京第 1 次印刷
定价：248.00 元
ISBN 978-7-5223-2512-5
（图书出现印装问题，本社负责调换，电话：010-88190548）
本社质量投诉电话：010-88190744
打击盗版举报热线：010-88191661　QQ：2242791300

出版说明

2010年，中国注册会计师协会（以下简称中注协）将信息化作为注册会计师行业发展的战略之一。进入“十四五”时期，为了进一步实施注册会计师行业信息化战略，引领行业信息化建设，推动行业数字化转型，驱动行业高质量发展，2021年4月，中注协印发了《注册会计师行业信息化建设规划（2021—2025年）》，提出行业信息化未来五年的建设目标为“标准化、数字化、网络化、智能化”，并将“推动构建行业数据标准体系”作为行业信息化建设的一项重要任务，提出“围绕审计数据采集、审计报告电子化、行业管理服务数据、电子签章与证照等领域，按照继承、发展和创新原则，急用先行、循序渐进推动构建科学适用的行业数据标准体系，满足数据共享交换和数据分析需求，发挥数据作为生产要素的作用”。

在审计数据领域，中注协提出了注册会计师审计数据规范体系，包括基础信息、具体审计领域和特殊行业审计3大板块，每个板块包含若干模块，涵盖审计业务中的各个领域，并将根据不同领域和不同行业在数字化审计方面的成熟度和重要程度，分批次适时推出各模块，不断完善注册会计师审计数据规范体系。2023年3月27日，中注协首批发布了4项注册会计师审计数据规范。

为了便于会计师事务所和软件公司等相关方学习、使用和管理，我们编写了《注册会计师审计数据标准（2023）》一书。本书共收录了《注册会计师审计数据规范 公共基础》《注册会计师审计数据规范 总账》《注册会计师审计数据规范 销售》《注册会计师审计数据规范 银行流水》等4项数据规范。

由于时间仓促，本书难免有疏漏和不足之处，敬请大家批评指正。

中国注册会计师协会

2023年11月

总目录

ICS 35.240
CCS L 67

团 体 标 准

T/CICPA 0101—2023

注册会计师审计数据规范 公共基础

Audit data specifications for Certified Public Accountants
Basic data

2023-03-27 发布 2023-03-27 实施

中国注册会计师协会 发 布

目　次

前　言

本文件按照GB/T 1.1—2020《标准化工作导则 第1部分：标准化文件的结构和起草规则》的规定起草。

本文件由中国注册会计师协会提出并归口。

本文件起草单位：中国注册会计师协会、中国标准化研究院、毕马威华振会计师事务所（特殊普通合伙）、北京鼎信创智科技有限公司。

本文件主要起草人：舒惠好、唐建华、刘渝、赵际喆、王廷梁、陈宇、岳高峰、高亮、刘守华、汪浩、陈甜甜、龙罡、苏萌、王常海、夏安东。

引 言

《注册会计师行业信息化建设规划（2021—2025年）》围绕“会计师事务所信息化、行业管理服务信息化、协会办公信息化”3大领域，提出行业信息化建设“标准化、数字化、网络化、智能化”的目标，从4个方面明确18项信息化建设任务。其中，在加快信息化基础研究与建设方面，提出推动构建行业数据标准体系，围绕审计数据采集、审计报告电子化、行业管理服务数据、电子签章与证照等领域，按照继承、发展和创新原则，急用先行、循序渐进推动构建科学适用的行业数据标准体系，满足数据共享交换和数据分析需求，发挥数据作为生产要素的作用。

在审计数据领域，中国注册会计师协会提出了注册会计师审计数据规范体系，包括基础信息、具体审计领域和特殊行业审计3大板块，每个板块包含若干模块，涵盖审计业务中的各个领域。中国注册会计师协会将根据不同领域和不同行业在数字化审计方面的成熟度和重要程度，分批次适时推出各模块，不断完善注册会计师审计数据规范体系。

本文件作为注册会计师审计数据规范体系的一部分，根据相关法律法规的规定、企业会计准则的披露要求和中国注册会计师审计准则的执业要求，从注册会计师审计执业和审计信息化的实际需求出发，充分依托现有国家标准和行业标准，借鉴国际相关审计标准化成果和经验，对数据元进行了拓展，并创新性地引入了多元化的数据来源。

本文件是用于规范审计数据的技术标准，主要用于审计数据的收集、存储、使用、加工、传输、提供、公开等数据处理。上述数据处理过程应符合《数据安全法》《个人信息保护法》等相关法律法规的规定。

注册会计师审计数据规范 公共基础

1 范围

本文件规定了注册会计师审计数据中公共基础数据的内容和格式要求。

本文件适用于注册会计师审计及相关软件的设计、开发和测试。

2 规范性引用文件

下列文件中的内容通过文中的规范性引用而构成本文件必不可少的条款。其中，注日期的引用文件，仅该日期对应的版本适用于本文件；不注日期的引用文件，其最新版本（包括所有的修改单）适用于本文件。

GB/T 7408—2005 数据元和交换格式 信息交换 日期和时间表示法（ISO 8601: 2000，IDT）

ISO 3166-1 世界各国和地区及其行政区划名称代码 第1部分：国家代码（Codes for the representation of names of countries and their subdivisions—Part 1: Country code）

ISO 3166-2 世界各国和地区及其行政区划名称代码 第2部分：行政区划代码（Codes for the representation of names of countries and their subdivisions—Part 2: Country subdivision code）

ISO 4217 表示货币的代码（Codes for the representation of currencies）

ISO 9362 银行业务—银行电信报文业务识别码（Banking—Banking telecommunication messages—Business identifier code）

ISO 13616-2 金融服务国际银行账号（IBAN）第2部分：注册机构的作用和职责（Financial services—International bank account number（IBAN）—Part 2: Role and responsibilities of the Registration Authority）

ISO 17442 金融服务—法人实体标识符（Financial services—Legal entity identifier）

3 术语和定义

下列术语和定义适用于本文件。

3.1

数据 data

信息的可再解释的信息化表达，以适用于通信、解释和处理。

［来源：GB/T 18391.1—2009，3.2.6］

3.2

数据元 data element

由一组属性规定其定义、标识、表示和允许值的数据单元。

［来源：GB/T 18391.1—2009，3.3.8］

4 数据元的描述

本文件中，每个数据元通过标识符、中文名称、英文名称、说明、数据类型、表示、约束条件、数据来源等属性来表达。

a）标识符：数据元的唯一标识；

b）中文名称：数据元的中文名称；

c）英文名称：数据元的英文名称；

d）说明：关于数据元的含义和基本特性的描述，并使之区别于其他数据元；

e）数据类型：数据元值的数据类型，如表1所示；

f）表示：数据元值的数据类型及字符长度的组合表示方式，如表1所示；

g）约束条件：说明该数据元是必选项还是可选项；

h）数据来源：审计数据的采集来源，例如，被审计单位等。

注：“数据来源”和“约束条件”是建议，非强制要求。注册会计师在执行审计业务时需要根据实际情况采集数据。

表1 数据元的数据类型及表示方式

数据类型	说明	表示方式
字符型	一切可以显示打印的字符，包括汉字、字母、数字、各种符号、空格等，不具有计算能力。	以大写字母“C”代表字符串： CX：表示定长为X的字符型数据元值； C..X：表示最长为X的字符型数据元值； C..ul：表示长度不确定的字符型数据元值。
数值型	可以进行数学运算的数据。	以大写字母“N”代表数值型： NX：固定长度为X位数字的整型数； N..X：最大长度为X位数字的整型数； NX, Y：固定长度为X位的十进制小数格式（包括小数点和小数点后面的数字），小数点后保留Y位数字； N..X, Y：最大长度为X位的十进制小数格式（包括小数点和小数点后面的数字），小数点后保留Y位数字。
日期时间型	用以表示日期及时间的数据。	按照GB/T 7408—2005表示。例如，YYYY-MM-DD；YYYYMMDDThhmmss；hh：mm：ss。
布尔型	两个且只有两个表明条件的值。	用C1表示。

5 数据模型

审计数据规范包括若干模块，公共基础模块是其中之一。公共基础审计数据包含业务部门、业务部门层级结构、员工、用户、客户、供应商、会计科目、会计期间、会计凭证类型、票据、结算方式、币种、计量单位、付款条件、项目、银行账户、税务监管、税项、电子账簿、物料、仓库、自定义档案项、自定义档案值等23个实体，这些实体之间的关系见图1，实体的数据描述见第6章，数据结构见第7章。为了方便标准的数字化应用，本文件附录中提供了XML文件输出格式和实例。文件输出格式见附录A，实例参见附录B。为配合XBRL格式电子凭证的推广，将为用户提供XBRL文件输出格式和实例。

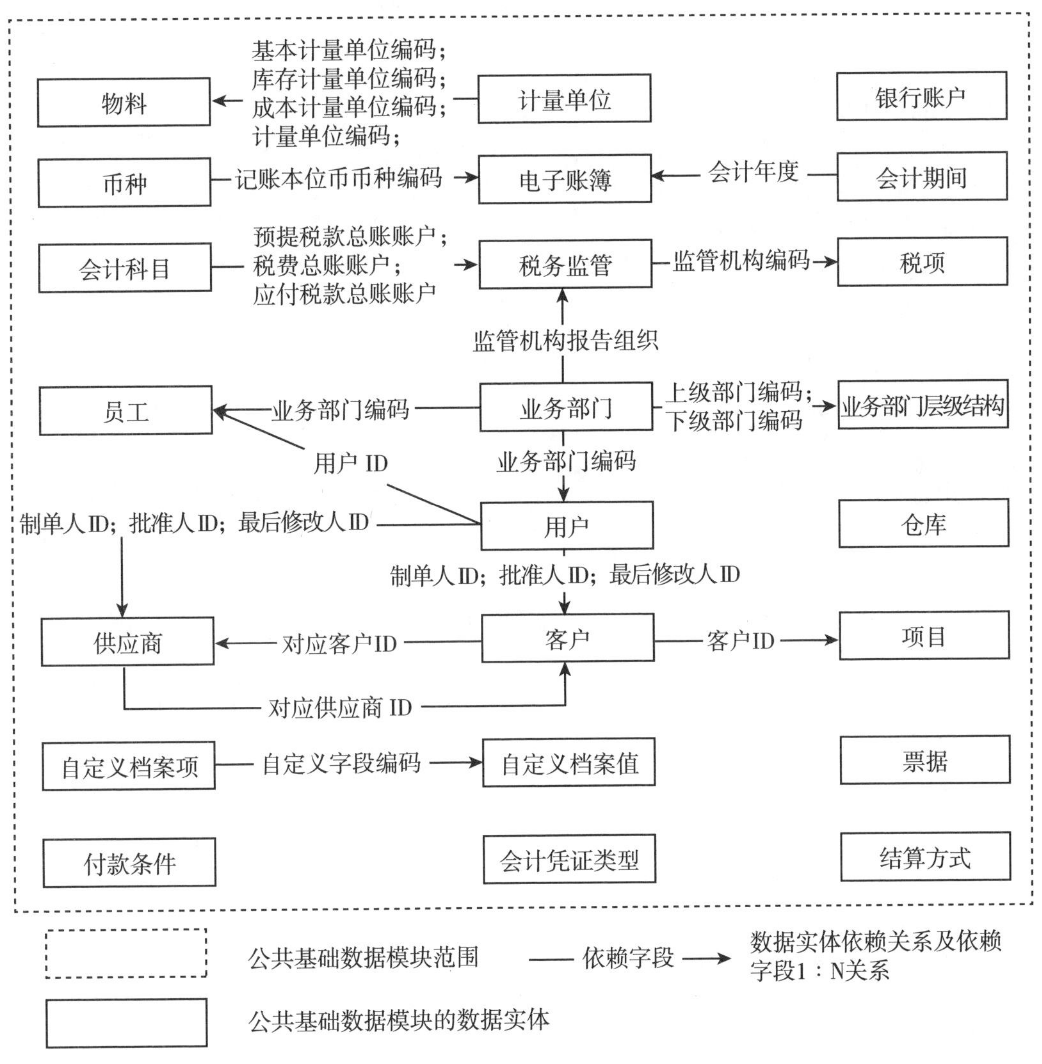

图1　公共基础数据实体关系图

6 公共基础数据

6.1 业务部门 BAS_Business_Segment

标识符：010101001
中文名称：业务部门编码
英文名称：Business_Segment_Code
说明：业务部门的编码。
数据类型：字符型
表示：C..25
约束条件：必选
数据来源：被审计单位

标识符：010101002
中文名称：业务部门名称
英文名称：Business_Segment_Name
说明：业务部门的名称。
数据类型：字符型
表示：C..25
约束条件：必选
数据来源：被审计单位

标识符：010101003
中文名称：业务部门类型名称
英文名称：Business_Segment_Type_Name
说明：业务部门类型的名称。例如，部门、成本中心。
数据类型：字符型
表示：C..100
约束条件：必选
数据来源：被审计单位

标识符：010101004
中文名称：业务部门相对等级
英文名称：Segment_Reference_Level
说明：业务部门的相对级别。例如，“1”为合并级别，数字由组织架构从低级别到高级别增加。
数据类型：字符型

表示：C..20
约束条件：必选
数据来源：被审计单位

6.2 业务部门层级结构 BAS_Business_Segment_Hierarchy

标识符：010102001
中文名称：上级部门编码
英文名称：Parent_Segment_Code
说明：上级业务部门的编码。
数据类型：字符型
表示：C..25
约束条件：可选
数据来源：被审计单位

标识符：010102002
中文名称：下级部门编码
英文名称：Child_Segment_Code
说明：下级业务部门的编码。
数据类型：字符型
表示：C..25
约束条件：可选
数据来源：被审计单位

6.3 员工 BAS_Employee

标识符：010103001
中文名称：员工ID
英文名称：Employee_ID
说明：员工的唯一标识符。一般由计算机自动生成，用于系统内部进行数据关联。
数据类型：字符型
表示：C..60
约束条件：必选
数据来源：被审计单位

标识符：010103002
中文名称：员工编码
英文名称：Employee_Code
说明：员工的编码。每个员工仅有一个编码。
数据类型：字符型

表示：C..60
约束条件：必选
数据来源：被审计单位

标识符：010103003
中文名称：员工姓名
英文名称：Employee_Name
说明：员工的姓名。
数据类型：字符型
表示：C..100
约束条件：必选
数据来源：被审计单位

标识符：010103004
中文名称：非活动标志
英文名称：Inactive_Flag
说明：员工的数据状态为有效或无效。员工数据可能由于各种原因（例如，休假）处于无效状态。可补充处于无效的原因说明。
数据类型：字符型
表示：C..100
约束条件：必选
数据来源：被审计单位

标识符：010103005
中文名称：员工类型编码
英文名称：Employee_Type_Code
说明：员工类型的编码。例如，“004”表示在职员工、“005”表示退休员工、“006”表示已故员工、“007”表示兼职员工。
数据类型：字符型
表示：C..60
约束条件：必选
数据来源：被审计单位

标识符：010103006
中文名称：员工类型名称
英文名称：Employee_Type_Name
说明：员工类型的名称。例如，在职、退休、实习、兼职。

数据类型：字符型
表示：C..60
约束条件：必选
数据来源：被审计单位

标识符：010103007
中文名称：员工职位
英文名称：Employee_Job_Title
说明：员工的职位信息。
数据类型：字符型
表示：C..60
约束条件：可选
数据来源：被审计单位

标识符：010103008
中文名称：员工学历
英文名称：Employee_Academic_Background
说明：员工获取的最高学历。例如，博士研究生毕业。
数据类型：字符型
表示：C..60
约束条件：可选
数据来源：被审计单位

标识符：010103009
中文名称：入职日期
英文名称：Employment_Date
说明：员工的入职日期。
数据类型：日期时间型
表示：YYYY-MM-DD
约束条件：可选
数据来源：被审计单位

标识符：010103010
中文名称：离职日期
英文名称：Termination_Date
说明：员工劳动合同失效日期或员工不在该单位工作起的离职日期。
数据类型：日期时间型

表示：YYYY-MM-DD
约束条件：可选
数据来源：被审计单位

标识符：010103011
中文名称：办公地点
英文名称：Office_Address
说明：员工办公地点。
数据类型：字符型
表示：C..256
约束条件：可选
数据来源：被审计单位

标识符：010103012
中文名称：部门编码
英文名称：Department_Code
说明：部门花名册的编码。例如，部门名称为IT部门，编码为0018。
数据类型：字符型
表示：C..25
约束条件：必选
数据来源：被审计单位

6.4 用户 BAS_User

标识符：010104001
中文名称：用户ID
英文名称：User_ID
说明：与员工相关联的系统用户ID。
数据类型：字符型
表示：C..25
约束条件：必选
数据来源：被审计单位

标识符：010104002
中文名称：用户状态
英文名称：User_Active_Status
说明：用户的状态是否活跃。1表示活跃，0表示不活跃。
数据类型：布尔型

表示：C1
约束条件：可选
数据来源：被审计单位

标识符：010104003
中文名称：用户状态修改日期
英文名称：User_Status_Modified_Date
说明：用户激活或终止状态的修改日期。
数据类型：日期时间型
表示：YYYY-MM-DD
约束条件：可选
数据来源：被审计单位

标识符：010104004
中文名称：用户姓名
英文名称：User_Name
说明：用户的姓名。
数据类型：字符型
表示：C..100
约束条件：必选
数据来源：被审计单位

标识符：010104005
中文名称：用户职位
英文名称：User_Job_Title
说明：用户的职位信息。例如，系统经理。
数据类型：字符型
表示：C..100
约束条件：可选
数据来源：被审计单位

标识符：010104006
中文名称：用户职责
英文名称：User_Role_Responsibility
说明：用户的职能角色或主要职责的自由形式描述。例如，与管理系统中的应付账款信息有关的职责。
数据类型：字符型

表示：C..100
约束条件：可选
数据来源：被审计单位

标识符：010104007
中文名称：用户联系电话
英文名称：User_Contact_Telephone_Number
说明：用户的联系电话。
数据类型：字符型
表示：C..20
约束条件：可选
数据来源：被审计单位

标识符：010104008
中文名称：用户联系邮箱
英文名称：User_Contact_Email
说明：用户的联系邮箱。
数据类型：字符型
表示：C..100
约束条件：可选
数据来源：被审计单位

6.5 客户 BAS_Customer

标识符：010105001
中文名称：客户 ID
英文名称：Customer_ID
说明：客户的唯一标识符。一般由计算机自动生成，用于系统内部进行数据关联。
数据类型：字符型
表示：C..60
约束条件：必选
数据来源：被审计单位

标识符：010105002
中文名称：客户编号
英文名称：Customer_Number
说明：客户的编号。
数据类型：字符型

表示：C..80
约束条件：必选
数据来源：被审计单位

标识符：010105003
中文名称：客户名称
英文名称：Customer_Name
说明：客户的名称全称。
数据类型：字符
表示：C..512
约束条件：必选
数据来源：被审计单位

标识符：010105004
中文名称：客户简称
英文名称：Customer_Abbreviation
说明：客户的名称简称。
数据类型：字符型
表示：C..256
约束条件：可选
数据来源：被审计单位

标识符：010105005
中文名称：客户类别ID
英文名称：Customer_Type_ID
说明：客户类别的唯一标识符。一般由计算机自动生成，用于系统内部进行数据关联。
数据类型：字符型
表示：C..60
约束条件：必选
数据来源：被审计单位

标识符：010105006
中文名称：客户类别编码
英文名称：Customer_Type_Code
说明：客户类别的编码。例如，“004”表示“白金客户”、“005”表示“黄金客户”、“006”表示“白银客户”。

数据类型：字符型
表示：C..80
约束条件：必选
数据来源：被审计单位

标识符：010105007
中文名称：客户类别名称
英文名称：Customer_Type_Name
说明：按客户属性分类的类别名称。例如，白金客户、黄金客户、白银客户。
数据类型：字符型
表示：C..80
约束条件：必选
数据来源：被审计单位

标识符：010105008
中文名称：上级客户类别ID
英文名称：Parent_Customer_Type_ID
说明：上级客户类别的唯一标识符。一般由计算机自动生成，用于系统内部进行数据关联。
数据类型：字符型
表示：C..60
约束条件：可选
数据来源：被审计单位

标识符：010105009
中文名称：客户纳税人识别号
英文名称：Customer_Taxpayer_Identification_Number
说明：客户的纳税人识别号，通常由税务监管机构生成。
数据类型：字符型
表示：C..100
约束条件：必选
数据来源：被审计单位

标识符：010105010
中文名称：统一社会信用代码
英文名称：Unified_Social_Credit_Code
说明：客户的统一社会信用代码，通常为一组长度为18位的用于法人和其他组织身份识别的代码。由18位阿拉伯数字或大写英文字母表示，分别是1位登记管理部门代码、1位机构类别代码、6位登记管理机关行政区划码、9位主体标识码、1位校验码。

数据类型：字符型

表示：C18

约束条件：可选

数据来源：被审计单位

标识符：010105011

中文名称：单位负责人

英文名称：Person_In_Charge

说明：客户的单位负责人。例如，单位的法人代表人、CEO或其他负责人。

数据类型：字符型

表示：C..128

约束条件：必选

数据来源：被审计单位

标识符：010105012

中文名称：客户注册地址_国家

英文名称：Customer_Registered_Address_Country

说明：客户注册地址所在的国家代码。按照ISO 3166-1规定的字母代码表示。

数据类型：字符型

表示：C..3

约束条件：必选

数据来源：被审计单位

标识符：010105013

中文名称：客户注册地址_省

英文名称：Customer_Registered_Address_Province

说明：客户注册地址所在的省。按照ISO 3166-2规定的字母代码表示。

数据类型：字符型

表示：C..6

约束条件：可选

数据来源：被审计单位

标识符：010105014

中文名称：客户注册地址_市

英文名称：Customer_Registered_Address_City

说明：客户注册地址所在的市。
数据类型：字符型
表示：C..100
约束条件：必选
数据来源：被审计单位

标识符：010105015
中文名称：客户注册地址详细信息
英文名称：Customer_Registered_Address_Detailed
说明：客户注册所在的具体地址，包括区、路、门牌号、大楼名称、楼层、房间等信息。
数据类型：字符型
表示：C..100
约束条件：必选
数据来源：被审计单位

标识符：010105016
中文名称：客户注册地址邮编
英文名称：Customer_Registered_Address_Physical_Postal_Code
说明：客户注册所在地的邮政编码。
数据类型：字符型
表示：C..20
约束条件：必选
数据来源：被审计单位

标识符：010105017
中文名称：客户办公地址_国家
英文名称：Customer_Office_Address_Country
说明：客户办公地址所在的国家代码。按照ISO 3166-1规定的字母代码表示。
数据类型：字符型
表示：C..3
约束条件：必选
数据来源：被审计单位

标识符：010105018
中文名称：客户办公地址_省
英文名称：Customer_Office_Address_Province

说明：客户办公地址所在的省。按照ISO 3166-2规定的字母代码表示。
数据类型：字符型
表示：C..6
约束条件：可选
数据来源：被审计单位

标识符：010105019
中文名称：客户办公地址_市
英文名称：Customer_Office_Address_City
说明：客户办公地址所在的市。
数据类型：字符型
表示：C..100
约束条件：必选
数据来源：被审计单位

标识符：010105020
中文名称：客户办公地址详细信息
英文名称：Customer_Office_Address_Detailed
说明：客户办公所在的具体地址，包括区、路、门牌号、大楼名称、楼层、房间等信息。
数据类型：字符型
表示：C..100
约束条件：必选
数据来源：被审计单位

标识符：010105021
中文名称：客户办公地址邮编
英文名称：Customer_Office_Address_Postal_Code
说明：客户办公所在地的邮政编码。
数据类型：字符型
表示：C..20
约束条件：必选
数据来源：被审计单位

标识符：010105022
中文名称：客户税务登记地址_国家
英文名称：Customer_Tax_Address_Country

说明：客户税务登记地址所在的国家代码。按照ISO 3166-1规定的字母代码表示。
数据类型：字符型
表示：C..3
约束条件：必选
数据来源：被审计单位

标识符：010105023
中文名称：客户税务登记地址_省
英文名称：Customer_Tax_Address_Province
说明：客户税务登记地址所在的省。按照ISO 3166-2规定的字母代码表示。
数据类型：字符型
表示：C..6
约束条件：可选
数据来源：被审计单位

标识符：010105024
中文名称：客户税务登记地址_市
英文名称：Customer_Tax_Address_City
说明：客户税务登记地址所在的市。
数据类型：字符型
表示：C..100
约束条件：必选
数据来源：被审计单位

标识符：010105025
中文名称：客户税务登记地址详细信息
英文名称：Customer_Tax_Address_Detailed
说明：客户税务登记地址的具体地址，包括区、路、门牌号、大楼名称、楼层、房间等信息。
数据类型：字符型
表示：C..100
约束条件：必选
数据来源：被审计单位

标识符：010105026
中文名称：客户税务登记地址邮编
英文名称：Customer_Tax_Address_Postal_Code

说明：客户税务登记地址的邮政编码。
数据类型：字符型
表示：C..20
约束条件：必选
数据来源：被审计单位

标识符：010105027
中文名称：无效日期
英文名称：Inactive_Date
说明：客户无效的日期。客户可能会因为超出信用限额、法律限制、合同终止或破产而处于无效状态。
数据类型：日期时间型
表示：YYYY-MM-DD
约束条件：可选
数据来源：被审计单位

标识符：010105028
中文名称：交易信用限额
英文名称：Transaction_Credit_Limit
说明：客户的单笔交易信用额度。
数据类型：数值型
表示：N..22, 4
约束条件：可选
数据来源：被审计单位

标识符：010105029
中文名称：总体信用限额
英文名称：Total_Credit_Limit
说明：客户信用额度总额。
数据类型：数值型
表示：N..22, 4
约束条件：可选
数据来源：被审计单位

标识符：010105030
中文名称：主要联系人
英文名称：Primary_Contact_Name

说明：客户主要联系人的姓名。
数据类型：字符型
表示：C..100
约束条件：可选
数据来源：被审计单位

标识符：010105031
中文名称：主要联系电话
英文名称：Primary_Contact_Telephone_Number
说明：客户主要联系人的电话。
数据类型：字符型
表示：C..20
约束条件：可选
数据来源：被审计单位

标识符：010105032
中文名称：主要联系邮箱
英文名称：Primary_Contact_Email
说明：客户主要联系人的邮箱。
数据类型：字符型
表示：C..100
约束条件：可选
数据来源：被审计单位

标识符：010105033
中文名称：现金折扣百分比
英文名称：Terms_Discount_Percentage
说明：如果在一定天数之前付款，客户可以享受的折扣百分比。在平面文件中，条款表达一般表现为小数。例如，10%为0.10。
数据类型：数值型
表示：N..5, 4
约束条件：可选
数据来源：被审计单位

标识符：010105034
中文名称：现金折扣天数
英文名称：Terms_Discount_Days

说明：自开具发票之日起客户能够使用折扣的天数。数值取整，不留小数。例如，10天以10表示。

数据类型：数值型

表示：N..6

约束条件：可选

数据来源：被审计单位

标识符：010105035

中文名称：账期

英文名称：Terms_Due_Days

说明：发票到期之前允许履行义务的默认天数。

数据类型：数值型

表示：N..6

约束条件：可选

数据来源：被审计单位

标识符：010105036

中文名称：制单日期

英文名称：Created_Date

说明：订单记录录入系统的日期。如果可能，应采用系统生成的日期（而非用户输入的日期）。有时也被称为创建日期，按照GB/T 7408—2005表示。

数据类型：日期时间型

表示：YYYY-MM-DD

约束条件：可选

数据来源：被审计单位

标识符：010105037

中文名称：制单时间

英文名称：Created_Time

说明：交易记录在系统中创建的时间。

数据类型：日期时间型

表示：hh：mm：ss

约束条件：可选

数据来源：被审计单位

标识符：010105038

中文名称：批准日期

英文名称：Approved_Date
说明：批准添加或修改客户的日期。
数据类型：日期时间型
表示：YYYY-MM-DD
约束条件：可选
数据来源：被审计单位

标识符：010105039
中文名称：批准时间
英文名称：Approved_Time
说明：添加或修改被批准的时间。
数据类型：日期时间型
表示：hh：mm：ss
约束条件：可选
数据来源：被审计单位

标识符：010105040
中文名称：最后修改日期
英文名称：Last_Modified_Date
说明：最后修改客户记录的日期。
数据类型：日期时间型
表示：YYYY-MM-DD
约束条件：可选
数据来源：被审计单位

标识符：010105041
中文名称：最后修改时间
英文名称：Last_Modified_Time
说明：最后修改客户记录的时间。
数据类型：日期时间型
表示：hh：mm：ss
约束条件：可选
数据来源：被审计单位

标识符：010105042
中文名称：上级客户ID
英文名称：Parent_Customer_ID

说明：上级客户的唯一标识符。
数据类型：字符型
表示：C..60
约束条件：必选
数据来源：被审计单位

标识符：010105043
中文名称：对应供应商ID
英文名称：Corresponding_Supplier_ID
说明：当客户同时作为供应商时，对应供应商的唯一标识符。否则，设置为“NULL”。
数据类型：字符型
表示：C..60
约束条件：可选
数据来源：被审计单位

标识符：010105044
中文名称：制单人ID
英文名称：Created_User_ID
说明：唯一制单人的标识符。一般由计算机自动生成，用于系统内部进行数据关联。
数据类型：字符型
表示：C..25
约束条件：必选
数据来源：被审计单位

标识符：010105045
中文名称：批准人ID
英文名称：Approved_User_ID
说明：唯一标识符，用于批准客户添加或修改的员工信息。一般由计算机自动生成，用于系统内部进行数据关联。
数据类型：字符型
表示：C..25
约束条件：必选
数据来源：被审计单位

标识符：010105046
中文名称：最后修改人ID

英文名称：Last_Modified_User_ID

说明：唯一标识符，用于最后修改记录的员工信息。一般由计算机自动生成，用于系统内部进行数据关联。

数据类型：字符型

表示：C..25

约束条件：可选

数据来源：被审计单位

6.6 供应商 BAS_Supplier

标识符：010106001

中文名称：供应商ID

英文名称：Supplier_Account_ID

说明：供应商的唯一标识符。一般由计算机自动生成，用于系统内部进行数据关联。供应商是指向被审计单位销售商品或提供劳务的一方。

数据类型：字符型

表示：C..60

约束条件：必选

数据来源：被审计单位

标识符：010106002

中文名称：供应商编号

英文名称：Supplier_Account_Number

说明：供应商的编号。供应商是指向被审计单位销售商品或提供劳务的一方。

数据类型：字符型

表示：C..80

约束条件：必选

数据来源：被审计单位

标识符：010106003

中文名称：供应商名称

英文名称：Supplier_Account_Name

说明：供应商的名称全称。

数据类型：字符型

表示：C..512

约束条件：必选

数据来源：被审计单位

标识符：010106004
中文名称：供应商简称
英文名称：Supplier_Abbreviation
说明：供应商的名称简称。
数据类型：字符型
表示：C..256
约束条件：可选
数据来源：被审计单位

标识符：010106005
中文名称：供应商类别ID
英文名称：Supplier_Type_ID
说明：供应商类别的唯一标识符。一般由计算机自动生成，用于系统内部进行数据关联。
数据类型：字符型
表示：C..60
约束条件：必选
数据来源：被审计单位

标识符：010106006
中文名称：供应商类别编码
英文名称：Supplier_Type_Code
说明：供应商类别的编码。例如，“004”表示首选供应商、“005”表示关键供应商、“006”表示普通供应商。
数据类型：字符型
表示：C..80
约束条件：必选
数据来源：被审计单位

标识符：010106007
中文名称：供应商类别名称
英文名称：Supplier_Type_Name
说明：按供应商属性分类的类别名称。例如，首选供应商、关键供应商、普通供应商。
数据类型：字符型
表示：C..80
约束条件：必选

数据来源：被审计单位

标识符：010106008
中文名称：上级供应商类别ID
英文名称：Parent_Supplier_Type_ID
说明：上级供应商类别的唯一标识符。一般由计算机自动生成，用于系统内部进行数据关联。例如，通常上级供应商类别包括“原材料供应商”“服务类供应商”“工程项目类供应商”“设备类供应商”等，下级类别包括“铁矿石供应商”“广告服务类供应商”“专业服务类供应商”等。
数据类型：字符型
表示：C..60
约束条件：可选
数据来源：被审计单位

标识符：010106009
中文名称：供应商纳税人识别号
英文名称：Supplier_Taxpayer_Identification_Number
说明：供应商的纳税人识别号，通常由税务监管机构生成。
数据类型：字符型
表示：C..100
约束条件：必选
数据来源：被审计单位

标识符：010106010
中文名称：供应商地址_国家
英文名称：Supplier_Address_Country
说明：供应商所在的国家代码。按照ISO 3166-1规定的字母代码表示。
数据类型：字符型
表示：C..3
约束条件：必选
数据来源：被审计单位

标识符：010106011
中文名称：供应商地址_省
英文名称：Supplier_Address_Province
说明：供应商所在的省。按照ISO 3166-2规定的字母代码表示。
数据类型：字符型

表示：C..6
约束条件：可选
数据来源：被审计单位

标识符：010106012
中文名称：供应商地址_市
英文名称：Supplier_Address_City
说明：供应商所在的市。
数据类型：字符型
表示：C..100
约束条件：必选
数据来源：被审计单位

标识符：010106013
中文名称：供应商地址详细信息
英文名称：Supplier_Address_Detailed
说明：供应商所在的具体地址，包括区、路、门牌号、大楼名称、楼层、房间等信息。
数据类型：字符型
表示：C..100
约束条件：必选
数据来源：被审计单位

标识符：010106014
中文名称：供应商地址邮编
英文名称：Supplier_Address_Physical_Postal_Code
说明：供应商所在地的邮政编码。
数据类型：字符型
表示：C..20
约束条件：必选
数据来源：被审计单位

标识符：010106015
中文名称：供应商办公地址_国家
英文名称：Supplier_Office_Address_Country
说明：供应商办公地址所在的国家代码。按照ISO 3166-1规定的字母代码表示。
数据类型：字符型

表示：C..3
约束条件：必选
数据来源：被审计单位

标识符：010106016
中文名称：供应商办公地址_省
英文名称：Supplier_Office_Address_Province
说明：供应商办公地址所在的省。按照ISO 3166-2规定的字母代码表示。
数据类型：字符型
表示：C..6
约束条件：可选
数据来源：被审计单位

标识符：010106017
中文名称：供应商办公地址_市
英文名称：Supplier_Office_Address_City
说明：供应商办公地址所在的市。
数据类型：字符型
表示：C..100
约束条件：必选
数据来源：被审计单位

标识符：010106018
中文名称：供应商办公地址详细信息
英文名称：Supplier_Office_Address_Detailed
说明：供应商办公所在的具体地址，包括区、路、门牌号、大楼名称、楼层、房间等信息。
数据类型：字符型
表示：C..100
约束条件：必选
数据来源：被审计单位

标识符：010106019
中文名称：供应商办公地址邮编
英文名称：Supplier_Office_Address_Postal_Code
说明：供应商办公所在地的邮政编码。
数据类型：字符型

表示：C..20
约束条件：必选
数据来源：被审计单位

标识符：010106020
中文名称：供应商税务登记地址_国家
英文名称：Supplier_Tax_Address_Country
说明：供应商税务登记地址所在的国家代码。按照ISO 3166-1规定的字母代码表示。
数据类型：字符型
表示：C..3
约束条件：必选
数据来源：被审计单位

标识符：010106021
中文名称：供应商税务登记地址_省
英文名称：Supplier_Tax_Address_Province
说明：供应商税务登记地址所在的省。按照ISO 3166-2规定的字母代码表示。
数据类型：字符型
表示：C..6
约束条件：可选
数据来源：被审计单位

标识符：010106022
中文名称：供应商税务登记地址_市
英文名称：Supplier_Tax_Address_City
说明：供应商税务登记地址所在的市。
数据类型：字符型
表示：C..100
约束条件：必选
数据来源：被审计单位

标识符：010106023
中文名称：供应商税务登记地址详细信息
英文名称：Supplier_Tax_Address_Detailed
说明：供应商税务登记的具体地址，包括区、路、门牌号、大楼名称、楼层、房间等信息。
数据类型：字符型

表示：C..100
约束条件：必选
数据来源：被审计单位

标识符：010106024
中文名称：供应商税务登记地址邮编
英文名称：Supplier_Tax_Address_Postal_Code
说明：供应商税务登记地址的邮政编码。
数据类型：字符型
表示：C..20
约束条件：必选
数据来源：被审计单位

标识符：010106025
中文名称：主要联系人
英文名称：Primary_Contact_Name
说明：供应商主要联系人的姓名。
数据类型：字符型
表示：C..100
约束条件：可选
数据来源：被审计单位

标识符：010106026
中文名称：主要联系电话
英文名称：Primary_Contact_Telephone_Number
说明：供应商主要联系人的电话。
数据类型：字符型
表示：C..20
约束条件：可选
数据来源：被审计单位

标识符：010106027
中文名称：主要联系邮箱
英文名称：Primary_Contact_Email
说明：供应商主要联系人的邮箱。
数据类型：字符型
表示：C..100

约束条件：可选
数据来源：被审计单位

标识符：010106028
中文名称：供应商组别
英文名称：Supplier_Group
说明：当组织机构对供应商进行细分时的供应商分组。
数据类型：字符型
表示：C..100
约束条件：可选
数据来源：被审计单位

标识符：010106029
中文名称：无效日期
英文名称：Inactive_Date
说明：供应商无效的日期。供应商可能会因为超出信用限额、法律限制、合同终止或破产而处于无效状态。
数据类型：日期时间型
表示：YYYY-MM-DD
约束条件：可选
数据来源：被审计单位

标识符：010106030
中文名称：交易信用限额
英文名称：Transaction_Credit_Limit
说明：供应商的发票信用额度。
数据类型：数值型
表示：N..22, 4
约束条件：可选
数据来源：被审计单位

标识符：010106031
中文名称：总体信用限额
英文名称：Total_Credit_Limit
说明：供应商未偿还总额的信用额度。
数据类型：数值型
表示：N..22, 4

约束条件：可选
数据来源：被审计单位

标识符：010106032
中文名称：现金折扣百分比
英文名称：Terms_Discount_Percentage
说明：如果在一定天数之前付款，供应商可以享受的折扣百分比。在平面文件中，条款表达一般表现为小数。例如，10%为0.10。
数据类型：数值型
表示：N..5, 4
约束条件：可选
数据来源：被审计单位

标识符：010106033
中文名称：现金折扣天数
英文名称：Terms_Discount_Days
说明：自开具发票之日起供应商能够使用折扣的天数。数值取整，不留小数。例如，10天以10表示。
数据类型：数值型
表示：N..6
约束条件：可选
数据来源：被审计单位

标识符：010106034
中文名称：账期
英文名称：Terms_Due_Days
说明：发票到期之前允许履行义务的默认天数。
数据类型：数值型
表示：N..6
约束条件：可选
数据来源：被审计单位

标识符：010106035
中文名称：制单日期
英文名称：Created_Date
说明：订单记录录入系统的日期。如果可能，应采用系统生成的日期（而非用户输入的日期）。有时也被称为创建日期，按照GB/T 7408—2005表示。

数据类型：日期时间型
表示：YYYY-MM-DD
约束条件：可选
数据来源：被审计单位

标识符：010106036
中文名称：制单时间
英文名称：Created_Time
说明：交易记录在系统中创建的时间。
数据类型：日期时间型
表示：hh：mm：ss
约束条件：可选
数据来源：被审计单位

标识符：010106037
中文名称：批准日期
英文名称：Approved_Date
说明：批准添加或修改供应商的日期。
数据类型：日期时间型
表示：YYYY-MM-DD
约束条件：可选
数据来源：被审计单位

标识符：010106038
中文名称：批准时间
英文名称：Approved_Time
说明：分录被批准的时间。
数据类型：日期时间型
表示：hh：mm：ss
约束条件：可选
数据来源：被审计单位

标识符：010106039
中文名称：最后修改日期
英文名称：Last_Modified_Date
说明：最后修改供应商记录的日期。
数据类型：日期时间型

表示：YYYY-MM-DD
约束条件：可选
数据来源：被审计单位

标识符：010106040
中文名称：最后修改时间
英文名称：Last_Modified_Time
说明：最后修改分录的时间。
数据类型：日期时间型
表示：hh：mm：ss
约束条件：可选
数据来源：被审计单位

标识符：010106041
中文名称：上级供应商ID
英文名称：Parent_Supplier_ID
说明：上级供应商的唯一标识符。通常由系统自动生成。
数据类型：字符型
表示：C..60
约束条件：必选
数据来源：被审计单位

标识符：010106042
中文名称：对应客户ID
英文名称：Corresponding_Customer_ID
说明：当供应商同时作为客户时，对应供应商的唯一标识符。通常由系统自动生成。
数据类型：字符型
表示：C..60
约束条件：可选
数据来源：被审计单位

标识符：010106043
中文名称：制单人ID
英文名称：Created_User_ID
说明：唯一制单人的标识符，一般由系统自动生成。
数据类型：字符型
表示：C..25

约束条件：必选
数据来源：被审计单位

标识符：010106044
中文名称：批准人ID
英文名称：Approved_User_ID
说明：唯一标识符，用于批准供应商添加或修改的员工信息，一般由系统自动生成。
数据类型：字符型
表示：C..25
约束条件：必选
数据来源：被审计单位

标识符：010106045
中文名称：最后修改人ID
英文名称：Last_Modified_User_ID
说明：唯一标识符，用于最后修改记录的员工信息，由系统自动生成。
数据类型：字符型
表示：C..25
约束条件：可选
数据来源：被审计单位

6.7 会计科目 BAS_Chart_Of_Accounts

标识符：010107001
中文名称：会计科目编号
英文名称：GL_Account_Number
说明：会计科目的编号，科目各级次编号的长度用［-］隔开形成序列。例如，“4-2-2”或“4-3-4”。
数据类型：字符型
表示：C..100
约束条件：必选
数据来源：被审计单位

标识符：010107002
中文名称：会计科目名称
英文名称：GL_Account_Name
说明：会计科目的名称。

数据类型：字符型
表示：C..100
约束条件：必选
数据来源：被审计单位

标识符：010107003
中文名称：会计科目描述
英文名称：GL_Account_Description
说明：与“会计科目编号”关联的标签或描述。
数据类型：字符型
表示：C..1000
约束条件：可选
数据来源：被审计单位

标识符：010107004
中文名称：财务报表项目
英文名称：FS_Caption
说明：代表相关会计账户组合的财务报表项目。例如，现金和现金等价物、应付账款、销售成本。
数据类型：字符型
表示：C..100
约束条件：必选
数据来源：被审计单位

标识符：010107005
中文名称：报表二级项目
英文名称：FS_Caption_Sub_Class
说明：报表的二级项目，用于描述某些报表的细项，便于进一步分析和使用。例如，货币资金下的现金、银行存款、其他货币资金，存货下的原材料、产成品等。
数据类型：字符型
表示：C..100
约束条件：可选
数据来源：被审计单位

标识符：010107006
中文名称：会计科目类型
英文名称：Account_Type

说明：会计科目的类型。例如，资产、负债、权益。
数据类型：字符型
表示：C..25
约束条件：必选
数据来源：被审计单位

标识符：010107007
中文名称：会计科目明细
英文名称：Account_Subtype
说明：会计科目的子类别。例如，流动资产是资产的子类别。
数据类型：字符型
表示：C..25
约束条件：必选
数据来源：被审计单位

标识符：010107008
中文名称：会计科目级次
英文名称：Account_Hierarchy
说明：会计科目级次中的账户编码的对应级别。例如，“01”为一级账户（如资产）、“02”为二级账户（如流动资产）。
数据类型：字符型
表示：C2
约束条件：可选
数据来源：被审计单位

标识符：010107009
中文名称：余额方向
英文名称：Balance_Debit_Or_Credit
说明：说明账户余额为贷方余额或借方余额。其中，资产和支出在正常情况下属于借方余额，而负债、权益和收入在正常情况下属于贷方余额。例如，C是贷方、D是借方。
数据类型：字符型
表示：C1
约束条件：可选
数据来源：被审计单位

标识符：010107010
中文名称：活动标志

英文名称：Active_Flag
说明：会计科目为有效或无效。1表示有效，0表示无效。
数据类型：布尔型
表示：C1
约束条件：可选
数据来源：被审计单位

标识符：010107011
中文名称：业务部门-X
英文名称：Business_Segment_X
说明：保留字段，应用于业务分部/结构。“X”表示在组织结构中的等级。用于替换“X”的每个数字都与唯一的相对等级相关联。例如，分部、部门、业务单元、采购组织、项目、法人实体。
数据类型：字符型
表示：C..25
约束条件：必选
数据来源：被审计单位

标识符：010107012
中文名称：应付税款总账账户
英文名称：Regulator_Payable_Account_Number
说明：用于反映监管机构的应付税款的总账账户。
数据类型：字符型
表示：C..100
约束条件：必选
数据来源：被审计单位

标识符：010107013
中文名称：上级科目编号
英文名称：Parent_GL_Account_Number
说明：会计科目级次中的上级账户编号。可以采用不止“公共基础-会计科目”表中预定义的级别。当“上级科目编号”为最高级别时，其值可以设置为默认值。例如，设置为“NULL”。
数据类型：字符型
表示：C..100
约束条件：必选
数据来源：被审计单位

6.8 会计期间 BAS_Accounting_Period

标识符：010108001
中文名称：会计年度
英文名称：Fiscal_Year
说明：会计年度所覆盖的日期。年份应以四位数显示为“YYYY”，这是按照GB/T 7408—2005表示“YYYY-MM-DD”扩展格式的一部分。
数据类型：字符型
表示：C4
约束条件：必选
数据来源：被审计单位

标识符：010108002
中文名称：会计期间
英文名称：Accounting_Period
说明：会计期间所覆盖的日期。例如，在任何日期开始至任何日期结束的期间内，W1-W53表示按周计算的期间，M1-M12表示按月计算的期间，Q1-Q4表示按季度计算的期间。
数据类型：字符型
表示：C..15
约束条件：必选
数据来源：被审计单位

标识符：010108003
中文名称：会计期间开始日期
英文名称：Accounting_Period_Beginning_Date
说明：当前会计期间的开始日期。
数据类型：日期时间型
表示：YYYY-MM-DD
约束条件：必选
数据来源：被审计单位

标识符：010108004
中文名称：会计期间结束日期
英文名称：Accounting_Period_Ending_Date
说明：当前会计期间的结束日期。
数据类型：日期时间型
表示：YYYY-MM-DD

约束条件：必选
数据来源：被审计单位

6.9 会计凭证类型 BAS_JE_Type

标识符：010109001
中文名称：记账凭证类型编码
英文名称：JE_Type_Code
说明：记账凭证类型的编码。例如，“004”表示现金收入分录、“005”表示现金支出分录、“006”表示非现金分录。
数据类型：字符型
表示：C..60
约束条件：必选
数据来源：被审计单位

标识符：010109002
中文名称：记账凭证类型名称
英文名称：JE_Type_Name
说明：记账凭证类型的名称。通常按业务分类以满足内部控制的需求和/或便于进行分类和查询。例如，记账凭证可以根据交易是否涉及现金进行分类。在这种情况下，可以有现金收入分录、现金支出分录和非现金分录，从而对赚取的利息收入和应付工资进行调整，估计折旧和坏账费用，以及/或为抵销总账中的错误所产生的影响而进行更正。
数据类型：字符型
表示：C..60
约束条件：必选
数据来源：被审计单位

标识符：010109003
中文名称：记账凭证类型简称
英文名称：JE_Type_Abbreviation
说明：记账凭证类型的简称。
数据类型：字符型
表示：C..30
约束条件：可选
数据来源：被审计单位

标识符：010109004
中文名称：活动标志

英文名称：Active_Flag
说明：记账凭证为有效或无效。1表示有效，0表示无效。
数据类型：布尔型
表示：C1
约束条件：可选
数据来源：被审计单位

6.10 票据 BAS_Bill

标识符：010110001
中文名称：票据类型编码
英文名称：Bill_Type_Code
说明：票据类型的编码。例如，“004”表示银行汇票、“005”表示本票、“006”表示支票。
数据类型：字符型
表示：C..60
约束条件：必选
数据来源：被审计单位

标识符：010110002
中文名称：票据类型名称
英文名称：Bill_Type_Name
说明：票据类型的名称。例如，银行汇票、商业汇票、本票和支票。
数据类型：字符型
表示：C..60
约束条件：必选
数据来源：被审计单位

标识符：010110003
中文名称：活动标志
英文名称：Active_Flag
说明：票据类型为有效或无效。1表示有效，0表示无效。
数据类型：布尔型
表示：C1
约束条件：可选
数据来源：被审计单位

6.11 结算方式 BAS_Settlement_Method

标识符：010111001

中文名称：结算方式编码

英文名称：Settlement_Method_Code

说明：结算方式编码。可采用各种方式结算交易和进行转账。例如，现金、票据、信用卡、汇款以及银行代收。

数据类型：字符型

表示：C..80

约束条件：可选

数据来源：被审计单位

标识符：010111002

中文名称：结算方式名称

英文名称：Settlement_Method_Name

说明：结算方式的名称。例如，现金结算、票据结算、信用卡结算、银行汇款结算、银行托收结算。

数据类型：字符型

表示：C..80

约束条件：必选

数据来源：被审计单位

标识符：010111003

中文名称：活动标志

英文名称：Active_Flag

说明：结算方式为有效或无效。1表示有效，0表示无效。

数据类型：布尔型

表示：C1

约束条件：可选

数据来源：被审计单位

6.12 币种 BAS_Currency

标识符：010112001

中文名称：币种编码

英文名称：Currency_Code

说明：币种的编码。按照ISO 4217规定的3字母代码表示。

数据类型：字符型

表示：C3

约束条件：必选

数据来源：被审计单位

标识符：010112002
中文名称：币种名称
英文名称：Currency_Name
说明：会计和/或ERP系统中的币种名称。
数据类型：字符型
表示：C..30
约束条件：必选
数据来源：被审计单位

标识符：010112003
中文名称：次要单位
英文名称：Minor_Unit
说明：记录价值的单位，是相关货币单位的一种划分。次要单位表示这种单位和货币本身之间的十进制关系。数字0表示该货币没有次要单位。数字1、2、3等分别表示10∶1、100∶1、1000∶1等比率。例如，美分是美元的百分之一、英国便士是英镑的百分之一。两者的次要单位数都是2。
数据类型：字符型
表示：C..30
约束条件：可选
数据来源：被审计单位

标识符：010112004
中文名称：活动标志
英文名称：Active_Flag
说明：币种为有效或无效。1表示有效，0表示无效。
数据类型：布尔型
表示：C1
约束条件：可选
数据来源：被审计单位

6.13 计量单位 BAS_UOM

标识符：010113001
中文名称：计量单位编码
英文名称：UOM_Code
说明：计量单位的唯一标识码。一般由计算机自动生成，用于系统内部进行数据关联。
数据类型：字符型

表示：C..80
约束条件：必选
数据来源：被审计单位

标识符：010113002
中文名称：计量单位名称
英文名称：UOM_Name
说明：用于计量物料数量的计量单位的名称。
数据类型：字符型
表示：C..80
约束条件：必选
数据来源：被审计单位

标识符：010113003
中文名称：计量单位简称
英文名称：UOM_Abbreviation
说明：计量单位的简称。例如，千克为kg、平方米为sq.m。
数据类型：字符型
表示：C..40
约束条件：必选
数据来源：被审计单位

6.14 付款条件 BAS_Payment_Term

标识符：010114001
中文名称：付款条件编码
英文名称：Payment_Term_Code
说明：付款条件的编码。
数据类型：字符型
表示：C..80
约束条件：可选
数据来源：被审计单位

标识符：010114002
中文名称：付款条件名称
英文名称：Payment_Term_Name
说明：付款条件的全称。例如，条件为“净月结60天，2/10”。表示客户应自开具发票之日起60天内支付全款。但若客户能在10日内支付款项，则可享受2%的现金折扣。

数据类型：字符型

表示：C..256

约束条件：必选

数据来源：被审计单位

标识符：010114003

中文名称：付款条件行号

英文名称：Payment_Term_Line_Number

说明：基于“付款条件编码”的行号。该数字通过手动输入生成或系统生成。

数据类型：字符型

表示：C..10

约束条件：必选

数据来源：被审计单位

标识符：010114004

中文名称：付款条件描述

英文名称：Payment_Term_Line_Description

说明：对付款条件行的详细说明。例如，付款到期日、折扣天数、折扣百分比。

数据类型：字符型

表示：C..256

约束条件：必选

数据来源：被审计单位

标识符：010114005

中文名称：活动标志

英文名称：Active_Flag

说明：付款条件为有效还是无效。1表示有效，0表示无效。

数据类型：布尔型

表示：C1

约束条件：可选

数据来源：被审计单位

6.15 项目 BAS_Project

标识符：010115001

中文名称：项目ID

英文名称：Project_ID

说明：项目的唯一标识符。通常由系统自动生成。
数据类型：字符型
表示：C..60
约束条件：必选
数据来源：被审计单位

标识符：010115002
中文名称：项目编码
英文名称：Project_Code
说明：项目的编码。
数据类型：字符型
表示：C..80
约束条件：必选
数据来源：被审计单位

标识符：010115003
中文名称：项目名称
英文名称：Project_Name
说明：与运营和管理相关的项目的名称。
数据类型：字符型
表示：C..512
约束条件：必选
数据来源：被审计单位

标识符：010115004
中文名称：项目开始日期
英文名称：Project_Beginning_Date
说明：项目的开始日期。
数据类型：日期时间型
表示：YYYY-MM-DD
约束条件：可选
数据来源：被审计单位

标识符：010115005
中文名称：项目结束日期
英文名称：Project_Ending_Date
说明：项目的结束日期。

数据类型：日期时间型
表示：YYYY-MM-DD
约束条件：可选
数据来源：被审计单位

标识符：010115006
中文名称：项目责任人
英文名称：Project_Leader
说明：项目的负责人。
数据类型：字符型
表示：C..100
约束条件：可选
数据来源：被审计单位

标识符：010115007
中文名称：项目责任部门
英文名称：Project_Responsible_Department
说明：负责项目的责任部门。
数据类型：字符型
表示：C..256
约束条件：可选
数据来源：被审计单位

6.16 银行账户 BAS_Bank_Account

标识符：010116001
中文名称：银行账号
英文名称：Bank_Account_Number
说明：在银行、金融机构、结算中心等机构所开设账户的账号。如果适用，建议按照ISO 13616-2表示。
数据类型：字符型
表示：C..60
约束条件：必选
数据来源：被审计单位

标识符：010116002
中文名称：银行机构名称
英文名称：Bank_Name

说明：银行、金融机构、结算中心等机构的名称全称。
数据类型：字符型
表示：C..256
约束条件：必选
数据来源：被审计单位

标识符：010116003
中文名称：银行账户名称
英文名称：Bank_Account_Name
说明：企业在银行、金融机构、结算中心等机构所开设账户的名称。
数据类型：字符型
表示：C..128
约束条件：必选
数据来源：被审计单位

标识符：010116004
中文名称：银行机构编码
英文名称：Bank_Code
说明：金融机构的编码。按照ISO 9362或ISO 17442表示，首选ISO 17442。原因之一是银行分行的标识符不会因地址变动而变更。
数据类型：字符型
表示：C..80
约束条件：必选
数据来源：被审计单位

标识符：010116005
中文名称：银行账户类型
英文名称：Bank_Account_Type
说明：银行存款账户的类型，包括但不限于客户、供应商的基本存款账户、一般存款账户、专用存款账户、临时存款账户、外币资本项下账户、外币经常项下账户、保证金账户、定期存款账户、通知存款账户，具体账户类型的填写可参考银行行业金融机构实际操作情况。
数据类型：字符型
表示：C..128
约束条件：必选
数据来源：被审计单位

标识符：010116006
中文名称：分支机构代码
英文名称：Branch_Code
说明：银行分支机构的代码。
数据类型：字符型
表示：C..80
约束条件：必选
数据来源：被审计单位

标识符：010116007
中文名称：分支机构名称
英文名称：Branch_Name
说明：银行分支机构的名称全称。
数据类型：字符型
表示：C..200
约束条件：必选
数据来源：被审计单位

标识符：010116008
中文名称：分支机构国家
英文名称：Branch_Country
说明：银行分支机构所在的国家代码。按照ISO 3166-1规定的字母代码表示。
数据类型：字符型
表示：C..3
约束条件：可选
数据来源：被审计单位

标识符：010116009
中文名称：分支机构区域
英文名称：Branch_Region
说明：银行分支机构所在国家内部的次区域。例如，省、自治区、直辖市。
数据类型：字符型
表示：C..25
约束条件：可选
数据来源：被审计单位

6.17 税务监管 BAS_Tax_Regulatory

标识符：010117001
中文名称：监管机构编码
英文名称：Regulator_Code
说明：监管机构或司法辖区的编码。
数据类型：字符型
表示：C..25
约束条件：必选
数据来源：被审计单位

标识符：010117002
中文名称：监管机构国家
英文名称：Regulator_Country
说明：监管机构所在的国家代码。按照ISO 3166-1规定的字母代码表示。
数据类型：字符型
表示：C..3
约束条件：必选
数据来源：被审计单位

标识符：010117003
中文名称：监管机构区域
英文名称：Regulator_Region
说明：监管机构所在国家内部的次区域。例如，省、自治区、直辖市。
数据类型：字符型
表示：C..25
约束条件：必选
数据来源：被审计单位

标识符：010117004
中文名称：监管机构名称
英文名称：Regulator_Name
说明：预扣或预提税款的监管机构的名称。
数据类型：字符型
表示：C..100
约束条件：必选
数据来源：被审计单位

标识符：010117005
中文名称：监管机构等级
英文名称：Regulator_Role
说明：监管机构的等级。例如，国外监管机构有联邦、地区或地方，国内监管机构有中央、省/自治区/直辖市、县等。
数据类型：字符型
表示：C..20
约束条件：必选
数据来源：被审计单位

标识符：010117006
中文名称：监管机构ID
英文名称：Regulator_ID
说明：监管机构ID，被分配/系统生成的ID。
数据类型：字符型
表示：C..25
约束条件：必选
数据来源：被审计单位

标识符：010117007
中文名称：监管生效标志
英文名称：Regulator_Active_Flag
说明："监管机构编码"是否仍在使用中。1表示使用中，0表示停用。
数据类型：布尔型
表示：C1
约束条件：必选
数据来源：被审计单位

标识符：010117008
中文名称：预提税款总账账户
英文名称：Regulator_Accrual_Account_Number
说明：用于反映应付监管机构的预提税款的总账账户。
数据类型：字符型
表示：C..100
约束条件：必选
数据来源：被审计单位

标识符：010117009
中文名称：税费总账账户
英文名称：Regulator_Expense_Account_Number
说明：用于反映应付监管机构的所有税款的总账账户。
数据类型：字符型
表示：C..100
约束条件：必选
数据来源：被审计单位

标识符：010117010
中文名称：监管机构报告组织
英文名称：Regulator_Reporting_Organization
说明：报告机构的编码。
数据类型：字符型
表示：C..25
约束条件：必选
数据来源：被审计单位

标识符：010117011
中文名称：应付税款总账账户
英文名称：Regulator_Payable_Account_Number
说明：用于反映监管机构的应付税款的总账账户。
数据类型：字符型
表示：C..100
约束条件：必选
数据来源：被审计单位

6.18 税项 BAS_Tax

标识符：010118001
中文名称：税项类型编码
英文名称：Tax_Type_Code
说明：用于指代该税项类型的编码，在文件中用作密钥或交叉索引。例如，“004”表示所得税、“005”表示关税、“006”表示增值税。
数据类型：字符型
表示：C..25
约束条件：必选
数据来源：被审计单位

标识符：010118002
中文名称：税项类型名称
英文名称：Tax_Name
说明：税项类型的名称。例如，所得税、关税、增值税。
数据类型：字符型
表示：C..100
约束条件：必选
数据来源：被审计单位

标识符：010118003
中文名称：税项类型描述
英文名称：Tax_Type_Description
说明：税项类型的描述。
数据类型：字符型
表示：C..100
约束条件：必选
数据来源：被审计单位

标识符：010118004
中文名称：税项编码描述
英文名称：Tax_Code_Description
说明：税项编码的描述，是税项类型的分支。例如，提供现代服务适用的增值税税率为6%。
数据类型：字符型
表示：C..1000
约束条件：必选
数据来源：被审计单位

标识符：010118005
中文名称：税率
英文名称：Tax_Percentage
说明：税项类型所对应的税率，用百分比表示。
数据类型：数值型
表示：N..30, 10
约束条件：必选
数据来源：被审计单位

6.19 电子账簿 BAS_Profile

标识符：010119001
中文名称：电子账簿编号
英文名称：Profile_Number
说明：当前数据集的编号。通过手动输入生成或系统自动生成。
数据类型：字符型
表示：C..5
约束条件：必选
数据来源：被审计单位

标识符：010119002
中文名称：电子账簿名称
英文名称：Profile_Name
说明：当前数据集的名称。
数据类型：字符型
表示：C..30
约束条件：必选
数据来源：被审计单位

标识符：010119003
中文名称：开发单位
英文名称：Developer_Name
说明：会计和/或ERP系统软件开发单位的名称。
数据类型：字符型
表示：C..200
约束条件：可选
数据来源：被审计单位

标识符：010119004
中文名称：软件名称
英文名称：Software_Name
说明：会计和/或ERP系统软件的名称。
数据类型：字符型
表示：C..200
约束条件：可选
数据来源：被审计单位

标识符：010119005
中文名称：软件版本号
英文名称：Software_Version
说明：会计和/或ERP系统软件的版本号。
数据类型：字符型
表示：C..20
约束条件：可选
数据来源：被审计单位

标识符：010119006
中文名称：标准版本号
英文名称：Standard_Version
说明：当前输出文件所符合标准的标准发布号。例如，“ISO 21378”。
数据类型：字符型
表示：C..30
约束条件：可选
数据来源：被审计单位

标识符：010119007
中文名称：时区
英文名称：Time_Zone
说明：当地时间与当天世界协调时间（UTC）之间的时差。时差的表示方式可以用小时和分钟表示，或仅用小时表示。“时区”必须以扩展格式显示为“± 小时：分钟”。按照GB/T 7408—2005表示。例如，纽芬兰的时区为–03：30、北京的时区为+08：00。
数据类型：字符型
表示：C6
约束条件：必选
数据来源：被审计单位

标识符：010119008
中文名称：行业ID
英文名称：Industry_ID
说明：行业的唯一标识码。一般由计算机自动生成，用于系统内部进行数据关联。
数据类型：字符型
表示：C..60
约束条件：必选
数据来源：被审计单位

标识符：010119009
中文名称：行业
英文名称：Industry
说明：上级行业代码下的对应行业名称。
数据类型：字符型
表示：C..60
约束条件：可选
数据来源：被审计单位

标识符：010119010
中文名称：会计核算单位名称
英文名称：Accounting_Entity
说明：会计核算单位的名称。
数据类型：字符型
表示：C..60
约束条件：可选
数据来源：被审计单位

标识符：010119011
中文名称：组织机构代码
英文名称：Organization_Code
说明：使用企业资源计划软件的单位组织机构代码。
数据类型：字符型
表示：C..20
约束条件：必选
数据来源：被审计单位

标识符：010119012
中文名称：单位性质ID
英文名称：Accounting_Entity_Nature_ID
说明：单位性质的唯一标识码。一般由计算机自动生成，用于系统内部进行数据关联。
数据类型：字符型
表示：C..60
约束条件：必选
数据来源：被审计单位

标识符：010119013
中文名称：单位性质
英文名称：Accounting_Entity_Nature
说明：赋值为“企业单位”或“事业单位”。
数据类型：字符型
表示：C4
约束条件：必选
数据来源：被审计单位

标识符：010119014
中文名称：提取日期
英文名称：Extracted_Date
说明：数据提取的日期。
数据类型：日期时间型
表示：YYYY-MM-DD
约束条件：必选
数据来源：被审计单位

标识符：010119015
中文名称：记账本位币币种编码
英文名称：Functional_Currency_Code
说明：会计和/或ERP系统软件所用的记账本位币或集团货币。按照ISO 4217规定的3字母代码表示。
数据类型：字符型
表示：C3
约束条件：必选
数据来源：被审计单位

6.20 物料 BAS_Product

标识符：010120001
中文名称：物料ID
英文名称：Product_ID
说明：物料的唯一标识码。一般由计算机自动生成，用于系统内部进行数据关联。
数据类型：字符型
表示：C..60
约束条件：必选
数据来源：被审计单位

标识符：010120002
中文名称：物料类别ID
英文名称：Product_Type_ID
说明：物料类别的唯一标识码。一般由计算机自动生成，用于系统内部进行数据关联。
数据类型：字符型
表示：C..60
约束条件：必选
数据来源：被审计单位

标识符：010120003
中文名称：物料类别编码
英文名称：Product_Type_Code
说明：对物料类别进行标识的编码。
数据类型：字符型
表示：C..80
约束条件：必选
数据来源：被审计单位

标识符：010120004
中文名称：物料类别名称
英文名称：Product_Type_Name
说明：按物料属性分类类别的名称。
数据类型：字符型
表示：C..512
约束条件：必选
数据来源：被审计单位

标识符：010120005
中文名称：上级物料类别ID
英文名称：Parent_Product_Type_ID
说明：上级物料类别的唯一标识码。一般由计算机自动生成，用于系统内部进行数据关联。
数据类型：字符型
表示：C..60
约束条件：必选
数据来源：被审计单位

标识符：010120006
中文名称：物料编码
英文名称：Product_Code
说明：对物料进行识别的编码。
数据类型：字符型
表示：C..80
约束条件：必选
数据来源：被审计单位

标识符：010120007
中文名称：物料名称
英文名称：Product_Name
说明：与产品生产有关的物品、材料名称。
数据类型：字符型
表示：C..512
约束条件：必选
数据来源：被审计单位

标识符：010120008
中文名称：规格型号
英文名称：Product_Type_Description
说明：物料的规格型号。
数据类型：字符型
表示：C..512
约束条件：必选
数据来源：被审计单位

标识符：010120009
中文名称：停用标识
英文名称：Out_Of_Service_Flag
说明：说明对象是否停用的标识符。1表示是，0表示否。
数据类型：布尔型
表示：C1
约束条件：必选
数据来源：被审计单位

标识符：010120010

中文名称：停用日期
英文名称：Out_Of_Service_Date
说明：物料的停止使用日期。
数据类型：日期时间型
表示：YYYY-MM-DD
约束条件：必选
数据来源：被审计单位

标识符：010120011
中文名称：物料来源类别
英文名称：Product_Source_Category
说明：物料供应方式的分类名称。例如，“生产”“采购”“委外”等。
数据类型：字符型
表示：C..60
约束条件：必选
数据来源：被审计单位

标识符：010120012
中文名称：批次管理标识
英文名称：Lot_Management_Flag
说明：物料是否进行批次管理的标识符。1表示是，0表示否。
数据类型：布尔型
表示：C1
约束条件：必选
数据来源：被审计单位

标识符：010120013
中文名称：序列号管理标识
英文名称：Serial_Number_Management_Flag
说明：物料是否进行序列号管理的标识符。1表示是，0表示否。
数据类型：布尔型
表示：C1
约束条件：必选
数据来源：被审计单位

标识符：010120014
中文名称：销售参考价

英文名称：Inventory_List_Price
说明：库存清单价格。
数据类型：数值型
表示：N..30, 10
约束条件：可选
数据来源：被审计单位

标识符：010120015
中文名称：计价方式
英文名称：Inventory_Cost_Method
说明：物料存货成本计算方法的说明。例如，后进先出法、先进先出法、平均法、标准法、个别计价法。
数据类型：字符型
表示：C..80
约束条件：可选
数据来源：被审计单位

标识符：010120016
中文名称：计价方式描述
英文名称：Inventory_Cost_Method_Description
说明：对物料存货成本计算方法的描述。
数据类型：字符型
表示：C..100
约束条件：必选
数据来源：被审计单位

标识符：010120017
中文名称：基本计量单位编码
英文名称：Basic_UOM_Code
说明：物料基本计量单位的唯一标识码。一般由计算机自动生成，用于系统内部进行数据关联。例如，金属型材以“支”或“米”计量，但是通常以“千克”作为基本计量，用于中间换算。
数据类型：字符型
表示：C..80
约束条件：必选
数据来源：被审计单位

标识符：010120018
中文名称：库存计量单位编码
英文名称：Inventory_UOM_Code
说明：物料库存计量单位的唯一标识码。一般由计算机自动生成，用于系统内部进行数据关联。
数据类型：字符型
表示：C..80
约束条件：必选
数据来源：被审计单位

标识符：010120019
中文名称：成本计量单位编码
英文名称：Inventory_Costing_UOM_Code
说明：物料成本计量单位的唯一标识码。一般由计算机自动生成，用于系统内部进行数据关联。
数据类型：字符型
表示：C..80
约束条件：必选
数据来源：被审计单位

6.21 仓库 BAS_Warehouse

标识符：010121001
中文名称：仓库ID
英文名称：Location_ID
说明：仓库的唯一标识码。一般由计算机自动生成，用于系统内部进行数据关联。
数据类型：字符型
表示：C..60
约束条件：必选
数据来源：被审计单位

标识符：010121002
中文名称：仓库编码
英文名称：Location_Code
说明：对仓库进行标识的编码。
数据类型：字符型
表示：C..80
约束条件：可选

数据来源：被审计单位

标识符：010121003
中文名称：仓库名称
英文名称：Location_Name
说明：仓库的名称。
数据类型：字符型
表示：C..80
约束条件：必选
数据来源：被审计单位

标识符：010121004
中文名称：仓库地址
英文名称：Location_Address
说明：仓库所在地址。
数据类型：字符型
表示：C..256
约束条件：必选
数据来源：被审计单位

标识符：010121005
中文名称：仓库取得方式
英文名称：Location_Acquisition_Method
说明：仓库的取得方式。例如，自有、租赁等。
数据类型：字符型
表示：C..80
约束条件：可选
数据来源：被审计单位

标识符：010121006
中文名称：仓库储物能力
英文名称：Location_Storage_Capacity
说明：仓库存储的能力。例如，面积。
数据类型：字符型
表示：C..256
约束条件：可选
数据来源：被审计单位

6.22 自定义档案项 BAS_Customized_Account_Segment

标识符：010122001

中文名称：自定义字段编码

英文名称：Customized_ACC_Segment_Code

说明：审计数据中使用的自定义字段编码。不包括已涵盖的固定字段。例如，与客户不同，预算信息不包括在公共基础模块作为一个单独的表，因此预算信息可以确定为自定义字段。

数据类型：字符型

表示：C..25

约束条件：可选

数据来源：被审计单位

标识符：010122002

中文名称：自定义字段名称

英文名称：Customized_ACC_Segment_Name

说明：审计数据中需要使用的自定义字段名称。例如，预算记录、计划营业收入和支出等。

数据类型：字符型

表示：C..25

约束条件：可选

数据来源：被审计单位

标识符：010122003

中文名称：自定义字段描述

英文名称：Customized_ACC_Description

说明：审计数据中需要使用的自定义字段描述。例如，预算可以描述为受法律程序验证和批准的财政年度收入计划与支出。

数据类型：字符型

表示：C..300

约束条件：可选

数据来源：被审计单位

标识符：010122004

中文名称：自定义字段编码规则

英文名称：Customized_ACC_Encoding_Rule

说明：审计数据中需要使用的自定义字段编码规则。如果编码规则具有层次结构特征，则每个等级都用“-”分隔。例如，预算（具有1位数编码，如1）可细分为财务预算（具有2位数编码，如01）和施工预算（具有2位数编码，如05），财务预算包含预算收入（具有2位数编码，如03）和预算支出（具有2位数编码，如04），这是第三级细分。在这种情况下，自定义字段编码规则是1-2-2。

数据类型：字符型

表示：C..100

约束条件：可选

数据来源：被审计单位

标识符：010122005

中文名称：层级特征

英文名称：Hierarchy_Flag

说明：表值是否具有层级特征。1表示是，0表示否。

数据类型：布尔型

表示：C1

约束条件：可选

数据来源：被审计单位

标识符：010122006

中文名称：活动标志

英文名称：Active_Flag

说明：自定义字段为有效还是无效。1表示有效，0表示无效。

数据类型：布尔型

表示：C1

约束条件：可选

数据来源：被审计单位

6.23 自定义档案值 BAS_Customized_Account_Value

标识符：010123001

中文名称：自定义字段值编码

英文名称：Customized_ACC_Value_Code

说明：自定义字段值的编码。如果自定义字段值编码规则为1-2-2，则相应的预算-财务预算-预算支出编码为10104。

数据类型：字符型

表示：C..100

约束条件：可选

数据来源：被审计单位

标识符：010123002
中文名称：自定义字段值名称
英文名称：Customized_ACC_Value_Name
说明：每个文件的字段值的名称。例如，预算-财务预算-预算支出。
数据类型：字符型
表示：C..100
约束条件：可选
数据来源：被审计单位

标识符：010123003
中文名称：自定义字段取值说明
英文名称：Customized_ACC_Value_Description
说明：自定义字段值的详细说明。
数据类型：字符型
表示：C..100
约束条件：可选
数据来源：被审计单位

标识符：010123004
中文名称：自定义字段取值层级
英文名称：Customized_ACC_Value_Hierarchy
说明：文件结构中当前值的等级。例如，1是最高级。
数据类型：字符型
表示：C..100
约束条件：可选
数据来源：被审计单位

标识符：010123005
中文名称：上级字段值编码
英文名称：Parent_ACC_Value_Code
说明：上级自定义字段值的编码。
数据类型：字符型
表示：C..100
约束条件：可选
数据来源：被审计单位

7 公共基础数据结构

7.1 业务部门表数据结构

业务部门表数据结构见表2。

表2 业务部门表数据结构

表编号	数据表名	数据元标识符	数据元名称
01	业务部门表	010101001	业务部门编码
		010101002	业务部门名称
		010101003	业务部门类型名称
		010101004	业务部门相对等级

业务部门表标识见表3。

表3 业务部门表标识

编号	数据元名称	标识	引用数据元	引用表
1	业务部门编码	主键	无	无

7.2 业务部门层级结构表数据结构

业务部门层级结构表数据结构见表4。

表4 业务部门层级结构表数据结构

表编号	数据表名	数据元标识符	数据元名称
02	业务部门层级结构表	010102001	上级部门编码
		010102002	下级部门编码

业务部门层级结构表标识见表5。

表5 业务部门层级结构表标识

编号	数据元名称	标识	引用数据元	引用表
1	上级部门编码	外键	业务部门编码	公共基础-业务部门
2	下级部门编码	外键	业务部门编码	公共基础-业务部门

7.3 员工表数据结构

员工表数据结构见表6。

表6　员工表数据结构

表编号	数据表名	数据元标识符	数据元名称
03	员工表	010103001	员工ID
		010103002	员工编码
		010103003	员工姓名
		010103004	非活动标志
		010103005	员工类型编码
		010103006	员工类型名称
		010103007	员工职位
		010103008	员工学历
		010103009	入职日期
		010103010	离职日期
		010103011	办公地点
		010103012	部门编码
		010104001	用户ID

员工表标识见表7。

表7　员工表标识

编号	数据元名称	标识	引用数据元	引用表
1	员工ID	主键	无	无
2	部门编码	外键	业务部门编码	公共基础－业务部门
3	用户ID	外键	用户ID	公共基础－用户

7.4　用户表数据结构

用户表数据结构见表8。

表8　用户表数据结构

表编号	数据表名	数据元标识符	数据元名称
04	用户表	010104001	用户ID
		010104002	用户状态
		010104003	用户状态修改日期
		010104004	用户姓名
		010104005	用户职位
		010104006	用户职责
		010104007	用户联系电话
		010104008	用户联系邮箱
		010103012	部门编码

用户表标识见表9。

表9　用户表标识

编号	数据元名称	标识	引用数据元	引用表
1	用户ID	主键	无	无
2	部门编码	外键	业务部门编码	公共基础-业务部门

7.5　客户表数据结构

客户表数据结构见表10。

表10　客户表数据结构

表编号	数据表名	数据元标识符	数据元名称
05	客户表	010105001	客户ID
		010105002	客户编号
		010105003	客户名称
		010105004	客户简称
		010105005	客户类别ID
		010105006	客户类别编码
		010105007	客户类别名称
		010105008	上级客户类别ID
		010105009	客户纳税人识别号
		010105010	统一社会信用代码
		010105011	单位负责人
		010105012	客户注册地址_国家
		010105013	客户注册地址_省
		010105014	客户注册地址_市
		010105015	客户注册地址详细信息
		010105016	客户注册地址邮编
		010105017	客户办公地址_国家
		010105018	客户办公地址_省
		010105019	客户办公地址_市
		010105020	客户办公地址详细信息
		010105021	客户办公地址邮编
		010105022	客户税务登记地址_国家
		010105023	客户税务登记地址_省

续表

表编号	数据表名	数据元标识符	数据元名称
05	客户表	010105024	客户税务登记地址_市
		010105025	客户税务登记地址详细信息
		010105026	客户税务登记地址邮编
		010105027	无效日期
		010105028	交易信用限额
		010105029	总体信用限额
		010105030	主要联系人
		010105031	主要联系电话
		010105032	主要联系邮箱
		010105033	现金折扣百分比
		010105034	现金折扣天数
		010105035	账期
		010105036	制单日期
		010105037	制单时间
		010105038	批准日期
		010105039	批准时间
		010105040	最后修改日期
		010105041	最后修改时间
		010105042	上级客户ID
		010105043	对应供应商ID
		010105044	制单人ID
		010105045	批准人ID
		010105046	最后修改人ID

客户表标识见表11。

表11　客户表标识

编号	数据元名称	标识	引用数据元	引用表
1	客户ID	主键	无	无
2	上级客户ID	外键	客户ID	公共基础-客户
3	对应供应商ID	外键	供应商ID	公共基础-供应商
4	制单人ID	外键	用户ID	公共基础-用户
5	批准人ID	外键	用户ID	公共基础-用户
6	最后修改人ID	外键	用户ID	公共基础-用户

7.6 供应商表数据结构

供应商表数据结构见表12。

表12 供应商表数据结构

表编号	数据表名	数据元标识符	数据元名称
06	供应商表	010106001	供应商ID
		010106002	供应商编号
		010106003	供应商名称
		010106004	供应商简称
		010106005	供应商类别ID
		010106006	供应商类别编码
		010106007	供应商类别名称
		010106008	上级供应商类别ID
		010106009	供应商纳税人识别号
		010106010	供应商地址_国家
		010106011	供应商地址_省
		010106012	供应商地址_市
		010106013	供应商地址详细信息
		010106014	供应商地址邮编
		010106015	供应商办公地址_国家
		010106016	供应商办公地址_省
		010106017	供应商办公地址_市
		010106018	供应商办公地址详细信息
		010106019	供应商办公地址邮编
		010106020	供应商税务登记地址_国家
		010106021	供应商税务登记地址_省
		010106022	供应商税务登记地址_市
		010106023	供应商税务登记地址详细信息
		010106024	供应商税务登记地址邮编
		010106025	主要联系人
		010106026	主要联系电话
		010106027	主要联系邮箱
		010106028	供应商组别
		010106029	无效日期

续表

表编号	数据表名	数据元标识符	数据元名称
06	供应商表	010106030	交易信用限额
		010106031	总体信用限额
		010106032	现金折扣百分比
		010106033	现金折扣天数
		010106034	账期
		010106035	制单日期
		010106036	制单时间
		010106037	批准日期
		010106038	批准时间
		010106039	最后修改日期
		010106040	最后修改时间
		010106041	上级供应商ID
		010106042	对应客户ID
		010106043	制单人ID
		010106044	批准人ID
		010106045	最后修改人ID

供应商表标识见表13。

表13 供应商表标识

编号	数据元名称	标识	引用数据元	引用表
1	供应商ID	主键	无	无
2	上级供应商ID	外键	供应商ID	公共基础–供应商
3	对应客户ID	外键	客户ID	公共基础–客户
4	制单人ID	外键	用户ID	公共基础–用户
5	批准人ID	外键	用户ID	公共基础–用户
6	最后修改人ID	外键	用户ID	公共基础–用户

7.7 会计科目表数据结构

会计科目表数据结构见表14。

表14　会计科目表数据结构

表编号	数据表名	数据元标识符	数据元名称
07	会计科目表	010107001	会计科目编号
		010107002	会计科目名称
		010107003	会计科目描述
		010107004	财务报表项目
		010107005	报表二级项目
		010107006	会计科目类型
		010107007	会计科目明细
		010107008	会计科目级次
		010107009	余额方向
		010107010	活动标志
		010107011	业务部门-X
		010107012	应付税款总账账户
		010107013	上级科目编号

会计科目表标识见表15。

表15　会计科目表标识

编号	数据元名称	标识	引用数据元	引用表
1	会计科目编号	主键	无	无
2	上级科目编号	外键	会计科目编号	公共基础-会计科目

7.8　会计期间表数据结构

会计期间表数据结构见表16。

表16　会计期间表数据结构

表编号	数据表名	数据元标识符	数据元名称
08	会计期间表	010108001	会计年度
		010108002	会计期间
		010108003	会计期间开始日期
		010108004	会计期间结束日期

会计期间表标识见表17。

表17　会计期间表标识

编号	数据元名称	标识	引用数据元	引用表
1	会计年度	主键	无	无
2	会计期间	主键	无	无

7.9　会计凭证类型表数据结构

会计凭证类型表数据结构见表18。

表18　会计凭证类型表数据结构

表编号	数据表名	数据元标识符	数据元名称
09	会计凭证类型表	010109001	记账凭证类型编码
		010109002	记账凭证类型名称
		010109003	记账凭证类型简称
		010109004	活动标志

会计凭证类型表标识见表19。

表19　会计凭证类型表标识

编号	数据元名称	标识	引用数据元	引用表
1	记账凭证类型编码	主键	无	无

7.10　票据表数据结构

票据表数据结构见表20。

表20　票据表数据结构

表编号	数据表名	数据元标识符	数据元名称
10	票据表	010110001	票据类型编码
		010110002	票据类型名称
		010110003	活动标志

票据表标识见表21。

表21　票据表标识

编号	数据元名称	标识	引用数据元	引用表
1	票据类型编码	主键	无	无

7.11　结算方式表数据结构

结算方式表数据结构见表22。

表22 结算方式表数据结构

表编号	数据表名	数据元标识符	数据元名称
11	结算方式表	010111001	结算方式编码
		010111002	结算方式名称
		010111003	活动标志

结算方式表标识见表23。

表23 结算方式表标识

编号	数据元名称	标识	引用数据元	引用表
1	结算方式编码	主键	无	无

7.12 币种表数据结构

币种表数据结构见表24。

表24 币种表数据结构

表编号	数据表名	数据元标识符	数据元名称
12	币种表	010112001	币种编码
		010112002	币种名称
		010112003	次要单位
		010112004	活动标志

币种表标识见表25。

表25 币种表标识

编号	数据元名称	标识	引用数据元	引用表
1	币种编码	主键	无	无

7.13 计量单位表数据结构

计量单位表数据结构见表26。

表26 计量单位表数据结构

表编号	数据表名	数据元标识符	数据元名称
13	计量单位表	010113001	计量单位编码
		010113002	计量单位名称
		010113003	计量单位简称

计量单位表标识见表27。

表27 计量单位表标识

编号	数据元名称	标识	引用数据元	引用表
1	计量单位编码	主键	无	无

7.14 付款条件表数据结构

付款条件表数据结构见表28。

表28 付款条件表数据结构

表编号	数据表名	数据元标识符	数据元名称
14	付款条件表	010114001	付款条件编码
		010114002	付款条件名称
		010114003	付款条件行号
		010114004	付款条件描述
		010114005	活动标志

付款条件表标识见表29。

表29 付款条件表标识

编号	数据元名称	标识	引用数据元	引用表
1	付款条件编码	主键	无	无

7.15 项目表数据结构

项目表数据结构见表30。

表30 项目表数据结构

表编号	数据表名	数据元标识符	数据元名称
15	项目表	010115001	项目ID
		010115002	项目编码
		010115003	项目名称
		010115004	项目开始日期
		010115005	项目结束日期
		010115006	项目责任人
		010115007	项目责任部门
		010105001	客户ID

项目表标识见表31。

表31　项目表标识

编号	数据元名称	标识	引用数据元	引用表
1	项目ID	主键	无	无
2	项目责任部门	外键	业务部门编码	公共基础-业务部门
3	客户ID	外键	客户ID	公共基础-客户

7.16　银行账户表数据结构

银行账户表数据结构见表32。

表32　银行账户表数据结构

表编号	数据表名	数据元标识符	数据元名称
16	银行账户表	010116001	银行账号
		010116002	银行机构名称
		010116003	银行账户名称
		010116004	银行机构编码
		010116005	银行账户类型
		010116006	分支机构代码
		010116007	分支机构名称
		010116008	分支机构国家
		010116009	分支机构区域
		010107011	业务部门-X

银行账户表标识见表33。

表33　银行账户表标识

编号	数据元名称	标识	引用数据元	引用表
1	银行账号	主键	无	无

7.17　税务监管表数据结构

税务监管表数据结构见表34。

表34　税务监管表数据结构

表编号	数据表名	数据元标识符	数据元名称
17	税务监管表	010117001	监管机构编码
		010117002	监管机构国家
		010117003	监管机构区域
		010117004	监管机构名称
		010117005	监管机构等级
		010117006	监管机构ID
		010117007	监管生效标志
		010117008	预提税款总账账户
		010117009	税费总账账户
		010117010	监管机构报告组织
		010117011	应付税款总账账户

税务监管表标识见表35。

表35　税务监管表标识

编号	数据元名称	标识	引用数据元	引用表
1	监管机构编码	主键	无	无
2	预提税款总账账户	外键	会计科目编号	公共基础–会计科目
3	税费总账账户	外键	会计科目编号	公共基础–会计科目
4	监管机构报告组织	外键	业务部门编码	公共基础–业务部门
5	应付税款总账账户	外键	应付税款总账账户	公共基础–会计科目

7.18　税项表数据结构

税项表数据结构见表36。

表36　税项表数据结构

表编号	数据表名	数据元标识符	数据元名称
18	税项表	010118001	税项类型编码
		010118002	税项类型名称
		010118003	税项类型描述
		010118004	税项编码描述
		010118005	税率
		010107011	业务部门–X
		010117001	监管机构编码

税项表标识见表37。

表37　税项表标识

编号	数据元名称	标识	引用数据元	引用表
1	税项类型编码	主键	无	无
2	监管机构编码	外键	监管机构编码	公共基础–税务监管

7.19　电子账簿表数据结构

电子账簿表数据结构见表38。

表38　电子账簿表数据结构

表编号	数据表名	数据元标识符	数据元名称
19	电子账簿表	010119001	电子账簿编号
		010119002	电子账簿名称
		010119003	开发单位
		010119004	软件名称
		010119005	软件版本号
		010119006	标准版本号
		010119007	时区
		010119008	行业ID
		010119009	行业
		010119010	会计核算单位名称
		010119011	组织机构代码
		010119012	单位性质ID
		010119013	单位性质
		010119014	提取日期
		010119015	记账本位币币种编码
		010107011	业务部门–X
		010108001	会计年度

电子账簿表标识见表39。

表39　电子账簿表标识

编号	数据元名称	标识	引用数据元	引用表
1	电子账簿编号	主键	无	无
2	记账本位币币种编码	外键	币种编码	公共基础–币种
3	会计年度	外键	会计年度	公共基础–会计期间

7.20 物料表数据结构

物料表数据结构见表40。

表40 物料表数据结构

表编号	数据表名	数据元标识符	数据元名称
20	物料表	010120001	物料ID
		010120002	物料类别ID
		010120003	物料类别编码
		010120004	物料类别名称
		010120005	上级物料类别ID
		010120006	物料编码
		010120007	物料名称
		010120008	规格型号
		010120009	停用标识
		010120010	停用日期
		010120011	物料来源类别
		010120012	批次管理标识
		010120013	序列号管理标识
		010120014	销售参考价
		010120015	计价方式
		010120016	计价方式描述
		010120017	基本计量单位编码
		010120018	库存计量单位编码
		010120019	成本计量单位编码
		010113001	计量单位编码
		010107011	业务部门-X

物料表标识见表41。

表41 物料表标识

编号	数据元名称	标识	引用数据元	引用表
1	物料ID	主键	无	无
2	基本计量单位编码	外键	计量单位编码	公共基础-计量单位
3	库存计量单位编码	外键	计量单位编码	公共基础-计量单位
4	成本计量单位编码	外键	计量单位编码	公共基础-计量单位
5	计量单位编码	外键	计量单位编码	公共基础-计量单位

7.21 仓库表数据结构

仓库表数据结构见表42。

表42 仓库表数据结构

表编号	数据表名	数据元标识符	数据元名称
21	仓库表	010121001	仓库ID
		010121002	仓库编码
		010121003	仓库名称
		010121004	仓库地址
		010121005	仓库取得方式
		010121006	仓库储物能力
		010107011	业务部门–X

仓库表标识见表43。

表43 仓库表标识

编号	数据元名称	标识	引用数据元	引用表
1	仓库ID	主键	无	无

7.22 自定义档案项表数据结构

自定义档案项表数据结构见表44。

表44 自定义档案项表数据结构

表编号	数据表名	数据元标识符	数据元名称
22	自定义档案项表	010122001	自定义字段编码
		010122002	自定义字段名称
		010122003	自定义字段描述
		010122004	自定义字段编码规则
		010122005	层级特征
		010122006	活动标志

自定义档案项表标识见表45。

表45 自定义档案项表标识

编号	数据元名称	标识	引用数据元	引用表
1	自定义字段编码	主键	无	无

7.23 自定义档案值表数据结构

自定义档案值表数据结构见表46。

表46 自定义档案值表数据结构

表编号	数据表名	数据元标识符	数据元名称
23	自定义档案值表	010123001	自定义字段值编码
		010123002	自定义字段值名称
		010123003	自定义字段取值说明
		010123004	自定义字段取值层级
		010123005	上级字段值编码
		010122001	自定义字段编码

自定义档案值表标识见表47。

表47 自定义档案值表标识

编号	数据元名称	标识	引用数据元	引用表
1	自定义字段值编码	主键	无	无
2	上级字段值编码	外键	自定义字段值编码	公共基础－自定义档案值
3	自定义字段编码	外键	自定义字段编码	公共基础－自定义档案项

附 录 A
（规范性）
公共基础数据文件输出格式

```
<?xml version="1.0" encoding="UTF-8"?>
<xs:schema xmlns:xs="http://www.w3.org/2001/XMLSchema" xmlns:BAS="https://www.cicpa.org.cn/2023/audit_data/XMLSchema/BAS" targetNamespace="https://www.cicpa.org.cn/2023/audit_data/XMLSchema/BAS" elementFormDefault="qualified" attributeFormDefault="unqualified">
    <xs:element name="BAS">
        <xs:complexType>
            <xs:sequence>
                <xs:element ref="BAS:BAS_Business_Segment" minOccurs="0" maxOccurs="unbounded" />
                <xs:element ref="BAS:BAS_Business_Segment_Hierarchy" minOccurs="0" maxOccurs="unbounded" />
                <xs:element ref="BAS:BAS_Employee" minOccurs="0" maxOccurs= "unbounded" />
                <xs:element ref="BAS:BAS_User" minOccurs="0" maxOccurs= "unbounded" />
                <xs:element ref="BAS:BAS_Customer" minOccurs="0" maxOccurs= "unbounded" />
                <xs:element ref="BAS:BAS_Supplier" minOccurs="0" maxOccurs= "unbounded" />
                <xs:element ref="BAS:BAS_Chart_Of_Accounts" minOccurs="0" maxOccurs="unbounded" />
                <xs:element ref="BAS:BAS_Accounting_Period" minOccurs="0" maxOccurs="unbounded" />
                <xs:element ref="BAS:BAS_JE_Type" minOccurs="0" maxOccurs= "unbounded" />
                <xs:element ref="BAS:BAS_Bill" minOccurs="0" maxOccurs="unbounded"
```

```
/>
                    <xs:element ref="BAS:BAS_Settlement_Method" minOccurs="0"
maxOccurs="unbounded" />
                    <xs:element ref="BAS:BAS_Currency" minOccurs="0"
maxOccurs= "unbounded" />
                    <xs:element ref="BAS:BAS_UOM" minOccurs="0"
maxOccurs= "unbounded" />
                    <xs:element ref="BAS:BAS_Payment_Term" minOccurs="0"
maxOccurs= "unbounded" />
                    <xs:element ref="BAS:BAS_Project" minOccurs="0"
maxOccurs= "unbounded" />
                    <xs:element ref="BAS:BAS_Bank_Account" minOccurs="0"
maxOccurs= "unbounded" />
                    <xs:element ref="BAS:BAS_Tax_Regulatory" minOccurs="0"
maxOccurs= "unbounded" />
                    <xs:element ref="BAS:BAS_Tax" minOccurs="0" maxOccurs="unbounded"
/>
                    <xs:element ref="BAS:BAS_Profile" minOccurs="0"
maxOccurs= "unbounded" />
                    <xs:element ref="BAS:BAS_Product" minOccurs="0"
maxOccurs= "unbounded" />
                    <xs:element ref="BAS:BAS_Warehouse" minOccurs="0"
maxOccurs= "unbounded" />
                    <xs:element ref="BAS:BAS_Customized_Account_Segment" minOccurs="0"
maxOccurs="unbounded" />
                    <xs:element ref="BAS:BAS_Customized_Account_Value" minOccurs="0"
maxOccurs="unbounded" />
                </xs:sequence>
            </xs:complexType>
        </xs:element>
        <xs:element name="BAS_Business_Segment">
            <xs:complexType>
                <xs:sequence>
                    <xs:element name="Business_Segment_Code" nillable="false">
                        <xs:annotation>
                            <xs:documentation>业务部门的编码。</xs:documentation>
                        </xs:annotation>
```

```
                <xs:simpleType>
                    <xs:restriction base="xs:string">
                        <xs:minLength value="0"/>
                        <xs:maxLength value="25"/>
                    </xs:restriction>
                </xs:simpleType>
        </xs:element>
        <xs:element name="Business_Segment_Name" nillable="false">
            <xs:annotation>
                <xs:documentation>业务部门的名称。</xs:documentation>
            </xs:annotation>
                <xs:simpleType>
                    <xs:restriction base="xs:string">
                        <xs:minLength value="0"/>
                        <xs:maxLength value="25"/>
                    </xs:restriction>
                </xs:simpleType>
        </xs:element>
        <xs:element name="Business_Segment_Type_Name" nillable="false">
            <xs:annotation>
                <xs:documentation>业务部门类型的名称。例如，部门、成本中心。</xs:documentation>
            </xs:annotation>
                <xs:simpleType>
                    <xs:restriction base="xs:string">
                        <xs:minLength value="0"/>
                        <xs:maxLength value="100"/>
                    </xs:restriction>
                </xs:simpleType>
        </xs:element>
        <xs:element name="Segment_Reference_Level" nillable="false">
            <xs:annotation>
                <xs:documentation>业务部门的相对级别。例如，“1” 为合并级别，数字由组织架构从低级别到高级别增加。</xs:documentation>
            </xs:annotation>
                <xs:simpleType>
                    <xs:restriction base="xs:string">
```

```
                    <xs:minLength value="0"/>
                    <xs:maxLength value="20"/>
                </xs:restriction>
            </xs:simpleType>
        </xs:element>
    </xs:sequence>
</xs:complexType>
</xs:element>
<xs:element name="BAS_Business_Segment_Hierarchy">
    <xs:complexType>
        <xs:sequence>
            <xs:element name="Parent_Segment_Code" nillable="true">
                <xs:annotation>
                    <xs:documentation>上级业务部门的编码。</xs:documentation>
                </xs:annotation>
                    <xs:simpleType>
                        <xs:restriction base="xs:string">
                            <xs:minLength value="0"/>
                            <xs:maxLength value="25"/>
                        </xs:restriction>
                    </xs:simpleType>
            </xs:element>
            <xs:element name="Child_Segment_Code" nillable="true">
                <xs:annotation>
                    <xs:documentation>下级业务部门的编码。</xs:documentation>
                </xs:annotation>
                    <xs:simpleType>
                        <xs:restriction base="xs:string">
                            <xs:minLength value="0"/>
                            <xs:maxLength value="25"/>
                        </xs:restriction>
                    </xs:simpleType>
            </xs:element>
        </xs:sequence>
    </xs:complexType>
</xs:element>
<xs:element name="BAS_Employee">
```

```
        <xs:complexType>
            <xs:sequence>
                <xs:element name="Employee_ID" nillable="false">
                    <xs:annotation>
                        <xs:documentation>员工的唯一标识符。一般由计算机自动生
成，用于系统内部进行数据关联。</xs:documentation>
                    </xs:annotation>
                        <xs:simpleType>
                            <xs:restriction base="xs:string">
                                <xs:minLength value="0"/>
                                <xs:maxLength value="60"/>
                            </xs:restriction>
                        </xs:simpleType>
                </xs:element>
                <xs:element name="Employee_Code" nillable="false">
                    <xs:annotation>
                        <xs:documentation>员工的编码。每个员工仅有一个编码。
</xs:documentation>
                    </xs:annotation>
                        <xs:simpleType>
                            <xs:restriction base="xs:string">
                                <xs:minLength value="0"/>
                                <xs:maxLength value="60"/>
                            </xs:restriction>
                        </xs:simpleType>
                </xs:element>
                <xs:element name="Employee_Name" nillable="false">
                    <xs:annotation>
                        <xs:documentation>员工的姓名。</xs:documentation>
                    </xs:annotation>
                        <xs:simpleType>
                            <xs:restriction base="xs:string">
                                <xs:minLength value="0"/>
                                <xs:maxLength value="100"/>
                            </xs:restriction>
                        </xs:simpleType>
                </xs:element>
```

```xml
<xs:element name="Inactive_Flag" nillable="false">
    <xs:annotation>
        <xs:documentation>员工的数据状态为有效或无效。员工数据可能由于各种原因（例如，休假）处于无效状态。可补充处于无效的原因说明。</xs:documentation>
    </xs:annotation>
        <xs:simpleType>
            <xs:restriction base="xs:string">
            <xs:minLength value="0"/>
                <xs:maxLength value="100"/>
            </xs:restriction>
        </xs:simpleType>
</xs:element>
<xs:element name="Employee_Type_Code" nillable="false">
    <xs:annotation>
        <xs:documentation>员工类型的编码。例如，“004”表示在职员工、“005”表示退休员工、“006”表示已故员工、“007”表示兼职员工。</xs:documentation>
    </xs:annotation>
        <xs:simpleType>
            <xs:restriction base="xs:string">
                <xs:minLength value="0"/>
                <xs:maxLength value="60"/>
            </xs:restriction>
        </xs:simpleType>
</xs:element>
<xs:element name="Employee_Type_Name" nillable="false">
    <xs:annotation>
        <xs:documentation>员工类型的名称。例如，在职、退休、实习、兼职。</xs:documentation>
    </xs:annotation>
        <xs:simpleType>
            <xs:restriction base="xs:string">
                <xs:minLength value="0"/>
                <xs:maxLength value="60"/>
            </xs:restriction>
        </xs:simpleType>
</xs:element>
```

```
<xs:element name="Employee_Job_Title" nillable="true">
    <xs:annotation>
        <xs:documentation>员工的职位信息。</xs:documentation>
    </xs:annotation>
        <xs:simpleType>
            <xs:restriction base="xs:string">
                <xs:minLength value="0"/>
                <xs:maxLength value="60"/>
            </xs:restriction>
        </xs:simpleType>
</xs:element>
<xs:element name="Employee_Academic_Background" nillable="true">
    <xs:annotation>
        <xs:documentation>员工获取的最高学历。例如，博士研究生毕业。</xs:documentation>
    </xs:annotation>
        <xs:simpleType>
            <xs:restriction base="xs:string">
                <xs:minLength value="0"/>
                <xs:maxLength value="60"/>
            </xs:restriction>
        </xs:simpleType>
</xs:element>
<xs:element name="Employment_Date" type = "xs:date" nillable="true">
    <xs:annotation>
        <xs:documentation>员工的入职日期。</xs:documentation>
    </xs:annotation>
</xs:element>
<xs:element name="Termination_Date" type = "xs:date" nillable="true">
    <xs:annotation>
        <xs:documentation>员工劳动合同失效日期或员工不在该单位工作起的离职日期。</xs:documentation>
    </xs:annotation>
</xs:element>
<xs:element name="Office_Address" nillable="true">
    <xs:annotation>
        <xs:documentation>员工办公地点。</xs:documentation>
```

```
                    </xs:annotation>
                        <xs:simpleType>
                            <xs:restriction base="xs:string">
                                <xs:minLength value="0"/>
                                <xs:maxLength value="256"/>
                            </xs:restriction>
                        </xs:simpleType>
                </xs:element>
                <xs:element name="Department_Code" nillable="false">
                    <xs:annotation>
                        <xs:documentation>部门花名册的编码。例如，部门名称为IT
部门，编码为0018。</xs:documentation>
                    </xs:annotation>
                        <xs:simpleType>
                            <xs:restriction base="xs:string">
                                <xs:minLength value="0"/>
                                <xs:maxLength value="25"/>
                            </xs:restriction>
                        </xs:simpleType>
                </xs:element>
                <xs:element name="User_ID" nillable="false">
                    <xs:annotation>
                        <xs:documentation>与员工相关联的系统用户ID。
</xs:documentation>
                    </xs:annotation>
                        <xs:simpleType>
                            <xs:restriction base="xs:string">
                                <xs:minLength value="0"/>
                                <xs:maxLength value="25"/>
                            </xs:restriction>
                        </xs:simpleType>
                </xs:element>
            </xs:sequence>
        </xs:complexType>
    </xs:element>
    <xs:element name="BAS_User">
        <xs:complexType>
```

```
<xs:sequence>
    <xs:element name="User_ID" nillable="false">
        <xs:annotation>
            <xs:documentation>与员工相关联的系统用户ID。</xs:documentation>
        </xs:annotation>
            <xs:simpleType>
                <xs:restriction base="xs:string">
                    <xs:minLength value="0"/>
                    <xs:maxLength value="25"/>
                </xs:restriction>
            </xs:simpleType>
    </xs:element>
    <xs:element name="User_Active_Status" nillable="true">
        <xs:annotation>
            <xs:documentation>用户的状态是否活跃。1表示活跃，0表示不活跃。</xs:documentation>
        </xs:annotation>
            <xs:simpleType>
                <xs:restriction base="xs:boolean">
                </xs:restriction>
            </xs:simpleType>
    </xs:element>
    <xs:element name="User_Status_Modified_Date" type = "xs:date" nillable="true">
        <xs:annotation>
            <xs:documentation>用户激活或终止状态的修改日期。</xs:documentation>
        </xs:annotation>
    </xs:element>
    <xs:element name="User_Name" nillable="false">
        <xs:annotation>
            <xs:documentation>用户的姓名。</xs:documentation>
        </xs:annotation>
            <xs:simpleType>
                <xs:restriction base="xs:string">
                    <xs:minLength value="0"/>
```

```
                <xs:maxLength value="100"/>
            </xs:restriction>
        </xs:simpleType>
</xs:element>
<xs:element name="User_Job_Title" nillable="true">
    <xs:annotation>
        <xs:documentation>用户的职位信息。例如，系统经理。</xs:documentation>
    </xs:annotation>
        <xs:simpleType>
            <xs:restriction base="xs:string">
                <xs:minLength value="0"/>
                <xs:maxLength value="100"/>
            </xs:restriction>
        </xs:simpleType>
</xs:element>
<xs:element name="User_Role_Responsibility" nillable="true">
    <xs:annotation>
        <xs:documentation>用户的职能角色或主要职责的自由形式描述。例如，与管理系统中的应付账款信息有关的职责。</xs:documentation>
    </xs:annotation>
        <xs:simpleType>
            <xs:restriction base="xs:string">
                <xs:minLength value="0"/>
                <xs:maxLength value="100"/>
            </xs:restriction>
        </xs:simpleType>
</xs:element>
<xs:element name="User_Contact_Telephone_Number" nillable="true">
    <xs:annotation>
        <xs:documentation>用户的联系电话。</xs:documentation>
    </xs:annotation>
        <xs:simpleType>
            <xs:restriction base="xs:string">
                <xs:minLength value="0"/>
                <xs:maxLength value="20"/>
            </xs:restriction>
```

```
                    </xs:simpleType>
                </xs:element>
                <xs:element name="User_Contact_Email" nillable="true">
                    <xs:annotation>
                        <xs:documentation>用户的联系邮箱。</xs:documentation>
                    </xs:annotation>
                    <xs:simpleType>
                        <xs:restriction base="xs:string">
                            <xs:minLength value="0"/>
                            <xs:maxLength value="100"/>
                        </xs:restriction>
                    </xs:simpleType>
                </xs:element>
                <xs:element name="Department_Code" nillable="false">
                    <xs:annotation>
                        <xs:documentation>部门花名册的编码。例如，部门名称为IT
部门，编码为0018。</xs:documentation>
                    </xs:annotation>
                    <xs:simpleType>
                        <xs:restriction base="xs:string">
                            <xs:minLength value="0"/>
                            <xs:maxLength value="25"/>
                        </xs:restriction>
                    </xs:simpleType>
                </xs:element>
            </xs:sequence>
        </xs:complexType>
    </xs:element>
    <xs:element name="BAS_Customer">
        <xs:complexType>
            <xs:sequence>
                <xs:element name="Customer_ID" nillable="false">
                    <xs:annotation>
                        <xs:documentation>客户的唯一标识符。一般由计算机自动生
成，用于系统内部进行数据关联。</xs:documentation>
                    </xs:annotation>
                    <xs:simpleType>
```

```
                <xs:restriction base="xs:string">
                    <xs:minLength value="0"/>
                    <xs:maxLength value="60"/>
                </xs:restriction>
            </xs:simpleType>
</xs:element>
<xs:element name="Customer_Number" nillable="false">
    <xs:annotation>
        <xs:documentation>客户的编号。</xs:documentation>
    </xs:annotation>
        <xs:simpleType>
            <xs:restriction base="xs:string">
                <xs:minLength value="0"/>
                <xs:maxLength value="80"/>
            </xs:restriction>
        </xs:simpleType>
</xs:element>
<xs:element name="Customer_Name" nillable="false">
    <xs:annotation>
        <xs:documentation>客户的名称全称。</xs:documentation>
    </xs:annotation>
        <xs:simpleType>
            <xs:restriction base="xs:string">
                <xs:minLength value="0"/>
                <xs:maxLength value="512"/>
            </xs:restriction>
        </xs:simpleType>
</xs:element>
<xs:element name="Customer_Abbreviation" nillable="true">
    <xs:annotation>
        <xs:documentation>客户的名称简称。</xs:documentation>
    </xs:annotation>
        <xs:simpleType>
            <xs:restriction base="xs:string">
                <xs:minLength value="0"/>
                <xs:maxLength value="256"/>
            </xs:restriction>
```

```
				</xs:simpleType>
			</xs:element>
			<xs:element name="Customer_Type_ID" nillable="false">
				<xs:annotation>
					<xs:documentation>客户类别的唯一标识符。一般由计算机自动生成，用于系统内部进行数据关联。</xs:documentation>
				</xs:annotation>
					<xs:simpleType>
						<xs:restriction base="xs:string">
							<xs:minLength value="0"/>
							<xs:maxLength value="60"/>
						</xs:restriction>
					</xs:simpleType>
			</xs:element>
			<xs:element name="Customer_Type_Code" nillable="false">
				<xs:annotation>
					<xs:documentation>客户类别的编码。例如，“004”表示“白金客户”、“005”表示“黄金客户”、“006”表示“白银客户”。</xs:documentation>
				</xs:annotation>
					<xs:simpleType>
						<xs:restriction base="xs:string">
							<xs:minLength value="0"/>
							<xs:maxLength value="80"/>
						</xs:restriction>
					</xs:simpleType>
			</xs:element>
			<xs:element name="Customer_Type_Name" nillable="false">
				<xs:annotation>
					<xs:documentation>按客户属性分类的类别名称。例如，白金客户、黄金客户、白银客户。</xs:documentation>
				</xs:annotation>
					<xs:simpleType>
						<xs:restriction base="xs:string">
							<xs:minLength value="0"/>
							<xs:maxLength value="80"/>
						</xs:restriction>
					</xs:simpleType>
```

```
            </xs:element>
            <xs:element name="Parent_Customer_Type_ID" nillable="true">
                <xs:annotation>
                    <xs:documentation>上级客户类别的唯一标识符。一般由计算机自动生成，用于系统内部进行数据关联。</xs:documentation>
                </xs:annotation>
                    <xs:simpleType>
                        <xs:restriction base="xs:string">
                            <xs:minLength value="0"/>
                            <xs:maxLength value="60"/>
                        </xs:restriction>
                    </xs:simpleType>
            </xs:element>
            <xs:element name="Customer_Taxpayer_Identification_Number" nillable="false">
                <xs:annotation>
                    <xs:documentation>客户的纳税人识别号，通常由税务监管机构生成。</xs:documentation>
                </xs:annotation>
                    <xs:simpleType>
                        <xs:restriction base="xs:string">
                            <xs:minLength value="0"/>
                            <xs:maxLength value="100"/>
                        </xs:restriction>
                    </xs:simpleType>
            </xs:element>
            <xs:element name="Unified_Social_Credit_Code" nillable="true">
                <xs:annotation>
                    <xs:documentation>客户的统一社会信用代码，通常为一组长度为18位的用于法人和其他组织身份识别的代码。由18位阿拉伯数字或大写英文字母表示，分别是1位登记管理部门代码、1位机构类别代码、6位登记管理机关行政区划码、9位主体标识码、1位校验码。</xs:documentation>
                </xs:annotation>
                    <xs:simpleType>
                        <xs:restriction base="xs:string">
                            <xs:length value="18" fixed="true"/>
                        </xs:restriction>
```

```
                </xs:simpleType>
            </xs:element>
            <xs:element name="Person_In_Charge" nillable="false">
                <xs:annotation>
                    <xs:documentation>客户的单位负责人。例如，单位的法人代表人、CEO或其他负责人。</xs:documentation>
                </xs:annotation>
                <xs:simpleType>
                    <xs:restriction base="xs:string">
                        <xs:minLength value="0"/>
                        <xs:maxLength value="128"/>
                    </xs:restriction>
                </xs:simpleType>
            </xs:element>
            <xs:element name="Customer_Registered_Address_Country" nillable="false">
                <xs:annotation>
                    <xs:documentation>客户注册地址所在的国家代码。按照ISO 3166-1规定的字母代码表示。</xs:documentation>
                </xs:annotation>
                <xs:simpleType>
                    <xs:restriction base="xs:string">
                        <xs:minLength value="0"/>
                        <xs:maxLength value="3"/>
                    </xs:restriction>
                </xs:simpleType>
            </xs:element>
            <xs:element name="Customer_Registered_Address_Province" nillable="true">
                <xs:annotation>
                    <xs:documentation>客户注册地址所在的省。按照ISO 3166-2规定的字母代码表示。</xs:documentation>
                </xs:annotation>
                <xs:simpleType>
                    <xs:restriction base="xs:string">
                        <xs:minLength value="0"/>
                        <xs:maxLength value="6"/>
```

```
                </xs:restriction>
            </xs:simpleType>
        </xs:element>
        <xs:element name="Customer_Registered_Address_City" nillable="false">
            <xs:annotation>
                <xs:documentation>客户注册地址所在的市。</xs:documentation>
            </xs:annotation>
            <xs:simpleType>
                <xs:restriction base="xs:string">
                    <xs:minLength value="0"/>
                    <xs:maxLength value="100"/>
                </xs:restriction>
            </xs:simpleType>
        </xs:element>
        <xs:element name="Customer_Registered_Address_Detailed" nillable="false">
            <xs:annotation>
                <xs:documentation>客户注册所在的具体地址，包括区、路、门牌号、大楼名称、楼层、房间等信息。</xs:documentation>
            </xs:annotation>
            <xs:simpleType>
                <xs:restriction base="xs:string">
                    <xs:minLength value="0"/>
                    <xs:maxLength value="100"/>
                </xs:restriction>
            </xs:simpleType>
        </xs:element>
        <xs:element name="Customer_Registered_Address_Physical_Postal_Code" nillable="false">
            <xs:annotation>
                <xs:documentation>客户注册所在地的邮政编码。</xs:documentation>
            </xs:annotation>
            <xs:simpleType>
                <xs:restriction base="xs:string">
                    <xs:minLength value="0"/>
```

```
                <xs:maxLength value="20"/>
            </xs:restriction>
        </xs:simpleType>
</xs:element>
<xs:element name="Customer_Office_Address_Country" nillable="false">
    <xs:annotation>
        <xs:documentation>客户办公地址所在的国家代码。按照ISO 3166-1规定的字母代码表示。</xs:documentation>
    </xs:annotation>
        <xs:simpleType>
            <xs:restriction base="xs:string">
                <xs:minLength value="0"/>
                <xs:maxLength value="3"/>
            </xs:restriction>
        </xs:simpleType>
</xs:element>
<xs:element name="Customer_Office_Address_Province" nillable="true">
    <xs:annotation>
        <xs:documentation>客户办公地址所在的省。按照ISO 3166-2规定的字母代码表示。</xs:documentation>
    </xs:annotation>
        <xs:simpleType>
            <xs:restriction base="xs:string">
                <xs:minLength value="0"/>
                <xs:maxLength value="6"/>
            </xs:restriction>
        </xs:simpleType>
</xs:element>
<xs:element name="Customer_Office_Address_City" nillable="false">
    <xs:annotation>
        <xs:documentation>客户办公地址所在的市。</xs:documentation>
    </xs:annotation>
        <xs:simpleType>
            <xs:restriction base="xs:string">
                <xs:minLength value="0"/>
                <xs:maxLength value="100"/>
            </xs:restriction>
```

```
                </xs:simpleType>
            </xs:element>
            <xs:element name="Customer_Office_Address_Detailed" nillable="false">
                <xs:annotation>
                    <xs:documentation>客户办公所在的具体地址，包括区、路、门牌号、大楼名称、楼层、房间等信息。</xs:documentation>
                </xs:annotation>
                    <xs:simpleType>
                        <xs:restriction base="xs:string">
                            <xs:minLength value="0"/>
                            <xs:maxLength value="100"/>
                        </xs:restriction>
                    </xs:simpleType>
            </xs:element>
            <xs:element name="Customer_Office_Address_Postal_Code" nillable= "false">
                <xs:annotation>
                    <xs:documentation>客户办公所在地的邮政编码。</xs:documentation>
                </xs:annotation>
                    <xs:simpleType>
                        <xs:restriction base="xs:string">
                            <xs:minLength value="0"/>
                            <xs:maxLength value="20"/>
                        </xs:restriction>
                    </xs:simpleType>
            </xs:element>
            <xs:element name="Customer_Tax_Address_Country" nillable="false">
                <xs:annotation>
                    <xs:documentation>客户税务登记地址所在的国家代码。按照ISO 3166-1规定的字母代码表示。</xs:documentation>
                </xs:annotation>
                    <xs:simpleType>
                        <xs:restriction base="xs:string">
                            <xs:minLength value="0"/>
                            <xs:maxLength value="3"/>
                        </xs:restriction>
                    </xs:simpleType>
```

```
            </xs:element>
            <xs:element name="Customer_Tax_Address_Province" nillable="true">
                <xs:annotation>
                    <xs:documentation>客户税务登记地址所在的省。按照ISO 3166-2规定的字母代码表示。</xs:documentation>
                </xs:annotation>
                    <xs:simpleType>
                        <xs:restriction base="xs:string">
                            <xs:minLength value="0"/>
                            <xs:maxLength value="6"/>
                        </xs:restriction>
                    </xs:simpleType>
            </xs:element>
            <xs:element name="Customer_Tax_Address_City" nillable="false">
                <xs:annotation>
                    <xs:documentation>客户税务登记地址所在的市。</xs:documentation>
                </xs:annotation>
                    <xs:simpleType>
                        <xs:restriction base="xs:string">
                            <xs:minLength value="0"/>
                            <xs:maxLength value="100"/>
                        </xs:restriction>
                    </xs:simpleType>
            </xs:element>
            <xs:element name="Customer_Tax_Address_Detailed" nillable="false">
                <xs:annotation>
                    <xs:documentation>客户税务登记地址的具体地址，包括区、路、门牌号、大楼名称、楼层、房间等信息。</xs:documentation>
                </xs:annotation>
                    <xs:simpleType>
                        <xs:restriction base="xs:string">
                            <xs:minLength value="0"/>
                            <xs:maxLength value="100"/>
                        </xs:restriction>
                    </xs:simpleType>
            </xs:element>
```

```
<xs:element name="Customer_Tax_Address_Postal_Code" nillable="false">
    <xs:annotation>
        <xs:documentation>客户税务登记地址的邮政编码。</xs:documentation>
    </xs:annotation>
        <xs:simpleType>
            <xs:restriction base="xs:string">
                <xs:minLength value="0"/>
                <xs:maxLength value="20"/>
            </xs:restriction>
        </xs:simpleType>
</xs:element>
<xs:element name="Inactive_Date" type = "xs:date" nillable="true">
    <xs:annotation>
        <xs:documentation>客户无效的日期。客户可能会因为超出信用限额、法律限制、合同终止或破产而处于无效状态。</xs:documentation>
    </xs:annotation>
</xs:element>
<xs:element name="Transaction_Credit_Limit" nillable="true">
    <xs:annotation>
        <xs:documentation>客户的单笔交易信用额度。</xs:documentation>
    </xs:annotation>
    <xs:simpleType>
        <xs:restriction base="xs:decimal">
            <xs:totalDigits value="22"/>
            <xs:fractionDigits value="4"/>
        </xs:restriction>
    </xs:simpleType>
</xs:element>
<xs:element name="Total_Credit_Limit" nillable="true">
    <xs:annotation>
        <xs:documentation>客户信用额度总额。</xs:documentation>
    </xs:annotation>
    <xs:simpleType>
        <xs:restriction base="xs:decimal">
```

```
            <xs:totalDigits value="22"/>
            <xs:fractionDigits value="4"/>
        </xs:restriction>
    </xs:simpleType>
</xs:element>
<xs:element name="Primary_Contact_Name" nillable="true">
    <xs:annotation>
        <xs:documentation>客户主要联系人的姓名。</xs:documentation>
    </xs:annotation>
        <xs:simpleType>
            <xs:restriction base="xs:string">
                <xs:minLength value="0"/>
                <xs:maxLength value="100"/>
            </xs:restriction>
        </xs:simpleType>
</xs:element>
<xs:element name="Primary_Contact_Telephone_Number" nillable="true">
    <xs:annotation>
        <xs:documentation>客户主要联系人的电话。</xs:documentation>
    </xs:annotation>
        <xs:simpleType>
            <xs:restriction base="xs:string">
                <xs:minLength value="0"/>
                <xs:maxLength value="20"/>
            </xs:restriction>
        </xs:simpleType>
</xs:element>
<xs:element name="Primary_Contact_Email" nillable="true">
    <xs:annotation>
        <xs:documentation>客户主要联系人的邮箱。</xs:documentation>
    </xs:annotation>
        <xs:simpleType>
            <xs:restriction base="xs:string">
                <xs:minLength value="0"/>
                <xs:maxLength value="100"/>
            </xs:restriction>
        </xs:simpleType>
```

```
</xs:element>
<xs:element name="Terms_Discount_Percentage" nillable="true">
    <xs:annotation>
        <xs:documentation>如果在一定天数之前付款，客户可以享受的折扣百分比。在平面文件中，条款表达一般表现为小数。例如，10%为0.10。</xs:documentation>
    </xs:annotation>
    <xs:simpleType>
        <xs:restriction base="xs:decimal">
            <xs:totalDigits value="5"/>
            <xs:fractionDigits value="4"/>
        </xs:restriction>
    </xs:simpleType>
</xs:element>
<xs:element name="Terms_Discount_Days" nillable="true">
    <xs:annotation>
        <xs:documentation>自开具发票之日起客户能够使用折扣的天数。数值取整，不留小数。例如，10天以10表示。</xs:documentation>
    </xs:annotation>
    <xs:simpleType>
        <xs:restriction base="xs:decimal">
            <xs:totalDigits value="6"/>
            <xs:fractionDigits value="0"/>
        </xs:restriction>
    </xs:simpleType>
</xs:element>
<xs:element name="Terms_Due_Days" nillable="true">
    <xs:annotation>
        <xs:documentation>发票到期之前允许履行义务的默认天数。</xs:documentation>
    </xs:annotation>
    <xs:simpleType>
        <xs:restriction base="xs:decimal">
            <xs:totalDigits value="6"/>
            <xs:fractionDigits value="0"/>
        </xs:restriction>
    </xs:simpleType>
```

```
			</xs:element>
			<xs:element name="Created_Date" type = "xs:date" nillable="true">
				<xs:annotation>
					<xs:documentation>订单记录录入系统的日期。如果可能，应采用系统生成的日期（而非用户输入的日期）。有时也被称为创建日期，按照GB/T 7408—2005表示。</xs:documentation>
				</xs:annotation>
			</xs:element>
			<xs:element name="Created_Time" type = "xs:time" nillable="true">
				<xs:annotation>
					<xs:documentation>交易记录在系统中创建的时间。</xs:documentation>
				</xs:annotation>
			</xs:element>
			<xs:element name="Approved_Date" type = "xs:date" nillable="true">
				<xs:annotation>
					<xs:documentation>批准添加或修改客户的日期。</xs:documentation>
				</xs:annotation>
			</xs:element>
			<xs:element name="Approved_Time" type = "xs:time" nillable="true">
				<xs:annotation>
					<xs:documentation>添加或修改被批准的时间。</xs:documentation>
				</xs:annotation>
			</xs:element>
			<xs:element name="Last_Modified_Date" type = "xs:date" nillable="true">
				<xs:annotation>
					<xs:documentation>最后修改客户记录的日期。</xs:documentation>
				</xs:annotation>
			</xs:element>
			<xs:element name="Last_Modified_Time" type = "xs:time" nillable="true">
				<xs:annotation>
					<xs:documentation>最后修改客户记录的时间。</xs:documentation>
				</xs:annotation>
			</xs:element>
			<xs:element name="Parent_Customer_ID" nillable="false">
				<xs:annotation>
					<xs:documentation>上级客户的唯一标识符。</xs:documentation>
				</xs:annotation>
```

```
                <xs:simpleType>
                    <xs:restriction base="xs:string">
                        <xs:minLength value="0"/>
                        <xs:maxLength value="60"/>
                    </xs:restriction>
                </xs:simpleType>
        </xs:element>
        <xs:element name="Corresponding_Supplier_ID" nillable="true">
            <xs:annotation>
                <xs:documentation>当客户同时作为供应商时，对应供应商的唯一标识符。否则，设置为“NULL”。</xs:documentation>
            </xs:annotation>
                <xs:simpleType>
                    <xs:restriction base="xs:string">
                        <xs:minLength value="0"/>
                        <xs:maxLength value="60"/>
                    </xs:restriction>
                </xs:simpleType>
        </xs:element>
        <xs:element name="Created_User_ID" nillable="false">
            <xs:annotation>
                <xs:documentation>唯一制单人的标识符。一般由计算机自动生成，用于系统内部进行数据关联。</xs:documentation>
            </xs:annotation>
                <xs:simpleType>
                    <xs:restriction base="xs:string">
                        <xs:minLength value="0"/>
                        <xs:maxLength value="25"/>
                    </xs:restriction>
                </xs:simpleType>
        </xs:element>
        <xs:element name="Approved_User_ID" nillable="false">
            <xs:annotation>
                <xs:documentation>唯一标识符，用于批准客户添加或修改的员工信息。一般由计算机自动生成，用于系统内部进行数据关联。</xs:documentation>
            </xs:annotation>
                <xs:simpleType>
```

```
                        <xs:restriction base="xs:string">
                            <xs:minLength value="0"/>
                            <xs:maxLength value="25"/>
                        </xs:restriction>
                    </xs:simpleType>
            </xs:element>
            <xs:element name="Last_Modified_User_ID" nillable="true">
                <xs:annotation>
                    <xs:documentation>唯一标识符，用于最后修改记录的员工信息。一般由计算机自动生成，用于系统内部进行数据关联。</xs:documentation>
                </xs:annotation>
                    <xs:simpleType>
                        <xs:restriction base="xs:string">
                            <xs:minLength value="0"/>
                            <xs:maxLength value="25"/>
                        </xs:restriction>
                    </xs:simpleType>
            </xs:element>
        </xs:sequence>
    </xs:complexType>
</xs:element>
<xs:element name="BAS_Supplier">
    <xs:complexType>
        <xs:sequence>
            <xs:element name="Supplier_Account_ID" nillable="false">
                <xs:annotation>
                    <xs:documentation>供应商的唯一标识符。一般由计算机自动生成，用于系统内部进行数据关联。供应商是指向被审计单位销售商品或提供劳务的一方。</xs:documentation>
                </xs:annotation>
                    <xs:simpleType>
                        <xs:restriction base="xs:string">
                            <xs:minLength value="0"/>
                            <xs:maxLength value="60"/>
                        </xs:restriction>
                    </xs:simpleType>
            </xs:element>
```

```
<xs:element name="Supplier_Account_Number" nillable="false">
    <xs:annotation>
        <xs:documentation>供应商的编号。供应商是指向被审计单位
销售商品或提供劳务的一方。</xs:documentation>
    </xs:annotation>
        <xs:simpleType>
            <xs:restriction base="xs:string">
                <xs:minLength value="0"/>
                <xs:maxLength value="80"/>
            </xs:restriction>
        </xs:simpleType>
</xs:element>
<xs:element name="Supplier_Account_Name" nillable="false">
    <xs:annotation>
        <xs:documentation>供应商的名称全称。</xs:documentation>
    </xs:annotation>
        <xs:simpleType>
            <xs:restriction base="xs:string">
                <xs:minLength value="0"/>
                <xs:maxLength value="512"/>
            </xs:restriction>
        </xs:simpleType>
</xs:element>
<xs:element name="Supplier_Abbreviation" nillable="true">
    <xs:annotation>
        <xs:documentation>供应商的名称简称。</xs:documentation>
    </xs:annotation>
        <xs:simpleType>
            <xs:restriction base="xs:string">
                <xs:minLength value="0"/>
                <xs:maxLength value="256"/>
            </xs:restriction>
        </xs:simpleType>
</xs:element>
<xs:element name="Supplier_Type_ID" nillable="false">
    <xs:annotation>
        <xs:documentation>供应商类别的唯一标识符。一般由计算机
```

```
自动生成，用于系统内部进行数据关联。</xs:documentation>
                    </xs:annotation>
                        <xs:simpleType>
                            <xs:restriction base="xs:string">
                                <xs:minLength value="0"/>
                                <xs:maxLength value="60"/>
                            </xs:restriction>
                        </xs:simpleType>
                </xs:element>
                <xs:element name="Supplier_Type_Code" nillable="false">
                    <xs:annotation>
                        <xs:documentation>供应商类别的编码。例如，“004”表示首
选供应商、“005”表示关键供应商、“006”表示普通供应商。</xs:documentation>
                    </xs:annotation>
                        <xs:simpleType>
                            <xs:restriction base="xs:string">
                                <xs:minLength value="0"/>
                                <xs:maxLength value="80"/>
                            </xs:restriction>
                        </xs:simpleType>
                </xs:element>
                <xs:element name="Supplier_Type_Name" nillable="false">
                    <xs:annotation>
                        <xs:documentation>按供应商属性分类的类别名称。例如，首
选供应商、关键供应商、普通供应商。</xs:documentation>
                    </xs:annotation>
                        <xs:simpleType>
                            <xs:restriction base="xs:string">
                                <xs:minLength value="0"/>
                                <xs:maxLength value="80"/>
                            </xs:restriction>
                        </xs:simpleType>
                </xs:element>
                <xs:element name="Parent_Supplier_Type_ID" nillable="true">
                    <xs:annotation>
                        <xs:documentation>上级供应商类别的唯一标识符。一般由计
算机自动生成，用于系统内部进行数据关联。例如，通常上级供应商类别包括“原材
```

```
料供应商”“服务类供应商”“工程项目类供应商”“设备类供应商”等，下级类别包括“铁矿石供应商”“广告服务类供应商”“专业服务类供应商”等。</xs:documentation>
          </xs:annotation>
              <xs:simpleType>
                  <xs:restriction base="xs:string">
                      <xs:minLength value="0"/>
                      <xs:maxLength value="60"/>
                  </xs:restriction>
              </xs:simpleType>
      </xs:element>
      <xs:element name="Supplier_Taxpayer_Identification_Number" nillable="false">
          <xs:annotation>
              <xs:documentation>供应商的纳税人识别号，通常由税务监管机构生成。</xs:documentation>
          </xs:annotation>
              <xs:simpleType>
                  <xs:restriction base="xs:string">
                      <xs:minLength value="0"/>
                      <xs:maxLength value="100"/>
                  </xs:restriction>
              </xs:simpleType>
      </xs:element>
      <xs:element name="Supplier_Address_Country" nillable="false">
          <xs:annotation>
              <xs:documentation>供应商所在的国家代码。按照ISO 3166-1规定的字母代码表示。</xs:documentation>
          </xs:annotation>
              <xs:simpleType>
                  <xs:restriction base="xs:string">
                      <xs:minLength value="0"/>
                      <xs:maxLength value="3"/>
                  </xs:restriction>
              </xs:simpleType>
      </xs:element>
      <xs:element name="Supplier_Address_Province" nillable="true">
          <xs:annotation>
```

```
                <xs:documentation>供应商所在的省。按照ISO 3166-2规定的字母代码表示。</xs:documentation>
            </xs:annotation>
                <xs:simpleType>
                    <xs:restriction base="xs:string">
                        <xs:minLength value="0"/>
                        <xs:maxLength value="6"/>
                    </xs:restriction>
                </xs:simpleType>
        </xs:element>
        <xs:element name="Supplier_Address_City" nillable="false">
            <xs:annotation>
                <xs:documentation>供应商所在的市。</xs:documentation>
            </xs:annotation>
                <xs:simpleType>
                    <xs:restriction base="xs:string">
                        <xs:minLength value="0"/>
                        <xs:maxLength value="100"/>
                    </xs:restriction>
                </xs:simpleType>
        </xs:element>
        <xs:element name="Supplier_Address_Detailed" nillable="false">
            <xs:annotation>
                <xs:documentation>供应商所在的具体地址，包括区、路、门牌号、大楼名称、楼层、房间等信息。</xs:documentation>
            </xs:annotation>
                <xs:simpleType>
                    <xs:restriction base="xs:string">
                        <xs:minLength value="0"/>
                        <xs:maxLength value="100"/>
                    </xs:restriction>
                </xs:simpleType>
        </xs:element>
        <xs:element name="Supplier_Address_Physical_Postal_Code" nillable="false">
            <xs:annotation>
                <xs:documentation>供应商所在地的邮政编码。</xs:documentation>
```

```
                </xs:annotation>
                    <xs:simpleType>
                        <xs:restriction base="xs:string">
                            <xs:minLength value="0"/>
                            <xs:maxLength value="20"/>
                        </xs:restriction>
                    </xs:simpleType>
            </xs:element>
            <xs:element name="Supplier_Office_Address_Country" nillable="false">
                <xs:annotation>
                    <xs:documentation>供应商办公地址所在的国家代码。按照
ISO 3166-1规定的字母代码表示。</xs:documentation>
                </xs:annotation>
                    <xs:simpleType>
                        <xs:restriction base="xs:string">
                            <xs:minLength value="0"/>
                            <xs:maxLength value="3"/>
                        </xs:restriction>
                    </xs:simpleType>
            </xs:element>
            <xs:element name="Supplier_Office_Address_Province" nillable="true">
                <xs:annotation>
                    <xs:documentation>供应商办公地址所在的省。按照ISO 3166-2
规定的字母代码表示。</xs:documentation>
                </xs:annotation>
                    <xs:simpleType>
                        <xs:restriction base="xs:string">
                            <xs:minLength value="0"/>
                            <xs:maxLength value="6"/>
                        </xs:restriction>
                    </xs:simpleType>
            </xs:element>
            <xs:element name="Supplier_Office_Address_City" nillable="false">
                <xs:annotation>
                    <xs:documentation>供应商办公地址所在的市。
</xs:documentation>
                </xs:annotation>
```

```
                <xs:simpleType>
                    <xs:restriction base="xs:string">
                        <xs:minLength value="0"/>
                        <xs:maxLength value="100"/>
                    </xs:restriction>
                </xs:simpleType>
            </xs:element>
            <xs:element name="Supplier_Office_Address_Detailed" nillable="false">
                <xs:annotation>
                    <xs:documentation>供应商办公所在的具体地址，包括区、路、门牌号、大楼名称、楼层、房间等信息。</xs:documentation>
                </xs:annotation>
                <xs:simpleType>
                    <xs:restriction base="xs:string">
                        <xs:minLength value="0"/>
                        <xs:maxLength value="100"/>
                    </xs:restriction>
                </xs:simpleType>
            </xs:element>
            <xs:element name="Supplier_Office_Address_Postal_Code" nillable="false">
                <xs:annotation>
                    <xs:documentation>供应商办公所在地的邮政编码。</xs:documentation>
                </xs:annotation>
                <xs:simpleType>
                    <xs:restriction base="xs:string">
                        <xs:minLength value="0"/>
                        <xs:maxLength value="20"/>
                    </xs:restriction>
                </xs:simpleType>
            </xs:element>
            <xs:element name="Supplier_Tax_Address_Country" nillable="false">
                <xs:annotation>
                    <xs:documentation>供应商税务登记地址所在的国家代码。按照ISO 3166-1规定的字母代码表示。</xs:documentation>
                </xs:annotation>
```

```
                <xs:simpleType>
                    <xs:restriction base="xs:string">
                        <xs:minLength value="0"/>
                        <xs:maxLength value="3"/>
                    </xs:restriction>
                </xs:simpleType>
        </xs:element>
        <xs:element name="Supplier_Tax_Address_Province" nillable="true">
            <xs:annotation>
                <xs:documentation>供应商税务登记地址所在的省。按照ISO
3166-2规定的字母代码表示。</xs:documentation>
            </xs:annotation>
                <xs:simpleType>
                    <xs:restriction base="xs:string">
                        <xs:minLength value="0"/>
                        <xs:maxLength value="6"/>
                    </xs:restriction>
                </xs:simpleType>
        </xs:element>
        <xs:element name="Supplier_Tax_Address_City" nillable="false">
            <xs:annotation>
                <xs:documentation>供应商税务登记地址所在的市。
</xs:documentation>
            </xs:annotation>
                <xs:simpleType>
                    <xs:restriction base="xs:string">
                        <xs:minLength value="0"/>
                        <xs:maxLength value="100"/>
                    </xs:restriction>
                </xs:simpleType>
        </xs:element>
        <xs:element name="Supplier_Tax_Address_Detailed" nillable="false">
            <xs:annotation>
                <xs:documentation>供应商税务登记的具体地址，包括区、路、
门牌号、大楼名称、楼层、房间等信息。</xs:documentation>
            </xs:annotation>
                <xs:simpleType>
```

```
                <xs:restriction base="xs:string">
                    <xs:minLength value="0"/>
                    <xs:maxLength value="100"/>
                </xs:restriction>
            </xs:simpleType>
    </xs:element>
    <xs:element name="Supplier_Tax_Address_Postal_Code" nillable="false">
        <xs:annotation>
            <xs:documentation>供应商税务登记地址的邮政编码。
</xs:documentation>
        </xs:annotation>
            <xs:simpleType>
                <xs:restriction base="xs:string">
                    <xs:minLength value="0"/>
                    <xs:maxLength value="20"/>
                </xs:restriction>
            </xs:simpleType>
    </xs:element>
    <xs:element name="Primary_Contact_Name" nillable="true">
        <xs:annotation>
            <xs:documentation>供应商主要联系人的姓名。</xs:documentation>
        </xs:annotation>
            <xs:simpleType>
                <xs:restriction base="xs:string">
                    <xs:minLength value="0"/>
                    <xs:maxLength value="100"/>
                </xs:restriction>
            </xs:simpleType>
    </xs:element>
    <xs:element name="Primary_Contact_Telephone_Number" nillable="true">
        <xs:annotation>
            <xs:documentation>供应商主要联系人的电话。</xs:documentation>
        </xs:annotation>
            <xs:simpleType>
                <xs:restriction base="xs:string">
                    <xs:minLength value="0"/>
                    <xs:maxLength value="20"/>
```

```
                </xs:restriction>
            </xs:simpleType>
        </xs:element>
        <xs:element name="Primary_Contact_Email" nillable="true">
            <xs:annotation>
                <xs:documentation>供应商主要联系人的邮箱。</xs:documentation>
            </xs:annotation>
                <xs:simpleType>
                    <xs:restriction base="xs:string">
                        <xs:minLength value="0"/>
                        <xs:maxLength value="100"/>
                    </xs:restriction>
                </xs:simpleType>
        </xs:element>
        <xs:element name="Supplier_Group" nillable="true">
            <xs:annotation>
                <xs:documentation>当组织机构对供应商进行细分时的供应商分组。</xs:documentation>
            </xs:annotation>
                <xs:simpleType>
                    <xs:restriction base="xs:string">
                        <xs:minLength value="0"/>
                        <xs:maxLength value="100"/>
                    </xs:restriction>
                </xs:simpleType>
        </xs:element>
        <xs:element name="Inactive_Date" type="xs:date" nillable="true">
            <xs:annotation>
                <xs:documentation>供应商无效的日期。供应商可能会因为超出信用限额、法律限制、合同终止或破产而处于无效状态。</xs:documentation>
            </xs:annotation>
        </xs:element>
        <xs:element name="Transaction_Credit_Limit" nillable="true">
            <xs:annotation>
                <xs:documentation>供应商的发票信用额度。</xs:documentation>
            </xs:annotation>
            <xs:simpleType>
```

```
                <xs:restriction base="xs:decimal">
                    <xs:totalDigits value="22"/>
                    <xs:fractionDigits value="4"/>
                </xs:restriction>
            </xs:simpleType>
        </xs:element>
        <xs:element name="Total_Credit_Limit" nillable="true">
            <xs:annotation>
                <xs:documentation>供应商未偿还总额的信用额度。</xs:documentation>
            </xs:annotation>
            <xs:simpleType>
                <xs:restriction base="xs:decimal">
                    <xs:totalDigits value="22"/>
                    <xs:fractionDigits value="4"/>
                </xs:restriction>
            </xs:simpleType>
        </xs:element>
        <xs:element name="Terms_Discount_Percentage" nillable="true">
            <xs:annotation>
                <xs:documentation>如果在一定天数之前付款，供应商可以享受的折扣百分比。在平面文件中，条款表达一般表现为小数。例如，10%为0.10。</xs:documentation>
            </xs:annotation>
            <xs:simpleType>
                <xs:restriction base="xs:decimal">
                    <xs:totalDigits value="5"/>
                    <xs:fractionDigits value="4"/>
                </xs:restriction>
            </xs:simpleType>
        </xs:element>
        <xs:element name="Terms_Discount_Days" nillable="true">
            <xs:annotation>
                <xs:documentation>自开具发票之日起供应商能够使用折扣的天数。数值取整，不留小数。例如，10天以10表示。</xs:documentation>
            </xs:annotation>
            <xs:simpleType>
```

```
                <xs:restriction base="xs:decimal">
                    <xs:totalDigits value="6"/>
                    <xs:fractionDigits value="0"/>
                </xs:restriction>
            </xs:simpleType>
        </xs:element>
        <xs:element name="Terms_Due_Days" nillable="true">
            <xs:annotation>
                <xs:documentation>发票到期之前允许履行义务的默认天数。
</xs:documentation>
            </xs:annotation>
            <xs:simpleType>
                <xs:restriction base="xs:decimal">
                    <xs:totalDigits value="6"/>
                    <xs:fractionDigits value="0"/>
                </xs:restriction>
            </xs:simpleType>
        </xs:element>
        <xs:element name="Created_Date" type = "xs:date" nillable="true">
            <xs:annotation>
                <xs:documentation>订单记录录入系统的日期。如果可能，
应采用系统生成的日期（而非用户输入的日期）。有时也被称为创建日期，按照GB/T
7408—2005表示。</xs:documentation>
            </xs:annotation>
        </xs:element>
        <xs:element name="Created_Time" type = "xs:time" nillable="true">
            <xs:annotation>
                <xs:documentation>交易记录在系统中创建的时间。</xs:documentation>
            </xs:annotation>
        </xs:element>
        <xs:element name="Approved_Date" type = "xs:date" nillable="true">
            <xs:annotation>
                <xs:documentation>批准添加或修改供应商的日期。
</xs:documentation>
            </xs:annotation>
        </xs:element>
        <xs:element name="Approved_Time" type = "xs:time" nillable="true">
```

```
                <xs:annotation>
                    <xs:documentation>分录被批准的时间。</xs:documentation>
                </xs:annotation>
            </xs:element>
            <xs:element name="Last_Modified_Date" type = "xs:date" nillable="true">
                <xs:annotation>
                    <xs:documentation>最后修改供应商记录的日期。</xs:documentation>
                </xs:annotation>
            </xs:element>
            <xs:element name="Last_Modified_Time" type = "xs:time" nillable="true">
                <xs:annotation>
                    <xs:documentation>最后修改分录的时间。</xs:documentation>
                </xs:annotation>
            </xs:element>
            <xs:element name="Parent_Supplier_ID" nillable="false">
                <xs:annotation>
                    <xs:documentation>上级供应商的唯一标识符。通常由系统自动生成。</xs:documentation>
                </xs:annotation>
                    <xs:simpleType>
                        <xs:restriction base="xs:string">
                            <xs:minLength value="0"/>
                            <xs:maxLength value="60"/>
                        </xs:restriction>
                    </xs:simpleType>
            </xs:element>
            <xs:element name="Corresponding_Customer_ID" nillable="true">
                <xs:annotation>
                    <xs:documentation>当供应商同时作为客户时，对应供应商的唯一标识符。通常由系统自动生成。</xs:documentation>
                </xs:annotation>
                    <xs:simpleType>
                        <xs:restriction base="xs:string">
                            <xs:minLength value="0"/>
                            <xs:maxLength value="60"/>
                        </xs:restriction>
```

```
            </xs:simpleType>
        </xs:element>
        <xs:element name="Created_User_ID" nillable="false">
            <xs:annotation>
                <xs:documentation>唯一制单人的标识符，一般由系统自动生成。</xs:documentation>
            </xs:annotation>
            <xs:simpleType>
                <xs:restriction base="xs:string">
                    <xs:minLength value="0"/>
                    <xs:maxLength value="25"/>
                </xs:restriction>
            </xs:simpleType>
        </xs:element>
        <xs:element name="Approved_User_ID" nillable="false">
            <xs:annotation>
                <xs:documentation>唯一标识符，用于批准供应商添加或修改的员工信息，一般由系统自动生成。</xs:documentation>
            </xs:annotation>
            <xs:simpleType>
                <xs:restriction base="xs:string">
                    <xs:minLength value="0"/>
                    <xs:maxLength value="25"/>
                </xs:restriction>
            </xs:simpleType>
        </xs:element>
        <xs:element name="Last_Modified_User_ID" nillable="true">
            <xs:annotation>
                <xs:documentation>唯一标识符，用于最后修改记录的员工信息，由系统自动生成。</xs:documentation>
            </xs:annotation>
            <xs:simpleType>
                <xs:restriction base="xs:string">
                    <xs:minLength value="0"/>
                    <xs:maxLength value="25"/>
                </xs:restriction>
            </xs:simpleType>
```

```
                </xs:element>
            </xs:sequence>
        </xs:complexType>
    </xs:element>
    <xs:element name="BAS_Chart_Of_Accounts">
        <xs:complexType>
            <xs:sequence>
                <xs:element name="GL_Account_Number" nillable="false">
                    <xs:annotation>
                        <xs:documentation>会计科目的编号，科目各级次编号的长度用[-]隔开形成序列。例如，“4-2-2”或“4-3-4”。</xs:documentation>
                    </xs:annotation>
                        <xs:simpleType>
                            <xs:restriction base="xs:string">
                                <xs:minLength value="0"/>
                                <xs:maxLength value="100"/>
                            </xs:restriction>
                        </xs:simpleType>
                </xs:element>
                <xs:element name="GL_Account_Name" nillable="false">
                    <xs:annotation>
                        <xs:documentation>会计科目的名称。</xs:documentation>
                    </xs:annotation>
                        <xs:simpleType>
                            <xs:restriction base="xs:string">
                                <xs:minLength value="0"/>
                                <xs:maxLength value="100"/>
                            </xs:restriction>
                        </xs:simpleType>
                </xs:element>
                <xs:element name="GL_Account_Description" nillable="true">
                    <xs:annotation>
                        <xs:documentation>与“会计科目编号”关联的标签或描述。</xs:documentation>
                    </xs:annotation>
                        <xs:simpleType>
                            <xs:restriction base="xs:string">
```

```
                <xs:minLength value="0"/>
                <xs:maxLength value="1000"/>
            </xs:restriction>
        </xs:simpleType>
</xs:element>
<xs:element name="FS_Caption" nillable="false">
    <xs:annotation>
        <xs:documentation>代表相关会计账户组合的财务报表项目。例如，现金和现金等价物、应付账款、销售成本。</xs:documentation>
    </xs:annotation>
        <xs:simpleType>
            <xs:restriction base="xs:string">
                <xs:minLength value="0"/>
                <xs:maxLength value="100"/>
            </xs:restriction>
        </xs:simpleType>
</xs:element>
<xs:element name="FS_Caption_Sub_Class" nillable="true">
    <xs:annotation>
        <xs:documentation>报表的二级项目，用于描述某些报表的细项，便于进一步分析和使用。例如，货币资金下的现金、银行存款、其他货币资金，存货下的原材料、产成品等。</xs:documentation>
    </xs:annotation>
        <xs:simpleType>
            <xs:restriction base="xs:string">
                <xs:minLength value="0"/>
                <xs:maxLength value="100"/>
            </xs:restriction>
        </xs:simpleType>
</xs:element>
<xs:element name="Account_Type" nillable="false">
    <xs:annotation>
        <xs:documentation>会计科目的类型。例如，资产、负债、权益。</xs:documentation>
    </xs:annotation>
        <xs:simpleType>
            <xs:restriction base="xs:string">
```

```
                <xs:minLength value="0"/>
                <xs:maxLength value="25"/>
            </xs:restriction>
        </xs:simpleType>
</xs:element>
<xs:element name="Account_Subtype" nillable="false">
    <xs:annotation>
        <xs:documentation>会计科目的子类别。例如，流动资产是资产的子类别。</xs:documentation>
    </xs:annotation>
        <xs:simpleType>
            <xs:restriction base="xs:string">
                <xs:minLength value="0"/>
                <xs:maxLength value="25"/>
            </xs:restriction>
        </xs:simpleType>
</xs:element>
<xs:element name="Account_Hierarchy" nillable="true">
    <xs:annotation>
        <xs:documentation>会计科目级次中的账户编码的对应级别。例如，“01”为一级账户（如资产）、“02”为二级账户（如流动资产）。</xs:documentation>
    </xs:annotation>
        <xs:simpleType>
            <xs:restriction base="xs:string">
                <xs:length value="2" fixed="true"/>
            </xs:restriction>
        </xs:simpleType>
</xs:element>
<xs:element name="Balance_Debit_Or_Credit" nillable="true">
    <xs:annotation>
        <xs:documentation>说明账户余额为贷方余额或借方余额。其中，资产和支出在正常情况下属于借方余额，而负债、权益和收入在正常情况下属于贷方余额。例如，C是贷方、D是借方。</xs:documentation>
    </xs:annotation>
        <xs:simpleType>
            <xs:restriction base="xs:string">
                <xs:length value="1" fixed="true"/>
```

```
                </xs:restriction>
            </xs:simpleType>
        </xs:element>
        <xs:element name="Active_Flag" nillable="true">
            <xs:annotation>
                <xs:documentation>会计科目为有效或无效。1表示有效，0表示无效。</xs:documentation>
            </xs:annotation>
            <xs:simpleType>
                <xs:restriction base="xs:boolean">
                </xs:restriction>
            </xs:simpleType>
        </xs:element>
        <xs:element name="Business_Segment_X" nillable="false">
            <xs:annotation>
                <xs:documentation>保留字段，应用于业务分部/结构。“X”表示在组织结构中的等级。用于替换“X”的每个数字都与唯一的相对等级相关联。例如，分部、部门、业务单元、采购组织、项目、法人实体。</xs:documentation>
            </xs:annotation>
            <xs:simpleType>
                <xs:restriction base="xs:string">
                    <xs:minLength value="0"/>
                    <xs:maxLength value="25"/>
                </xs:restriction>
            </xs:simpleType>
        </xs:element>
        <xs:element name="Regulator_Payable_Account_Number" nillable="false">
            <xs:annotation>
                <xs:documentation>用于反映监管机构的应付税款的总账账户。</xs:documentation>
            </xs:annotation>
            <xs:simpleType>
                <xs:restriction base="xs:string">
                    <xs:minLength value="0"/>
                    <xs:maxLength value="100"/>
                </xs:restriction>
```

```
                        </xs:simpleType>
                    </xs:element>
                    <xs:element name="Parent_GL_Account_Number" nillable="false">
                        <xs:annotation>
                            <xs:documentation>会计科目级次中的上级账户编号。可以采
用不止“公共基础-会计科目”表中预定义的级别。当“上级科目编号”为最高级别时，
其值可以设置为默认值。例如，设置为“NULL”。</xs:documentation>
                        </xs:annotation>
                            <xs:simpleType>
                                <xs:restriction base="xs:string">
                                    <xs:minLength value="0"/>
                                    <xs:maxLength value="100"/>
                                </xs:restriction>
                            </xs:simpleType>
                    </xs:element>
                </xs:sequence>
            </xs:complexType>
        </xs:element>
        <xs:element name="BAS_Accounting_Period">
            <xs:complexType>
                <xs:sequence>
                    <xs:element name="Fiscal_Year" nillable="false">
                        <xs:annotation>
                            <xs:documentation>会计年度所覆盖的日期。年份应以四位数
显示为“YYYY”，这是按照GB/T 7408—2005表示“YYYY-MM-DD”扩展格式的一部
分。</xs:documentation>
                        </xs:annotation>
                            <xs:simpleType>
                                <xs:restriction base="xs:string">
                                    <xs:length value="4" fixed="true"/>
                                </xs:restriction>
                            </xs:simpleType>
                    </xs:element>
                    <xs:element name="Accounting_Period" nillable="false">
                        <xs:annotation>
                            <xs:documentation>会计期间所覆盖的日期。例如，在任何日
期开始至任何日期结束的期间内，W1-W53表示按周计算的期间，M1-M12表示按月计
```

```
算的期间，Q1-Q4表示按季度计算的期间。</xs:documentation>
                    </xs:annotation>
                        <xs:simpleType>
                            <xs:restriction base="xs:string">
                                <xs:minLength value="0"/>
                                <xs:maxLength value="15"/>
                            </xs:restriction>
                        </xs:simpleType>
                </xs:element>
                <xs:element name="Accounting_Period_Beginning_Date" type = "xs:date"
nillable="false">
                    <xs:annotation>
                        <xs:documentation>当前会计期间的开始日期。</xs:documentation>
                    </xs:annotation>
                </xs:element>
                <xs:element name="Accounting_Period_Ending_Date" type = "xs:date"
nillable="false">
                    <xs:annotation>
                        <xs:documentation>当前会计期间的结束日期。</xs:documentation>
                    </xs:annotation>
                </xs:element>
            </xs:sequence>
        </xs:complexType>
    </xs:element>
    <xs:element name="BAS_JE_Type">
        <xs:complexType>
            <xs:sequence>
                <xs:element name="JE_Type_Code" nillable="false">
                    <xs:annotation>
                        <xs:documentation>记账凭证类型的编码。例如，“004”表示
现金收入分录、“005”表示现金支出分录、“006”表示非现金分录。</xs:documentation>
                    </xs:annotation>
                        <xs:simpleType>
                            <xs:restriction base="xs:string">
                                <xs:minLength value="0"/>
                                <xs:maxLength value="60"/>
                            </xs:restriction>
```

```
                </xs:simpleType>
            </xs:element>
            <xs:element name="JE_Type_Name" nillable="false">
                <xs:annotation>
                    <xs:documentation>记账凭证类型的名称。通常按业务分类以
满足内部控制的需求和/或便于进行分类和查询。例如，记账凭证可以根据交易是否涉
及现金进行分类。在这种情况下，可以有现金收入分录、现金支出分录和非现金分录，
从而对赚取的利息收入和应付工资进行调整，估计折旧和坏账费用，以及/或为抵销总
账中的错误所产生的影响而进行更正。</xs:documentation>
                </xs:annotation>
                    <xs:simpleType>
                        <xs:restriction base="xs:string">
                            <xs:minLength value="0"/>
                            <xs:maxLength value="60"/>
                        </xs:restriction>
                    </xs:simpleType>
            </xs:element>
            <xs:element name="JE_Type_Abbreviation" nillable="true">
                <xs:annotation>
                    <xs:documentation>记账凭证类型的简称。</xs:documentation>
                </xs:annotation>
                    <xs:simpleType>
                        <xs:restriction base="xs:string">
                            <xs:minLength value="0"/>
                            <xs:maxLength value="30"/>
                        </xs:restriction>
                    </xs:simpleType>
            </xs:element>
            <xs:element name="Active_Flag" nillable="true">
                <xs:annotation>
                    <xs:documentation>记账凭证为有效或无效。1表示有效，0表
示无效。</xs:documentation>
                </xs:annotation>
                    <xs:simpleType>
                        <xs:restriction base="xs:boolean">
                        </xs:restriction>
                    </xs:simpleType>
```

```
                    </xs:element>
                </xs:sequence>
            </xs:complexType>
        </xs:element>
        <xs:element name="BAS_Bill">
            <xs:complexType>
                <xs:sequence>
                    <xs:element name="Bill_Type_Code" nillable="false">
                        <xs:annotation>
                            <xs:documentation>票据类型的编码。例如，“004”表示银行汇票、“005”表示本票、“006”表示支票。</xs:documentation>
                        </xs:annotation>
                            <xs:simpleType>
                                <xs:restriction base="xs:string">
                                    <xs:minLength value="0"/>
                                    <xs:maxLength value="60"/>
                                </xs:restriction>
                            </xs:simpleType>
                    </xs:element>
                    <xs:element name="Bill_Type_Name" nillable="false">
                        <xs:annotation>
                            <xs:documentation>票据类型的名称。例如，银行汇票、商业汇票、本票和支票。</xs:documentation>
                        </xs:annotation>
                            <xs:simpleType>
                                <xs:restriction base="xs:string">
                                    <xs:minLength value="0"/>
                                    <xs:maxLength value="60"/>
                                </xs:restriction>
                            </xs:simpleType>
                    </xs:element>
                    <xs:element name="Active_Flag" nillable="true">
                        <xs:annotation>
                            <xs:documentation>票据类型为有效或无效。1表示有效，0表示无效。</xs:documentation>
                        </xs:annotation>
                            <xs:simpleType>
```

```
                <xs:restriction base="xs:boolean">
                </xs:restriction>
            </xs:simpleType>
        </xs:element>
    </xs:sequence>
</xs:complexType>
</xs:element>
<xs:element name="BAS_Settlement_Method">
    <xs:complexType>
        <xs:sequence>
            <xs:element name="Settlement_Method_Code" nillable="true">
                <xs:annotation>
                    <xs:documentation>结算方式编码。可采用各种方式结算交易
和进行转账。例如，现金、票据、信用卡、汇款以及银行代收。</xs:documentation>
                </xs:annotation>
                    <xs:simpleType>
                        <xs:restriction base="xs:string">
                            <xs:minLength value="0"/>
                            <xs:maxLength value="80"/>
                        </xs:restriction>
                    </xs:simpleType>
            </xs:element>
            <xs:element name="Settlement_Method_Name" nillable="false">
                <xs:annotation>
                    <xs:documentation>结算方式的名称。例如，现金结算、票据
结算、信用卡结算、银行汇款结算、银行托收结算。</xs:documentation>
                </xs:annotation>
                    <xs:simpleType>
                        <xs:restriction base="xs:string">
                            <xs:minLength value="0"/>
                            <xs:maxLength value="80"/>
                        </xs:restriction>
                    </xs:simpleType>
            </xs:element>
            <xs:element name="Active_Flag" nillable="true">
                <xs:annotation>
                    <xs:documentation>结算方式为有效或无效。1表示有效，0表
```

```
示无效。</xs:documentation>
                    </xs:annotation>
                        <xs:simpleType>
                            <xs:restriction base="xs:boolean">
                            </xs:restriction>
                        </xs:simpleType>
                </xs:element>
            </xs:sequence>
        </xs:complexType>
    </xs:element>
    <xs:element name="BAS_Currency">
        <xs:complexType>
            <xs:sequence>
                <xs:element name="Currency_Code" nillable="false">
                    <xs:annotation>
                        <xs:documentation>币种的编码。按照ISO 4217规定的3字母
代码表示。</xs:documentation>
                    </xs:annotation>
                        <xs:simpleType>
                            <xs:restriction base="xs:string">
                                <xs:length value="3" fixed="true"/>
                            </xs:restriction>
                        </xs:simpleType>
                </xs:element>
                <xs:element name="Currency_Name" nillable="false">
                    <xs:annotation>
                        <xs:documentation>会计和/或ERP系统中的币种名称。
</xs:documentation>
                    </xs:annotation>
                        <xs:simpleType>
                            <xs:restriction base="xs:string">
                                <xs:minLength value="0"/>
                                <xs:maxLength value="30"/>
                            </xs:restriction>
                        </xs:simpleType>
                </xs:element>
                <xs:element name="Minor_Unit" nillable="true">
```

```
                    <xs:annotation>
                        <xs:documentation>记录价值的单位，是相关货币单位的一种划分。次要单位表示这种单位和货币本身之间的十进制关系。数字0表示该货币没有次要单位。数字1、2、3等分别表示10：1、100：1、1000：1等比率。例如，美分是美元的百分之一、英国便士是英镑的百分之一。两者的次要单位数都是2。</xs:documentation>
                    </xs:annotation>
                        <xs:simpleType>
                            <xs:restriction base="xs:string">
                                <xs:minLength value="0"/>
                                <xs:maxLength value="30"/>
                            </xs:restriction>
                        </xs:simpleType>
                </xs:element>
                <xs:element name="Active_Flag" nillable="true">
                    <xs:annotation>
                        <xs:documentation>币种为有效或无效。1表示有效，0表示无效。</xs:documentation>
                    </xs:annotation>
                        <xs:simpleType>
                            <xs:restriction base="xs:boolean">
                            </xs:restriction>
                        </xs:simpleType>
                </xs:element>
            </xs:sequence>
        </xs:complexType>
    </xs:element>
    <xs:element name="BAS_UOM">
        <xs:complexType>
            <xs:sequence>
                <xs:element name="UOM_Code" nillable="false">
                    <xs:annotation>
                        <xs:documentation>计量单位的唯一标识码。一般由计算机自动生成，用于系统内部进行数据关联。</xs:documentation>
                    </xs:annotation>
                        <xs:simpleType>
                            <xs:restriction base="xs:string">
                                <xs:minLength value="0"/>
```

```
                        <xs:maxLength value="80"/>
                    </xs:restriction>
                </xs:simpleType>
            </xs:element>
            <xs:element name="UOM_Name" nillable="false">
                <xs:annotation>
                    <xs:documentation>用于计量物料数量的计量单位的名称。</xs:documentation>
                </xs:annotation>
                <xs:simpleType>
                    <xs:restriction base="xs:string">
                        <xs:minLength value="0"/>
                        <xs:maxLength value="80"/>
                    </xs:restriction>
                </xs:simpleType>
            </xs:element>
            <xs:element name="UOM_Abbreviation" nillable="false">
                <xs:annotation>
                    <xs:documentation>计量单位的简称。例如，千克为kg、平方米为sq.m。</xs:documentation>
                </xs:annotation>
                <xs:simpleType>
                    <xs:restriction base="xs:string">
                        <xs:minLength value="0"/>
                        <xs:maxLength value="40"/>
                    </xs:restriction>
                </xs:simpleType>
            </xs:element>
        </xs:sequence>
    </xs:complexType>
</xs:element>
<xs:element name="BAS_Payment_Term">
    <xs:complexType>
        <xs:sequence>
            <xs:element name="Payment_Term_Code" nillable="true">
                <xs:annotation>
                    <xs:documentation>付款条件的编码。</xs:documentation>
```

```
</xs:annotation>
    <xs:simpleType>
        <xs:restriction base="xs:string">
            <xs:minLength value="0"/>
            <xs:maxLength value="80"/>
        </xs:restriction>
    </xs:simpleType>
</xs:element>
<xs:element name="Payment_Term_Name" nillable="false">
    <xs:annotation>
        <xs:documentation>付款条件的全称。例如，条件为“净月结60天，2/10”。表示客户应自开具发票之日起60天内支付全款。但若客户能在10日内支付款项，则可享受2%的现金折扣。</xs:documentation>
    </xs:annotation>
    <xs:simpleType>
        <xs:restriction base="xs:string">
            <xs:minLength value="0"/>
            <xs:maxLength value="256"/>
        </xs:restriction>
    </xs:simpleType>
</xs:element>
<xs:element name="Payment_Term_Line_Number" nillable="false">
    <xs:annotation>
        <xs:documentation>基于“付款条件编码”的行号。该数字通过手动输入生成或系统生成。</xs:documentation>
    </xs:annotation>
    <xs:simpleType>
        <xs:restriction base="xs:string">
            <xs:minLength value="0"/>
            <xs:maxLength value="10"/>
        </xs:restriction>
    </xs:simpleType>
</xs:element>
<xs:element name="Payment_Term_Line_Description" nillable="false">
    <xs:annotation>
        <xs:documentation>对付款条件行的详细说明。例如，付款到期日、折扣天数、折扣百分比。</xs:documentation>
```

```
                </xs:annotation>
                    <xs:simpleType>
                        <xs:restriction base="xs:string">
                            <xs:minLength value="0"/>
                            <xs:maxLength value="256"/>
                        </xs:restriction>
                    </xs:simpleType>
            </xs:element>
            <xs:element name="Active_Flag" nillable="true">
                <xs:annotation>
                    <xs:documentation>付款条件为有效还是无效。1表示有效，0表示无效。</xs:documentation>
                </xs:annotation>
                    <xs:simpleType>
                        <xs:restriction base="xs:boolean">
                        </xs:restriction>
                    </xs:simpleType>
            </xs:element>
        </xs:sequence>
    </xs:complexType>
</xs:element>
<xs:element name="BAS_Project">
    <xs:complexType>
        <xs:sequence>
            <xs:element name="Project_ID" nillable="false">
                <xs:annotation>
                    <xs:documentation>项目的唯一标识符。通常由系统自动生成。</xs:documentation>
                </xs:annotation>
                    <xs:simpleType>
                        <xs:restriction base="xs:string">
                            <xs:minLength value="0"/>
                            <xs:maxLength value="60"/>
                        </xs:restriction>
                    </xs:simpleType>
            </xs:element>
            <xs:element name="Project_Code" nillable="false">
```

```
        <xs:annotation>
            <xs:documentation>项目的编码。</xs:documentation>
        </xs:annotation>
            <xs:simpleType>
                <xs:restriction base="xs:string">
                    <xs:minLength value="0"/>
                    <xs:maxLength value="80"/>
                </xs:restriction>
            </xs:simpleType>
    </xs:element>
    <xs:element name="Project_Name" nillable="false">
        <xs:annotation>
            <xs:documentation>与运营和管理相关的项目的名称。
</xs:documentation>
        </xs:annotation>
            <xs:simpleType>
                <xs:restriction base="xs:string">
                    <xs:minLength value="0"/>
                    <xs:maxLength value="512"/>
                </xs:restriction>
            </xs:simpleType>
    </xs:element>
    <xs:element name="Project_Beginning_Date" type = "xs:date" nillable=
"true">
        <xs:annotation>
            <xs:documentation>项目的开始日期。</xs:documentation>
        </xs:annotation>
    </xs:element>
    <xs:element name="Project_Ending_Date" type = "xs:date" nillable=
"true">
        <xs:annotation>
            <xs:documentation>项目的结束日期。</xs:documentation>
        </xs:annotation>
    </xs:element>
    <xs:element name="Project_Leader" nillable="true">
        <xs:annotation>
            <xs:documentation>项目的负责人。</xs:documentation>
```

```
                </xs:annotation>
                    <xs:simpleType>
                        <xs:restriction base="xs:string">
                            <xs:minLength value="0"/>
                            <xs:maxLength value="100"/>
                        </xs:restriction>
                    </xs:simpleType>
            </xs:element>
            <xs:element name="Project_Responsible_Department" nillable="true">
                <xs:annotation>
                    <xs:documentation>负责项目的责任部门。</xs:documentation>
                </xs:annotation>
                    <xs:simpleType>
                        <xs:restriction base="xs:string">
                            <xs:minLength value="0"/>
                            <xs:maxLength value="256"/>
                        </xs:restriction>
                    </xs:simpleType>
            </xs:element>
            <xs:element name="Customer_ID" nillable="false">
                <xs:annotation>
                    <xs:documentation>客户的唯一标识符。一般由计算机自动生成，用于系统内部进行数据关联。</xs:documentation>
                </xs:annotation>
                    <xs:simpleType>
                        <xs:restriction base="xs:string">
                            <xs:minLength value="0"/>
                            <xs:maxLength value="60"/>
                        </xs:restriction>
                    </xs:simpleType>
            </xs:element>
        </xs:sequence>
    </xs:complexType>
</xs:element>
<xs:element name="BAS_Bank_Account">
    <xs:complexType>
        <xs:sequence>
```

```
<xs:element name="Bank_Account_Number" nillable="false">
    <xs:annotation>
        <xs:documentation>在银行、金融机构、结算中心等机构所开
设账户的账号。如果适用，建议按照ISO 13616-2表示。</xs:documentation>
    </xs:annotation>
        <xs:simpleType>
            <xs:restriction base="xs:string">
                <xs:minLength value="0"/>
                <xs:maxLength value="60"/>
            </xs:restriction>
        </xs:simpleType>
</xs:element>
<xs:element name="Bank_Name" nillable="false">
    <xs:annotation>
        <xs:documentation>银行、金融机构、结算中心等机构的名称
全称。</xs:documentation>
    </xs:annotation>
        <xs:simpleType>
            <xs:restriction base="xs:string">
                <xs:minLength value="0"/>
                <xs:maxLength value="256"/>
            </xs:restriction>
        </xs:simpleType>
</xs:element>
<xs:element name="Bank_Account_Name" nillable="false">
    <xs:annotation>
        <xs:documentation>企业在银行、金融机构、结算中心等机构
所开设账户的名称。</xs:documentation>
    </xs:annotation>
        <xs:simpleType>
            <xs:restriction base="xs:string">
                <xs:minLength value="0"/>
                <xs:maxLength value="128"/>
            </xs:restriction>
        </xs:simpleType>
</xs:element>
<xs:element name="Bank_Code" nillable="false">
```

```
            <xs:annotation>
                <xs:documentation>金融机构的编码。按照ISO 9362或ISO 17442表示，首选ISO 17442。原因之一是银行分行的标识符不会因地址变动而变更。</xs:documentation>
            </xs:annotation>
                <xs:simpleType>
                    <xs:restriction base="xs:string">
                        <xs:minLength value="0"/>
                        <xs:maxLength value="80"/>
                    </xs:restriction>
                </xs:simpleType>
        </xs:element>
        <xs:element name="Bank_Account_Type" nillable="false">
            <xs:annotation>
                <xs:documentation>银行存款账户的类型，包括但不限于客户、供应商的基本存款账户、一般存款账户、专用存款账户、临时存款账户、外币资本项下账户、外币经常项下账户、保证金账户、定期存款账户、通知存款账户，具体账户类型的填写可参考银行行业金融机构实际操作情况。</xs:documentation>
            </xs:annotation>
                <xs:simpleType>
                    <xs:restriction base="xs:string">
                        <xs:minLength value="0"/>
                        <xs:maxLength value="128"/>
                    </xs:restriction>
                </xs:simpleType>
        </xs:element>
        <xs:element name="Branch_Code" nillable="false">
            <xs:annotation>
                <xs:documentation>银行分支机构的代码。</xs:documentation>
            </xs:annotation>
                <xs:simpleType>
                    <xs:restriction base="xs:string">
                        <xs:minLength value="0"/>
                        <xs:maxLength value="80"/>
                    </xs:restriction>
                </xs:simpleType>
        </xs:element>
```

```
<xs:element name="Branch_Name" nillable="false">
    <xs:annotation>
        <xs:documentation>银行分支机构的名称全称。</xs:documentation>
    </xs:annotation>
        <xs:simpleType>
            <xs:restriction base="xs:string">
                <xs:minLength value="0"/>
                <xs:maxLength value="200"/>
            </xs:restriction>
        </xs:simpleType>
</xs:element>
<xs:element name="Branch_Country" nillable="true">
    <xs:annotation>
        <xs:documentation>银行分支机构所在的国家代码。按照ISO 3166-1规定的字母代码表示。</xs:documentation>
    </xs:annotation>
        <xs:simpleType>
            <xs:restriction base="xs:string">
                <xs:minLength value="0"/>
                <xs:maxLength value="3"/>
            </xs:restriction>
        </xs:simpleType>
</xs:element>
<xs:element name="Branch_Region" nillable="true">
    <xs:annotation>
        <xs:documentation>银行分支机构所在国家内部的次区域。例如，省、自治区、直辖市。</xs:documentation>
    </xs:annotation>
        <xs:simpleType>
            <xs:restriction base="xs:string">
                <xs:minLength value="0"/>
                <xs:maxLength value="25"/>
            </xs:restriction>
        </xs:simpleType>
</xs:element>
<xs:element name="Business_Segment_X" nillable="false">
    <xs:annotation>
```

```
                    <xs:documentation>保留字段，应用于业务分部/结构。“X”表
示在组织结构中的等级。用于替换“X”的每个数字都与唯一的相对等级相关联。例如，
分部、部门、业务单元、采购组织、项目、法人实体。</xs:documentation>
                  </xs:annotation>
                    <xs:simpleType>
                      <xs:restriction base="xs:string">
                        <xs:minLength value="0"/>
                        <xs:maxLength value="25"/>
                      </xs:restriction>
                    </xs:simpleType>
                </xs:element>
              </xs:sequence>
            </xs:complexType>
          </xs:element>
          <xs:element name="BAS_Tax_Regulatory">
            <xs:complexType>
              <xs:sequence>
                <xs:element name="Regulator_Code" nillable="false">
                  <xs:annotation>
                    <xs:documentation>监管机构或司法辖区的编码。
</xs:documentation>
                  </xs:annotation>
                    <xs:simpleType>
                      <xs:restriction base="xs:string">
                        <xs:minLength value="0"/>
                        <xs:maxLength value="25"/>
                      </xs:restriction>
                    </xs:simpleType>
                </xs:element>
                <xs:element name="Regulator_Country" nillable="false">
                  <xs:annotation>
                    <xs:documentation>监管机构所在的国家代码。按照ISO 3166-1
规定的字母代码表示。</xs:documentation>
                  </xs:annotation>
                    <xs:simpleType>
                      <xs:restriction base="xs:string">
                        <xs:minLength value="0"/>
```

```
                <xs:maxLength value="3"/>
            </xs:restriction>
        </xs:simpleType>
</xs:element>
<xs:element name="Regulator_Region" nillable="false">
    <xs:annotation>
        <xs:documentation>监管机构所在国家内部的次区域。例如，
省、自治区、直辖市。</xs:documentation>
    </xs:annotation>
        <xs:simpleType>
            <xs:restriction base="xs:string">
                <xs:minLength value="0"/>
                <xs:maxLength value="25"/>
            </xs:restriction>
        </xs:simpleType>
</xs:element>
<xs:element name="Regulator_Name" nillable="false">
    <xs:annotation>
        <xs:documentation>预扣或预提税款的监管机构的名称。
</xs:documentation>
    </xs:annotation>
        <xs:simpleType>
            <xs:restriction base="xs:string">
                <xs:minLength value="0"/>
                <xs:maxLength value="100"/>
            </xs:restriction>
        </xs:simpleType>
</xs:element>
<xs:element name="Regulator_Role" nillable="false">
    <xs:annotation>
        <xs:documentation>监管机构的等级。例如，国外监管机构有
联邦、地区或地方，国内监管机构有中央、省/自治区/直辖市、县等。</xs:documentation>
    </xs:annotation>
        <xs:simpleType>
            <xs:restriction base="xs:string">
                <xs:minLength value="0"/>
                <xs:maxLength value="20"/>
```

```
                        </xs:restriction>
                    </xs:simpleType>
                </xs:element>
                <xs:element name="Regulator_ID" nillable="false">
                    <xs:annotation>
                        <xs:documentation>监管机构ID，被分配/系统生成的ID。</xs:documentation>
                    </xs:annotation>
                    <xs:simpleType>
                        <xs:restriction base="xs:string">
                            <xs:minLength value="0"/>
                            <xs:maxLength value="25"/>
                        </xs:restriction>
                    </xs:simpleType>
                </xs:element>
                <xs:element name="Regulator_Active_Flag" nillable="false">
                    <xs:annotation>
                        <xs:documentation>“监管机构编码”是否仍在使用中。1表示使用中，0表示停用。</xs:documentation>
                    </xs:annotation>
                    <xs:simpleType>
                        <xs:restriction base="xs:boolean">
                        </xs:restriction>
                    </xs:simpleType>
                </xs:element>
                <xs:element name="Regulator_Accrual_Account_Number" nillable="false">
                    <xs:annotation>
                        <xs:documentation>用于反映应付监管机构的预提税款的总账账户。</xs:documentation>
                    </xs:annotation>
                    <xs:simpleType>
                        <xs:restriction base="xs:string">
                            <xs:minLength value="0"/>
                            <xs:maxLength value="100"/>
                        </xs:restriction>
                    </xs:simpleType>
```

```xml
</xs:element>
<xs:element name="Regulator_Expense_Account_Number" nillable="false">
    <xs:annotation>
        <xs:documentation>用于反映应付监管机构的所有税款的总账账户。</xs:documentation>
    </xs:annotation>
        <xs:simpleType>
            <xs:restriction base="xs:string">
                <xs:minLength value="0"/>
                <xs:maxLength value="100"/>
            </xs:restriction>
        </xs:simpleType>
</xs:element>
<xs:element name="Regulator_Reporting_Organization" nillable="false">
    <xs:annotation>
        <xs:documentation>报告机构的编码。</xs:documentation>
    </xs:annotation>
        <xs:simpleType>
            <xs:restriction base="xs:string">
                <xs:minLength value="0"/>
                <xs:maxLength value="25"/>
            </xs:restriction>
        </xs:simpleType>
</xs:element>
<xs:element name="Regulator_Payable_Account_Number" nillable="false">
    <xs:annotation>
        <xs:documentation>用于反映监管机构的应付税款的总账账户。</xs:documentation>
    </xs:annotation>
        <xs:simpleType>
            <xs:restriction base="xs:string">
                <xs:minLength value="0"/>
                <xs:maxLength value="100"/>
            </xs:restriction>
        </xs:simpleType>
```

```
                </xs:element>
            </xs:sequence>
        </xs:complexType>
    </xs:element>
    <xs:element name="BAS_Tax">
        <xs:complexType>
            <xs:sequence>
                <xs:element name="Tax_Type_Code" nillable="false">
                    <xs:annotation>
                        <xs:documentation>用于指代该税项类型的编码，在文件中用作密钥或交叉索引。例如，“004”表示所得税、“005”表示关税、“006”表示增值税。</xs:documentation>
                    </xs:annotation>
                    <xs:simpleType>
                        <xs:restriction base="xs:string">
                            <xs:minLength value="0"/>
                            <xs:maxLength value="25"/>
                        </xs:restriction>
                    </xs:simpleType>
                </xs:element>
                <xs:element name="Tax_Name" nillable="false">
                    <xs:annotation>
                        <xs:documentation>税项类型的名称。例如，所得税、关税、增值税。</xs:documentation>
                    </xs:annotation>
                    <xs:simpleType>
                        <xs:restriction base="xs:string">
                            <xs:minLength value="0"/>
                            <xs:maxLength value="100"/>
                        </xs:restriction>
                    </xs:simpleType>
                </xs:element>
                <xs:element name="Tax_Type_Description" nillable="false">
                    <xs:annotation>
                        <xs:documentation>税项类型的描述。</xs:documentation>
                    </xs:annotation>
                    <xs:simpleType>
```

```xml
                <xs:restriction base="xs:string">
                    <xs:minLength value="0"/>
                    <xs:maxLength value="100"/>
                </xs:restriction>
            </xs:simpleType>
        </xs:element>
        <xs:element name="Tax_Code_Description" nillable="false">
            <xs:annotation>
                <xs:documentation>税项编码的描述，是税项类型的分支。例如，提供现代服务适用的增值税税率为6%。</xs:documentation>
            </xs:annotation>
                <xs:simpleType>
                    <xs:restriction base="xs:string">
                        <xs:minLength value="0"/>
                        <xs:maxLength value="1000"/>
                    </xs:restriction>
                </xs:simpleType>
        </xs:element>
        <xs:element name="Tax_Percentage" nillable="false">
            <xs:annotation>
                <xs:documentation>税项类型所对应的税率，用百分比表示。</xs:documentation>
            </xs:annotation>
            <xs:simpleType>
                <xs:restriction base="xs:decimal">
                    <xs:totalDigits value="30"/>
                    <xs:fractionDigits value="10"/>
                </xs:restriction>
            </xs:simpleType>
        </xs:element>
        <xs:element name="Business_Segment_X" nillable="false">
            <xs:annotation>
                <xs:documentation>保留字段，应用于业务分部/结构。“X”表示在组织结构中的等级。用于替换“X”的每个数字都与唯一的相对等级相关联。例如，分部、部门、业务单元、采购组织、项目、法人实体。</xs:documentation>
            </xs:annotation>
                <xs:simpleType>
```

```
                        <xs:restriction base="xs:string">
                            <xs:minLength value="0"/>
                            <xs:maxLength value="25"/>
                        </xs:restriction>
                    </xs:simpleType>
                </xs:element>
                <xs:element name="Regulator_Code" nillable="false">
                    <xs:annotation>
                        <xs:documentation>监管机构或司法辖区的编码。</xs:documentation>
                    </xs:annotation>
                    <xs:simpleType>
                        <xs:restriction base="xs:string">
                            <xs:minLength value="0"/>
                            <xs:maxLength value="25"/>
                        </xs:restriction>
                    </xs:simpleType>
                </xs:element>
            </xs:sequence>
        </xs:complexType>
    </xs:element>
    <xs:element name="BAS_Profile">
        <xs:complexType>
            <xs:sequence>
                <xs:element name="Profile_Number" nillable="false">
                    <xs:annotation>
                        <xs:documentation>当前数据集的编号。通过手动输入生成或系统自动生成。</xs:documentation>
                    </xs:annotation>
                    <xs:simpleType>
                        <xs:restriction base="xs:string">
                            <xs:minLength value="0"/>
                            <xs:maxLength value="5"/>
                        </xs:restriction>
                    </xs:simpleType>
                </xs:element>
                <xs:element name="Profile_Name" nillable="false">
                    <xs:annotation>
```

```
          <xs:documentation>当前数据集的名称。</xs:documentation>
        </xs:annotation>
          <xs:simpleType>
            <xs:restriction base="xs:string">
              <xs:minLength value="0"/>
              <xs:maxLength value="30"/>
            </xs:restriction>
          </xs:simpleType>
      </xs:element>
      <xs:element name="Developer_Name" nillable="true">
        <xs:annotation>
          <xs:documentation>会计和/或ERP系统软件开发单位的名称。
</xs:documentation>
        </xs:annotation>
          <xs:simpleType>
            <xs:restriction base="xs:string">
              <xs:minLength value="0"/>
              <xs:maxLength value="200"/>
            </xs:restriction>
          </xs:simpleType>
      </xs:element>
      <xs:element name="Software_Name" nillable="true">
        <xs:annotation>
          <xs:documentation>会计和/或ERP系统软件的名称。
</xs:documentation>
        </xs:annotation>
          <xs:simpleType>
            <xs:restriction base="xs:string">
              <xs:minLength value="0"/>
              <xs:maxLength value="200"/>
            </xs:restriction>
          </xs:simpleType>
      </xs:element>
      <xs:element name="Software_Version" nillable="true">
        <xs:annotation>
          <xs:documentation>会计和/或ERP系统软件的版本号。
</xs:documentation>
```

```
                </xs:annotation>
                    <xs:simpleType>
                        <xs:restriction base="xs:string">
                            <xs:minLength value="0"/>
                            <xs:maxLength value="20"/>
                        </xs:restriction>
                    </xs:simpleType>
            </xs:element>
            <xs:element name="Standard_Version" nillable="true">
                <xs:annotation>
                    <xs:documentation>当前输出文件所符合标准的标准发布号。例如，“ISO 21378”。</xs:documentation>
                </xs:annotation>
                    <xs:simpleType>
                        <xs:restriction base="xs:string">
                            <xs:minLength value="0"/>
                            <xs:maxLength value="30"/>
                        </xs:restriction>
                    </xs:simpleType>
            </xs:element>
            <xs:element name="Time_Zone" nillable="false">
                <xs:annotation>
                    <xs:documentation>当地时间与当天世界协调时间（UTC）之间的时差。时差的表示方式可以用小时和分钟表示，或仅用小时表示。“时区”必须以扩展格式显示为“±小时：分钟”。按照GB/T 7408—2005表示。例如，纽芬兰的时区为-03:30、北京的时区为+08:00。</xs:documentation>
                </xs:annotation>
                    <xs:simpleType>
                        <xs:restriction base="xs:string">
                            <xs:length value="6" fixed="true"/>
                        </xs:restriction>
                    </xs:simpleType>
            </xs:element>
            <xs:element name="Industry_ID" nillable="false">
                <xs:annotation>
                    <xs:documentation>行业的唯一标识码。一般由计算机自动生成，用于系统内部进行数据关联。</xs:documentation>
```

```
            </xs:annotation>
                <xs:simpleType>
                    <xs:restriction base="xs:string">
                        <xs:minLength value="0"/>
                        <xs:maxLength value="60"/>
                    </xs:restriction>
                </xs:simpleType>
        </xs:element>
        <xs:element name="Industry" nillable="true">
            <xs:annotation>
                <xs:documentation>上级行业代码下的对应行业名称。
</xs:documentation>
            </xs:annotation>
                <xs:simpleType>
                    <xs:restriction base="xs:string">
                        <xs:minLength value="0"/>
                        <xs:maxLength value="60"/>
                    </xs:restriction>
                </xs:simpleType>
        </xs:element>
        <xs:element name="Accounting_Entity" nillable="true">
            <xs:annotation>
                <xs:documentation>会计核算单位的名称。</xs:documentation>
            </xs:annotation>
                <xs:simpleType>
                    <xs:restriction base="xs:string">
                        <xs:minLength value="0"/>
                        <xs:maxLength value="60"/>
                    </xs:restriction>
                </xs:simpleType>
        </xs:element>
        <xs:element name="Organization_Code" nillable="false">
            <xs:annotation>
                <xs:documentation>使用企业资源计划软件的单位组织机构代
码。</xs:documentation>
            </xs:annotation>
                <xs:simpleType>
```

```xml
                <xs:restriction base="xs:string">
                    <xs:minLength value="0"/>
                    <xs:maxLength value="20"/>
                </xs:restriction>
            </xs:simpleType>
    </xs:element>
    <xs:element name="Accounting_Entity_Nature_ID" nillable="false">
        <xs:annotation>
            <xs:documentation>单位性质的唯一标识码。一般由计算机自动生成，用于系统内部进行数据关联。</xs:documentation>
        </xs:annotation>
            <xs:simpleType>
                <xs:restriction base="xs:string">
                    <xs:minLength value="0"/>
                    <xs:maxLength value="60"/>
                </xs:restriction>
            </xs:simpleType>
    </xs:element>
    <xs:element name="Accounting_Entity_Nature" nillable="false">
        <xs:annotation>
            <xs:documentation>赋值为“企业单位”或“事业单位”。</xs:documentation>
        </xs:annotation>
            <xs:simpleType>
                <xs:restriction base="xs:string">
                    <xs:length value="4" fixed="true"/>
                </xs:restriction>
            </xs:simpleType>
    </xs:element>
    <xs:element name="Extracted_Date" type = "xs:date" nillable="false">
        <xs:annotation>
            <xs:documentation>数据提取的日期。</xs:documentation>
        </xs:annotation>
    </xs:element>
    <xs:element name="Functional_Currency_Code" nillable="false">
        <xs:annotation>
            <xs:documentation>会计和/或ERP系统软件所用的记账本位
```

```
币或集团货币。按照ISO 4217规定的3字母代码表示。</xs:documentation>
                    </xs:annotation>
                        <xs:simpleType>
                            <xs:restriction base="xs:string">
                                <xs:length value="3" fixed="true"/>
                            </xs:restriction>
                        </xs:simpleType>
                </xs:element>
                <xs:element name="Business_Segment_X" nillable="false">
                    <xs:annotation>
                        <xs:documentation>保留字段，应用于业务分部/结构。“X”表示在组织结构中的等级。用于替换“X”的每个数字都与唯一的相对等级相关联。例如，分部、部门、业务单元、采购组织、项目、法人实体。</xs:documentation>
                    </xs:annotation>
                        <xs:simpleType>
                            <xs:restriction base="xs:string">
                                <xs:minLength value="0"/>
                                <xs:maxLength value="25"/>
                            </xs:restriction>
                        </xs:simpleType>
                </xs:element>
                <xs:element name="Fiscal_Year" nillable="false">
                    <xs:annotation>
                        <xs:documentation>会计年度所覆盖的日期。年份应以四位数显示为“YYYY”，这是按照GB/T 7408—2005表示“YYYY-MM-DD”扩展格式的一部分。</xs:documentation>
                    </xs:annotation>
                        <xs:simpleType>
                            <xs:restriction base="xs:string">
                                <xs:length value="4" fixed="true"/>
                            </xs:restriction>
                        </xs:simpleType>
                </xs:element>
            </xs:sequence>
        </xs:complexType>
    </xs:element>
    <xs:element name="BAS_Product">
```

```
<xs:complexType>
    <xs:sequence>
        <xs:element name="Product_ID" nillable="false">
            <xs:annotation>
                <xs:documentation>物料的唯一标识码。一般由计算机自动生成，用于系统内部进行数据关联。</xs:documentation>
            </xs:annotation>
                <xs:simpleType>
                    <xs:restriction base="xs:string">
                        <xs:minLength value="0"/>
                        <xs:maxLength value="60"/>
                    </xs:restriction>
                </xs:simpleType>
        </xs:element>
        <xs:element name="Product_Type_ID" nillable="false">
            <xs:annotation>
                <xs:documentation>物料类别的唯一标识码。一般由计算机自动生成，用于系统内部进行数据关联。</xs:documentation>
            </xs:annotation>
                <xs:simpleType>
                    <xs:restriction base="xs:string">
                        <xs:minLength value="0"/>
                        <xs:maxLength value="60"/>
                    </xs:restriction>
                </xs:simpleType>
        </xs:element>
        <xs:element name="Product_Type_Code" nillable="false">
            <xs:annotation>
                <xs:documentation>对物料类别进行标识的编码。</xs:documentation>
            </xs:annotation>
                <xs:simpleType>
                    <xs:restriction base="xs:string">
                        <xs:minLength value="0"/>
                        <xs:maxLength value="80"/>
                    </xs:restriction>
                </xs:simpleType>
        </xs:element>
```

```
<xs:element name="Product_Type_Name" nillable="false">
    <xs:annotation>
        <xs:documentation>按物料属性分类类别的名称。</xs:documentation>
    </xs:annotation>
        <xs:simpleType>
            <xs:restriction base="xs:string">
                <xs:minLength value="0"/>
                <xs:maxLength value="512"/>
            </xs:restriction>
        </xs:simpleType>
</xs:element>
<xs:element name="Parent_Product_Type_ID" nillable="false">
    <xs:annotation>
        <xs:documentation>上级物料类别的唯一标识码。一般由计算机自动生成，用于系统内部进行数据关联。</xs:documentation>
    </xs:annotation>
        <xs:simpleType>
            <xs:restriction base="xs:string">
                <xs:minLength value="0"/>
                <xs:maxLength value="60"/>
            </xs:restriction>
        </xs:simpleType>
</xs:element>
<xs:element name="Product_Code" nillable="false">
    <xs:annotation>
        <xs:documentation>对物料进行识别的编码。</xs:documentation>
    </xs:annotation>
        <xs:simpleType>
            <xs:restriction base="xs:string">
                <xs:minLength value="0"/>
                <xs:maxLength value="80"/>
            </xs:restriction>
        </xs:simpleType>
</xs:element>
<xs:element name="Product_Name" nillable="false">
    <xs:annotation>
```

```
                        <xs:documentation>与产品生产有关的物品、材料名称。</xs:documentation>
                    </xs:annotation>
                        <xs:simpleType>
                            <xs:restriction base="xs:string">
                                <xs:minLength value="0"/>
                                <xs:maxLength value="512"/>
                            </xs:restriction>
                        </xs:simpleType>
                </xs:element>
                <xs:element name="Product_Type_Description" nillable="false">
                    <xs:annotation>
                        <xs:documentation>物料的规格型号。</xs:documentation>
                    </xs:annotation>
                        <xs:simpleType>
                            <xs:restriction base="xs:string">
                                <xs:minLength value="0"/>
                                <xs:maxLength value="512"/>
                            </xs:restriction>
                        </xs:simpleType>
                </xs:element>
                <xs:element name="Out_Of_Service_Flag" nillable="false">
                    <xs:annotation>
                        <xs:documentation>说明对象是否停用的标识符。1表示是，0表示否。</xs:documentation>
                    </xs:annotation>
                        <xs:simpleType>
                            <xs:restriction base="xs:boolean">
                            </xs:restriction>
                        </xs:simpleType>
                </xs:element>
                <xs:element name="Out_Of_Service_Date" type = "xs:date" nillable="false">
                    <xs:annotation>
                        <xs:documentation>物料的停止使用日期。</xs:documentation>
                    </xs:annotation>
                </xs:element>
```

```
<xs:element name="Product_Source_Category" nillable="false">
    <xs:annotation>
        <xs:documentation>物料供应方式的分类名称。例如，“生产”“采购”“委外”等。</xs:documentation>
    </xs:annotation>
        <xs:simpleType>
            <xs:restriction base="xs:string">
                <xs:minLength value="0"/>
                <xs:maxLength value="60"/>
            </xs:restriction>
        </xs:simpleType>
</xs:element>
<xs:element name="Lot_Management_Flag" nillable="false">
    <xs:annotation>
        <xs:documentation>物料是否进行批次管理的标识符。1表示是，0表示否。</xs:documentation>
    </xs:annotation>
        <xs:simpleType>
            <xs:restriction base="xs:boolean">
            </xs:restriction>
        </xs:simpleType>
</xs:element>
<xs:element name="Serial_Number_Management_Flag" nillable="false">
    <xs:annotation>
        <xs:documentation>物料是否进行序列号管理的标识符。1表示是，0表示否。</xs:documentation>
    </xs:annotation>
        <xs:simpleType>
            <xs:restriction base="xs:boolean">
            </xs:restriction>
        </xs:simpleType>
</xs:element>
<xs:element name="Inventory_List_Price" nillable="true">
    <xs:annotation>
        <xs:documentation>库存清单价格。</xs:documentation>
    </xs:annotation>
    <xs:simpleType>
```

```
                <xs:restriction base="xs:decimal">
                    <xs:totalDigits value="30"/>
                    <xs:fractionDigits value="10"/>
                </xs:restriction>
            </xs:simpleType>
        </xs:element>
        <xs:element name="Inventory_Cost_Method" nillable="true">
            <xs:annotation>
                <xs:documentation>物料存货成本计算方法的说明。例如，后进先出法、先进先出法、平均法、标准法、个别计价法。</xs:documentation>
            </xs:annotation>
                <xs:simpleType>
                    <xs:restriction base="xs:string">
                        <xs:minLength value="0"/>
                        <xs:maxLength value="80"/>
                    </xs:restriction>
                </xs:simpleType>
        </xs:element>
        <xs:element name="Inventory_Cost_Method_Description" nillable="false">
            <xs:annotation>
                <xs:documentation>对物料存货成本计算方法的描述。</xs:documentation>
            </xs:annotation>
                <xs:simpleType>
                    <xs:restriction base="xs:string">
                        <xs:minLength value="0"/>
                        <xs:maxLength value="100"/>
                    </xs:restriction>
                </xs:simpleType>
        </xs:element>
        <xs:element name="Basic_UOM_Code" nillable="false">
            <xs:annotation>
                <xs:documentation>物料基本计量单位的唯一标识码。一般由计算机自动生成，用于系统内部进行数据关联。例如，金属型材以“支”或“米”计量，但是通常以“千克”作为基本计量，用于中间换算。</xs:documentation>
            </xs:annotation>
                <xs:simpleType>
```

```
                <xs:restriction base="xs:string">
                    <xs:minLength value="0"/>
                    <xs:maxLength value="80"/>
                </xs:restriction>
            </xs:simpleType>
    </xs:element>
    <xs:element name="Inventory_UOM_Code" nillable="false">
        <xs:annotation>
            <xs:documentation>物料库存计量单位的唯一标识码。一般由计算机自动生成，用于系统内部进行数据关联。</xs:documentation>
        </xs:annotation>
            <xs:simpleType>
                <xs:restriction base="xs:string">
                    <xs:minLength value="0"/>
                    <xs:maxLength value="80"/>
                </xs:restriction>
            </xs:simpleType>
    </xs:element>
    <xs:element name="Inventory_Costing_UOM_Code" nillable="false">
        <xs:annotation>
            <xs:documentation>物料成本计量单位的唯一标识码。一般由计算机自动生成，用于系统内部进行数据关联。</xs:documentation>
        </xs:annotation>
            <xs:simpleType>
                <xs:restriction base="xs:string">
                    <xs:minLength value="0"/>
                    <xs:maxLength value="80"/>
                </xs:restriction>
            </xs:simpleType>
    </xs:element>
    <xs:element name="UOM_Code" nillable="false">
        <xs:annotation>
            <xs:documentation>计量单位的唯一标识码。一般由计算机自动生成，用于系统内部进行数据关联。</xs:documentation>
        </xs:annotation>
            <xs:simpleType>
                <xs:restriction base="xs:string">
```

```
                        <xs:minLength value="0"/>
                        <xs:maxLength value="80"/>
                    </xs:restriction>
                </xs:simpleType>
            </xs:element>
            <xs:element name="Business_Segment_X" nillable="false">
                <xs:annotation>
                    <xs:documentation>保留字段，应用于业务分部/结构。“X”表示在组织结构中的等级。用于替换“X”的每个数字都与唯一的相对等级相关联。例如，分部、部门、业务单元、采购组织、项目、法人实体。</xs:documentation>
                </xs:annotation>
                <xs:simpleType>
                    <xs:restriction base="xs:string">
                        <xs:minLength value="0"/>
                        <xs:maxLength value="25"/>
                    </xs:restriction>
                </xs:simpleType>
            </xs:element>
        </xs:sequence>
    </xs:complexType>
</xs:element>
<xs:element name="BAS_Warehouse">
    <xs:complexType>
        <xs:sequence>
            <xs:element name="Location_ID" nillable="false">
                <xs:annotation>
                    <xs:documentation>仓库的唯一标识码。一般由计算机自动生成，用于系统内部进行数据关联。</xs:documentation>
                </xs:annotation>
                <xs:simpleType>
                    <xs:restriction base="xs:string">
                        <xs:minLength value="0"/>
                        <xs:maxLength value="60"/>
                    </xs:restriction>
                </xs:simpleType>
            </xs:element>
            <xs:element name="Location_Code" nillable="true">
```

```
        <xs:annotation>
            <xs:documentation>对仓库进行标识的编码。</xs:documentation>
        </xs:annotation>
            <xs:simpleType>
                <xs:restriction base="xs:string">
                    <xs:minLength value="0"/>
                    <xs:maxLength value="80"/>
                </xs:restriction>
            </xs:simpleType>
    </xs:element>
    <xs:element name="Location_Name" nillable="false">
        <xs:annotation>
            <xs:documentation>仓库的名称。</xs:documentation>
        </xs:annotation>
            <xs:simpleType>
                <xs:restriction base="xs:string">
                    <xs:minLength value="0"/>
                    <xs:maxLength value="80"/>
                </xs:restriction>
            </xs:simpleType>
    </xs:element>
    <xs:element name="Location_Address" nillable="false">
        <xs:annotation>
            <xs:documentation>仓库所在地址。</xs:documentation>
        </xs:annotation>
            <xs:simpleType>
                <xs:restriction base="xs:string">
                    <xs:minLength value="0"/>
                    <xs:maxLength value="256"/>
                </xs:restriction>
            </xs:simpleType>
    </xs:element>
    <xs:element name="Location_Acquisition_Method" nillable="true">
        <xs:annotation>
            <xs:documentation>仓库的取得方式。例如，自有、租赁等。
</xs:documentation>
        </xs:annotation>
```

```
                        <xs:simpleType>
                            <xs:restriction base="xs:string">
                                <xs:minLength value="0"/>
                                <xs:maxLength value="80"/>
                            </xs:restriction>
                        </xs:simpleType>
                    </xs:element>
                    <xs:element name="Location_Storage_Capacity" nillable="true">
                        <xs:annotation>
                            <xs:documentation>仓库存储的能力。例如，面积。</xs:documentation>
                        </xs:annotation>
                        <xs:simpleType>
                            <xs:restriction base="xs:string">
                                <xs:minLength value="0"/>
                                <xs:maxLength value="256"/>
                            </xs:restriction>
                        </xs:simpleType>
                    </xs:element>
                    <xs:element name="Business_Segment_X" nillable="false">
                        <xs:annotation>
                            <xs:documentation>保留字段，应用于业务分部/结构。“X”表示在组织结构中的等级。用于替换“X”的每个数字都与唯一的相对等级相关联。例如，分部、部门、业务单元、采购组织、项目、法人实体。</xs:documentation>
                        </xs:annotation>
                        <xs:simpleType>
                            <xs:restriction base="xs:string">
                                <xs:minLength value="0"/>
                                <xs:maxLength value="25"/>
                            </xs:restriction>
                        </xs:simpleType>
                    </xs:element>
                </xs:sequence>
            </xs:complexType>
        </xs:element>
        <xs:element name="BAS_Customized_Account_Segment">
            <xs:complexType>
```

```
<xs:sequence>
    <xs:element name="Customized_ACC_Segment_Code" nillable="true">
        <xs:annotation>
            <xs:documentation>审计数据中使用的自定义字段编码。不包括已涵盖的固定字段。例如，与客户不同，预算信息不包括在公共基础模块作为一个单独的表，因此预算信息可以确定为自定义字段。</xs:documentation>
        </xs:annotation>
            <xs:simpleType>
                <xs:restriction base="xs:string">
                    <xs:minLength value="0"/>
                    <xs:maxLength value="25"/>
                </xs:restriction>
            </xs:simpleType>
    </xs:element>
    <xs:element name="Customized_ACC_Segment_Name" nillable="true">
        <xs:annotation>
            <xs:documentation>审计数据中需要使用的自定义字段名称。例如，预算记录、计划营业收入和支出等。</xs:documentation>
        </xs:annotation>
            <xs:simpleType>
                <xs:restriction base="xs:string">
                    <xs:minLength value="0"/>
                    <xs:maxLength value="25"/>
                </xs:restriction>
            </xs:simpleType>
    </xs:element>
    <xs:element name="Customized_ACC_Description" nillable="true">
        <xs:annotation>
            <xs:documentation>审计数据中需要使用的自定义字段描述。例如，预算可以描述为受法律程序验证和批准的财政年度收入计划与支出。</xs:documentation>
        </xs:annotation>
            <xs:simpleType>
                <xs:restriction base="xs:string">
                    <xs:minLength value="0"/>
                    <xs:maxLength value="300"/>
                </xs:restriction>
            </xs:simpleType>
```

```
            </xs:element>
            <xs:element name="Customized_ACC_Encoding_Rule" nillable="true">
                <xs:annotation>
                    <xs:documentation>审计数据中需要使用的自定义字段编码规
则。如果编码规则具有层次结构特征，则每个等级都用“-”分隔。例如，预算（具有1
位数编码，如1）可细分为财务预算（具有2位数编码，如01）和施工预算（具有2位数
编码，如05），财务预算包含预算收入（具有2位数编码，如03）和预算支出（具有2
位数编码，如04），这是第三级细分。在这种情况下，自定义字段编码规则是1-2-2。
</xs:documentation>
                </xs:annotation>
                    <xs:simpleType>
                        <xs:restriction base="xs:string">
                            <xs:minLength value="0"/>
                            <xs:maxLength value="100"/>
                        </xs:restriction>
                    </xs:simpleType>
            </xs:element>
            <xs:element name="Hierarchy_Flag" nillable="true">
                <xs:annotation>
                    <xs:documentation>表值是否具有层级特征。1表示是，0表示
否。</xs:documentation>
                </xs:annotation>
                    <xs:simpleType>
                        <xs:restriction base="xs:boolean">
                        </xs:restriction>
                    </xs:simpleType>
            </xs:element>
            <xs:element name="Active_Flag" nillable="true">
                <xs:annotation>
                    <xs:documentation>自定义字段为有效还是无效。1表示有效，
0表示无效。</xs:documentation>
                </xs:annotation>
                    <xs:simpleType>
                        <xs:restriction base="xs:boolean">
                        </xs:restriction>
                    </xs:simpleType>
            </xs:element>
```

```
                </xs:sequence>
            </xs:complexType>
        </xs:element>
        <xs:element name="BAS_Customized_Account_Value">
            <xs:complexType>
                <xs:sequence>
                    <xs:element name="Customized_ACC_Value_Code" nillable="true">
                        <xs:annotation>
                            <xs:documentation>自定义字段值的编码。如果自定义字段值
编码规则为1-2-2，则相应的预算-财务预算-预算支出编码为10104。</xs:documentation>
                        </xs:annotation>
                            <xs:simpleType>
                                <xs:restriction base="xs:string">
                                    <xs:minLength value="0"/>
                                    <xs:maxLength value="100"/>
                                </xs:restriction>
                            </xs:simpleType>
                    </xs:element>
                    <xs:element name="Customized_ACC_Value_Name" nillable="true">
                        <xs:annotation>
                            <xs:documentation>每个文件的字段值的名称。例如，预算-
财务预算-预算支出。</xs:documentation>
                        </xs:annotation>
                            <xs:simpleType>
                                <xs:restriction base="xs:string">
                                    <xs:minLength value="0"/>
                                    <xs:maxLength value="100"/>
                                </xs:restriction>
                            </xs:simpleType>
                    </xs:element>
                    <xs:element name="Customized_ACC_Value_Description" nillable=
"true">
                        <xs:annotation>
                            <xs:documentation>自定义字段值的详细说明。</xs:documentation>
                        </xs:annotation>
                            <xs:simpleType>
                                <xs:restriction base="xs:string">
```

```
                    <xs:minLength value="0"/>
                    <xs:maxLength value="100"/>
                </xs:restriction>
            </xs:simpleType>
        </xs:element>
        <xs:element name="Customized_ACC_Value_Hierarchy" nillable="true">
            <xs:annotation>
                <xs:documentation>文件结构中当前值的等级。例如，1是最
高级。</xs:documentation>
            </xs:annotation>
            <xs:simpleType>
                <xs:restriction base="xs:string">
                    <xs:minLength value="0"/>
                    <xs:maxLength value="100"/>
                </xs:restriction>
            </xs:simpleType>
        </xs:element>
        <xs:element name="Parent_ACC_Value_Code" nillable="true">
            <xs:annotation>
                <xs:documentation>上级自定义字段值的编码。</xs:documentation>
            </xs:annotation>
            <xs:simpleType>
                <xs:restriction base="xs:string">
                    <xs:minLength value="0"/>
                    <xs:maxLength value="100"/>
                </xs:restriction>
            </xs:simpleType>
        </xs:element>
        <xs:element name="Customized_ACC_Segment_Code" nillable="true">
            <xs:annotation>
                <xs:documentation>审计数据中使用的自定义字段编码。不包
括已涵盖的固定字段。例如，与客户不同，预算信息不包括在公共基础模块作为一个单
独的表，因此预算信息可以确定为自定义字段。</xs:documentation>
            </xs:annotation>
            <xs:simpleType>
                <xs:restriction base="xs:string">
                    <xs:minLength value="0"/>
```

```
                    <xs:maxLength value="25"/>
                </xs:restriction>
            </xs:simpleType>
        </xs:element>
      </xs:sequence>
    </xs:complexType>
  </xs:element>
</xs:schema>
```

附 录 B
（资料性）
公共基础数据实例


```
<?xml version="1.0" encoding="UTF-8"?>
<BAS xmlns="https://www.cicpa.org.cn/2023/audit_data/XMLSchema/BAS" xmlns:xsi="http://www.w3.org/2001/XMLSchema-instance" xsi:schemaLocation="https://www.cicpa.org.cn/2023/audit_data/XMLSchema/BAS BAS.xsd">
    <BAS_Business_Segment>
        <Business_Segment_Code>03</Business_Segment_Code>
        <Business_Segment_Name>财务部</Business_Segment_Name>
        <Business_Segment_Type_Name>普通部门</Business_Segment_Type_Name>
        <Segment_Reference_Level>2</Segment_Reference_Level>
    </BAS_Business_Segment>
    <BAS_Business_Segment>
        <Business_Segment_Code>04</Business_Segment_Code>
        <Business_Segment_Name>生产部</Business_Segment_Name>
        <Business_Segment_Type_Name>普通部门</Business_Segment_Type_Name>
        <Segment_Reference_Level>2</Segment_Reference_Level>
    </BAS_Business_Segment>
    <BAS_Business_Segment>
        <Business_Segment_Code>09</Business_Segment_Code>
        <Business_Segment_Name>销售部</Business_Segment_Name>
        <Business_Segment_Type_Name>普通部门</Business_Segment_Type_Name>
        <Segment_Reference_Level>2</Segment_Reference_Level>
    </BAS_Business_Segment>
    <BAS_Business_Segment>
        <Business_Segment_Code>0401</Business_Segment_Code>
        <Business_Segment_Name>生产部_显示屏</Business_Segment_Name>
        <Business_Segment_Type_Name>普通部门</Business_Segment_Type_Name>
        <Segment_Reference_Level>3</Segment_Reference_Level>
```

```
    </BAS_Business_Segment>
    <BAS_Business_Segment>
        <Business_Segment_Code>0403</Business_Segment_Code>
        <Business_Segment_Name>生产部_照明灯具</Business_Segment_Name>
        <Business_Segment_Type_Name>普通部门</Business_Segment_Type_Name>
        <Segment_Reference_Level>3</Segment_Reference_Level>
    </BAS_Business_Segment>
    <BAS_Business_Segment_Hierarchy>
        <Parent_Segment_Code>04</Parent_Segment_Code>
        <Child_Segment_Code>0401</Child_Segment_Code>
    </BAS_Business_Segment_Hierarchy>
    <BAS_Business_Segment_Hierarchy>
        <Parent_Segment_Code>04</Parent_Segment_Code>
        <Child_Segment_Code>0403</Child_Segment_Code>
    </BAS_Business_Segment_Hierarchy>
    <BAS_Employee>
        <Employee_ID>1003A410000000001231</Employee_ID>
        <Employee_Code>TH3021</Employee_Code>
        <Employee_Name>李成</Employee_Name>
        <Inactive_Flag>1</Inactive_Flag>
        <Employee_Type_Code>008</Employee_Type_Code>
        <Employee_Type_Name>实习</Employee_Type_Name>
        <Employee_Job_Title>员工</Employee_Job_Title>
        <Employee_Academic_Background>大学本科毕业</Employee_Academic_
Background>
        <Employment_Date>2012-01-02</Employment_Date>
        <Termination_Date>2099-01-01</Termination_Date>
        <Office_Address/>
        <Department_Code>04</Department_Code>
        <User_ID>1003A9100000000477I6</User_ID>
    </BAS_Employee>
    <BAS_Employee>
        <Employee_ID>1003A410000000001237</Employee_ID>
        <Employee_Code>TH300412</Employee_Code>
        <Employee_Name>张大明</Employee_Name>
        <Inactive_Flag>1</Inactive_Flag>
        <Employee_Type_Code>004</Employee_Type_Code>
```

<Employee_Type_Name>在职</Employee_Type_Name>
<Employee_Job_Title>员工</Employee_Job_Title>
<Employee_Academic_Background>大学本科毕业</Employee_Academic_Background>
<Employment_Date>2019-07-02</Employment_Date>
<Termination_Date>2099-01-01</Termination_Date>
<Office_Address/>
<Department_Code>09</Department_Code>
<User_ID>1003A510000000044MPN</User_ID>
</BAS_Employee>
<BAS_Employee>
<Employee_ID>1003A4100000000031K9</Employee_ID>
<Employee_Code>TH3026</Employee_Code>
<Employee_Name>李雷</Employee_Name>
<Inactive_Flag>1</Inactive_Flag>
<Employee_Type_Code>005</Employee_Type_Code>
<Employee_Type_Name>退休</Employee_Type_Name>
<Employee_Job_Title>员工</Employee_Job_Title>
<Employee_Academic_Background>硕士研究生毕业</Employee_Academic_Background>
<Employment_Date>2014-07-01</Employment_Date>
<Termination_Date>2099-01-01</Termination_Date>
<Office_Address/>
<Department_Code>0401</Department_Code>
<User_ID>1003A510000000044UC2</User_ID>
</BAS_Employee>
<BAS_Employee>
<Employee_ID>1003A4100000000031KJ</Employee_ID>
<Employee_Code>TH300502115</Employee_Code>
<Employee_Name>高上</Employee_Name>
<Inactive_Flag>1</Inactive_Flag>
<Employee_Type_Code>004</Employee_Type_Code>
<Employee_Type_Name>在职</Employee_Type_Name>
<Employee_Job_Title>员工</Employee_Job_Title>
<Employee_Academic_Background>硕士研究生毕业</Employee_Academic_Background>
<Employment_Date>2020-03-02</Employment_Date>

```xml
        <Termination_Date>2099-01-01</Termination_Date>
        <Office_Address/>
        <Department_Code>0403</Department_Code>
        <User_ID>1003A910000000046H1Z</User_ID>
    </BAS_Employee>
    <BAS_Employee>
        <Employee_ID>1003A4100000000031LG</Employee_ID>
        <Employee_Code>TH300199</Employee_Code>
        <Employee_Name>朱梅</Employee_Name>
        <Inactive_Flag>1</Inactive_Flag>
        <Employee_Type_Code>004</Employee_Type_Code>
        <Employee_Type_Name>在职</Employee_Type_Name>
        <Employee_Job_Title>员工</Employee_Job_Title>
        <Employee_Academic_Background>硕士研究生毕业</Employee_Academic_Background>
        <Employment_Date>2019-02-01</Employment_Date>
        <Termination_Date>2099-01-01</Termination_Date>
        <Office_Address/>
        <Department_Code>04</Department_Code>
        <User_ID>1003A410000000008X6T</User_ID>
    </BAS_Employee>
    <BAS_Employee>
        <Employee_ID>1003A4100000000031LY</Employee_ID>
        <Employee_Code>TH300502025</Employee_Code>
        <Employee_Name>杨丽华</Employee_Name>
        <Inactive_Flag>1</Inactive_Flag>
        <Employee_Type_Code>007</Employee_Type_Code>
        <Employee_Type_Name>兼职</Employee_Type_Name>
        <Employee_Job_Title>员工</Employee_Job_Title>
        <Employee_Academic_Background>博士研究生毕业</Employee_Academic_Background>
        <Employment_Date>2020-09-02</Employment_Date>
        <Termination_Date>2099-01-01</Termination_Date>
        <Office_Address/>
        <Department_Code>0401</Department_Code>
        <User_ID>1003A410000000008YQD</User_ID>
    </BAS_Employee>
```

```
<BAS_Employee>
    <Employee_ID>1003A4100000000031M1</Employee_ID>
    <Employee_Code>TH300503015</Employee_Code>
    <Employee_Name>何一峰</Employee_Name>
    <Inactive_Flag>1</Inactive_Flag>
    <Employee_Type_Code>007</Employee_Type_Code>
    <Employee_Type_Name>兼职</Employee_Type_Name>
    <Employee_Job_Title>开发者</Employee_Job_Title>
    <Employee_Academic_Background>博士研究生毕业</Employee_Academic_Background>
    <Employment_Date>2021-01-20</Employment_Date>
    <Termination_Date>2099-01-01</Termination_Date>
    <Office_Address/>
    <Department_Code>0403</Department_Code>
    <User_ID>1003A410000000009NRS</User_ID>
</BAS_Employee>
<BAS_User>
    <User_ID>1003A9100000000477I6</User_ID>
    <User_Active_Status>1</User_Active_Status>
    <User_Status_Modified_Date>2020-01-02</User_Status_Modified_Date>
    <User_Name>李成</User_Name>
    <User_Job_Title>员工</User_Job_Title>
    <User_Role_Responsibility/>
    <User_Contact_Telephone_Number>0427-9854612458</User_Contact_Telephone_Number>
    <User_Contact_Email>liuchengcheng@aa.com</User_Contact_Email>
    <Department_Code>04</Department_Code>
</BAS_User>
<BAS_User>
    <User_ID>1003A510000000044MPN</User_ID>
    <User_Active_Status>1</User_Active_Status>
    <User_Status_Modified_Date>2019-07-02</User_Status_Modified_Date>
    <User_Name>张大明</User_Name>
    <User_Job_Title>员工</User_Job_Title>
    <User_Role_Responsibility/>
    <User_Contact_Telephone_Number>0427-9854612459</User_Contact_Telephone_Number>
```

<User_Contact_Email>zhangdaming@aa.com</User_Contact_Email>
<Department_Code>09</Department_Code>
</BAS_User>
<BAS_User>
<User_ID>1003A510000000044UC2</User_ID>
<User_Active_Status>0</User_Active_Status>
<User_Status_Modified_Date>2020-07-01</User_Status_Modified_Date>
<User_Name>李雷</User_Name>
<User_Job_Title>员工</User_Job_Title>
<User_Role_Responsibility/>
<User_Contact_Telephone_Number>0427-9854612460</User_Contact_Telephone_Number>
<User_Contact_Email>lilei@aa.com</User_Contact_Email>
<Department_Code>0401</Department_Code>
</BAS_User>
<BAS_User>
<User_ID>1003A910000000046H1Z</User_ID>
<User_Active_Status>1</User_Active_Status>
<User_Status_Modified_Date>2020-03-02</User_Status_Modified_Date>
<User_Name>高上</User_Name>
<User_Job_Title>员工</User_Job_Title>
<User_Role_Responsibility/>
<User_Contact_Telephone_Number>0427-9854612461</User_Contact_Telephone_Number>
<User_Contact_Email>gaoshang@aa.com</User_Contact_Email>
<Department_Code>0403</Department_Code>
</BAS_User>
<BAS_User>
<User_ID>1003A410000000008X6T</User_ID>
<User_Active_Status>1</User_Active_Status>
<User_Status_Modified_Date>2019-02-01</User_Status_Modified_Date>
<User_Name>朱梅</User_Name>
<User_Job_Title>员工</User_Job_Title>
<User_Role_Responsibility/>
<User_Contact_Telephone_Number>0427-9854612462</User_Contact_Telephone_Number>
<User_Contact_Email>zhumei@aa.com</User_Contact_Email>

```
        <Department_Code>04</Department_Code>
    </BAS_User>
    <BAS_User>
        <User_ID>1003A410000000008YQD</User_ID>
        <User_Active_Status>1</User_Active_Status>
        <User_Status_Modified_Date>2020-09-02</User_Status_Modified_Date>
        <User_Name>杨丽华</User_Name>
        <User_Job_Title>员工</User_Job_Title>
        <User_Role_Responsibility/>
        <User_Contact_Telephone_Number>0427-9854612463</User_Contact_Telephone_Number>
        <User_Contact_Email>zhumei@aa.com</User_Contact_Email>
        <Department_Code>0401</Department_Code>
    </BAS_User>
    <BAS_User>
        <User_ID>1003A410000000009NRS</User_ID>
        <User_Active_Status>1</User_Active_Status>
        <User_Status_Modified_Date>2021-01-20</User_Status_Modified_Date>
        <User_Name>何一峰</User_Name>
        <User_Job_Title>开发者</User_Job_Title>
        <User_Role_Responsibility/>
        <User_Contact_Telephone_Number>0427-9854612464</User_Contact_Telephone_Number>
        <User_Contact_Email>heyifeng@aa.com</User_Contact_Email>
        <Department_Code>0403</Department_Code>
    </BAS_User>
    <BAS_Customer>
        <Customer_ID>C1004100000000017DL</Customer_ID>
        <Customer_Number>GD001</Customer_Number>
        <Customer_Name>深圳富达基金有限公司</Customer_Name>
        <Customer_Abbreviation/>
        <Customer_Type_ID>CT017DG</Customer_Type_ID>
        <Customer_Type_Code>004</Customer_Type_Code>
        <Customer_Type_Name>白金客户</Customer_Type_Name>
        <Parent_Customer_Type_ID/>
        <Customer_Taxpayer_Identification_Number>91440300AM0768234H</Customer_Taxpayer_Identification_Number>
```

<Unified_Social_Credit_Code>91440300AM0768234H</Unified_Social_Credit_Code>
<Person_In_Charge>李景奇</Person_In_Charge>
<Customer_Registered_Address_Country>CN</Customer_Registered_Address_Country>
<Customer_Registered_Address_Province>CN-GD</Customer_Registered_Address_Province>
<Customer_Registered_Address_City>深圳</Customer_Registered_Address_City>
<Customer_Registered_Address_Detailed>福田区南园街道爱华南路432号</Customer_Registered_Address_Detailed>
<Customer_Registered_Address_Physical_Postal_Code>518000</Customer_Registered_Address_Physical_Postal_Code>
<Customer_Office_Address_Country>CN</Customer_Office_Address_Country>
<Customer_Office_Address_Province>CN-GD</Customer_Office_Address_Province>
<Customer_Office_Address_City>深圳</Customer_Office_Address_City>
<Customer_Office_Address_Detailed>福田区南园街道爱华南路432号</Customer_Office_Address_Detailed>
<Customer_Office_Address_Postal_Code>518000</Customer_Office_Address_Postal_Code>
<Customer_Tax_Address_Country>CN</Customer_Tax_Address_Country>
<Customer_Tax_Address_Province>CN-GD</Customer_Tax_Address_Province>
<Customer_Tax_Address_City>深圳</Customer_Tax_Address_City>
<Customer_Tax_Address_Detailed>福田区南园街道爱华南路432号</Customer_Tax_Address_Detailed>
<Customer_Tax_Address_Postal_Code>518000</Customer_Tax_Address_Postal_Code>
<Inactive_Date>2022-01-31</Inactive_Date>
<Transaction_Credit_Limit>0</Transaction_Credit_Limit>
<Total_Credit_Limit>0</Total_Credit_Limit>
<Primary_Contact_Name/>
<Primary_Contact_Telephone_Number/>
<Primary_Contact_Email/>
<Terms_Discount_Percentage>0</Terms_Discount_Percentage>
<Terms_Discount_Days>0</Terms_Discount_Days>
<Terms_Due_Days>30</Terms_Due_Days>
<Created_Date>2014-01-01</Created_Date>

<Created_Time>12:43:09</Created_Time>
<Approved_Date>2014-01-01</Approved_Date>
<Approved_Time>16:58:09</Approved_Time>
<Last_Modified_Date>2016-01-01</Last_Modified_Date>
<Last_Modified_Time>16:53:22</Last_Modified_Time>
<Parent_Customer_ID>无</Parent_Customer_ID>
<Corresponding_Supplier_ID>无</Corresponding_Supplier_ID>
<Created_User_ID>1003A410000000008X6T</Created_User_ID>
<Approved_User_ID>1003A510000000044MPN</Approved_User_ID>
<Last_Modified_User_ID>1003A510000000044MPN</Last_Modified_User_ID>
</BAS_Customer>
<BAS_Customer>
<Customer_ID>C100410000000001ADD</Customer_ID>
<Customer_Number>T30050201</Customer_Number>
<Customer_Name>天海电子上海分公司</Customer_Name>
<Customer_Abbreviation/>
<Customer_Type_ID>CT01M9R</Customer_Type_ID>
<Customer_Type_Code>005</Customer_Type_Code>
<Customer_Type_Name>黄金客户</Customer_Type_Name>
<Parent_Customer_Type_ID/>
<Customer_Taxpayer_Identification_Number>913101174Q0877619D</Customer_Taxpayer_Identification_Number>
<Unified_Social_Credit_Code>913101174Q0877619D</Unified_Social_Credit_Code>
<Person_In_Charge>张思维</Person_In_Charge>
<Customer_Registered_Address_Country>CN</Customer_Registered_Address_Country>
<Customer_Registered_Address_Province>CN-SH</Customer_Registered_Address_Province>
<Customer_Registered_Address_City>上海</Customer_Registered_Address_City>
<Customer_Registered_Address_Detailed>静安区永兴路341弄</Customer_Registered_Address_Detailed>
<Customer_Registered_Address_Physical_Postal_Code>200000</Customer_Registered_Address_Physical_Postal_Code>
<Customer_Office_Address_Country>CN</Customer_Office_Address_Country>
<Customer_Office_Address_Province>CN-SH</Customer_Office_Address_Province>

<Customer_Office_Address_City>上海</Customer_Office_Address_City>
<Customer_Office_Address_Detailed>静安区永兴路341弄</Customer_Office_Address_Detailed>
<Customer_Office_Address_Postal_Code>200000</Customer_Office_Address_Postal_Code>
<Customer_Tax_Address_Country>CN</Customer_Tax_Address_Country>
<Customer_Tax_Address_Province>CN-SH</Customer_Tax_Address_Province>
<Customer_Tax_Address_City>上海</Customer_Tax_Address_City>
<Customer_Tax_Address_Detailed>静安区永兴路341弄</Customer_Tax_Address_Detailed>
<Customer_Tax_Address_Postal_Code>200000</Customer_Tax_Address_Postal_Code>
<Inactive_Date>2022-01-31</Inactive_Date>
<Transaction_Credit_Limit>0</Transaction_Credit_Limit>
<Total_Credit_Limit>0</Total_Credit_Limit>
<Primary_Contact_Name/>
<Primary_Contact_Telephone_Number/>
<Primary_Contact_Email/>
<Terms_Discount_Percentage>0</Terms_Discount_Percentage>
<Terms_Discount_Days>0</Terms_Discount_Days>
<Terms_Due_Days>30</Terms_Due_Days>
<Created_Date>2014-01-01</Created_Date>
<Created_Time>14:43:09</Created_Time>
<Approved_Date>2014-01-01</Approved_Date>
<Approved_Time>16:58:09</Approved_Time>
<Last_Modified_Date>2018-04-01</Last_Modified_Date>
<Last_Modified_Time>16:41:37</Last_Modified_Time>
<Parent_Customer_ID>无</Parent_Customer_ID>
<Corresponding_Supplier_ID>无</Corresponding_Supplier_ID>
<Created_User_ID>1003A410000000008YQD</Created_User_ID>
<Approved_User_ID>1003A510000000044MPN</Approved_User_ID>
<Last_Modified_User_ID>1003A510000000044MPN</Last_Modified_User_ID>
</BAS_Customer>
<BAS_Customer>
<Customer_ID>C100410000000001ADG</Customer_ID>
<Customer_Number>T30050202</Customer_Number>
<Customer_Name>天海电子南京分公司</Customer_Name>

```xml
<Customer_Abbreviation/>
<Customer_Type_ID>CT01M9R</Customer_Type_ID>
<Customer_Type_Code>006</Customer_Type_Code>
<Customer_Type_Name>白银客户</Customer_Type_Name>
<Parent_Customer_Type_ID/>
<Customer_Taxpayer_Identification_Number>91320100249955082X</Customer_Taxpayer_Identification_Number>
<Unified_Social_Credit_Code>91320100249955082X</Unified_Social_Credit_Code>
<Person_In_Charge>夏盈</Person_In_Charge>
<Customer_Registered_Address_Country>CN</Customer_Registered_Address_Country>
<Customer_Registered_Address_Province>CN-JS</Customer_Registered_Address_Province>
<Customer_Registered_Address_City>南京</Customer_Registered_Address_City>
<Customer_Registered_Address_Detailed>玄武区后宰门街1109号</Customer_Registered_Address_Detailed>
<Customer_Registered_Address_Physical_Postal_Code>210000</Customer_Registered_Address_Physical_Postal_Code>
<Customer_Office_Address_Country>CN</Customer_Office_Address_Country>
<Customer_Office_Address_Province>CN-JS</Customer_Office_Address_Province>
<Customer_Office_Address_City>南京</Customer_Office_Address_City>
<Customer_Office_Address_Detailed>玄武区后宰门街1109号</Customer_Office_Address_Detailed>
<Customer_Office_Address_Postal_Code>210000</Customer_Office_Address_Postal_Code>
<Customer_Tax_Address_Country>CN</Customer_Tax_Address_Country>
<Customer_Tax_Address_Province>CN-JS</Customer_Tax_Address_Province>
<Customer_Tax_Address_City>南京</Customer_Tax_Address_City>
<Customer_Tax_Address_Detailed>玄武区后宰门街1109号</Customer_Tax_Address_Detailed>
<Customer_Tax_Address_Postal_Code>210000</Customer_Tax_Address_Postal_Code>
<Inactive_Date>2022-01-31</Inactive_Date>
<Transaction_Credit_Limit>0</Transaction_Credit_Limit>
<Total_Credit_Limit>0</Total_Credit_Limit>
```

```
<Primary_Contact_Name/>
<Primary_Contact_Telephone_Number/>
<Primary_Contact_Email/>
<Terms_Discount_Percentage>0</Terms_Discount_Percentage>
<Terms_Discount_Days>0</Terms_Discount_Days>
<Terms_Due_Days>30</Terms_Due_Days>
<Created_Date>2014-01-01</Created_Date>
<Created_Time>14:43:45</Created_Time>
<Approved_Date>2014-01-01</Approved_Date>
<Approved_Time>16:58:09</Approved_Time>
<Last_Modified_Date>2019-02-01</Last_Modified_Date>
<Last_Modified_Time>14:43:45</Last_Modified_Time>
<Parent_Customer_ID>无</Parent_Customer_ID>
<Corresponding_Supplier_ID>无</Corresponding_Supplier_ID>
<Created_User_ID>1003A410000000009NRS</Created_User_ID>
<Approved_User_ID>1003A510000000044MPN</Approved_User_ID>
<Last_Modified_User_ID>1003A410000000009NRS</Last_Modified_User_ID>
</BAS_Customer>
<BAS_Supplier>
<Supplier_Account_ID>S100210000000003LEI</Supplier_Account_ID>
<Supplier_Account_Number>2010116</Supplier_Account_Number>
<Supplier_Account_Name>矿山机械供销公司</Supplier_Account_Name>
<Supplier_Abbreviation/>
<Supplier_Type_ID>1002A210000000003LEG</Supplier_Type_ID>
<Supplier_Type_Code>20101</Supplier_Type_Code>
<Supplier_Type_Name>首选供应商</Supplier_Type_Name>
<Parent_Supplier_Type_ID/>
<Supplier_Taxpayer_Identification_Number>91210300QA4P2806XG</Supplier_Taxpayer_Identification_Number>
<Supplier_Address_Country>CN</Supplier_Address_Country>
<Supplier_Address_Province>CN-LN</Supplier_Address_Province>
<Supplier_Address_City>鞍山</Supplier_Address_City>
<Supplier_Address_Detailed>铁西区民生西路301号</Supplier_Address_Detailed>
<Supplier_Address_Physical_Postal_Code>114011</Supplier_Address_Physical_Postal_Code>
<Supplier_Office_Address_Country>CN</Supplier_Office_Address_Country>
```

<Supplier_Office_Address_Province>CN-LN</Supplier_Office_Address_Province>
<Supplier_Office_Address_City>鞍山</Supplier_Office_Address_City>
<Supplier_Office_Address_Detailed>无</Supplier_Office_Address_Detailed>
<Supplier_Office_Address_Postal_Code>114011</Supplier_Office_Address_Postal_Code>
<Supplier_Tax_Address_Country>CN</Supplier_Tax_Address_Country>
<Supplier_Tax_Address_Province>CN-LN</Supplier_Tax_Address_Province>
<Supplier_Tax_Address_City>鞍山</Supplier_Tax_Address_City>
<Supplier_Tax_Address_Detailed>铁西区民生西路301号</Supplier_Tax_Address_Detailed>
<Supplier_Tax_Address_Postal_Code>114011</Supplier_Tax_Address_Postal_Code>
<Primary_Contact_Name>李东</Primary_Contact_Name>
<Primary_Contact_Telephone_Number>0412-89454563</Primary_Contact_Telephone_Number>
<Primary_Contact_Email>lidong01@yw.com</Primary_Contact_Email>
<Supplier_Group/>
<Inactive_Date>2024-05-03</Inactive_Date>
<Transaction_Credit_Limit>0</Transaction_Credit_Limit>
<Total_Credit_Limit>0</Total_Credit_Limit>
<Terms_Discount_Percentage>0</Terms_Discount_Percentage>
<Terms_Discount_Days>0</Terms_Discount_Days>
<Terms_Due_Days>30</Terms_Due_Days>
<Created_Date>2014-01-03</Created_Date>
<Created_Time>14:55:27</Created_Time>
<Approved_Date>2014-01-03</Approved_Date>
<Approved_Time>15:54:27</Approved_Time>
<Last_Modified_Date>2014-01-12</Last_Modified_Date>
<Last_Modified_Time>13:54:27</Last_Modified_Time>
<Parent_Supplier_ID>无</Parent_Supplier_ID>
<Corresponding_Customer_ID/>
<Created_User_ID>1003A410000000008X6T</Created_User_ID>
<Approved_User_ID>1003A510000000044MPN</Approved_User_ID>
<Last_Modified_User_ID>1003A510000000044MPN</Last_Modified_User_ID>
</BAS_Supplier>
<BAS_Supplier>
<Supplier_Account_ID>S100210000000003LEL</Supplier_Account_ID>

<Supplier_Account_Number>2010315</Supplier_Account_Number>
<Supplier_Account_Name>北京燕山工贸有限公司</Supplier_Account_Name>
<Supplier_Abbreviation/>
<Supplier_Type_ID>1002A210000000001LAF</Supplier_Type_ID>
<Supplier_Type_Code>20103</Supplier_Type_Code>
<Supplier_Type_Name>关键供应商</Supplier_Type_Name>
<Parent_Supplier_Type_ID/>
<Supplier_Taxpayer_Identification_Number>911101080805452XMA?</Supplier_Taxpayer_Identification_Number>
<Supplier_Address_Country>CN</Supplier_Address_Country>
<Supplier_Address_Province>CN-BJ</Supplier_Address_Province>
<Supplier_Address_City>北京</Supplier_Address_City>
<Supplier_Address_Detailed>顺义区府前中街16号</Supplier_Address_Detailed>
<Supplier_Address_Physical_Postal_Code>101399</Supplier_Address_Physical_Postal_Code>
<Supplier_Office_Address_Country>CN</Supplier_Office_Address_Country>
<Supplier_Office_Address_Province>CN-BJ</Supplier_Office_Address_Province>
<Supplier_Office_Address_City>北京</Supplier_Office_Address_City>
<Supplier_Office_Address_Detailed>无</Supplier_Office_Address_Detailed>
<Supplier_Office_Address_Postal_Code>101399</Supplier_Office_Address_Postal_Code>
<Supplier_Tax_Address_Country>CN</Supplier_Tax_Address_Country>
<Supplier_Tax_Address_Province>CN-BJ</Supplier_Tax_Address_Province>
<Supplier_Tax_Address_City>北京</Supplier_Tax_Address_City>
<Supplier_Tax_Address_Detailed>顺义区府前中街16号</Supplier_Tax_Address_Detailed>
<Supplier_Tax_Address_Postal_Code>101399</Supplier_Tax_Address_Postal_Code>
<Primary_Contact_Name>孟昊</Primary_Contact_Name>
<Primary_Contact_Telephone_Number>010-46546546</Primary_Contact_Telephone_Number>
<Primary_Contact_Email>mengke@ckw.com</Primary_Contact_Email>
<Supplier_Group/>
<Inactive_Date>2023-03-03</Inactive_Date>
<Transaction_Credit_Limit>0</Transaction_Credit_Limit>
<Total_Credit_Limit>0</Total_Credit_Limit>

<Terms_Discount_Percentage>0</Terms_Discount_Percentage>
<Terms_Discount_Days>0</Terms_Discount_Days>
<Terms_Due_Days>30</Terms_Due_Days>
<Created_Date>2014-01-03</Created_Date>
<Created_Time>14:57:44</Created_Time>
<Approved_Date>2014-01-03</Approved_Date>
<Approved_Time>15:27:44</Approved_Time>
<Last_Modified_Date>2014-02-16</Last_Modified_Date>
<Last_Modified_Time>11:27:44</Last_Modified_Time>
<Parent_Supplier_ID>无</Parent_Supplier_ID>
<Corresponding_Customer_ID/>
<Created_User_ID>1003A410000000008YQD</Created_User_ID>
<Approved_User_ID>1003A510000000044MPN</Approved_User_ID>
<Last_Modified_User_ID>1003A510000000044MPN</Last_Modified_User_ID>
</BAS_Supplier>
<BAS_Supplier>
<Supplier_Account_ID>S100210000000003LEN</Supplier_Account_ID>
<Supplier_Account_Number>2010715</Supplier_Account_Number>
<Supplier_Account_Name>沈阳化工机械有限公司</Supplier_Account_Name>
<Supplier_Abbreviation/>
<Supplier_Type_ID>1002A210000000003LEG</Supplier_Type_ID>
<Supplier_Type_Code>20107</Supplier_Type_Code>
<Supplier_Type_Name>普通供应商</Supplier_Type_Name>
<Parent_Supplier_Type_ID/>
<Supplier_Taxpayer_Identification_Number>91210104MAQ6814000</Supplier_Taxpayer_Identification_Number>
<Supplier_Address_Country>CN</Supplier_Address_Country>
<Supplier_Address_Province>CN-LN</Supplier_Address_Province>
<Supplier_Address_City>沈阳</Supplier_Address_City>
<Supplier_Address_Detailed>浑南区智慧四街22号</Supplier_Address_Detailed>
<Supplier_Address_Physical_Postal_Code>110167</Supplier_Address_Physical_Postal_Code>
<Supplier_Office_Address_Country>CN</Supplier_Office_Address_Country>
<Supplier_Office_Address_Province>CN-LN</Supplier_Office_Address_Province>
<Supplier_Office_Address_City>沈阳</Supplier_Office_Address_City>
<Supplier_Office_Address_Detailed>无</Supplier_Office_Address_Detailed>

<Supplier_Office_Address_Postal_Code>110167</Supplier_Office_Address_Postal_Code>
<Supplier_Tax_Address_Country>CN</Supplier_Tax_Address_Country>
<Supplier_Tax_Address_Province>CN-LN</Supplier_Tax_Address_Province>
<Supplier_Tax_Address_City>沈阳</Supplier_Tax_Address_City>
<Supplier_Tax_Address_Detailed>浑南区智慧四街22号</Supplier_Tax_Address_Detailed>
<Supplier_Tax_Address_Postal_Code>110167</Supplier_Tax_Address_Postal_Code>
<Primary_Contact_Name>李明</Primary_Contact_Name>
<Primary_Contact_Telephone_Number>024-24764563</Primary_Contact_Telephone_Number>
<Primary_Contact_Email>ming.li@ccy.com</Primary_Contact_Email>
<Supplier_Group/>
<Inactive_Date>2026-02-08</Inactive_Date>
<Transaction_Credit_Limit>0</Transaction_Credit_Limit>
<Total_Credit_Limit>0</Total_Credit_Limit>
<Terms_Discount_Percentage>0</Terms_Discount_Percentage>
<Terms_Discount_Days>0</Terms_Discount_Days>
<Terms_Due_Days>30</Terms_Due_Days>
<Created_Date>2014-01-03</Created_Date>
<Created_Time>15:00:19</Created_Time>
<Approved_Date>2014-01-03</Approved_Date>
<Approved_Time>15:10:19</Approved_Time>
<Last_Modified_Date>2014-01-12</Last_Modified_Date>
<Last_Modified_Time>17:10:19</Last_Modified_Time>
<Parent_Supplier_ID>无</Parent_Supplier_ID>
<Corresponding_Customer_ID/>
<Created_User_ID>1003A410000000009NRS</Created_User_ID>
<Approved_User_ID>1003A510000000044MPN</Approved_User_ID>
<Last_Modified_User_ID>1003A410000000009NRS</Last_Modified_User_ID>
</BAS_Supplier>
<BAS_Chart_Of_Accounts>
<GL_Account_Number>1001</GL_Account_Number>
<GL_Account_Name>库存现金</GL_Account_Name>
<GL_Account_Description/>
<FS_Caption>货币资金</FS_Caption>

```
        <FS_Caption_Sub_Class/>
        <Account_Type>资产</Account_Type>
        <Account_Subtype>流动资产</Account_Subtype>
        <Account_Hierarchy>01</Account_Hierarchy>
        <Balance_Debit_Or_Credit>C</Balance_Debit_Or_Credit>
        <Active_Flag>1</Active_Flag>
        <Business_Segment_X>03</Business_Segment_X>
        <Regulator_Payable_Account_Number>2171</Regulator_Payable_Account_
Number>
        <Parent_GL_Account_Number>1001</Parent_GL_Account_Number>
    </BAS_Chart_Of_Accounts>
    <BAS_Chart_Of_Accounts>
        <GL_Account_Number>100102</GL_Account_Number>
        <GL_Account_Name>美元现金</GL_Account_Name>
        <GL_Account_Description/>
        <FS_Caption>货币资金</FS_Caption>
        <FS_Caption_Sub_Class/>
        <Account_Type>资产</Account_Type>
        <Account_Subtype>流动资产</Account_Subtype>
        <Account_Hierarchy>02</Account_Hierarchy>
        <Balance_Debit_Or_Credit>C</Balance_Debit_Or_Credit>
        <Active_Flag>1</Active_Flag>
        <Business_Segment_X>03</Business_Segment_X>
        <Regulator_Payable_Account_Number>2171</Regulator_Payable_Account_
Number>
        <Parent_GL_Account_Number>1001</Parent_GL_Account_Number>
    </BAS_Chart_Of_Accounts>
    <BAS_Chart_Of_Accounts>
        <GL_Account_Number>1002</GL_Account_Number>
        <GL_Account_Name>银行存款</GL_Account_Name>
        <GL_Account_Description/>
        <FS_Caption>货币资金</FS_Caption>
        <FS_Caption_Sub_Class/>
        <Account_Type>资产</Account_Type>
        <Account_Subtype>流动资产</Account_Subtype>
        <Account_Hierarchy>01</Account_Hierarchy>
        <Balance_Debit_Or_Credit>C</Balance_Debit_Or_Credit>
```

```
        <Active_Flag>1</Active_Flag>
        <Business_Segment_X>03</Business_Segment_X>
        <Regulator_Payable_Account_Number>2171</Regulator_Payable_Account_
Number>
        <Parent_GL_Account_Number>1001</Parent_GL_Account_Number>
    </BAS_Chart_Of_Accounts>
    <BAS_Chart_Of_Accounts>
        <GL_Account_Number>100201</GL_Account_Number>
        <GL_Account_Name>活期</GL_Account_Name>
        <GL_Account_Description/>
        <FS_Caption>货币资金</FS_Caption>
        <FS_Caption_Sub_Class/>
        <Account_Type>资产</Account_Type>
        <Account_Subtype>流动资产</Account_Subtype>
        <Account_Hierarchy>02</Account_Hierarchy>
        <Balance_Debit_Or_Credit>C</Balance_Debit_Or_Credit>
        <Active_Flag>1</Active_Flag>
        <Business_Segment_X>03</Business_Segment_X>
        <Regulator_Payable_Account_Number>2171</Regulator_Payable_Account_
Number>
        <Parent_GL_Account_Number>1002</Parent_GL_Account_Number>
    </BAS_Chart_Of_Accounts>
    <BAS_Chart_Of_Accounts>
        <GL_Account_Number>100202</GL_Account_Number>
        <GL_Account_Name>定期</GL_Account_Name>
        <GL_Account_Description/>
        <FS_Caption>货币资金</FS_Caption>
        <FS_Caption_Sub_Class/>
        <Account_Type>资产</Account_Type>
        <Account_Subtype>流动资产</Account_Subtype>
        <Account_Hierarchy>02</Account_Hierarchy>
        <Balance_Debit_Or_Credit>C</Balance_Debit_Or_Credit>
        <Active_Flag>1</Active_Flag>
        <Business_Segment_X>03</Business_Segment_X>
        <Regulator_Payable_Account_Number>2171</Regulator_Payable_Account_
Number>
        <Parent_GL_Account_Number>1002</Parent_GL_Account_Number>
```

</BAS_Chart_Of_Accounts>
<BAS_Accounting_Period>
<Fiscal_Year>2013</Fiscal_Year>
<Accounting_Period>M1</Accounting_Period>
<Accounting_Period_Beginning_Date>2013-01-01</Accounting_Period_Beginning_Date>
<Accounting_Period_Ending_Date>2013-01-31</Accounting_Period_Ending_Date>
</BAS_Accounting_Period>
<BAS_Accounting_Period>
<Fiscal_Year>2013</Fiscal_Year>
<Accounting_Period>M2</Accounting_Period>
<Accounting_Period_Beginning_Date>2013-02-01</Accounting_Period_Beginning_Date>
<Accounting_Period_Ending_Date>2013-02-28</Accounting_Period_Ending_Date>
</BAS_Accounting_Period>
<BAS_Accounting_Period>
<Fiscal_Year>2013</Fiscal_Year>
<Accounting_Period>M3</Accounting_Period>
<Accounting_Period_Beginning_Date>2013-03-01</Accounting_Period_Beginning_Date>
<Accounting_Period_Ending_Date>2013-03-31</Accounting_Period_Ending_Date>
</BAS_Accounting_Period>
<BAS_Accounting_Period>
<Fiscal_Year>2013</Fiscal_Year>
<Accounting_Period>M4</Accounting_Period>
<Accounting_Period_Beginning_Date>2013-04-01</Accounting_Period_Beginning_Date>
<Accounting_Period_Ending_Date>2013-04-30</Accounting_Period_Ending_Date>
</BAS_Accounting_Period>
<BAS_JE_Type>
<JE_Type_Code>004</JE_Type_Code>
<JE_Type_Name>现金收入分录</JE_Type_Name>
<JE_Type_Abbreviation/>

```xml
    <Active_Flag>1</Active_Flag>
</BAS_JE_Type>
<BAS_JE_Type>
    <JE_Type_Code>005</JE_Type_Code>
    <JE_Type_Name>现金支出分录</JE_Type_Name>
    <JE_Type_Abbreviation/>
    <Active_Flag>1</Active_Flag>
</BAS_JE_Type>
<BAS_JE_Type>
    <JE_Type_Code>006</JE_Type_Code>
    <JE_Type_Name>非现金分录</JE_Type_Name>
    <JE_Type_Abbreviation/>
    <Active_Flag>1</Active_Flag>
</BAS_JE_Type>
<BAS_Bill>
    <Bill_Type_Code>004</Bill_Type_Code>
    <Bill_Type_Name>银行汇票</Bill_Type_Name>
    <Active_Flag>1</Active_Flag>
</BAS_Bill>
<BAS_Bill>
    <Bill_Type_Code>005</Bill_Type_Code>
    <Bill_Type_Name>本票</Bill_Type_Name>
    <Active_Flag>1</Active_Flag>
</BAS_Bill>
<BAS_Bill>
    <Bill_Type_Code>006</Bill_Type_Code>
    <Bill_Type_Name>支票</Bill_Type_Name>
    <Active_Flag>1</Active_Flag>
</BAS_Bill>
<BAS_Settlement_Method>
    <Settlement_Method_Code>0</Settlement_Method_Code>
    <Settlement_Method_Name>现金</Settlement_Method_Name>
    <Active_Flag>1</Active_Flag>
</BAS_Settlement_Method>
<BAS_Settlement_Method>
    <Settlement_Method_Code>1</Settlement_Method_Code>
    <Settlement_Method_Name>现金支票</Settlement_Method_Name>
```

```
        <Active_Flag>1</Active_Flag>
    </BAS_Settlement_Method>
    <BAS_Settlement_Method>
        <Settlement_Method_Code>2</Settlement_Method_Code>
        <Settlement_Method_Name>转账支票</Settlement_Method_Name>
        <Active_Flag>1</Active_Flag>
    </BAS_Settlement_Method>
    <BAS_Settlement_Method>
        <Settlement_Method_Code>3</Settlement_Method_Code>
        <Settlement_Method_Name>网银</Settlement_Method_Name>
        <Active_Flag>1</Active_Flag>
    </BAS_Settlement_Method>
    <BAS_Settlement_Method>
        <Settlement_Method_Code>4</Settlement_Method_Code>
        <Settlement_Method_Name>电汇</Settlement_Method_Name>
        <Active_Flag>1</Active_Flag>
    </BAS_Settlement_Method>
    <BAS_Settlement_Method>
        <Settlement_Method_Code>5</Settlement_Method_Code>
        <Settlement_Method_Name>信汇</Settlement_Method_Name>
        <Active_Flag>1</Active_Flag>
    </BAS_Settlement_Method>
    <BAS_Settlement_Method>
        <Settlement_Method_Code>6</Settlement_Method_Code>
        <Settlement_Method_Name>银行承兑汇票</Settlement_Method_Name>
        <Active_Flag>1</Active_Flag>
    </BAS_Settlement_Method>
    <BAS_Settlement_Method>
        <Settlement_Method_Code>7</Settlement_Method_Code>
        <Settlement_Method_Name>商业承兑汇票</Settlement_Method_Name>
        <Active_Flag>1</Active_Flag>
    </BAS_Settlement_Method>
    <BAS_Settlement_Method>
        <Settlement_Method_Code>8</Settlement_Method_Code>
        <Settlement_Method_Name>银行汇票</Settlement_Method_Name>
        <Active_Flag>1</Active_Flag>
    </BAS_Settlement_Method>
```

```xml
<BAS_Settlement_Method>
    <Settlement_Method_Code>9</Settlement_Method_Code>
    <Settlement_Method_Name>委托收付款</Settlement_Method_Name>
    <Active_Flag>1</Active_Flag>
</BAS_Settlement_Method>
<BAS_Settlement_Method>
    <Settlement_Method_Code>10</Settlement_Method_Code>
    <Settlement_Method_Name>银行转账</Settlement_Method_Name>
    <Active_Flag>1</Active_Flag>
</BAS_Settlement_Method>
<BAS_Settlement_Method>
    <Settlement_Method_Code>11</Settlement_Method_Code>
    <Settlement_Method_Name>信用证</Settlement_Method_Name>
    <Active_Flag>1</Active_Flag>
</BAS_Settlement_Method>
<BAS_Currency>
    <Currency_Code>CNY</Currency_Code>
    <Currency_Name>人民币</Currency_Name>
    <Minor_Unit/>
    <Active_Flag>1</Active_Flag>
</BAS_Currency>
<BAS_Currency>
    <Currency_Code>EUR</Currency_Code>
    <Currency_Name>欧元</Currency_Name>
    <Minor_Unit/>
    <Active_Flag>1</Active_Flag>
</BAS_Currency>
<BAS_Currency>
    <Currency_Code>GBP</Currency_Code>
    <Currency_Name>英镑</Currency_Name>
    <Minor_Unit/>
    <Active_Flag>1</Active_Flag>
</BAS_Currency>
<BAS_Currency>
    <Currency_Code>HKD</Currency_Code>
    <Currency_Name>港币</Currency_Name>
    <Minor_Unit/>
```

```
    <Active_Flag>1</Active_Flag>
</BAS_Currency>
<BAS_Currency>
    <Currency_Code>JPY</Currency_Code>
    <Currency_Name>日元</Currency_Name>
    <Minor_Unit/>
    <Active_Flag>1</Active_Flag>
</BAS_Currency>
<BAS_Currency>
    <Currency_Code>USD</Currency_Code>
    <Currency_Name>美元</Currency_Name>
    <Minor_Unit/>
    <Active_Flag>1</Active_Flag>
</BAS_Currency>
<BAS_Currency>
    <Currency_Code>MOP</Currency_Code>
    <Currency_Name>澳门币</Currency_Name>
    <Minor_Unit/>
    <Active_Flag>1</Active_Flag>
</BAS_Currency>
<BAS_Currency>
    <Currency_Code>TWD</Currency_Code>
    <Currency_Name>新台币</Currency_Name>
    <Minor_Unit/>
    <Active_Flag>1</Active_Flag>
</BAS_Currency>
<BAS_UOM>
    <UOM_Code>BA</UOM_Code>
    <UOM_Name>把</UOM_Name>
    <UOM_Abbreviation>把</UOM_Abbreviation>
</BAS_UOM>
<BAS_UOM>
    <UOM_Code>BAO</UOM_Code>
    <UOM_Name>包</UOM_Name>
    <UOM_Abbreviation>包</UOM_Abbreviation>
</BAS_UOM>
<BAS_UOM>
```

```xml
    <UOM_Code>BOX</UOM_Code>
    <UOM_Name>箱</UOM_Name>
    <UOM_Abbreviation>箱</UOM_Abbreviation>
</BAS_UOM>
<BAS_UOM>
    <UOM_Code>CMT</UOM_Code>
    <UOM_Name>厘米</UOM_Name>
    <UOM_Abbreviation>厘米</UOM_Abbreviation>
</BAS_UOM>
<BAS_UOM>
    <UOM_Code>DAY</UOM_Code>
    <UOM_Name>天</UOM_Name>
    <UOM_Abbreviation>天</UOM_Abbreviation>
</BAS_UOM>
<BAS_UOM>
    <UOM_Code>DE</UOM_Code>
    <UOM_Name>度</UOM_Name>
    <UOM_Abbreviation>度</UOM_Abbreviation>
</BAS_UOM>
<BAS_UOM>
    <UOM_Code>DMT</UOM_Code>
    <UOM_Name>分米</UOM_Name>
    <UOM_Abbreviation>分米</UOM_Abbreviation>
</BAS_UOM>
<BAS_UOM>
    <UOM_Code>EA</UOM_Code>
    <UOM_Name>个</UOM_Name>
    <UOM_Abbreviation>个</UOM_Abbreviation>
</BAS_UOM>
<BAS_UOM>
    <UOM_Code>GRM</UOM_Code>
    <UOM_Name>克</UOM_Name>
    <UOM_Abbreviation>克</UOM_Abbreviation>
</BAS_UOM>
<BAS_UOM>
    <UOM_Code>HE</UOM_Code>
    <UOM_Name>盒</UOM_Name>
```

```xml
        <UOM_Abbreviation>盒</UOM_Abbreviation>
    </BAS_UOM>
    <BAS_UOM>
        <UOM_Code>HUR</UOM_Code>
        <UOM_Name>小时</UOM_Name>
        <UOM_Abbreviation>小时</UOM_Abbreviation>
    </BAS_UOM>
    <BAS_UOM>
        <UOM_Code>JUAN</UOM_Code>
        <UOM_Name>卷</UOM_Name>
        <UOM_Abbreviation>卷</UOM_Abbreviation>
    </BAS_UOM>
    <BAS_UOM>
        <UOM_Code>KE</UOM_Code>
        <UOM_Name>颗</UOM_Name>
        <UOM_Abbreviation>颗</UOM_Abbreviation>
    </BAS_UOM>
    <BAS_UOM>
        <UOM_Code>KGM</UOM_Code>
        <UOM_Name>千克</UOM_Name>
        <UOM_Abbreviation>千克</UOM_Abbreviation>
    </BAS_UOM>
    <BAS_UOM>
        <UOM_Code>KMK</UOM_Code>
        <UOM_Name>平方千米</UOM_Name>
        <UOM_Abbreviation>平方千米</UOM_Abbreviation>
    </BAS_UOM>
    <BAS_UOM>
        <UOM_Code>KMT</UOM_Code>
        <UOM_Name>千米</UOM_Name>
        <UOM_Abbreviation>千米</UOM_Abbreviation>
    </BAS_UOM>
    <BAS_UOM>
        <UOM_Code>KPA</UOM_Code>
        <UOM_Name>千帕</UOM_Name>
        <UOM_Abbreviation>千帕</UOM_Abbreviation>
    </BAS_UOM>
```

<BAS_UOM>
<UOM_Code>LIANG</UOM_Code>
<UOM_Name>辆</UOM_Name>
<UOM_Abbreviation>辆</UOM_Abbreviation>
</BAS_UOM>
<BAS_UOM>
<UOM_Code>LTR</UOM_Code>
<UOM_Name>升</UOM_Name>
<UOM_Abbreviation>升</UOM_Abbreviation>
</BAS_UOM>
<BAS_UOM>
<UOM_Code>MIN</UOM_Code>
<UOM_Name>分</UOM_Name>
<UOM_Abbreviation>分</UOM_Abbreviation>
</BAS_UOM>
<BAS_UOM>
<UOM_Code>MKT</UOM_Code>
<UOM_Name>平方米</UOM_Name>
<UOM_Abbreviation>平方米</UOM_Abbreviation>
</BAS_UOM>
<BAS_UOM>
<UOM_Code>ML</UOM_Code>
<UOM_Name>毫升</UOM_Name>
<UOM_Abbreviation>毫升</UOM_Abbreviation>
</BAS_UOM>
<BAS_UOM>
<UOM_Code>mlm</UOM_Code>
<UOM_Name>毫升/分</UOM_Name>
<UOM_Abbreviation>毫升/分</UOM_Abbreviation>
</BAS_UOM>
<BAS_UOM>
<UOM_Code>MPA</UOM_Code>
<UOM_Name>兆帕斯卡</UOM_Name>
<UOM_Abbreviation>兆帕斯卡</UOM_Abbreviation>
</BAS_UOM>
<BAS_UOM>
<UOM_Code>mph</UOM_Code>

```
        <UOM_Name>米每秒</UOM_Name>
        <UOM_Abbreviation>米每秒</UOM_Abbreviation>
    </BAS_UOM>
    <BAS_UOM>
        <UOM_Code>MTQ</UOM_Code>
        <UOM_Name>立方米</UOM_Name>
        <UOM_Abbreviation>立方米</UOM_Abbreviation>
    </BAS_UOM>
    <BAS_UOM>
        <UOM_Code>MTR</UOM_Code>
        <UOM_Name>米</UOM_Name>
        <UOM_Abbreviation>米</UOM_Abbreviation>
    </BAS_UOM>
    <BAS_UOM>
        <UOM_Code>OU</UOM_Code>
        <UOM_Name>欧姆</UOM_Name>
        <UOM_Abbreviation>欧姆</UOM_Abbreviation>
    </BAS_UOM>
    <BAS_UOM>
        <UOM_Code>PCS</UOM_Code>
        <UOM_Name>PCS</UOM_Name>
        <UOM_Abbreviation>PCS</UOM_Abbreviation>
    </BAS_UOM>
    <BAS_UOM>
        <UOM_Code>PIC</UOM_Code>
        <UOM_Name>只</UOM_Name>
        <UOM_Abbreviation>只</UOM_Abbreviation>
    </BAS_UOM>
    <BAS_UOM>
        <UOM_Code>RPM</UOM_Code>
        <UOM_Name>转每分</UOM_Name>
        <UOM_Abbreviation>转每分</UOM_Abbreviation>
    </BAS_UOM>
    <BAS_UOM>
        <UOM_Code>SEC</UOM_Code>
        <UOM_Name>秒</UOM_Name>
        <UOM_Abbreviation>秒</UOM_Abbreviation>
```

```
</BAS_UOM>
<BAS_UOM>
    <UOM_Code>T</UOM_Code>
    <UOM_Name>桶</UOM_Name>
    <UOM_Abbreviation>桶</UOM_Abbreviation>
</BAS_UOM>
<BAS_UOM>
    <UOM_Code>TAI</UOM_Code>
    <UOM_Name>台</UOM_Name>
    <UOM_Abbreviation>台</UOM_Abbreviation>
</BAS_UOM>
<BAS_UOM>
    <UOM_Code>TAO</UOM_Code>
    <UOM_Name>套</UOM_Name>
    <UOM_Abbreviation>套</UOM_Abbreviation>
</BAS_UOM>
<BAS_UOM>
    <UOM_Code>TIAO</UOM_Code>
    <UOM_Name>条</UOM_Name>
    <UOM_Abbreviation>条</UOM_Abbreviation>
</BAS_UOM>
<BAS_UOM>
    <UOM_Code>TNE</UOM_Code>
    <UOM_Name>吨</UOM_Name>
    <UOM_Abbreviation>吨</UOM_Abbreviation>
</BAS_UOM>
<BAS_UOM>
    <UOM_Code>V</UOM_Code>
    <UOM_Name>伏特</UOM_Name>
    <UOM_Abbreviation>伏特</UOM_Abbreviation>
</BAS_UOM>
<BAS_UOM>
    <UOM_Code>ZHI</UOM_Code>
    <UOM_Name>支</UOM_Name>
    <UOM_Abbreviation>支</UOM_Abbreviation>
</BAS_UOM>
<BAS_Payment_Term>
```

<Payment_Term_Code>SKTJ20120316001</Payment_Term_Code>
<Payment_Term_Name>月结25日</Payment_Term_Name>
<Payment_Term_Line_Number>1</Payment_Term_Line_Number>
<Payment_Term_Line_Description>每月25日结款</Payment_Term_Line_Description>
<Active_Flag>1</Active_Flag>
</BAS_Payment_Term>
<BAS_Payment_Term>
<Payment_Term_Code>SKTJ20120316002</Payment_Term_Code>
<Payment_Term_Name>月结20日</Payment_Term_Name>
<Payment_Term_Line_Number>1</Payment_Term_Line_Number>
<Payment_Term_Line_Description>每月20日结款</Payment_Term_Line_Description>
<Active_Flag>1</Active_Flag>
</BAS_Payment_Term>
<BAS_Project>
<Project_ID>P1002A210000000003XVE</Project_ID>
<Project_Code>IP01</Project_Code>
<Project_Name>磷酸二胺生产线扩建工程</Project_Name>
<Project_Beginning_Date>2014-01-02</Project_Beginning_Date>
<Project_Ending_Date>2014-02-28</Project_Ending_Date>
<Project_Leader/>
<Project_Responsible_Department>市场部</Project_Responsible_Department>
<Customer_ID>C1004100000000017DL</Customer_ID>
</BAS_Project>
<BAS_Project>
<Project_ID>P1003A410000000004K8Y</Project_ID>
<Project_Code>PM201401110001</Project_Code>
<Project_Name>显示屏生产线</Project_Name>
<Project_Beginning_Date>2014-01-01</Project_Beginning_Date>
<Project_Ending_Date>2014-03-31</Project_Ending_Date>
<Project_Leader/>
<Project_Responsible_Department>市场部</Project_Responsible_Department>
<Customer_ID>C100410000000001ADD</Customer_ID>
</BAS_Project>

```
<BAS_Bank_Account>
    <Bank_Account_Number>755903857210901</Bank_Account_Number>
    <Bank_Name>招商银行</Bank_Name>
    <Bank_Account_Name>李明</Bank_Account_Name>
    <Bank_Code>02</Bank_Code>
    <Bank_Account_Type>招商银行</Bank_Account_Type>
    <Branch_Code>2012023</Branch_Code>
    <Branch_Name>招商银行北京分行</Branch_Name>
    <Branch_Country>CN</Branch_Country>
    <Branch_Region>CN-BJ</Branch_Region>
    <Business_Segment_X>04</Business_Segment_X>
</BAS_Bank_Account>
<BAS_Tax_Regulatory>
    <Regulator_Code>111110100</Regulator_Code>
    <Regulator_Country>CN</Regulator_Country>
    <Regulator_Region>CN-BJ</Regulator_Region>
    <Regulator_Name>北京市东城区国家税务总局</Regulator_Name>
    <Regulator_Role>中央</Regulator_Role>
    <Regulator_ID>0001</Regulator_ID>
    <Regulator_Active_Flag>1</Regulator_Active_Flag>
    <Regulator_Accrual_Account_Number>2221</Regulator_Accrual_Account_Number>
    <Regulator_Expense_Account_Number>2221</Regulator_Expense_Account_Number>
    <Regulator_Reporting_Organization>04</Regulator_Reporting_Organization>
    <Regulator_Payable_Account_Number>2221</Regulator_Payable_Account_Number>
</BAS_Tax_Regulatory>
<BAS_Tax>
    <Tax_Type_Code>ZERO</Tax_Type_Code>
    <Tax_Name>零税率税码</Tax_Name>
    <Tax_Type_Description>无</Tax_Type_Description>
    <Tax_Code_Description>无</Tax_Code_Description>
    <Tax_Percentage>0</Tax_Percentage>
    <Business_Segment_X>04</Business_Segment_X>
```

```
        <Regulator_Code>111110100</Regulator_Code>
    </BAS_Tax>
    <BAS_Tax>
        <Tax_Type_Code>CN01</Tax_Type_Code>
        <Tax_Name>一般纳税货品增值税（17%）</Tax_Name>
        <Tax_Type_Description>无</Tax_Type_Description>
        <Tax_Code_Description>无</Tax_Code_Description>
        <Tax_Percentage>0.17</Tax_Percentage>
        <Business_Segment_X>04</Business_Segment_X>
        <Regulator_Code>111110100</Regulator_Code>
    </BAS_Tax>
    <BAS_Tax>
        <Tax_Type_Code>CN02</Tax_Type_Code>
        <Tax_Name>民生货品优惠税率（13%）</Tax_Name>
        <Tax_Type_Description>无</Tax_Type_Description>
        <Tax_Code_Description>无</Tax_Code_Description>
        <Tax_Percentage>0.13</Tax_Percentage>
        <Business_Segment_X>09</Business_Segment_X>
        <Regulator_Code>111110100</Regulator_Code>
    </BAS_Tax>
    <BAS_Tax>
        <Tax_Type_Code>CN03</Tax_Type_Code>
        <Tax_Name>零税率税目</Tax_Name>
        <Tax_Type_Description>无</Tax_Type_Description>
        <Tax_Code_Description>无</Tax_Code_Description>
        <Tax_Percentage>0</Tax_Percentage>
        <Business_Segment_X>09</Business_Segment_X>
        <Regulator_Code>111110100</Regulator_Code>
    </BAS_Tax>
    <BAS_Tax>
        <Tax_Type_Code>CN04</Tax_Type_Code>
        <Tax_Name>一般货物出口增值税</Tax_Name>
        <Tax_Type_Description>无</Tax_Type_Description>
        <Tax_Code_Description>无</Tax_Code_Description>
        <Tax_Percentage>0.15</Tax_Percentage>
```

```
    <Business_Segment_X>09</Business_Segment_X>
    <Regulator_Code>111110100</Regulator_Code>
</BAS_Tax>
<BAS_Profile>
    <Profile_Number>T2005</Profile_Number>
    <Profile_Name>天海北方区域公司－天海账簿体系</Profile_Name>
    <Developer_Name/>
    <Software_Name/>
    <Software_Version/>
    <Standard_Version/>
    <Time_Zone>+08:00</Time_Zone>
    <Industry_ID>020</Industry_ID>
    <Industry>化学</Industry>
    <Accounting_Entity/>
    <Organization_Code>T200503-TH01</Organization_Code>
    <Accounting_Entity_Nature_ID>QY001</Accounting_Entity_Nature_ID>
    <Accounting_Entity_Nature>企业单位</Accounting_Entity_Nature>
    <Extracted_Date>2021-09-15</Extracted_Date>
    <Functional_Currency_Code>CNY</Functional_Currency_Code>
    <Business_Segment_X>04</Business_Segment_X>
    <Fiscal_Year>2021</Fiscal_Year>
</BAS_Profile>
<BAS_Profile>
    <Profile_Number>T20</Profile_Number>
    <Profile_Name>天海化工有限责任公司－天海账簿体系</Profile_Name>
    <Developer_Name/>
    <Software_Name/>
    <Software_Version/>
    <Standard_Version/>
    <Time_Zone>+08:00</Time_Zone>
    <Industry_ID>020</Industry_ID>
    <Industry>化学</Industry>
    <Accounting_Entity/>
    <Organization_Code>T20-TH01</Organization_Code>
    <Accounting_Entity_Nature_ID>QY001</Accounting_Entity_Nature_ID>
```

```
        <Accounting_Entity_Nature>企业单位</Accounting_Entity_Nature>
        <Extracted_Date>2021-09-16</Extracted_Date>
        <Functional_Currency_Code>CNY</Functional_Currency_Code>
        <Business_Segment_X>04</Business_Segment_X>
        <Fiscal_Year>2022</Fiscal_Year>
    </BAS_Profile>
    <BAS_Profile>
        <Profile_Number>T2004</Profile_Number>
        <Profile_Name>天海世纪化工有限公司-天海账簿体系</Profile_Name>
        <Developer_Name/>
        <Software_Name/>
        <Software_Version/>
        <Standard_Version/>
        <Time_Zone>+08:00</Time_Zone>
        <Industry_ID>020</Industry_ID>
        <Industry>化学</Industry>
        <Accounting_Entity/>
        <Organization_Code>T2004-TH01</Organization_Code>
        <Accounting_Entity_Nature_ID>QY001</Accounting_Entity_Nature_ID>
        <Accounting_Entity_Nature>企业单位</Accounting_Entity_Nature>
        <Extracted_Date>2021-09-17</Extracted_Date>
        <Functional_Currency_Code>CNY</Functional_Currency_Code>
        <Business_Segment_X>09</Business_Segment_X>
        <Fiscal_Year>2023</Fiscal_Year>
    </BAS_Profile>
    <BAS_Product>
        <Product_ID>PD1002A21008PI</Product_ID>
        <Product_Type_ID>MT0NY</Product_Type_ID>
        <Product_Type_Code>304</Product_Type_Code>
        <Product_Type_Name>磷硫化工产品</Product_Type_Name>
        <Parent_Product_Type_ID>MTNY</Parent_Product_Type_ID>
        <Product_Code>304004</Product_Code>
        <Product_Name>硫酸</Product_Name>
        <Product_Type_Description>无</Product_Type_Description>
        <Out_Of_Service_Flag>0</Out_Of_Service_Flag>
```

```xml
    <Out_Of_Service_Date>2025-07-08</Out_Of_Service_Date>
    <Product_Source_Category>生产</Product_Source_Category>
    <Lot_Management_Flag>1</Lot_Management_Flag>
    <Serial_Number_Management_Flag>1</Serial_Number_Management_Flag>
    <Inventory_List_Price>5000</Inventory_List_Price>
    <Inventory_Cost_Method/>
    <Inventory_Cost_Method_Description>无</Inventory_Cost_Method_Description>
    <Basic_UOM_Code>T</Basic_UOM_Code>
    <Inventory_UOM_Code>T</Inventory_UOM_Code>
    <Inventory_Costing_UOM_Code>T</Inventory_Costing_UOM_Code>
    <UOM_Code>T</UOM_Code>
    <Business_Segment_X>04</Business_Segment_X>
</BAS_Product>
<BAS_Product>
    <Product_ID>PD1003A5143PIF</Product_ID>
    <Product_Type_ID>MTO9A</Product_Type_ID>
    <Product_Type_Code>101</Product_Type_Code>
    <Product_Type_Name>办公设备</Product_Type_Name>
    <Parent_Product_Type_ID>MT9A</Parent_Product_Type_ID>
    <Product_Code>101006</Product_Code>
    <Product_Name>投影仪</Product_Name>
    <Product_Type_Description>无</Product_Type_Description>
    <Out_Of_Service_Flag>0</Out_Of_Service_Flag>
    <Out_Of_Service_Date>2025-07-08</Out_Of_Service_Date>
    <Product_Source_Category>生产</Product_Source_Category>
    <Lot_Management_Flag>1</Lot_Management_Flag>
    <Serial_Number_Management_Flag>1</Serial_Number_Management_Flag>
    <Inventory_List_Price>2000</Inventory_List_Price>
    <Inventory_Cost_Method/>
    <Inventory_Cost_Method_Description>无</Inventory_Cost_Method_Description>
    <Basic_UOM_Code>MPA</Basic_UOM_Code>
    <Inventory_UOM_Code>MPA</Inventory_UOM_Code>
    <Inventory_Costing_UOM_Code>MPA</Inventory_Costing_UOM_Code>
    <UOM_Code>MPA</UOM_Code>
    <Business_Segment_X>04</Business_Segment_X>
```

</BAS_Product>
<BAS_Product>
<Product_ID>PD1003A5144SB3</Product_ID>
<Product_Type_ID>MTON6</Product_Type_ID>
<Product_Type_Code>411</Product_Type_Code>
<Product_Type_Name>修理用备件</Product_Type_Name>
<Parent_Product_Type_ID>MTN6</Parent_Product_Type_ID>
<Product_Code>41106</Product_Code>
<Product_Name>皮带</Product_Name>
<Product_Type_Description>无</Product_Type_Description>
<Out_Of_Service_Flag>0</Out_Of_Service_Flag>
<Out_Of_Service_Date>2025-07-08</Out_Of_Service_Date>
<Product_Source_Category>生产</Product_Source_Category>
<Lot_Management_Flag>1</Lot_Management_Flag>
<Serial_Number_Management_Flag>1</Serial_Number_Management_Flag>
<Inventory_List_Price>20</Inventory_List_Price>
<Inventory_Cost_Method/>
<Inventory_Cost_Method_Description>无</Inventory_Cost_Method_Description>
<Basic_UOM_Code>RPM</Basic_UOM_Code>
<Inventory_UOM_Code>RPM</Inventory_UOM_Code>
<Inventory_Costing_UOM_Code>RPM</Inventory_Costing_UOM_Code>
<UOM_Code>RPM</UOM_Code>
<Business_Segment_X>09</Business_Segment_X>
</BAS_Product>
<BAS_Warehouse>
<Location_ID>WH1003A510000000043K0M</Location_ID>
<Location_Code>AK04</Location_Code>
<Location_Name>生产设备仓</Location_Name>
<Location_Address>江苏省南京市秦淮区龙蟠南路XXX号</Location_
Address>
<Location_Acquisition_Method/>
<Location_Storage_Capacity/>
<Business_Segment_X>04</Business_Segment_X>
</BAS_Warehouse>
<BAS_Warehouse>

```xml
    <Location_ID>WH1002A210000000001P2V</Location_ID>
    <Location_Code>1013</Location_Code>
    <Location_Name>资产设备仓</Location_Name>
    <Location_Address>六盘水市钟山区水西路XXX号</Location_Address>
    <Location_Acquisition_Method/>
    <Location_Storage_Capacity/>
    <Business_Segment_X>04</Business_Segment_X>
</BAS_Warehouse>
<BAS_Warehouse>
    <Location_ID>WH1002A210000000001YYX</Location_ID>
    <Location_Code>TH001</Location_Code>
    <Location_Name>维修备件库</Location_Name>
    <Location_Address>呼和浩特市赛罕区滨河南路XXX号</Location_Address>
    <Location_Acquisition_Method/>
    <Location_Storage_Capacity/>
    <Business_Segment_X>04</Business_Segment_X>
</BAS_Warehouse>
<BAS_Warehouse>
    <Location_ID>WH1002A2100000000046D9</Location_ID>
    <Location_Code>1015</Location_Code>
    <Location_Name>工程物资库</Location_Name>
    <Location_Address>四川省达州市通川区朝阳西路XXX号</Location_Address>
    <Location_Acquisition_Method/>
    <Location_Storage_Capacity/>
    <Business_Segment_X>09</Business_Segment_X>
</BAS_Warehouse>
<BAS_Customized_Account_Segment>
    <Customized_ACC_Segment_Code>area</Customized_ACC_Segment_Code>
    <Customized_ACC_Segment_Name>区域</Customized_ACC_Segment_Name>
    <Customized_ACC_Description>销售区域</Customized_ACC_Description>
    <Customized_ACC_Encoding_Rule>按两位数字进行编码</Customized_ACC_Encoding_Rule>
    <Hierarchy_Flag>0</Hierarchy_Flag>
    <Active_Flag>1</Active_Flag>
```

</BAS_Customized_Account_Segment>
<BAS_Customized_Account_Value>
<Customized_ACC_Value_Code>01</Customized_ACC_Value_Code>
<Customized_ACC_Value_Name>东部销售区域</Customized_ACC_Value_Name>
<Customized_ACC_Value_Description>东部六省一市销售区域</Customized_ACC_Value_Description>
<Customized_ACC_Value_Hierarchy>1</Customized_ACC_Value_Hierarchy>
<Parent_ACC_Value_Code/>
<Customized_ACC_Segment_Code>area</Customized_ACC_Segment_Code>
</BAS_Customized_Account_Value>
</BAS>

参 考 文 献

[1] GB/T 18391.1—2009 信息技术 元数据注册系统（MDR）第1部分：框架
[2] GB/T 24589（所有部分）财经信息技术 会计核算软件数据接口
[3] GB/T 32180（所有部分）财经信息技术 企业资源计划软件数据接口
[4] 财会便〔2021〕7号 银行审计函证数据标准（试行版）
[5] ISO 21378: 2019 Audit data collection
[6] 美国注册会计师协会（AICPA）Audit data standards

ICS 35.240
CCS L 67

团 体 标 准

T/CICPA 0102—2023

注册会计师审计数据规范 总账

Audit data specifications for Certified Public Accountants
General ledger

2023-03-27 发布 2023-03-27 实施

中国注册会计师协会 发布

目　次

前　言

本文件按照GB/T 1.1—2020《标准化工作导则 第1部分：标准化文件的结构和起草规则》的规定起草。

本文件由中国注册会计师协会提出并归口。

本文件起草单位：中国注册会计师协会、中国标准化研究院、毕马威华振会计师事务所（特殊普通合伙）、北京鼎信创智科技有限公司。

本文件主要起草人：舒惠好、唐建华、刘渝、赵际喆、王廷梁、陈宇、岳高峰、刘守华、高亮、汪浩、陈甜甜、龙罡、苏萌、王常海、夏安东。

引　言

《注册会计师行业信息化建设规划（2021—2025年）》围绕“会计师事务所信息化、行业管理服务信息化、协会办公信息化”3大领域，提出行业信息化建设“标准化、数字化、网络化、智能化”的目标，从4个方面明确18项信息化建设任务。其中，在加快信息化基础研究与建设方面，提出推动构建行业数据标准体系，围绕审计数据采集、审计报告电子化、行业管理服务数据、电子签章与证照等领域，按照继承、发展和创新原则，急用先行、循序渐进推动构建科学适用的行业数据标准体系，满足数据共享交换和数据分析需求，发挥数据作为生产要素的作用。

在审计数据领域，中国注册会计师协会提出了注册会计师审计数据规范体系，包括基础信息、具体审计领域和特殊行业审计3大板块，每个板块包含若干模块，涵盖审计业务中的各个领域。中国注册会计师协会将根据不同领域和不同行业在数字化审计方面的成熟度和重要程度，分批次适时推出各模块，不断完善注册会计师审计数据规范体系。

本文件作为注册会计师审计数据规范体系的一部分，根据相关法律法规的规定、企业会计准则的披露要求和中国注册会计师审计准则的执业要求，从注册会计师审计执业和审计信息化的实际需求出发，充分依托现有国家标准和行业标准，借鉴国际相关审计标准化成果和经验，对数据元进行了拓展，并创新性地引入了多元化的数据来源。

本文件是用于规范审计数据的技术标准，主要用于审计数据的收集、存储、使用、加工、传输、提供、公开等数据处理。上述数据处理过程应符合《数据安全法》《个人信息保护法》等相关法律法规的规定。

注册会计师审计数据规范 总账

1 范围

本文件规定了注册会计师审计数据中总账数据的内容和格式要求。

本文件适用于注册会计师审计及相关软件的设计、开发和测试。

2 规范性引用文件

下列文件中的内容通过文中的规范性引用而构成本文件必不可少的条款。其中，注日期的引用文件，仅该日期对应的版本适用于本文件；不注日期的引用文件，其最新版本（包括所有的修改单）适用于本文件。

GB/T 7408—2005 数据元和交换格式信息交换 日期和时间表示法（ISO 8601: 2000，IDT）

ISO 4217 表示货币的代码（Codes for the representation of currencies）

T/CICPA 0101—2023 注册会计师审计数据规范 公共基础

3 术语和定义

下列术语和定义适用于本文件。

3.1

数据 data

信息的可再解释的信息化表达，以适用于通信、解释和处理。

［来源：GB/T 18391.1—2009，3.2.6］

3.2

数据元 data element

由一组属性规定其定义、标识、表示和允许值的数据单元。

［来源：GB/T 18391.1—2009，3.3.8］

4 数据元的描述

本文件中，每个数据元通过标识符、中文名称、英文名称、说明、数据类型、表示、约束条件、数据来源等属性来表达。

a） 标识符：数据元的唯一标识；

b） 中文名称：数据元的中文名称；

c） 英文名称：数据元的英文名称；

d） 说明：关于数据元的含义和基本特性的描述，并使之区别于其他数据元；

e） 数据类型：数据元值的数据类型，如表1所示；

f） 表示：数据元值的数据类型及字符长度的组合表示方式，如表1所示；

g） 约束条件：说明该数据元是必选项还是可选项；

h） 数据来源：审计数据的采集来源，例如，被审计单位等。

注：“数据来源”和“约束条件”是建议，非强制要求。注册会计师在执行审计业务时需要根据实际情况采集数据。

表1 数据元的数据类型及表示方式

数据类型	说明	表示方式
字符型	一切可以显示打印的字符，包括汉字、字母、数字、各种符号、空格等，不具有计算能力。	以大写字母“C”代表字符串： CX：表示定长为X的字符型数据元值； C..X：表示最长为X的字符型数据元值； C..ul：表示长度不确定的字符型数据元值。
数值型	可以进行数学运算的数据。	以大写字母“N”代表数值型： NX：固定长度为X位数字的整型数； N..X：最大长度为X位数字的整型数； NX, Y：固定长度为X位的十进制小数格式（包括小数点和小数点后面的数字），小数点后保留Y位数字； N..X, Y：最大长度为X位的十进制小数格式（包括小数点和小数点后面的数字），小数点后保留Y位数字。
日期时间型	用以表示日期及时间的数据。	按照GB/T 7408—2005表示。例如，YYYY-MM-DD；YYYYMMDDThhmmss；hh：mm：ss。
布尔型	两个且只有两个表明条件的值。	用C1表示。

5 数据模型

审计数据规范包括若干模块，总账模块是其中之一。总账审计数据包含试算平衡表、记账凭证、记账凭证来源、会计科目辅助核算、科目余额及发生额、现金流量项目、现金流量凭证项目数据、报表集和报表项等9个实体，这些实体之间的关系见图1，实体的数据描述见第6章，数据结构见第7章。为了方便标准的数字化应用，本文件附录中提供了XML文件输出格式和实例。文件输出格式见附录A，实例参见附录B。为配合XBRL格式电子凭证的推广，将为用户提供XBRL文件输出格式和实例。

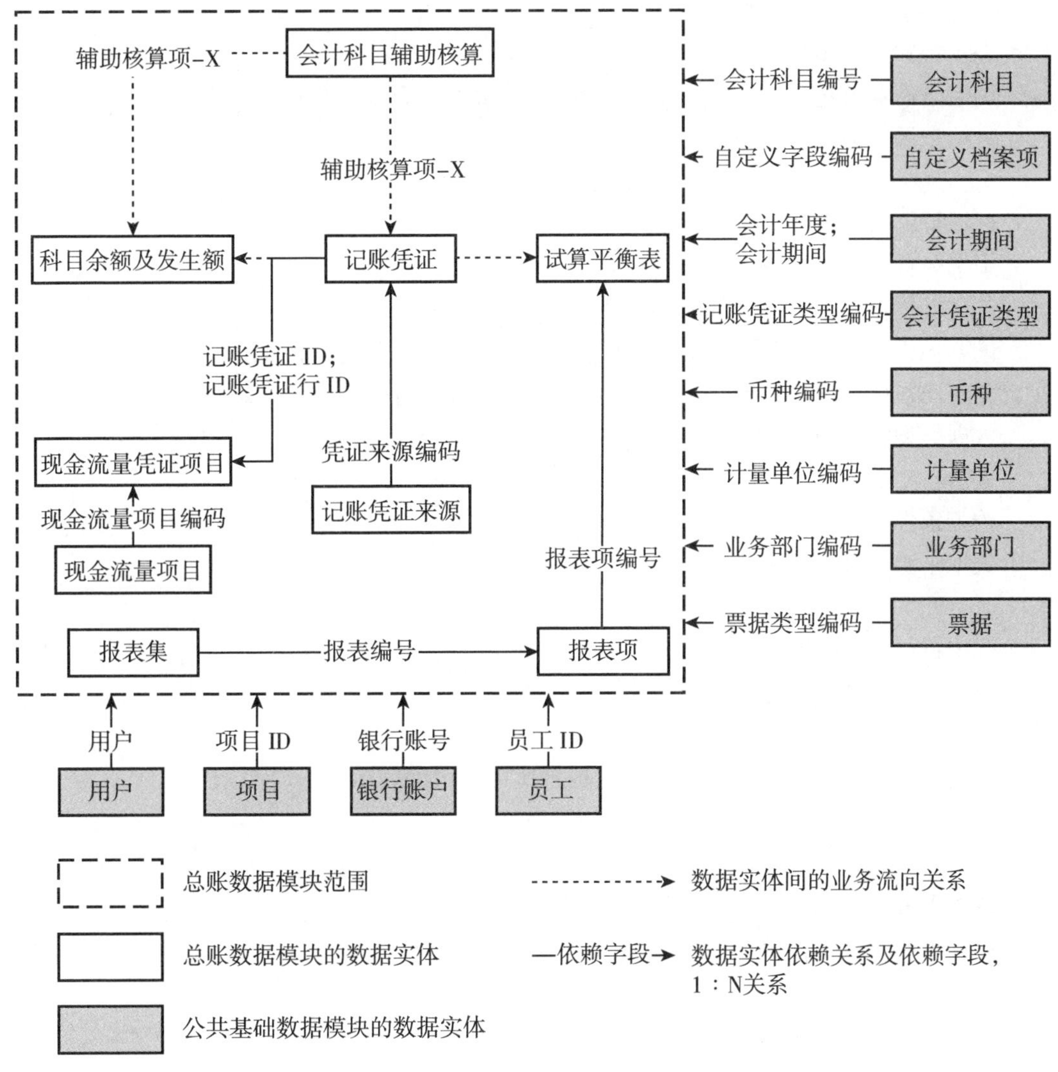

图1　总账数据实体关系图

6　总账数据

6.1　试算平衡表 GL_Trial_Balance

标识符：010201001

中文名称：余额日期

英文名称：Balance_As_Of_Date

说明：与所提供的余额相关的账户活动的截止日期。例如，如果某份报告是在2015年1月22日针对截至2014年12月31日期间的某项活动而编制，则所记录的日期为2014年12月31日。

数据类型：日期时间型
表示：YYYY-MM-DD
约束条件：可选
数据来源：被审计单位

标识符：010201002
中文名称：期初记账本位币金额
英文名称：Beginning_Functional_Amount
说明：以记账本位币或集团货币记录的期初余额（与前期的期末余额相同）。由于所有交易均以单一币种记录，不应对该金额执行多币种换算。
数据类型：数值型
表示：N..22, 4
约束条件：可选
数据来源：被审计单位

标识符：010201003
中文名称：期初财务报告币金额
英文名称：Beginning_Reporting_Amount
说明：该期间的期初余额，以法定报告所用的币种表示。
数据类型：数值型
表示：N..22, 4
约束条件：可选
数据来源：被审计单位

标识符：010201004
中文名称：期初当地货币金额
英文名称：Beginning_Local_Amount
说明：以当地货币表示的期初余额，用于多币种跟踪。
数据类型：数值型
表示：N..22, 4
约束条件：可选
数据来源：被审计单位

标识符：010201005
中文名称：期初原币金额
英文名称：Beginning_Transaction_Amount
说明：以原币表示的期初余额，用于多币种跟踪。

数据类型：数值型
表示：N..22, 4
约束条件：可选
数据来源：被审计单位

标识符：010201006
中文名称：期末记账本位币金额
英文名称：Ending_Functional_Amount
说明：以记账本位币或集团货币记录的期末余额。由于所有交易均以单一币种记录，不应对该金额执行多币种换算。
数据类型：数值型
表示：N..22, 4
约束条件：可选
数据来源：被审计单位

标识符：010201007
中文名称：期末财务报告币金额
英文名称：Ending_Reporting_Amount
说明：该期间的期末余额，以法定报告所用的币种表示。
数据类型：数值型
表示：N..22, 4
约束条件：可选
数据来源：被审计单位

标识符：010201008
中文名称：期末当地货币金额
英文名称：Ending_Local_Amount
说明：以当地货币表示的期末金额，用于多币种跟踪。
数据类型：数值型
表示：N..22, 4
约束条件：可选
数据来源：被审计单位

标识符：010201009
中文名称：期末原币金额
英文名称：Ending_Transaction_Amount
说明：以原币表示的期末余额，用于多币种跟踪。

数据类型：数值型
表示：N..22, 4
约束条件：可选
数据来源：被审计单位

6.2 记账凭证 GL_Details

标识符：010202001
中文名称：记账凭证ID
英文名称：Journal_ID
说明：记账凭证的唯一标识符，通常由系统自动生成。
数据类型：字符型
表示：C..100
约束条件：必选
数据来源：被审计单位

标识符：010202002
中文名称：记账凭证编号
英文名称：Journal_Number
说明：记账凭证编号。例如，包括序列号、单据类型、日期。
数据类型：字符型
表示：C..100
约束条件：必选
数据来源：被审计单位

标识符：010202003
中文名称：记账凭证日期
英文名称：Effective_Date
说明：记账凭证的日期，无论该分录何时取得或创建。有时是指会计日期或会计生效日期。例如，如果用户希望查看截至20XX年3月5日止期间的财务业绩，则该记账凭证可以在未结束期间内的任何一天创建，并指定至截至20XX年3月5日止的期间。
数据类型：日期时间型
表示：YYYY-MM-DD
约束条件：必选
数据来源：被审计单位

标识符：010202004
中文名称：记账凭证行号

英文名称：Journal_Line_Number
说明：在会计分录中的行号，该数字由人工输入或者系统自动生成。
数据类型：字符型
表示：C..5
约束条件：必选
数据来源：被审计单位

标识符：010202005
中文名称：记账凭证描述
英文名称：JE_Header_Description
说明：对整个记账凭证的描述。
数据类型：字符型
表示：C..1000
约束条件：必选
数据来源：被审计单位

标识符：010202006
中文名称：记账凭证行描述
英文名称：JE_Line_Description
说明：对记账凭证中各行的描述。
数据类型：字符型
表示：C..1000
约束条件：必选
数据来源：被审计单位

标识符：010202007
中文名称：记账凭证摘要
英文名称：Journal_Summary
说明：记账凭证的简要业务说明。
数据类型：字符型
表示：C..300
约束条件：必选
数据来源：被审计单位

标识符：010202008
中文名称：票据编号
英文名称：Bill_Number

说明：票据的编号。
数据类型：字符型
表示：C..100
约束条件：可选
数据来源：被审计单位

标识符：010202009
中文名称：票据日期
英文名称：Bill_Date
说明：票据的日期。
数据类型：日期时间型
表示：YYYY-MM-DD
约束条件：可选
数据来源：被审计单位

标识符：010202010
中文名称：数量
英文名称：Quantity
说明：记账凭证行所提及的项目数量。当“会计科目编号”是关于库存或固定资产时，该字段有效。否则该字段为“NULL”。
数据类型：数值型
表示：N..22, 4
约束条件：可选
数据来源：被审计单位

标识符：010202011
中文名称：单价
英文名称：Unit_Price
说明：库存或不动产、厂场和设备的单价。该字段与“数量”和“金额”相关。例如，如果账户为库存或不动产、厂场和设备，则将“数量”乘以“单价”可得出总“金额”。
数据类型：数值型
表示：N..22, 8
约束条件：可选
数据来源：被审计单位

标识符：010202012
中文名称：附件数

英文名称：Attachment_Quantity
说明：记账凭证所附的原始凭证张数。
数据类型：数值型
表示：N..4
约束条件：必选
数据来源：被审计单位

标识符：010202013
中文名称：记账本位币金额
英文名称：Functional_Amount
说明：以记账本位币或集团货币记录的交易金额。
数据类型：数值型
表示：N..22, 4
约束条件：必选
数据来源：被审计单位

标识符：010202014
中文名称：集团本币金额
英文名称：Reporting_Amount
说明：以财务报告币记录的金额。
数据类型：数值型
表示：N..22, 4
约束条件：可选
数据来源：被审计单位

标识符：010202015
中文名称：当地货币金额
英文名称：Local_Amount
说明：以交易发生所在国家的货币记录的金额。
数据类型：数值型
表示：N..22, 4
约束条件：可选
数据来源：被审计单位

标识符：010202016
中文名称：交易原币金额
英文名称：Transaction_Amount

说明：以交易货币记录的金额。
数据类型：数值型
表示：N..22, 4
约束条件：可选
数据来源：被审计单位

标识符：010202017
中文名称：借贷方向标志
英文名称：Credit_Debit_Indicator
说明：指示金额是贷方还是借方。例如，C是贷方、D是借方。
数据类型：字符型
表示：C1
约束条件：可选
数据来源：被审计单位

标识符：010202018
中文名称：记账人ID
英文名称：Posted_User_ID
说明：将日记账项存入分类账的人的唯一标识符。通常由系统自动生成。
数据类型：字符型
表示：C..25
约束条件：必选
数据来源：被审计单位

标识符：010202019
中文名称：记账标志
英文名称：Journal_Indicator
说明：记账凭证是否记账的标识。1表示已完成，0表示未完成。
数据类型：布尔型
表示：C1
约束条件：必选
数据来源：被审计单位

标识符：010202020
中文名称：冲销标志
英文名称：Reversal_Indicator
说明：标志此项是冲销还是待冲销。例如，1表示分录已冲销、2表示分录待冲销。

空（“ ”）表示以上都不是，或者属于系统生成的标记。

数据类型：字符型

表示：C1

约束条件：必选

数据来源：被审计单位

标识符：010202021

中文名称：冲销记账凭证ID

英文名称：Reversal_Journal_ID

说明：当冲销标记=1时，该字段表示待冲销的分录的“记账凭证ID”。

数据类型：字符型

表示：C..100

约束条件：可选

数据来源：被审计单位

标识符：010202022

中文名称：作废标志

英文名称：Cancellation_Sign

说明：已建立但尚未过账的记账凭证的作废标志。1表示已被作废，0表示未被作废。

数据类型：布尔型

表示：C1

约束条件：可选

数据来源：被审计单位

标识符：010202023

中文名称：员工辅助信息

英文名称：Account_Segment_Employee

说明：账户细分信息，记录相关员工的信息。

数据类型：字符型

表示：C..60

约束条件：可选

数据来源：被审计单位

标识符：010202024

中文名称：项目辅助信息

英文名称：Account_Segment_Project

说明：账户细分信息，记录相关项目的信息。例如，需要独立核算的工程项目。

数据类型：字符型
表示：C..60
约束条件：可选
数据来源：被审计单位

标识符：010202025
中文名称：银行账号辅助信息
英文名称：Account_Segment_Bank_Account
说明：账户细分信息，记录相关银行账号的信息。
数据类型：字符型
表示：C..60
约束条件：可选
数据来源：被审计单位

标识符：010202026
中文名称：辅助核算项-X
英文名称：Account_Segment_X
说明：保留字段，用于与特定账户相关联的补充信息。“X”表示每个唯一的自定义账户将在单独的字段中反映。如有多个辅助核算项以-分割。
数据类型：字符型
表示：C..60
约束条件：可选
数据来源：被审计单位

标识符：010202027
中文名称：凭证头可扩展字段结构
英文名称：Header_Scalable_Field_Structure
说明：用户可以为凭证额外自定义需要记录的重要信息的字段，可以是多个扩展字段的结构组合，可以为空。当扩展字段>=1时，用［-］隔开形成序列。
数据类型：字符型
表示：C..2000
约束条件：必选
数据来源：被审计单位

标识符：010202028
中文名称：凭证头可扩展结构对应档案
英文名称：Header_Scalable_Structure_Corresponding_File

说明：凭证各个扩展字段对应的档案，可以多个扩展字段对应同一个档案，可以为空。
数据类型：字符型
表示：C..2000
约束条件：必选
数据来源：被审计单位

标识符：010202029
中文名称：分录行可扩展字段结构
英文名称：Entry_Line_Scalable_Field_Structure
说明：用户可以为分录额外自定义需要记录的重要信息的字段，可以是多个扩展字段的结构组合，可以为空。
数据类型：字符型
表示：C..2000
约束条件：必选
数据来源：被审计单位

标识符：010202030
中文名称：分录行可扩展字段对应档案
英文名称：Entry_Line_Scalable_Field_Corresponding_File
说明：分录扩展字段对应的档案，可以多个扩展字段对应同一个档案，可以为空。
数据类型：字符型
表示：C..2000
约束条件：必选
数据来源：被审计单位

6.3 记账凭证来源 GL_Source

标识符：010203001
中文名称：凭证来源编码
英文名称：Source_Code
说明：记账凭证的来源编码。例如，销售日记账、现金收入日记账、普通日记账、工资日记账、人工日记账、电子表格。
数据类型：字符型
表示：C..25
约束条件：必选
数据来源：被审计单位

标识符：010203002
中文名称：凭证来源系统
英文名称：Source_System
说明：凭证来源于模块的名称。如“应收”“应付”“工资”“固定资产”等，若该项为空，则来源于总账。
数据类型：字符型
表示：C..20
约束条件：必选
数据来源：被审计单位

标识符：010203003
中文名称：凭证来源描述
英文名称：Source_Description
说明：对来源系统的描述。
数据类型：字符型
表示：C..1000
约束条件：必选
数据来源：被审计单位

标识符：010203004
中文名称：凭证生成方式
英文名称：System_Manual_Identifier
说明：表明记账凭证是由系统生成还是手动输入。例如，S表示系统生成、M表示手动输入。
数据类型：字符型
表示：C1
约束条件：可选
数据来源：被审计单位

标识符：010203005
中文名称：ERP分类账模块
英文名称：ERP_Subledger_Module
说明：记账凭证所来源的分类账或ERP模块的描述，应与系统或重要的会计流程相关联。在某些情况下，可以用来源系统表示。
数据类型：字符型
表示：C..100
约束条件：可选

数据来源：被审计单位

标识符：010203006
中文名称：主业务流程
英文名称：Business_Process_Major
说明：与业务流程相关的主要交易类别。例如，销售。
数据类型：字符型
表示：C..100
约束条件：可选
数据来源：被审计单位

标识符：010203007
中文名称：次业务流程
英文名称：Business_Process_Minor
说明：主业务流程的子流程。例如，订单、退货、折扣。
数据类型：字符型
表示：C..100
约束条件：可选
数据来源：被审计单位

6.4 会计科目辅助核算 GL_Account_Segment

标识符：010204001
中文名称：辅助核算项编号
英文名称：Account_Segment_Number
说明：会计科目的辅助核算项序号。
数据类型：字符型
表示：C..60
约束条件：必选
数据来源：被审计单位

标识符：010204002
中文名称：辅助核算项名称
英文名称：Account_Segment_Name
说明：会计科目的辅助核算项名称。
数据类型：字符型
表示：C..200
约束条件：必选

数据来源：被审计单位

标识符：010204003
中文名称：辅助核算项描述
英文名称：Account_Segment_Description
说明：辅助核算项的详细描述。
数据类型：字符型
表示：C..2000
约束条件：必选
数据来源：被审计单位

标识符：010204004
中文名称：对应档案
英文名称：Corresponding_File
说明：与辅助核算项对应的表。情况1：如果记录的辅助核算项编号为0，该字段包含与固定辅助核算项相应的表名称。例如，“员工辅助信息”对应的是“公共基础-员工表”。情况2：如果辅助核算项编号的值大于0，并且除了自定义辅助核算项外，其他表都不包含自定义辅助核算项的基本信息，则该字段对应的是“公共基础-自定义档案项”中的“自定义字段”。情况3：如果辅助核算项编号的值大于0，并且有表包含自定义辅助核算项的基本信息，则该字段的值应为该表的名称。例如，公共基础-客户表。
数据类型：字符型
表示：C..200
约束条件：必选
数据来源：被审计单位

6.5 科目余额及发生额 GL_Accounts_Period_Balance

标识符：010205001
中文名称：期初数量
英文名称：Beginning_Quantity
说明：库存或不动产、厂场和设备账户的期初数量。
数据类型：数值型
表示：N..22, 4
约束条件：必选
数据来源：被审计单位

标识符：010205002
中文名称：期初原币余额

英文名称：Transaction_Beginning_Balance
说明：期初原币余额。
数据类型：数值型
表示：N..22, 4
约束条件：必选
数据来源：被审计单位

标识符：010205003
中文名称：期初集团本币余额
英文名称：Reporting_Beginning_Balance
说明：期初集团本币余额。
数据类型：数值型
表示：N..22, 4
约束条件：必选
数据来源：被审计单位

标识符：010205004
中文名称：期初记账本位币余额
英文名称：Functional_Beginning_Balance
说明：期初记账本位币余额。
数据类型：数值型
表示：N..22, 4
约束条件：必选
数据来源：被审计单位

标识符：010205005
中文名称：期初当地货币余额
英文名称：Local_Beginning_Balance
说明：期初当地货币余额。
数据类型：数值型
表示：N..22, 4
约束条件：必选
数据来源：被审计单位

标识符：010205006
中文名称：期初余额标志
英文名称：BEG_Balance_Indicator

说明：会计账户的期初余额方向，表示是借方还是贷方的期初余额。例如，C为贷方、D为借方。
数据类型：字符型
表示：C1
约束条件：必选
数据来源：被审计单位

标识符：010205007
中文名称：借方数量
英文名称：Debit_Quantity
说明：与借记库存或不动产、厂场和设备相关的数量信息。
数据类型：数值型
表示：N..22, 4
约束条件：必选
数据来源：被审计单位

标识符：010205008
中文名称：借方原币金额
英文名称：Transaction_Debit_Amount
说明：会计期间内的借方原币累计总额。
数据类型：数值型
表示：N..22, 4
约束条件：必选
数据来源：被审计单位

标识符：010205009
中文名称：借方集团本币金额
英文名称：Reporting_Debit_Amount
说明：会计期间内记账本位币累计借方发生额。
数据类型：数值型
表示：N..22, 4
约束条件：必选
数据来源：被审计单位

标识符：010205010
中文名称：借方记账本位币金额
英文名称：Functional_Debit_Amount

说明：会计期间内的借方记账本位币累计总额。
数据类型：数值型
表示：N..22, 4
约束条件：必选
数据来源：被审计单位

标识符：010205011
中文名称：借方当地货币金额
英文名称：Local_Debit_Amount
说明：会计期间内的借方当地货币累计总额。
数据类型：数值型
表示：N..22, 4
约束条件：必选
数据来源：被审计单位

标识符：010205012
中文名称：贷方数量
英文名称：Credit_Quantity
说明：与贷记库存或不动产、厂场和设备相关的数量信息。
数据类型：数值型
表示：N..22, 4
约束条件：必选
数据来源：被审计单位

标识符：010205013
中文名称：贷方原币金额
英文名称：Transaction_Credit_Amount
说明：会计期间内的贷方原币累计总额。
数据类型：数值型
表示：N..22, 4
约束条件：必选
数据来源：被审计单位

标识符：010205014
中文名称：贷方集团本币金额
英文名称：Reporting_Credit_Amount
说明：会计期间内的贷方本币累计总额。

数据类型：数值型
表示：N..22, 4
约束条件：必选
数据来源：被审计单位

标识符：010205015
中文名称：贷方记账本位币金额
英文名称：Functional_Credit_Amount
说明：会计期间内记账本位币累计贷方发生额。
数据类型：数值型
表示：N..22, 4
约束条件：必选
数据来源：被审计单位

标识符：010205016
中文名称：贷方当地货币金额
英文名称：Local_Credit_Amount
说明：会计期间内的贷方当地货币累计总额。
数据类型：数值型
表示：N..22, 4
约束条件：必选
数据来源：被审计单位

标识符：010205017
中文名称：期末数量
英文名称：Ending_Quantity
说明：库存或不动产、厂场和设备账户的期末数量。
数据类型：数值型
表示：N..22, 4
约束条件：必选
数据来源：被审计单位

标识符：010205018
中文名称：期末原币余额
英文名称：Transaction_Ending_Balance
说明：期末原币余额。
数据类型：数值型

表示：N..22, 4
约束条件：必选
数据来源：被审计单位

标识符：010205019
中文名称：期末集团本币余额
英文名称：Reporting_Ending_Balance
说明：期末集团本币余额。
数据类型：数值型
表示：N..22, 4
约束条件：必选
数据来源：被审计单位

标识符：010205020
中文名称：期末记账本位币余额
英文名称：Functional_Ending_Balance
说明：期末记账本位币余额。
数据类型：数值型
表示：N..22, 4
约束条件：必选
数据来源：被审计单位

标识符：010205021
中文名称：期末当地货币余额
英文名称：Local_Ending_Balance
说明：期末当地货币的余额。
数据类型：数值型
表示：N..22, 4
约束条件：必选
数据来源：被审计单位

标识符：010205022
中文名称：期末余额标志
英文名称：Ending_Balance_Indicator
说明：会计账户的期末余额方向，表示是借方还是贷方的期末余额。例如，C为贷方、D为借方。
数据类型：字符型

表示：C1
约束条件：必选
数据来源：被审计单位

标识符：010205023
中文名称：记账本位币币种编码
英文名称：Functional_Currency_Code
说明：会计和/或ERP系统软件所用的记账本位币或集团货币。按照ISO 4217规定的3字母代码表示。
数据类型：字符型
表示：C3
约束条件：必选
数据来源：被审计单位

标识符：010205024
中文名称：集团本币币种编码
英文名称：Reporting_Currency_Code
说明：以当地或实际金额列示的非合并报告所用的币种编码（相对于采用记账本位币的合并报告）。按照ISO 4217规定的3字母代码表示。
数据类型：字符型
表示：C3
约束条件：必选
数据来源：被审计单位

标识符：010205025
中文名称：当地货币币种编码
英文名称：Local_Currency_Code
说明：用于当地国家报告要求的币种编码。按照ISO 4217规定的3字母代码表示。
数据类型：字符型
表示：C3
约束条件：必选
数据来源：被审计单位

标识符：010205026
中文名称：交易原币币种编码
英文名称：Transaction_Currency_Code
说明：用于实际交易的币种编码。按照ISO 4217规定的3字母代码表示。

数据类型：字符型
表示：C3
约束条件：必选
数据来源：被审计单位

6.6 现金流量项目 GL_Cash_Flow_Item

标识符：010206001
中文名称：现金流量项目编码
英文名称：Cash_Flow_Code
说明：现金流量项目的编码。项目各级次编码的长度用［-］隔开形成序列。例如，“4-2-2”或“4-3-4”。
数据类型：字符型
表示：C..60
约束条件：必选
数据来源：被审计单位

标识符：010206002
中文名称：现金流量项目名称
英文名称：Cash_Flow_Name
说明：现金流量项目的名称。
数据类型：字符型
表示：C..200
约束条件：必选
数据来源：被审计单位

标识符：010206003
中文名称：现金流量项目描述
英文名称：Cash_Flow_Description
说明：现金流量项目的详细描述。
数据类型：字符型
表示：C..2000
约束条件：必选
数据来源：被审计单位

标识符：010206004
中文名称：是否末级
英文名称：Whether_At_The_End_Of_Hierarchy

说明：是否是末级项目的选择开关项。1表示是，0表示否。
数据类型：布尔型
表示：C1
约束条件：必选
数据来源：被审计单位

标识符：010206005
中文名称：现金流量项目级次
英文名称：Cash_Flow_Hierarchy
说明：当前现金流量项目的级次。
数据类型：字符型
表示：C..2
约束条件：必选
数据来源：被审计单位

标识符：010206006
中文名称：现金流量项目父节点
英文名称：Parent_Cash_Flow_Item_Code
说明：引用父节点的现金流量项目编码。
数据类型：字符型
表示：C..60
约束条件：可选
数据来源：被审计单位

标识符：010206007
中文名称：现金流量数据来源
英文名称：Cash_Flow_Source
说明：现金流量项目的数据来源，主表或附表。1表示“主表”，0表示“附表”。
数据类型：字符型
表示：C1
约束条件：必选
数据来源：被审计单位

标识符：010206008
中文名称：现金流量项目属性
英文名称：Cash_Flow_Attribute
说明：现金流量项目的属性。1表示流入或增项，0表示流出或减项，2表示无法确认是流入（增）项还是流出（减）项。

数据类型：字符型

表示：C1

约束条件：必选

数据来源：被审计单位

6.7 现金流量凭证项目 GL_Cash_Flow_Voucher_Item

标识符：010207001

中文名称：现金流量行号

英文名称：Cash_Flow_Line_Number

说明：现金流量行的顺序编号。

数据类型：字符型

表示：C..20

约束条件：必选

数据来源：被审计单位

标识符：010207002

中文名称：现金流量摘要

英文名称：Cash_Flow_Summary

说明：现金流量的简要业务说明。

数据类型：字符型

表示：C..300

约束条件：必选

数据来源：被审计单位

标识符：010207003

中文名称：现金流量原币金额

英文名称：Cash_Flow_Transaction_Amount

说明：现金流量的原币金额。

数据类型：数值型

表示：N..22, 4

约束条件：必选

数据来源：被审计单位

标识符：010207004

中文名称：现金流量本币金额

英文名称：Cash_Flow_Functional_Amount

说明：现金流量的本币金额。
数据类型：数值型
表示：N..22, 4
约束条件：必选
数据来源：被审计单位

6.8 报表集 GL_Report_Set

标识符：010208001
中文名称：报表编号
英文名称：Report_Number
说明：报表的唯一索引代号。
数据类型：字符型
表示：C..20
约束条件：必选
数据来源：被审计单位

标识符：010208002
中文名称：报表名称
英文名称：Report_Name
说明：对外报送报表的名称。报表范围包括“资产负债表”“利润表”“现金流量表”“所有者权益（股东权益）变动表”等四张表。
数据类型：字符型
表示：C..60
约束条件：必选
数据来源：被审计单位

标识符：010208003
中文名称：报表报告日
英文名称：Report_Date
说明：报表数据所对应的会计日期。
数据类型：日期时间型
表示：YYYY-MM-DD
约束条件：必选
数据来源：被审计单位

标识符：010208004
中文名称：编制单位

英文名称：Prepared_By
说明：编制会计报表的单位名称。
数据类型：字符型
表示：C..200
约束条件：必选
数据来源：被审计单位

标识符：010208005
中文名称：货币单位
英文名称：Currency_Unit
说明：货币的计量单位。例如，万元。
数据类型：字符型
表示：C..30
约束条件：必选
数据来源：被审计单位

标识符：010208006
中文名称：财务会计准则
英文名称：Accounting_Standard
说明：报表集所适用的会计准则。例如，企业会计准则、国际会计准则。
数据类型：字符型
表示：C..100
约束条件：必选
数据来源：被审计单位

6.9 报表项 GL_Report_Item

标识符：010209001
中文名称：报表项编号
英文名称：Segment_Number
说明：报表项目的顺序编号。
数据类型：字符型
表示：C..20
约束条件：必选
数据来源：被审计单位

标识符：010209002
中文名称：报表项名称

英文名称：Segment_Name
说明：报表中所列项目的名称。
数据类型：字符型
表示：C..200
约束条件：必选
数据来源：被审计单位

标识符：010209003
中文名称：报表项公式
英文名称：Segment_Formula
说明：报表项目的计算公式，为文本型，可以是业务函数。
数据类型：字符型
表示：C..2000
约束条件：必选
数据来源：被审计单位

标识符：010209004
中文名称：报表项数值
英文名称：Segment_Value
说明：报表项目的数值。
数据类型：数值型
表示：N..20, 2
约束条件：必选
数据来源：被审计单位

7 总账数据结构

7.1 试算平衡表数据结构

试算平衡表数据结构见表2。

表2 试算平衡表数据结构

表编号	数据表名	数据元标识符	数据元名称
01	试算平衡表	010107001	会计科目编号
		010108001	会计年度
		010108002	会计期间
		010201001	余额日期

续表

表编号	数据表名	数据元标识符	数据元名称
01	试算平衡表	010205023	记账本位币币种编码
		010205024	集团本币币种编码
		010205025	当地货币币种编码
		010205026	交易原币币种编码
		010201002	期初记账本位币金额
		010201003	期初财务报告币金额
		010201004	期初当地货币金额
		010201005	期初原币金额
		010201006	期末记账本位币金额
		010201007	期末财务报告币金额
		010201008	期末当地货币金额
		010201009	期末原币金额
		010209001	报表项编号
		010209002	报表项名称
		010107011	业务部门-X

试算平衡表标识见表3。

表3　试算平衡表标识

编号	数据元名称	标识	引用数据元	引用表
1	会计科目编号	主键/外键	会计科目编号	公共基础-会计科目
2	会计年度	主键/外键	会计年度	公共基础-会计期间
3	会计期间	主键/外键	会计期间	公共基础-会计期间
4	记账本位币币种编码	外键	币种编码	公共基础-币种
5	集团本币币种编码	外键	币种编码	公共基础-币种
6	当地货币币种编码	外键	币种编码	公共基础-币种
7	交易原币币种编码	外键	币种编码	公共基础-币种
8	报表项编号	外键	报表项编号	总账-报表项
注：公共基础相关表见T/CICPA 0101—2023，其他标识表同。				

7.2　记账凭证表数据结构

记账凭证表数据结构见表4。

表4　记账凭证表数据结构

表编号	数据表名	数据元标识符	数据元名称
02	记账凭证表	010202001	记账凭证ID
		010202002	记账凭证编号
		010107001	会计科目编号
		010108001	会计年度
		010108002	会计期间
		010202003	记账凭证日期
		010202004	记账凭证行号
		010109001	记账凭证类型编码
		010202005	记账凭证描述
		010202006	记账凭证行描述
		010203001	凭证来源编码
		010202007	记账凭证摘要
		010202008	票据编号
		010110001	票据类型编码
		010202009	票据日期
		010202010	数量
		010113001	计量单位编码
		010202011	单价
		010202012	附件数
		010202013	记账本位币金额
		010205023	记账本位币币种编码
		010202014	集团本币金额
		010205024	集团本币币种编码
		010202015	当地货币金额
		010205025	当地货币币种编码
		010202016	交易原币金额
		010205026	交易原币币种编码
		010111001	结算方式编码
		010202017	借贷方向标志
		010202018	记账人ID
		010202019	记账标志
		010202020	冲销标志

续表

表编号	数据表名	数据元标识符	数据元名称
02	记账凭证表	010202021	冲销记账凭证ID
		010202022	作废标志
		010105044	制单人ID
		010105036	制单日期
		010105037	制单时间
		010105045	批准人ID
		010105038	批准日期
		010202023	员工辅助信息
		010202024	项目辅助信息
		010202025	银行账号辅助信息
		010202026	辅助核算项–X
		010202027	凭证头可扩展字段结构
		010202028	凭证头可扩展结构对应档案
		010202029	分录行可扩展字段结构
		010202030	分录行可扩展字段对应档案
		010107011	业务部门–X

记账凭证表标识见表5。

表5　记账凭证表标识

编号	数据元名称	标识	引用数据元	引用表
1	记账凭证ID	主键	无	无
2	记账凭证行号	主键	无	无
3	会计科目编号	外键	会计科目编号	公共基础–会计科目
4	会计年度	外键	会计年度	公共基础–会计期间
5	会计期间	外键	会计期间	公共基础–会计期间
6	记账凭证类型编码	外键	记账凭证类型编码	公共基础–会计凭证类型
7	凭证来源编码	外键	凭证来源编码	总账–凭证来源
8	票据类型编码	外键	票据类型编码	公共基础–票据
9	计量单位编码	外键	计量单位编码	公共基础–计量单位
10	记账本位币币种编码	外键	币种编码	公共基础–币种
11	集团本币币种编码	外键	币种编码	公共基础–币种

续表

编号	数据元名称	标识	引用数据元	引用表
12	当地货币币种编码	外键	币种编码	公共基础-币种
13	交易原币币种编码	外键	币种编码	公共基础-币种
14	制单人ID	外键	用户ID	公共基础-用户
15	批准人ID	外键	用户ID	公共基础-用户
16	记账人ID	外键	用户ID	公共基础-用户
17	员工辅助信息	外键	员工ID	公共基础-员工
18	项目辅助信息	外键	项目编码	公共基础-项目
19	银行账号辅助信息	外键	银行账号	公共基础-银行账户

7.3 记账凭证来源表数据结构

记账凭证来源表数据结构见表6。

表6 记账凭证来源表数据结构

表编号	数据表名	数据元标识符	数据元名称
03	记账凭证来源表	010203001	凭证来源编码
		010203002	凭证来源系统
		010203003	凭证来源描述
		010203004	凭证生成方式
		010203005	ERP分类账模块
		010203006	主业务流程
		010203007	次业务流程

记账凭证来源表标识见表7。

表7 记账凭证来源表标识

编号	数据元名称	标识	引用数据元	引用表
1	凭证来源编码	主键	无	无

7.4 会计科目辅助核算表数据结构

会计科目辅助核算表数据结构见表8。

表8　会计科目辅助核算表数据结构

表编号	数据表名	数据元标识符	数据元名称
04	会计科目辅助核算表	010107001	会计科目编号
		010204001	辅助核算项编号
		010204002	辅助核算项名称
		010204003	辅助核算项描述
		010204004	对应档案
		010122001	自定义字段编码

会计科目辅助核算表标识见表9。

表9　会计科目辅助核算表标识

编号	数据元名称	标识	引用数据元	引用表
1	辅助核算项名称	主键	无	无
2	会计科目编号	主键/外键	会计科目编号	公共基础–会计科目
3	自定义字段编码	外键	自定义字段编码	公共基础–自定义档案项

7.5　科目余额及发生额表数据结构

科目余额及发生额表数据结构见表10。

表10　科目余额及发生额表数据结构

表编号	数据表名	数据元标识符	数据元名称
05	科目余额及发生额表	010107001	会计科目编号
		010108001	会计年度
		010108002	会计期间
		010205001	期初数量
		010113001	计量单位编码
		010205002	期初原币余额
		010205003	期初集团本币余额
		010205004	期初记账本位币余额
		010205005	期初当地货币余额
		010205006	期初余额标志
		010205007	借方数量
		010205008	借方原币金额

续表

表编号	数据表名	数据元标识符	数据元名称
05	科目余额及发生额表	010205009	借方集团本币金额
		010205010	借方记账本位币金额
		010205011	借方当地货币金额
		010205012	贷方数量
		010205013	贷方原币金额
		010205014	贷方集团本币金额
		010205015	贷方记账本位币金额
		010205016	贷方当地货币金额
		010205017	期末数量
		010205018	期末原币余额
		010205019	期末集团本币余额
		010205020	期末记账本位币余额
		010205021	期末当地货币余额
		010205022	期末余额标志
		010205023	记账本位币币种编码
		010205024	集团本币币种编码
		010205025	当地货币币种编码
		010205026	交易原币币种编码
		010202023	员工辅助信息
		010202024	项目辅助信息
		010202025	银行账号辅助信息
		010202026	辅助核算项–X
		010107011	业务部门–X

科目余额及发生额表标识见表11。

表11　科目余额及发生额表标识

编号	数据元名称	标识	引用数据元	引用表
1	会计科目编号	主键/外键	会计科目编号	公共基础–会计科目
2	会计年度	主键/外键	会计年度	公共基础–会计期间
3	会计期间	主键/外键	会计期间	公共基础–会计期间
4	记账本位币币种编码	外键	币种编码	公共基础–币种

续表

编号	数据元名称	标识	引用数据元	引用表
5	集团本币币种编码	外键	币种编码	公共基础－币种
6	当地货币币种编码	外键	币种编码	公共基础－币种
7	交易原币币种编码	外键	币种编码	公共基础－币种
8	员工辅助信息	外键	员工ID	公共基础－员工
9	项目辅助信息	外键	项目编码	公共基础－项目
10	银行账号辅助信息	外键	银行账号	公共基础－银行账户

7.6 现金流量项目表数据结构

现金流量项目表数据结构见表12。

表12 现金流量项目表数据结构

表编号	数据表名	数据元标识符	数据元名称
06	现金流量项目表	010206001	现金流量项目编码
		010206002	现金流量项目名称
		010206003	现金流量项目描述
		010206004	是否末级
		010206005	现金流量项目级次
		010206006	现金流量项目父节点
		010206007	现金流量数据来源
		010206008	现金流量项目属性

现金流量项目表标识见表13。

表13 现金流量项目表标识

编号	数据元名称	标识	引用数据元	引用表
1	现金流量项目编码	主键	无	无
2	现金流量项目父节点	外键	现金流量项目编码	总账－现金流量项目

7.7 现金流量凭证项目表数据结构

现金流量凭证项目表数据结构见表14。

表 14　现金流量凭证项目表数据结构

表编号	数据表名	数据元标识符	数据元名称
07	现金流量凭证项目表	010207001	现金流量行号
		010206001	现金流量项目编码
		010207002	现金流量摘要
		010207003	现金流量原币金额
		010207004	现金流量本币金额
		010202001	记账凭证ID
		010109001	记账凭证类型编码
		010202004	记账凭证行号
		010107011	业务部门-X

现金流量凭证项目表标识见表15。

表 15　现金流量凭证项目表标识

编号	数据元名称	标识	引用数据元	引用表
1	现金流量行号	主键	无	无
2	现金流量项目编码	外键	现金流量项目编码	总账-现金流量项目
3	记账凭证ID	外键	记账凭证ID	总账-记账凭证
4	记账凭证行号	外键	记账凭证行号	总账-记账凭证
5	记账凭证类型编码	外键	记账凭证类型编码	公共基础-会计凭证类型

7.8　报表集数据结构

报表集数据结构见表16。

表 16　报表集数据结构

表编号	数据表名	数据元标识符	数据元名称
08	报表集	010208001	报表编号
		010208002	报表名称
		010208003	报表报告日
		010108002	会计期间
		010208004	编制单位
		010208005	货币单位
		010208006	财务会计准则

报表集标识见表17。

表17　报表集标识

编号	数据元名称	标识	引用数据元	引用表
1	报表编号	主键	无	无

7.9　报表项数据结构

报表项数据结构见表18。

表18　报表项数据结构

表编号	数据表名	数据元标识符	数据元名称
09	报表项	010209001	报表项编号
		010209002	报表项名称
		010208001	报表编号
		010209003	报表项公式
		010209004	报表项数值

报表项标识见表19。

表19　报表项标识

编号	数据元名称	标识	引用数据元	引用表
1	报表项编号	主键	无	无
2	报表编号	外键	报表编号	总账-报表集

附 录 A
（规范性）
总账数据文件输出格式

```
<?xml version="1.0" encoding="UTF-8"?>
<xs:schema xmlns:xs="http://www.w3.org/2001/XMLSchema" xmlns:GL="https://www.cicpa.org.cn/2023/audit_data/XMLSchema/GL" targetNamespace="https://www.cicpa.org.cn/2023/audit_data/XMLSchema/GL" elementFormDefault="qualified" attributeFormDefault="unqualified">
    <xs:element name="GL">
        <xs:complexType>
            <xs:sequence>
                <xs:element ref="GL:GL_Trial_Balance" minOccurs="0" maxOccurs="unbounded" />
                <xs:element ref="GL:GL_Details" minOccurs="0" maxOccurs="unbounded" />
                <xs:element ref="GL:GL_Source" minOccurs="0" maxOccurs="unbounded" />
                <xs:element ref="GL:GL_Account_Segment" minOccurs="0" maxOccurs="unbounded" />
                <xs:element ref="GL:GL_Accounts_Period_Balance" minOccurs="0" maxOccurs="unbounded" />
                <xs:element ref="GL:GL_Cash_Flow_Item" minOccurs="0" maxOccurs="unbounded" />
                <xs:element ref="GL:GL_Cash_Flow_Voucher_Item" minOccurs="0" maxOccurs="unbounded" />
                <xs:element ref="GL:GL_Report_Set" minOccurs="0" maxOccurs="unbounded" />
                <xs:element ref="GL:GL_Report_Item" minOccurs="0" maxOccurs="unbounded" />
            </xs:sequence>
```

```
        </xs:complexType>
    </xs:element>
    <xs:element name="GL_Trial_Balance">
        <xs:complexType>
            <xs:sequence>
                <xs:element name="GL_Account_Number" nillable="false">
                    <xs:annotation>
                        <xs:documentation>会计科目的编号，科目各级次编号的长度
用[-]隔开形成序列。例如，“4-2-2”或“4-3-4”。</xs:documentation>
                    </xs:annotation>
                        <xs:simpleType>
                            <xs:restriction base="xs:string">
                                <xs:minLength value="0"/>
                                <xs:maxLength value="100"/>
                            </xs:restriction>
                        </xs:simpleType>
                </xs:element>
                <xs:element name="Fiscal_Year" nillable="false">
                    <xs:annotation>
                        <xs:documentation>会计年度所覆盖的日期。年份应以四位数
显示为“YYYY”，这是按照GB/T 7408—2005表示“YYYY-MM-DD”扩展格式的一部
分。</xs:documentation>
                    </xs:annotation>
                        <xs:simpleType>
                            <xs:restriction base="xs:string">
                                <xs:length value="4" fixed="true"/>
                            </xs:restriction>
                        </xs:simpleType>
                </xs:element>
                <xs:element name="Accounting_Period" nillable="false">
                    <xs:annotation>
                        <xs:documentation>会计期间所覆盖的日期。例如，在任何日
期开始至任何日期结束的期间内，W1-W53表示按周计算的期间，M1-M12表示按月计
算的期间，Q1-Q4表示按季度计算的期间。</xs:documentation>
                    </xs:annotation>
                        <xs:simpleType>
                            <xs:restriction base="xs:string">
```

```
                        <xs:minLength value="0"/>
                        <xs:maxLength value="15"/>
                    </xs:restriction>
                </xs:simpleType>
        </xs:element>
        <xs:element name="Balance_As_Of_Date" type = “xs:date" nillable="true" >
            <xs:annotation>
                <xs:documentation>与所提供的余额相关的账户活动的截止日期。例如，如果某份报告是在2015年1月22日针对截至2014年12月31日期间的某项活动而编制，则所记录的日期为2014年12月31日。</xs:documentation>
            </xs:annotation>
        </xs:element>
        <xs:element name="Functional_Currency_Code" nillable="false">
            <xs:annotation>
                <xs:documentation>会计和/或ERP系统软件所用的记账本位币或集团货币。按照ISO 4217规定的3字母代码表示。</xs:documentation>
            </xs:annotation>
                <xs:simpleType>
                    <xs:restriction base="xs:string">
                        <xs:length value="3" fixed="true"/>
                    </xs:restriction>
                </xs:simpleType>
        </xs:element>
        <xs:element name="Reporting_Currency_Code" nillable="false">
            <xs:annotation>
                <xs:documentation>以当地或实际金额列示的非合并报告所用的币种编码（相对于采用记账本位币的合并报告）。按照ISO 4217规定的3字母代码表示。</xs:documentation>
            </xs:annotation>
                <xs:simpleType>
                    <xs:restriction base="xs:string">
                        <xs:length value="3" fixed="true"/>
                    </xs:restriction>
                </xs:simpleType>
        </xs:element>
        <xs:element name="Local_Currency_Code" nillable="false">
            <xs:annotation>
```

```
                <xs:documentation>用于当地国家报告要求的币种编码。按照ISO 4217规定的3字母代码表示。</xs:documentation>
            </xs:annotation>
                <xs:simpleType>
                    <xs:restriction base="xs:string">
                        <xs:length value="3" fixed="true"/>
                    </xs:restriction>
                </xs:simpleType>
        </xs:element>
        <xs:element name="Transaction_Currency_Code" nillable="false">
            <xs:annotation>
                <xs:documentation>用于实际交易的币种编码。按照ISO 4217规定的3字母代码表示。</xs:documentation>
            </xs:annotation>
                <xs:simpleType>
                    <xs:restriction base="xs:string">
                        <xs:length value="3" fixed="true"/>
                    </xs:restriction>
                </xs:simpleType>
        </xs:element>
        <xs:element name="Beginning_Functional_Amount" nillable="true">
            <xs:annotation>
                <xs:documentation>以记账本位币或集团货币记录的期初余额（与前期的期末余额相同）。由于所有交易均以单一币种记录，不应对该金额执行多币种换算。</xs:documentation>
            </xs:annotation>
            <xs:simpleType>
                <xs:restriction base="xs:decimal">
                    <xs:totalDigits value="22"/>
                    <xs:fractionDigits value="4"/>
                </xs:restriction>
            </xs:simpleType>
        </xs:element>
        <xs:element name="Beginning_Reporting_Amount" nillable="true">
            <xs:annotation>
                <xs:documentation>该期间的期初余额，以法定报告所用的币种表示。</xs:documentation>
```

```
                </xs:annotation>
                <xs:simpleType>
                    <xs:restriction base="xs:decimal">
                        <xs:totalDigits value="22"/>
                        <xs:fractionDigits value="4"/>
                    </xs:restriction>
                </xs:simpleType>
            </xs:element>
            <xs:element name="Beginning_Local_Amount" nillable="true">
                <xs:annotation>
                    <xs:documentation>以当地货币表示的期初余额，用于多币种跟踪。</xs:documentation>
                </xs:annotation>
                <xs:simpleType>
                    <xs:restriction base="xs:decimal">
                        <xs:totalDigits value="22"/>
                        <xs:fractionDigits value="4"/>
                    </xs:restriction>
                </xs:simpleType>
            </xs:element>
            <xs:element name="Beginning_Transaction_Amount" nillable="true">
                <xs:annotation>
                    <xs:documentation>以原币表示的期初余额，用于多币种跟踪。</xs:documentation>
                </xs:annotation>
                <xs:simpleType>
                    <xs:restriction base="xs:decimal">
                        <xs:totalDigits value="22"/>
                        <xs:fractionDigits value="4"/>
                    </xs:restriction>
                </xs:simpleType>
            </xs:element>
            <xs:element name="Ending_Functional_Amount" nillable="true">
                <xs:annotation>
                    <xs:documentation>以记账本位币或集团货币记录的期末余额。由于所有交易均以单一币种记录，不应对该金额执行多币种换算。</xs:documentation>
                </xs:annotation>
```

```
        <xs:simpleType>
            <xs:restriction base="xs:decimal">
                <xs:totalDigits value="22"/>
                <xs:fractionDigits value="4"/>
            </xs:restriction>
        </xs:simpleType>
    </xs:element>
    <xs:element name="Ending_Reporting_Amount" nillable="true">
        <xs:annotation>
            <xs:documentation>该期间的期末余额，以法定报告所用的币种表示。</xs:documentation>
        </xs:annotation>
        <xs:simpleType>
            <xs:restriction base="xs:decimal">
                <xs:totalDigits value="22"/>
                <xs:fractionDigits value="4"/>
            </xs:restriction>
        </xs:simpleType>
    </xs:element>
    <xs:element name="Ending_Local_Amount" nillable="true">
        <xs:annotation>
            <xs:documentation>以当地货币表示的期末金额，用于多币种跟踪。</xs:documentation>
        </xs:annotation>
        <xs:simpleType>
            <xs:restriction base="xs:decimal">
                <xs:totalDigits value="22"/>
                <xs:fractionDigits value="4"/>
            </xs:restriction>
        </xs:simpleType>
    </xs:element>
    <xs:element name="Ending_Transaction_Amount" nillable="true">
        <xs:annotation>
            <xs:documentation>以原币表示的期末余额，用于多币种跟踪。</xs:documentation>
        </xs:annotation>
        <xs:simpleType>
```

```
                <xs:restriction base="xs:decimal">
                    <xs:totalDigits value="22"/>
                    <xs:fractionDigits value="4"/>
                </xs:restriction>
            </xs:simpleType>
        </xs:element>
        <xs:element name="Segment_Number" nillable="false">
            <xs:annotation>
                <xs:documentation>报表项目的顺序编号。</xs:documentation>
            </xs:annotation>
                <xs:simpleType>
                    <xs:restriction base="xs:string">
                        <xs:minLength value="0"/>
                        <xs:maxLength value="20"/>
                    </xs:restriction>
                </xs:simpleType>
        </xs:element>
        <xs:element name="Segment_Name" nillable="false">
            <xs:annotation>
                <xs:documentation>报表中所列项目的名称。</xs:documentation>
            </xs:annotation>
                <xs:simpleType>
                    <xs:restriction base="xs:string">
                        <xs:minLength value="0"/>
                        <xs:maxLength value="200"/>
                    </xs:restriction>
                </xs:simpleType>
        </xs:element>
        <xs:element name="Business_Segment_X" nillable="false">
            <xs:annotation>
                <xs:documentation>保留字段，应用于业务分部/结构。“X”表示在组织结构中的等级。用于替换“X”的每个数字都与唯一的相对等级相关联。例如，分部、部门、业务单元、采购组织、项目、法人实体。</xs:documentation>
            </xs:annotation>
                <xs:simpleType>
                    <xs:restriction base="xs:string">
                        <xs:minLength value="0"/>
```

```
                        <xs:maxLength value="25"/>
                    </xs:restriction>
                </xs:simpleType>
            </xs:element>
        </xs:sequence>
    </xs:complexType>
</xs:element>
<xs:element name="GL_Details">
    <xs:complexType>
        <xs:sequence>
            <xs:element name="Journal_ID" nillable="false">
                <xs:annotation>
                    <xs:documentation>记账凭证的唯一标识符，通常由系统自动生成。</xs:documentation>
                </xs:annotation>
                    <xs:simpleType>
                        <xs:restriction base="xs:string">
                            <xs:minLength value="0"/>
                            <xs:maxLength value="100"/>
                        </xs:restriction>
                    </xs:simpleType>
            </xs:element>
            <xs:element name="Journal_Number" nillable="false">
                <xs:annotation>
                    <xs:documentation>记账凭证编号。例如，包括序列号、单据类型、日期。</xs:documentation>
                </xs:annotation>
                    <xs:simpleType>
                        <xs:restriction base="xs:string">
                            <xs:minLength value="0"/>
                            <xs:maxLength value="100"/>
                        </xs:restriction>
                    </xs:simpleType>
            </xs:element>
            <xs:element name="GL_Account_Number" nillable="false">
                <xs:annotation>
                    <xs:documentation>会计科目的编号，科目各级次编号的长度
```

```
用[-]隔开形成序列。例如，“4-2-2” 或 “4-3-4”。</xs:documentation>
                </xs:annotation>
                    <xs:simpleType>
                        <xs:restriction base="xs:string">
                            <xs:minLength value="0"/>
                            <xs:maxLength value="100"/>
                        </xs:restriction>
                    </xs:simpleType>
            </xs:element>
            <xs:element name="Fiscal_Year" nillable="false">
                <xs:annotation>
                    <xs:documentation>会计年度所覆盖的日期。年份应以四位数
显示为“YYYY”，这是按照GB/T 7408—2005表示“YYYY-MM-DD”扩展格式的一部
分。</xs:documentation>
                </xs:annotation>
                    <xs:simpleType>
                        <xs:restriction base="xs:string">
                            <xs:length value="4" fixed="true"/>
                        </xs:restriction>
                    </xs:simpleType>
            </xs:element>
            <xs:element name="Accounting_Period" nillable="false">
                <xs:annotation>
                    <xs:documentation>会计期间所覆盖的日期。例如，在任何日
期开始至任何日期结束的期间内，W1-W53表示按周计算的期间，M1-M12表示按月计
算的期间，Q1-Q4表示按季度计算的期间。</xs:documentation>
                </xs:annotation>
                    <xs:simpleType>
                        <xs:restriction base="xs:string">
                            <xs:minLength value="0"/>
                            <xs:maxLength value="15"/>
                        </xs:restriction>
                    </xs:simpleType>
            </xs:element>
            <xs:element name="Effective_Date" type = “xs:date" nillable="false">
                <xs:annotation>
                    <xs:documentation>记账凭证的日期，无论该分录何时取得或
```

```
创建。有时是指会计日期或会计生效日期。例如，如果用户希望查看截至20XX年3月5日止期间的财务业绩，则该记账凭证可以在未结束期间内的任何一天创建，并指定至截至20XX年3月5日止的期间。</xs:documentation>
				</xs:annotation>
			</xs:element>
			<xs:element name="Journal_Line_Number" nillable="false">
				<xs:annotation>
					<xs:documentation>在会计分录中的行号，该数字由人工输入或者系统自动生成。</xs:documentation>
				</xs:annotation>
					<xs:simpleType>
						<xs:restriction base="xs:string">
							<xs:minLength value="0"/>
							<xs:maxLength value="5"/>
						</xs:restriction>
					</xs:simpleType>
			</xs:element>
			<xs:element name="JE_Type_Code" nillable="false">
				<xs:annotation>
					<xs:documentation>记账凭证类型的编码。例如，“004”表示现金收入分录、“005”表示现金支出分录、“006”表示非现金分录。</xs:documentation>
				</xs:annotation>
					<xs:simpleType>
						<xs:restriction base="xs:string">
							<xs:minLength value="0"/>
							<xs:maxLength value="60"/>
						</xs:restriction>
					</xs:simpleType>
			</xs:element>
			<xs:element name="JE_Header_Description" nillable="false">
				<xs:annotation>
					<xs:documentation>对整个记账凭证的描述。</xs:documentation>
				</xs:annotation>
					<xs:simpleType>
						<xs:restriction base="xs:string">
							<xs:minLength value="0"/>
							<xs:maxLength value="1000"/>
```

```
                </xs:restriction>
            </xs:simpleType>
        </xs:element>
        <xs:element name="JE_Line_Description" nillable="false">
            <xs:annotation>
                <xs:documentation>对记账凭证中各行的描述。</xs:documentation>
            </xs:annotation>
                <xs:simpleType>
                    <xs:restriction base="xs:string">
                        <xs:minLength value="0"/>
                        <xs:maxLength value="1000"/>
                    </xs:restriction>
                </xs:simpleType>
        </xs:element>
        <xs:element name="Source_Code" nillable="false">
            <xs:annotation>
                <xs:documentation>记账凭证的来源编码。例如，销售日记账、
现金收入日记账、普通日记账、工资日记账、人工日记账、电子表格。</xs:documentation>
            </xs:annotation>
                <xs:simpleType>
                    <xs:restriction base="xs:string">
                        <xs:minLength value="0"/>
                        <xs:maxLength value="25"/>
                    </xs:restriction>
                </xs:simpleType>
        </xs:element>
        <xs:element name="Journal_Summary" nillable="false">
            <xs:annotation>
                <xs:documentation>记账凭证的简要业务说明。</xs:documentation>
            </xs:annotation>
                <xs:simpleType>
                    <xs:restriction base="xs:string">
                        <xs:minLength value="0"/>
                        <xs:maxLength value="300"/>
                    </xs:restriction>
                </xs:simpleType>
        </xs:element>
```

```xml
<xs:element name="Bill_Number" nillable="true">
    <xs:annotation>
        <xs:documentation>票据的编号。</xs:documentation>
    </xs:annotation>
        <xs:simpleType>
            <xs:restriction base="xs:string">
                <xs:minLength value="0"/>
                <xs:maxLength value="100"/>
            </xs:restriction>
        </xs:simpleType>
</xs:element>
<xs:element name="Bill_Type_Code" nillable="false">
    <xs:annotation>
        <xs:documentation>票据类型的编码。例如，“004”表示银行汇票、“005”表示本票、“006”表示支票。</xs:documentation>
    </xs:annotation>
        <xs:simpleType>
            <xs:restriction base="xs:string">
                <xs:minLength value="0"/>
                <xs:maxLength value="60"/>
            </xs:restriction>
        </xs:simpleType>
</xs:element>
<xs:element name="Bill_Date" type = "xs:date" nillable="true">
    <xs:annotation>
        <xs:documentation>票据的日期。</xs:documentation>
    </xs:annotation>
</xs:element>
<xs:element name="Quantity" nillable="true">
    <xs:annotation>
        <xs:documentation>记账凭证行所提及的项目数量。当“会计科目编号”是关于库存或固定资产时，该字段有效。否则该字段为“NULL”。</xs:documentation>
    </xs:annotation>
    <xs:simpleType>
        <xs:restriction base="xs:decimal">
            <xs:totalDigits value="22"/>
```

```
                    <xs:fractionDigits value="4"/>
                </xs:restriction>
            </xs:simpleType>
        </xs:element>
        <xs:element name="UOM_Code" nillable="false">
            <xs:annotation>
                <xs:documentation>计量单位的唯一标识码。一般由计算机自
动生成，用于系统内部进行数据关联。</xs:documentation>
            </xs:annotation>
                <xs:simpleType>
                    <xs:restriction base="xs:string">
                        <xs:minLength value="0"/>
                        <xs:maxLength value="80"/>
                    </xs:restriction>
                </xs:simpleType>
        </xs:element>
        <xs:element name="Unit_Price" nillable="true">
            <xs:annotation>
                <xs:documentation>库存或不动产、厂场和设备的单价。该字
段与“数量”和“金额”相关。例如，如果账户为库存或不动产、厂场和设备，则将
“数量”乘以“单价”可得出总“金额”。</xs:documentation>
            </xs:annotation>
            <xs:simpleType>
                <xs:restriction base="xs:decimal">
                    <xs:totalDigits value="22"/>
                    <xs:fractionDigits value="8"/>
                </xs:restriction>
            </xs:simpleType>
        </xs:element>
        <xs:element name="Attachment_Quantity" nillable="false">
            <xs:annotation>
                <xs:documentation>记账凭证所附的原始凭证张数。
</xs:documentation>
            </xs:annotation>
            <xs:simpleType>
                <xs:restriction base="xs:decimal">
                    <xs:totalDigits value="4"/>
```

```
                        <xs:fractionDigits value="0"/>
                    </xs:restriction>
                </xs:simpleType>
            </xs:element>
            <xs:element name="Functional_Amount" nillable="false">
                <xs:annotation>
                    <xs:documentation>以记账本位币或集团货币记录的交易金额。</xs:documentation>
                </xs:annotation>
                <xs:simpleType>
                    <xs:restriction base="xs:decimal">
                        <xs:totalDigits value="22"/>
                        <xs:fractionDigits value="4"/>
                    </xs:restriction>
                </xs:simpleType>
            </xs:element>
            <xs:element name="Functional_Currency_Code" nillable="false">
                <xs:annotation>
                    <xs:documentation>会计和/或ERP系统软件所用的记账本位币或集团货币。按照ISO 4217规定的3字母代码表示。</xs:documentation>
                </xs:annotation>
                    <xs:simpleType>
                        <xs:restriction base="xs:string">
                            <xs:length value="3" fixed="true"/>
                        </xs:restriction>
                    </xs:simpleType>
            </xs:element>
            <xs:element name="Reporting_Amount" nillable="true">
                <xs:annotation>
                    <xs:documentation>以财务报告币记录的金额。</xs:documentation>
                </xs:annotation>
                <xs:simpleType>
                    <xs:restriction base="xs:decimal">
                        <xs:totalDigits value="22"/>
                        <xs:fractionDigits value="4"/>
                    </xs:restriction>
                </xs:simpleType>
```

```
</xs:element>
<xs:element name="Reporting_Currency_Code" nillable="false">
    <xs:annotation>
        <xs:documentation>以当地或实际金额列示的非合并报告所用的币种编码（相对于采用记账本位币的合并报告）。按照ISO 4217规定的3字母代码表示。</xs:documentation>
    </xs:annotation>
        <xs:simpleType>
            <xs:restriction base="xs:string">
                <xs:length value="3" fixed="true"/>
            </xs:restriction>
        </xs:simpleType>
</xs:element>
<xs:element name="Local_Amount" nillable="true">
    <xs:annotation>
        <xs:documentation>以交易发生所在国家的货币记录的金额。</xs:documentation>
    </xs:annotation>
    <xs:simpleType>
        <xs:restriction base="xs:decimal">
            <xs:totalDigits value="22"/>
            <xs:fractionDigits value="4"/>
        </xs:restriction>
    </xs:simpleType>
</xs:element>
<xs:element name="Local_Currency_Code" nillable="false">
    <xs:annotation>
        <xs:documentation>用于当地国家报告要求的币种编码。按照ISO 4217规定的3字母代码表示。</xs:documentation>
    </xs:annotation>
        <xs:simpleType>
            <xs:restriction base="xs:string">
                <xs:length value="3" fixed="true"/>
            </xs:restriction>
        </xs:simpleType>
</xs:element>
<xs:element name="Transaction_Amount" nillable="true">
```

```
        <xs:annotation>
            <xs:documentation>以交易货币记录的金额。</xs:documentation>
        </xs:annotation>
        <xs:simpleType>
            <xs:restriction base="xs:decimal">
                <xs:totalDigits value="22"/>
                <xs:fractionDigits value="4"/>
            </xs:restriction>
        </xs:simpleType>
    </xs:element>
    <xs:element name="Transaction_Currency_Code" nillable="false">
        <xs:annotation>
            <xs:documentation>用于实际交易的币种编码。按照ISO 4217规定的3字母代码表示。</xs:documentation>
        </xs:annotation>
            <xs:simpleType>
                <xs:restriction base="xs:string">
                    <xs:length value="3" fixed="true"/>
                </xs:restriction>
            </xs:simpleType>
    </xs:element>
    <xs:element name="Settlement_Method_Code" nillable="true">
        <xs:annotation>
            <xs:documentation>结算方式编码。可采用各种方式结算交易和进行转账。例如，现金、票据、信用卡、汇款以及银行代收。</xs:documentation>
        </xs:annotation>
            <xs:simpleType>
                <xs:restriction base="xs:string">
                    <xs:minLength value="0"/>
                    <xs:maxLength value="80"/>
                </xs:restriction>
            </xs:simpleType>
    </xs:element>
    <xs:element name="Credit_Debit_Indicator" nillable="true">
        <xs:annotation>
            <xs:documentation>指示金额是贷方还是借方。例如，C是贷方、D是借方。</xs:documentation>
```

```
				</xs:annotation>
					<xs:simpleType>
						<xs:restriction base="xs:string">
							<xs:length value="1" fixed="true"/>
						</xs:restriction>
					</xs:simpleType>
			</xs:element>
			<xs:element name="Posted_User_ID" nillable="false">
				<xs:annotation>
					<xs:documentation>将日记账项存入分类账的人的唯一标识符。通常由系统自动生成。</xs:documentation>
				</xs:annotation>
					<xs:simpleType>
						<xs:restriction base="xs:string">
							<xs:minLength value="0"/>
							<xs:maxLength value="25"/>
						</xs:restriction>
					</xs:simpleType>
			</xs:element>
			<xs:element name="Journal_Indicator" nillable="false">
				<xs:annotation>
					<xs:documentation>记账凭证是否记账的标识。1表示已完成，0表示未完成。</xs:documentation>
				</xs:annotation>
					<xs:simpleType>
						<xs:restriction base="xs:boolean">
						</xs:restriction>
					</xs:simpleType>
			</xs:element>
			<xs:element name="Reversal_Indicator" nillable="false">
				<xs:annotation>
					<xs:documentation>标志此项是冲销还是待冲销。例如，1表示分录已冲销、2表示分录待冲销。空（“ ”）表示以上都不是，或者属于系统生成的标记。</xs:documentation>
				</xs:annotation>
					<xs:simpleType>
						<xs:restriction base="xs:string">
```

```
                        <xs:length value="1" fixed="true"/>
                    </xs:restriction>
                </xs:simpleType>
            </xs:element>
            <xs:element name="Reversal_Journal_ID" nillable="true">
                <xs:annotation>
                    <xs:documentation>当冲销标记=1时，该字段表示待冲销的分录的“记账凭证ID”。</xs:documentation>
                </xs:annotation>
                <xs:simpleType>
                    <xs:restriction base="xs:string">
                        <xs:minLength value="0"/>
                        <xs:maxLength value="100"/>
                    </xs:restriction>
                </xs:simpleType>
            </xs:element>
            <xs:element name="Cancellation_Sign" nillable="true">
                <xs:annotation>
                    <xs:documentation>已建立但尚未过账的记账凭证的作废标志。1表示已被作废，0表示未被作废。</xs:documentation>
                </xs:annotation>
                <xs:simpleType>
                    <xs:restriction base="xs:boolean">
                    </xs:restriction>
                </xs:simpleType>
            </xs:element>
            <xs:element name="Created_User_ID" nillable="false">
                <xs:annotation>
                    <xs:documentation>唯一制单人的标识符。一般由计算机自动生成，用于系统内部进行数据关联。</xs:documentation>
                </xs:annotation>
                <xs:simpleType>
                    <xs:restriction base="xs:string">
                        <xs:minLength value="0"/>
                        <xs:maxLength value="25"/>
                    </xs:restriction>
                </xs:simpleType>
```

```
                    </xs:element>
                    <xs:element name="Created_Date" type = "xs:date" nillable="true">
                        <xs:annotation>
                            <xs:documentation>订单记录录入系统的日期。如果可能，应采用系统生成的日期（而非用户输入的日期）。有时也被称为创建日期，按照GB/T 7408—2005表示。</xs:documentation>
                        </xs:annotation>
                    </xs:element>
                    <xs:element name="Created_Time" type = "xs:time" nillable="true">
                        <xs:annotation>
                            <xs:documentation>交易记录在系统中创建的时间。</xs:documentation>
                        </xs:annotation>
                    </xs:element>
                    <xs:element name="Approved_User_ID" nillable="false">
                        <xs:annotation>
                            <xs:documentation>唯一标识符，用于批准客户添加或修改的员工信息。一般由计算机自动生成，用于系统内部进行数据关联。</xs:documentation>
                        </xs:annotation>
                            <xs:simpleType>
                                <xs:restriction base="xs:string">
                                    <xs:minLength value="0"/>
                                    <xs:maxLength value="25"/>
                                </xs:restriction>
                            </xs:simpleType>
                    </xs:element>
                    <xs:element name="Approved_Date" type = "xs:date" nillable="true">
                        <xs:annotation>
                            <xs:documentation>批准添加或修改客户的日期。</xs:documentation>
                        </xs:annotation>
                    </xs:element>
                    <xs:element name="Account_Segment_Employee" nillable="true">
                        <xs:annotation>
                            <xs:documentation>账户细分信息，记录相关员工的信息。</xs:documentation>
                        </xs:annotation>
```

```
<xs:simpleType>
    <xs:restriction base="xs:string">
        <xs:minLength value="0"/>
        <xs:maxLength value="60"/>
    </xs:restriction>
</xs:simpleType>
</xs:element>
<xs:element name="Account_Segment_Project" nillable="true">
    <xs:annotation>
        <xs:documentation>账户细分信息，记录相关项目的信息。例
如，需要独立核算的工程项目。</xs:documentation>
    </xs:annotation>
        <xs:simpleType>
            <xs:restriction base="xs:string">
                <xs:minLength value="0"/>
                <xs:maxLength value="60"/>
            </xs:restriction>
        </xs:simpleType>
</xs:element>
<xs:element name="Account_Segment_Bank_Account" nillable="true">
    <xs:annotation>
        <xs:documentation>账户细分信息，记录相关银行账号的信息。
</xs:documentation>
    </xs:annotation>
        <xs:simpleType>
            <xs:restriction base="xs:string">
                <xs:minLength value="0"/>
                <xs:maxLength value="60"/>
            </xs:restriction>
        </xs:simpleType>
</xs:element>
<xs:element name="Account_Segment_X" nillable="true">
    <xs:annotation>
        <xs:documentation>保留字段，用于与特定账户相关联的补充
信息。“X”表示每个唯一的自定义账户将在单独的字段中反映。如有多个辅助核算项
以-分割。</xs:documentation>
    </xs:annotation>
```

```
<xs:simpleType>
    <xs:restriction base="xs:string">
        <xs:minLength value="0"/>
        <xs:maxLength value="60"/>
    </xs:restriction>
</xs:simpleType>
</xs:element>
<xs:element name="Header_Scalable_Field_Structure" nillable="false">
    <xs:annotation>
        <xs:documentation>用户可以为凭证额外自定义需要记录的重要信息的字段，可以是多个扩展字段的结构组合，可以为空。当扩展字段>=1时，用[-]隔开形成序列。</xs:documentation>
    </xs:annotation>
        <xs:simpleType>
            <xs:restriction base="xs:string">
                <xs:minLength value="0"/>
                <xs:maxLength value="2000"/>
            </xs:restriction>
        </xs:simpleType>
</xs:element>
<xs:element name="Header_Scalable_Structure_Corresponding_File" nillable="false">
    <xs:annotation>
        <xs:documentation>凭证各个扩展字段对应的档案，可以多个扩展字段对应同一个档案，可以为空。</xs:documentation>
    </xs:annotation>
        <xs:simpleType>
            <xs:restriction base="xs:string">
                <xs:minLength value="0"/>
                <xs:maxLength value="2000"/>
            </xs:restriction>
        </xs:simpleType>
</xs:element>
<xs:element name="Entry_Line_Scalable_Field_Structure" nillable="false">
    <xs:annotation>
        <xs:documentation>用户可以为分录额外自定义需要记录的重要信息的字段，可以是多个扩展字段的结构组合，可以为空。</xs:documentation>
```

```
                </xs:annotation>
                    <xs:simpleType>
                        <xs:restriction base="xs:string">
                            <xs:minLength value="0"/>
                            <xs:maxLength value="2000"/>
                        </xs:restriction>
                    </xs:simpleType>
            </xs:element>
            <xs:element name="Entry_Line_Scalable_Field_Corresponding_File" nillable="false">
                <xs:annotation>
                    <xs:documentation>分录扩展字段对应的档案，可以多个扩展字段对应同一个档案，可以为空。</xs:documentation>
                </xs:annotation>
                    <xs:simpleType>
                        <xs:restriction base="xs:string">
                            <xs:minLength value="0"/>
                            <xs:maxLength value="2000"/>
                        </xs:restriction>
                    </xs:simpleType>
            </xs:element>
            <xs:element name="Business_Segment_X" nillable="false">
                <xs:annotation>
                    <xs:documentation>保留字段，应用于业务分部/结构。“X”表示在组织结构中的等级。用于替换“X”的每个数字都与唯一的相对等级相关联。例如，分部、部门、业务单元、采购组织、项目、法人实体。</xs:documentation>
                </xs:annotation>
                    <xs:simpleType>
                        <xs:restriction base="xs:string">
                            <xs:minLength value="0"/>
                            <xs:maxLength value="25"/>
                        </xs:restriction>
                    </xs:simpleType>
            </xs:element>
        </xs:sequence>
    </xs:complexType>
</xs:element>
```

```
<xs:element name="GL_Source">
    <xs:complexType>
        <xs:sequence>
            <xs:element name="Source_Code" nillable="false">
                <xs:annotation>
                    <xs:documentation>记账凭证的来源编码。例如，销售日记账、现金收入日记账、普通日记账、工资日记账、人工日记账、电子表格。</xs:documentation>
                </xs:annotation>
                    <xs:simpleType>
                        <xs:restriction base="xs:string">
                            <xs:minLength value="0"/>
                            <xs:maxLength value="25"/>
                        </xs:restriction>
                    </xs:simpleType>
            </xs:element>
            <xs:element name="Source_System" nillable="false">
                <xs:annotation>
                    <xs:documentation>凭证来源于模块的名称。如“应收”“应付”“工资”“固定资产”等，若该项为空，则来源于总账。</xs:documentation>
                </xs:annotation>
                    <xs:simpleType>
                        <xs:restriction base="xs:string">
                            <xs:minLength value="0"/>
                            <xs:maxLength value="20"/>
                        </xs:restriction>
                    </xs:simpleType>
            </xs:element>
            <xs:element name="Source_Description" nillable="false">
                <xs:annotation>
                    <xs:documentation>对来源系统的描述。</xs:documentation>
                </xs:annotation>
                    <xs:simpleType>
                        <xs:restriction base="xs:string">
                            <xs:minLength value="0"/>
                            <xs:maxLength value="1000"/>
                        </xs:restriction>
                    </xs:simpleType>
```

```
                </xs:element>
                <xs:element name="System_Manual_Identifier" nillable="true">
                    <xs:annotation>
                        <xs:documentation>表明记账凭证是由系统生成还是手动输入。例如，S表示系统生成、M表示手动输入。</xs:documentation>
                    </xs:annotation>
                        <xs:simpleType>
                            <xs:restriction base="xs:string">
                                <xs:length value="1" fixed="true"/>
                            </xs:restriction>
                        </xs:simpleType>
                </xs:element>
                <xs:element name="ERP_Subledger_Module" nillable="true">
                    <xs:annotation>
                        <xs:documentation>记账凭证所来源的分类账或ERP模块的描述，应与系统或重要的会计流程相关联。在某些情况下，可以用来源系统表示。</xs:documentation>
                    </xs:annotation>
                        <xs:simpleType>
                            <xs:restriction base="xs:string">
                                <xs:minLength value="0"/>
                                <xs:maxLength value="100"/>
                            </xs:restriction>
                        </xs:simpleType>
                </xs:element>
                <xs:element name="Business_Process_Major" nillable="true">
                    <xs:annotation>
                        <xs:documentation>与业务流程相关的主要交易类别。例如，销售。</xs:documentation>
                    </xs:annotation>
                        <xs:simpleType>
                            <xs:restriction base="xs:string">
                                <xs:minLength value="0"/>
                                <xs:maxLength value="100"/>
                            </xs:restriction>
                        </xs:simpleType>
                </xs:element>
```

```
                    <xs:element name="Business_Process_Minor" nillable="true">
                        <xs:annotation>
                            <xs:documentation>主业务流程的子流程。例如，订单、退货、折扣。</xs:documentation>
                        </xs:annotation>
                            <xs:simpleType>
                                <xs:restriction base="xs:string">
                                    <xs:minLength value="0"/>
                                    <xs:maxLength value="100"/>
                                </xs:restriction>
                            </xs:simpleType>
                    </xs:element>
                </xs:sequence>
            </xs:complexType>
        </xs:element>
        <xs:element name="GL_Account_Segment">
            <xs:complexType>
                <xs:sequence>
                    <xs:element name="GL_Account_Number" nillable="false">
                        <xs:annotation>
                            <xs:documentation>会计科目的编号，科目各级次编号的长度用[-]隔开形成序列。例如，“4-2-2”或“4-3-4”。</xs:documentation>
                        </xs:annotation>
                            <xs:simpleType>
                                <xs:restriction base="xs:string">
                                    <xs:minLength value="0"/>
                                    <xs:maxLength value="100"/>
                                </xs:restriction>
                            </xs:simpleType>
                    </xs:element>
                    <xs:element name="Account_Segment_Number" nillable="false">
                        <xs:annotation>
                            <xs:documentation>会计科目的辅助核算项序号。</xs:documentation>
                        </xs:annotation>
                            <xs:simpleType>
                                <xs:restriction base="xs:string">
```

```
                        <xs:minLength value="0"/>
                        <xs:maxLength value="60"/>
                    </xs:restriction>
                </xs:simpleType>
        </xs:element>
        <xs:element name="Account_Segment_Name" nillable="false">
            <xs:annotation>
                <xs:documentation>会计科目的辅助核算项名称。
</xs:documentation>
            </xs:annotation>
                <xs:simpleType>
                    <xs:restriction base="xs:string">
                        <xs:minLength value="0"/>
                        <xs:maxLength value="200"/>
                    </xs:restriction>
                </xs:simpleType>
        </xs:element>
        <xs:element name="Account_Segment_Description" nillable="false">
            <xs:annotation>
                <xs:documentation>辅助核算项的详细描述。</xs:documentation>
            </xs:annotation>
                <xs:simpleType>
                    <xs:restriction base="xs:string">
                        <xs:minLength value="0"/>
                        <xs:maxLength value="2000"/>
                    </xs:restriction>
                </xs:simpleType>
        </xs:element>
        <xs:element name="Corresponding_File" nillable="false">
            <xs:annotation>
                <xs:documentation>与辅助核算项对应的表。情况1：如果记录的辅助核算项编号为0，该字段包含与固定辅助核算项相应的表名称。例如，“员工辅助信息”对应的是“公共基础-员工表”。情况2：如果辅助核算项编号的值大于0，并且除了自定义辅助核算项外，其他表都不包含自定义辅助核算项的基本信息，则该字段对应的是“公共基础-自定义档案项”中的“自定义字段”。情况3：如果辅助核算项编号的值大于0，并且有表包含自定义辅助核算项的基本信息，则该字段的值应为该表的名称。例如，公共基础-客户表。</xs:documentation>
```

```
                    </xs:annotation>
                        <xs:simpleType>
                            <xs:restriction base="xs:string">
                                <xs:minLength value="0"/>
                                <xs:maxLength value="200"/>
                            </xs:restriction>
                        </xs:simpleType>
                </xs:element>
                <xs:element name="Customized_ACC_Segment_Code" nillable="true">
                    <xs:annotation>
                        <xs:documentation>审计数据中使用的自定义字段编码。不包括已涵盖的固定字段。例如，与客户不同，预算信息不包括在公共基础模块作为一个单独的表，因此预算信息可以确定为自定义字段。</xs:documentation>
                    </xs:annotation>
                        <xs:simpleType>
                            <xs:restriction base="xs:string">
                                <xs:minLength value="0"/>
                                <xs:maxLength value="25"/>
                            </xs:restriction>
                        </xs:simpleType>
                </xs:element>
            </xs:sequence>
        </xs:complexType>
    </xs:element>
    <xs:element name="GL_Accounts_Period_Balance">
        <xs:complexType>
            <xs:sequence>
                <xs:element name="GL_Account_Number" nillable="false">
                    <xs:annotation>
                        <xs:documentation>会计科目的编号，科目各级次编号的长度用[-]隔开形成序列。例如，“4-2-2”或“4-3-4”。</xs:documentation>
                    </xs:annotation>
                        <xs:simpleType>
                            <xs:restriction base="xs:string">
                                <xs:minLength value="0"/>
                                <xs:maxLength value="100"/>
                            </xs:restriction>
```

```
            </xs:simpleType>
        </xs:element>
        <xs:element name="Fiscal_Year" nillable="false">
            <xs:annotation>
                <xs:documentation>会计年度所覆盖的日期。年份应以四位数显示为“YYYY”，这是按照GB/T 7408—2005表示“YYYY-MM-DD”扩展格式的一部分。</xs:documentation>
            </xs:annotation>
                <xs:simpleType>
                    <xs:restriction base="xs:string">
                        <xs:length value="4" fixed="true"/>
                    </xs:restriction>
                </xs:simpleType>
        </xs:element>
        <xs:element name="Accounting_Period" nillable="false">
            <xs:annotation>
                <xs:documentation>会计期间所覆盖的日期。例如，在任何日期开始至任何日期结束的期间内，W1-W53表示按周计算的期间，M1-M12表示按月计算的期间，Q1-Q4表示按季度计算的期间。</xs:documentation>
            </xs:annotation>
                <xs:simpleType>
                    <xs:restriction base="xs:string">
                        <xs:minLength value="0"/>
                        <xs:maxLength value="15"/>
                    </xs:restriction>
                </xs:simpleType>
        </xs:element>
        <xs:element name="Beginning_Quantity" nillable="false">
            <xs:annotation>
                <xs:documentation>库存或不动产、厂场和设备账户的期初数量。</xs:documentation>
            </xs:annotation>
            <xs:simpleType>
                <xs:restriction base="xs:decimal">
                    <xs:totalDigits value="22"/>
                    <xs:fractionDigits value="4"/>
                </xs:restriction>
```

```
        </xs:simpleType>
    </xs:element>
    <xs:element name="UOM_Code" nillable="false">
        <xs:annotation>
            <xs:documentation>计量单位的唯一标识码。一般由计算机自动生成，用于系统内部进行数据关联。</xs:documentation>
        </xs:annotation>
            <xs:simpleType>
                <xs:restriction base="xs:string">
                    <xs:minLength value="0"/>
                    <xs:maxLength value="80"/>
                </xs:restriction>
            </xs:simpleType>
    </xs:element>
    <xs:element name="Transaction_Beginning_Balance" nillable="false">
        <xs:annotation>
            <xs:documentation>期初原币余额。</xs:documentation>
        </xs:annotation>
        <xs:simpleType>
            <xs:restriction base="xs:decimal">
                <xs:totalDigits value="22"/>
                <xs:fractionDigits value="4"/>
            </xs:restriction>
        </xs:simpleType>
    </xs:element>
    <xs:element name="Reporting_Beginning_Balance" nillable="false">
        <xs:annotation>
            <xs:documentation>期初集团本币余额。</xs:documentation>
        </xs:annotation>
        <xs:simpleType>
            <xs:restriction base="xs:decimal">
                <xs:totalDigits value="22"/>
                <xs:fractionDigits value="4"/>
            </xs:restriction>
        </xs:simpleType>
    </xs:element>
    <xs:element name="Functional_Beginning_Balance" nillable="false">
```

```
    <xs:annotation>
        <xs:documentation>期初记账本位币余额。</xs:documentation>
    </xs:annotation>
    <xs:simpleType>
        <xs:restriction base="xs:decimal">
            <xs:totalDigits value="22"/>
            <xs:fractionDigits value="4"/>
        </xs:restriction>
    </xs:simpleType>
</xs:element>
<xs:element name="Local_Beginning_Balance" nillable="false">
    <xs:annotation>
        <xs:documentation>期初当地货币余额。</xs:documentation>
    </xs:annotation>
    <xs:simpleType>
        <xs:restriction base="xs:decimal">
            <xs:totalDigits value="22"/>
            <xs:fractionDigits value="4"/>
        </xs:restriction>
    </xs:simpleType>
</xs:element>
<xs:element name="BEG_Balance_Indicator" nillable="false">
    <xs:annotation>
        <xs:documentation>会计账户的期初余额方向，表示是借方还是贷方的期初余额。例如，C为贷方、D为借方。</xs:documentation>
    </xs:annotation>
        <xs:simpleType>
            <xs:restriction base="xs:string">
                <xs:length value="1" fixed="true"/>
            </xs:restriction>
        </xs:simpleType>
</xs:element>
<xs:element name="Debit_Quantity" nillable="false">
    <xs:annotation>
        <xs:documentation>与借记库存或不动产、厂场和设备相关的数量信息。</xs:documentation>
    </xs:annotation>
```

```
                <xs:simpleType>
                    <xs:restriction base="xs:decimal">
                        <xs:totalDigits value="22"/>
                        <xs:fractionDigits value="4"/>
                    </xs:restriction>
                </xs:simpleType>
            </xs:element>
            <xs:element name="Transaction_Debit_Amount" nillable="false">
                <xs:annotation>
                    <xs:documentation>会计期间内的借方原币累计总额。
</xs:documentation>
                </xs:annotation>
                <xs:simpleType>
                    <xs:restriction base="xs:decimal">
                        <xs:totalDigits value="22"/>
                        <xs:fractionDigits value="4"/>
                    </xs:restriction>
                </xs:simpleType>
            </xs:element>
            <xs:element name="Reporting_Debit_Amount" nillable="false">
                <xs:annotation>
                    <xs:documentation>会计期间内记账本位币累计借方发生额。
</xs:documentation>
                </xs:annotation>
                <xs:simpleType>
                    <xs:restriction base="xs:decimal">
                        <xs:totalDigits value="22"/>
                        <xs:fractionDigits value="4"/>
                    </xs:restriction>
                </xs:simpleType>
            </xs:element>
            <xs:element name="Functional_Debit_Amount" nillable="false">
                <xs:annotation>
                    <xs:documentation>会计期间内的借方记账本位币累计总额。
</xs:documentation>
                </xs:annotation>
                <xs:simpleType>
```

```
                <xs:restriction base="xs:decimal">
                    <xs:totalDigits value="22"/>
                    <xs:fractionDigits value="4"/>
                </xs:restriction>
            </xs:simpleType>
        </xs:element>
        <xs:element name="Local_Debit_Amount" nillable="false">
            <xs:annotation>
                <xs:documentation>会计期间内的借方当地货币累计总额。</xs:documentation>
            </xs:annotation>
            <xs:simpleType>
                <xs:restriction base="xs:decimal">
                    <xs:totalDigits value="22"/>
                    <xs:fractionDigits value="4"/>
                </xs:restriction>
            </xs:simpleType>
        </xs:element>
        <xs:element name="Credit_Quantity" nillable="false">
            <xs:annotation>
                <xs:documentation>与贷记库存或不动产、厂场和设备相关的数量信息。</xs:documentation>
            </xs:annotation>
            <xs:simpleType>
                <xs:restriction base="xs:decimal">
                    <xs:totalDigits value="22"/>
                    <xs:fractionDigits value="4"/>
                </xs:restriction>
            </xs:simpleType>
        </xs:element>
        <xs:element name="Transaction_Credit_Amount" nillable="false">
            <xs:annotation>
                <xs:documentation>会计期间内的贷方原币累计总额。</xs:documentation>
            </xs:annotation>
            <xs:simpleType>
                <xs:restriction base="xs:decimal">
```

```
                <xs:totalDigits value="22"/>
                <xs:fractionDigits value="4"/>
            </xs:restriction>
        </xs:simpleType>
    </xs:element>
    <xs:element name="Reporting_Credit_Amount" nillable="false">
        <xs:annotation>
            <xs:documentation>会计期间内的贷方本币累计总额。
</xs:documentation>
        </xs:annotation>
        <xs:simpleType>
            <xs:restriction base="xs:decimal">
                <xs:totalDigits value="22"/>
                <xs:fractionDigits value="4"/>
            </xs:restriction>
        </xs:simpleType>
    </xs:element>
    <xs:element name="Functional_Credit_Amount" nillable="false">
        <xs:annotation>
            <xs:documentation>会计期间内记账本位币累计贷方发生额。
</xs:documentation>
        </xs:annotation>
        <xs:simpleType>
            <xs:restriction base="xs:decimal">
                <xs:totalDigits value="22"/>
                <xs:fractionDigits value="4"/>
            </xs:restriction>
        </xs:simpleType>
    </xs:element>
    <xs:element name="Local_Credit_Amount" nillable="false">
        <xs:annotation>
            <xs:documentation>会计期间内的贷方当地货币累计总额。
</xs:documentation>
        </xs:annotation>
        <xs:simpleType>
            <xs:restriction base="xs:decimal">
                <xs:totalDigits value="22"/>
```

```
                <xs:fractionDigits value="4"/>
            </xs:restriction>
        </xs:simpleType>
    </xs:element>
    <xs:element name="Ending_Quantity" nillable="false">
        <xs:annotation>
            <xs:documentation>库存或不动产、厂场和设备账户的期末数量。</xs:documentation>
        </xs:annotation>
        <xs:simpleType>
            <xs:restriction base="xs:decimal">
                <xs:totalDigits value="22"/>
                <xs:fractionDigits value="4"/>
            </xs:restriction>
        </xs:simpleType>
    </xs:element>
    <xs:element name="Transaction_Ending_Balance" nillable="false">
        <xs:annotation>
            <xs:documentation>期末原币余额。</xs:documentation>
        </xs:annotation>
        <xs:simpleType>
            <xs:restriction base="xs:decimal">
                <xs:totalDigits value="22"/>
                <xs:fractionDigits value="4"/>
            </xs:restriction>
        </xs:simpleType>
    </xs:element>
    <xs:element name="Reporting_Ending_Balance" nillable="false">
        <xs:annotation>
            <xs:documentation>期末集团本币余额。</xs:documentation>
        </xs:annotation>
        <xs:simpleType>
            <xs:restriction base="xs:decimal">
                <xs:totalDigits value="22"/>
                <xs:fractionDigits value="4"/>
            </xs:restriction>
        </xs:simpleType>
```

```
</xs:element>
<xs:element name="Functional_Ending_Balance" nillable="false">
    <xs:annotation>
        <xs:documentation>期末记账本位币余额。</xs:documentation>
    </xs:annotation>
    <xs:simpleType>
        <xs:restriction base="xs:decimal">
            <xs:totalDigits value="22"/>
            <xs:fractionDigits value="4"/>
        </xs:restriction>
    </xs:simpleType>
</xs:element>
<xs:element name="Local_Ending_Balance" nillable="false">
    <xs:annotation>
        <xs:documentation>期末当地货币的余额。</xs:documentation>
    </xs:annotation>
    <xs:simpleType>
        <xs:restriction base="xs:decimal">
            <xs:totalDigits value="22"/>
            <xs:fractionDigits value="4"/>
        </xs:restriction>
    </xs:simpleType>
</xs:element>
<xs:element name="Ending_Balance_Indicator" nillable="false">
    <xs:annotation>
        <xs:documentation>会计账户的期末余额方向，表示是借方还
是贷方的期末余额。例如，C为贷方、D为借方。</xs:documentation>
    </xs:annotation>
        <xs:simpleType>
            <xs:restriction base="xs:string">
                <xs:length value="1" fixed="true"/>
            </xs:restriction>
        </xs:simpleType>
</xs:element>
<xs:element name="Functional_Currency_Code" nillable="false">
    <xs:annotation>
        <xs:documentation>会计和/或ERP系统软件所用的记账本位
```

```
币或集团货币。按照ISO 4217规定的3字母代码表示。</xs:documentation>
                    </xs:annotation>
                        <xs:simpleType>
                            <xs:restriction base="xs:string">
                                <xs:length value="3" fixed="true"/>
                            </xs:restriction>
                        </xs:simpleType>
                </xs:element>
                <xs:element name="Reporting_Currency_Code" nillable="false">
                    <xs:annotation>
                        <xs:documentation>以当地或实际金额列示的非合并报告所用的币种编码（相对于采用记账本位币的合并报告）。按照ISO 4217规定的3字母代码表示。</xs:documentation>
                    </xs:annotation>
                        <xs:simpleType>
                            <xs:restriction base="xs:string">
                                <xs:length value="3" fixed="true"/>
                            </xs:restriction>
                        </xs:simpleType>
                </xs:element>
                <xs:element name="Local_Currency_Code" nillable="false">
                    <xs:annotation>
                        <xs:documentation>用于当地国家报告要求的币种编码。按照ISO 4217规定的3字母代码表示。</xs:documentation>
                    </xs:annotation>
                        <xs:simpleType>
                            <xs:restriction base="xs:string">
                                <xs:length value="3" fixed="true"/>
                            </xs:restriction>
                        </xs:simpleType>
                </xs:element>
                <xs:element name="Transaction_Currency_Code" nillable="false">
                    <xs:annotation>
                        <xs:documentation>用于实际交易的币种编码。按照ISO 4217规定的3字母代码表示。</xs:documentation>
                    </xs:annotation>
                        <xs:simpleType>
```

```
                    <xs:restriction base="xs:string">
                        <xs:length value="3" fixed="true"/>
                    </xs:restriction>
                </xs:simpleType>
        </xs:element>
        <xs:element name="Account_Segment_Employee" nillable="true">
            <xs:annotation>
                <xs:documentation>账户细分信息，记录相关员工的信息。
</xs:documentation>
            </xs:annotation>
                <xs:simpleType>
                    <xs:restriction base="xs:string">
                        <xs:minLength value="0"/>
                        <xs:maxLength value="60"/>
                    </xs:restriction>
                </xs:simpleType>
        </xs:element>
        <xs:element name="Account_Segment_Project" nillable="true">
            <xs:annotation>
                <xs:documentation>账户细分信息，记录相关项目的信息。例
如，需要独立核算的工程项目。</xs:documentation>
            </xs:annotation>
                <xs:simpleType>
                    <xs:restriction base="xs:string">
                        <xs:minLength value="0"/>
                        <xs:maxLength value="60"/>
                    </xs:restriction>
                </xs:simpleType>
        </xs:element>
        <xs:element name="Account_Segment_Bank_Account" nillable="true">
            <xs:annotation>
                <xs:documentation>账户细分信息，记录相关银行账号的信息。
</xs:documentation>
            </xs:annotation>
                <xs:simpleType>
                    <xs:restriction base="xs:string">
                        <xs:minLength value="0"/>
```

```
                        <xs:maxLength value="60"/>
                    </xs:restriction>
                </xs:simpleType>
        </xs:element>
        <xs:element name="Account_Segment_X" nillable="true">
            <xs:annotation>
                <xs:documentation>保留字段，用于与特定账户相关联的补充信息。“X”表示每个唯一的自定义账户将在单独的字段中反映。如有多个辅助核算项以-分割。</xs:documentation>
            </xs:annotation>
                <xs:simpleType>
                    <xs:restriction base="xs:string">
                        <xs:minLength value="0"/>
                        <xs:maxLength value="60"/>
                    </xs:restriction>
                </xs:simpleType>
        </xs:element>
        <xs:element name="Business_Segment_X" nillable="false">
            <xs:annotation>
                <xs:documentation>保留字段，应用于业务分部/结构。“X”表示在组织结构中的等级。用于替换“X”的每个数字都与唯一的相对等级相关联。例如，分部、部门、业务单元、采购组织、项目、法人实体。</xs:documentation>
            </xs:annotation>
                <xs:simpleType>
                    <xs:restriction base="xs:string">
                        <xs:minLength value="0"/>
                        <xs:maxLength value="25"/>
                    </xs:restriction>
                </xs:simpleType>
        </xs:element>
    </xs:sequence>
  </xs:complexType>
</xs:element>
<xs:element name="GL_Cash_Flow_Item">
    <xs:complexType>
        <xs:sequence>
            <xs:element name="Cash_Flow_Code" nillable="false">
```

```
                <xs:annotation>
                    <xs:documentation>现金流量项目的编码。项目各级次编码的长度用[–]隔开形成序列。例如，“4–2–2”或“4–3–4”。</xs:documentation>
                </xs:annotation>
                    <xs:simpleType>
                        <xs:restriction base="xs:string">
                            <xs:minLength value="0"/>
                            <xs:maxLength value="60"/>
                        </xs:restriction>
                    </xs:simpleType>
            </xs:element>
            <xs:element name="Cash_Flow_Name" nillable="false">
                <xs:annotation>
                    <xs:documentation>现金流量项目的名称。</xs:documentation>
                </xs:annotation>
                    <xs:simpleType>
                        <xs:restriction base="xs:string">
                            <xs:minLength value="0"/>
                            <xs:maxLength value="200"/>
                        </xs:restriction>
                    </xs:simpleType>
            </xs:element>
            <xs:element name="Cash_Flow_Description" nillable="false">
                <xs:annotation>
                    <xs:documentation>现金流量项目的详细描述。</xs:documentation>
                </xs:annotation>
                    <xs:simpleType>
                        <xs:restriction base="xs:string">
                            <xs:minLength value="0"/>
                            <xs:maxLength value="2000"/>
                        </xs:restriction>
                    </xs:simpleType>
            </xs:element>
            <xs:element name="Whether_At_The_End_Of_Hierarchy" nillable="false">
                <xs:annotation>
                    <xs:documentation>是否是末级项目的选择开关项。1表示是，0表示否。</xs:documentation>
```

```
      </xs:annotation>
         <xs:simpleType>
            <xs:restriction base="xs:boolean">
            </xs:restriction>
         </xs:simpleType>
   </xs:element>
   <xs:element name="Cash_Flow_Hierarchy" nillable="false">
      <xs:annotation>
         <xs:documentation>当前现金流量项目的级次。</xs:documentation>
      </xs:annotation>
         <xs:simpleType>
            <xs:restriction base="xs:string">
               <xs:minLength value="0"/>
               <xs:maxLength value="2"/>
            </xs:restriction>
         </xs:simpleType>
   </xs:element>
   <xs:element name="Parent_Cash_Flow_Item_Code" nillable="true">
      <xs:annotation>
         <xs:documentation>引用父节点的现金流量项目编码。
</xs:documentation>
      </xs:annotation>
         <xs:simpleType>
            <xs:restriction base="xs:string">
               <xs:minLength value="0"/>
               <xs:maxLength value="60"/>
            </xs:restriction>
         </xs:simpleType>
   </xs:element>
   <xs:element name="Cash_Flow_Source" nillable="false">
      <xs:annotation>
         <xs:documentation>现金流量项目的数据来源，主表或附表。
1表示“主表”，0表示“附表”。</xs:documentation>
      </xs:annotation>
         <xs:simpleType>
            <xs:restriction base="xs:string">
               <xs:length value="1" fixed="true"/>
```

```
                        </xs:restriction>
                    </xs:simpleType>
                </xs:element>
                <xs:element name="Cash_Flow_Attribute" nillable="false">
                    <xs:annotation>
                        <xs:documentation>现金流量项目的属性。1表示流入或增项，0表示流出或减项，2表示无法确认是流入（增）项还是流出（减）项。</xs:documentation>
                    </xs:annotation>
                    <xs:simpleType>
                        <xs:restriction base="xs:string">
                            <xs:length value="1" fixed="true"/>
                        </xs:restriction>
                    </xs:simpleType>
                </xs:element>
            </xs:sequence>
        </xs:complexType>
    </xs:element>
    <xs:element name="GL_Cash_Flow_Voucher_Item">
        <xs:complexType>
            <xs:sequence>
                <xs:element name="Cash_Flow_Line_Number" nillable="false">
                    <xs:annotation>
                        <xs:documentation>现金流量行的顺序编号。</xs:documentation>
                    </xs:annotation>
                    <xs:simpleType>
                        <xs:restriction base="xs:string">
                            <xs:minLength value="0"/>
                            <xs:maxLength value="20"/>
                        </xs:restriction>
                    </xs:simpleType>
                </xs:element>
                <xs:element name="Cash_Flow_Code" nillable="false">
                    <xs:annotation>
                        <xs:documentation>现金流量项目的编码。项目各级次编码的长度用[-]隔开形成序列。例如，“4-2-2”或“4-3-4”。</xs:documentation>
                    </xs:annotation>
                    <xs:simpleType>
```

```
            <xs:restriction base="xs:string">
                <xs:minLength value="0"/>
                <xs:maxLength value="60"/>
            </xs:restriction>
        </xs:simpleType>
</xs:element>
<xs:element name="Cash_Flow_Summary" nillable="false">
    <xs:annotation>
        <xs:documentation>现金流量的简要业务说明。</xs:documentation>
    </xs:annotation>
        <xs:simpleType>
            <xs:restriction base="xs:string">
                <xs:minLength value="0"/>
                <xs:maxLength value="300"/>
            </xs:restriction>
        </xs:simpleType>
</xs:element>
<xs:element name="Cash_Flow_Transaction_Amount" nillable="false">
    <xs:annotation>
        <xs:documentation>现金流量的原币金额。</xs:documentation>
    </xs:annotation>
    <xs:simpleType>
        <xs:restriction base="xs:decimal">
            <xs:totalDigits value="22"/>
            <xs:fractionDigits value="4"/>
        </xs:restriction>
    </xs:simpleType>
</xs:element>
<xs:element name="Cash_Flow_Functional_Amount" nillable="false">
    <xs:annotation>
        <xs:documentation>现金流量的本币金额。</xs:documentation>
    </xs:annotation>
    <xs:simpleType>
        <xs:restriction base="xs:decimal">
            <xs:totalDigits value="22"/>
            <xs:fractionDigits value="4"/>
        </xs:restriction>
```

```
</xs:simpleType>
</xs:element>
<xs:element name="Journal_ID" nillable="false">
    <xs:annotation>
        <xs:documentation>记账凭证的唯一标识符，通常由系统自动生成。</xs:documentation>
    </xs:annotation>
        <xs:simpleType>
            <xs:restriction base="xs:string">
                <xs:minLength value="0"/>
                <xs:maxLength value="100"/>
            </xs:restriction>
        </xs:simpleType>
</xs:element>
<xs:element name="JE_Type_Code" nillable="false">
    <xs:annotation>
        <xs:documentation>记账凭证类型的编码。例如，“004”表示现金收入分录、“005”表示现金支出分录、“006”表示非现金分录。</xs:documentation>
    </xs:annotation>
        <xs:simpleType>
            <xs:restriction base="xs:string">
                <xs:minLength value="0"/>
                <xs:maxLength value="60"/>
            </xs:restriction>
        </xs:simpleType>
</xs:element>
<xs:element name="Journal_Line_Number" nillable="false">
    <xs:annotation>
        <xs:documentation>在会计分录中的行号，该数字由人工输入或者系统自动生成。</xs:documentation>
    </xs:annotation>
        <xs:simpleType>
            <xs:restriction base="xs:string">
                <xs:minLength value="0"/>
                <xs:maxLength value="5"/>
            </xs:restriction>
        </xs:simpleType>
```

```
                </xs:element>
                <xs:element name="Business_Segment_X" nillable="false">
                    <xs:annotation>
                        <xs:documentation>保留字段，应用于业务分部/结构。“X”表示在组织结构中的等级。用于替换“X”的每个数字都与唯一的相对等级相关联。例如，分部、部门、业务单元、采购组织、项目、法人实体。</xs:documentation>
                    </xs:annotation>
                        <xs:simpleType>
                            <xs:restriction base="xs:string">
                                <xs:minLength value="0"/>
                                <xs:maxLength value="25"/>
                            </xs:restriction>
                        </xs:simpleType>
                </xs:element>
            </xs:sequence>
        </xs:complexType>
    </xs:element>
    <xs:element name="GL_Report_Set">
        <xs:complexType>
            <xs:sequence>
                <xs:element name="Report_Number" nillable="false">
                    <xs:annotation>
                        <xs:documentation>报表的唯一索引代号。</xs:documentation>
                    </xs:annotation>
                        <xs:simpleType>
                            <xs:restriction base="xs:string">
                                <xs:minLength value="0"/>
                                <xs:maxLength value="20"/>
                            </xs:restriction>
                        </xs:simpleType>
                </xs:element>
                <xs:element name="Report_Name" nillable="false">
                    <xs:annotation>
                        <xs:documentation>对外报送报表的名称。报表范围包括“资产负债表”“利润表”“现金流量表”“所有者权益（股东权益）变动表”等四张表。</xs:documentation>
                    </xs:annotation>
```

```
                <xs:simpleType>
                    <xs:restriction base="xs:string">
                        <xs:minLength value="0"/>
                        <xs:maxLength value="60"/>
                    </xs:restriction>
                </xs:simpleType>
        </xs:element>
        <xs:element name="Report_Date" type = "xs:date" nillable="false">
            <xs:annotation>
                <xs:documentation>报表数据所对应的会计日期。</xs:documentation>
            </xs:annotation>
        </xs:element>
        <xs:element name="Accounting_Period" nillable="false">
            <xs:annotation>
                <xs:documentation>会计期间所覆盖的日期。例如，在任何日期开始至任何日期结束的期间内，W1-W53表示按周计算的期间，M1-M12表示按月计算的期间，Q1-Q4表示按季度计算的期间。</xs:documentation>
            </xs:annotation>
                <xs:simpleType>
                    <xs:restriction base="xs:string">
                        <xs:minLength value="0"/>
                        <xs:maxLength value="15"/>
                    </xs:restriction>
                </xs:simpleType>
        </xs:element>
        <xs:element name="Prepared_By" nillable="false">
            <xs:annotation>
                <xs:documentation>编制会计报表的单位名称。</xs:documentation>
            </xs:annotation>
                <xs:simpleType>
                    <xs:restriction base="xs:string">
                        <xs:minLength value="0"/>
                        <xs:maxLength value="200"/>
                    </xs:restriction>
                </xs:simpleType>
        </xs:element>
```

```
                <xs:element name="Currency_Unit" nillable="false">
                    <xs:annotation>
                        <xs:documentation>货币的计量单位。例如，万元。
</xs:documentation>
                    </xs:annotation>
                        <xs:simpleType>
                            <xs:restriction base="xs:string">
                                <xs:minLength value="0"/>
                                <xs:maxLength value="30"/>
                            </xs:restriction>
                        </xs:simpleType>
                </xs:element>
                <xs:element name="Accounting_Standard" nillable="false">
                    <xs:annotation>
                        <xs:documentation>报表集所适用的会计准则。例如，企业会
计准则、国际会计准则。</xs:documentation>
                    </xs:annotation>
                        <xs:simpleType>
                            <xs:restriction base="xs:string">
                                <xs:minLength value="0"/>
                                <xs:maxLength value="100"/>
                            </xs:restriction>
                        </xs:simpleType>
                </xs:element>
            </xs:sequence>
        </xs:complexType>
    </xs:element>
    <xs:element name="GL_Report_Item">
        <xs:complexType>
            <xs:sequence>
                <xs:element name="Segment_Number" nillable="false">
                    <xs:annotation>
                        <xs:documentation>报表项目的顺序编号。</xs:documentation>
                    </xs:annotation>
                        <xs:simpleType>
                            <xs:restriction base="xs:string">
                                <xs:minLength value="0"/>
```

```
                        <xs:maxLength value="20"/>
                    </xs:restriction>
                </xs:simpleType>
        </xs:element>
        <xs:element name="Segment_Name" nillable="false">
            <xs:annotation>
                <xs:documentation>报表中所列项目的名称。</xs:documentation>
            </xs:annotation>
                <xs:simpleType>
                    <xs:restriction base="xs:string">
                        <xs:minLength value="0"/>
                        <xs:maxLength value="200"/>
                    </xs:restriction>
                </xs:simpleType>
        </xs:element>
        <xs:element name="Report_Number" nillable="false">
            <xs:annotation>
                <xs:documentation>报表的唯一索引代号。</xs:documentation>
            </xs:annotation>
                <xs:simpleType>
                    <xs:restriction base="xs:string">
                        <xs:minLength value="0"/>
                        <xs:maxLength value="20"/>
                    </xs:restriction>
                </xs:simpleType>
        </xs:element>
        <xs:element name="Segment_Formula" nillable="false">
            <xs:annotation>
                <xs:documentation>报表项目的计算公式，为文本型，可以是业务函数。</xs:documentation>
            </xs:annotation>
                <xs:simpleType>
                    <xs:restriction base="xs:string">
                        <xs:minLength value="0"/>
                        <xs:maxLength value="2000"/>
                    </xs:restriction>
                </xs:simpleType>
```

```
                </xs:element>
                <xs:element name="Segment_Value" nillable="false">
                    <xs:annotation>
                        <xs:documentation>报表项目的数值。</xs:documentation>
                    </xs:annotation>
                    <xs:simpleType>
                        <xs:restriction base="xs:decimal">
                            <xs:totalDigits value="20"/>
                            <xs:fractionDigits value="2"/>
                        </xs:restriction>
                    </xs:simpleType>
                </xs:element>
            </xs:sequence>
        </xs:complexType>
    </xs:element>
</xs:schema>
```

附 录 B
（资料性）
总账数据实例


```
<?xml version="1.0" encoding="UTF-8"?>
<GL xmlns="https://www.cicpa.org.cn/2023/audit_data/XMLSchema/GL" xmlns:xsi="http://www.w3.org/2001/XMLSchema-instance" xsi:schemaLocation="https://www.cicpa.org.cn/2023/audit_data/XMLSchema/GL GL.xsd">
    <GL_Trial_Balance>
        <GL_Account_Number>100101</GL_Account_Number>
        <Fiscal_Year>2021</Fiscal_Year>
        <Accounting_Period>M10</Accounting_Period>
        <Balance_As_Of_Date>2021-10-31</Balance_As_Of_Date>
        <Functional_Currency_Code>CNY</Functional_Currency_Code>
        <Reporting_Currency_Code>CNY</Reporting_Currency_Code>
        <Local_Currency_Code>CNY</Local_Currency_Code>
        <Transaction_Currency_Code>CNY</Transaction_Currency_Code>
        <Beginning_Functional_Amount>100</Beginning_Functional_Amount>
        <Beginning_Reporting_Amount>100</Beginning_Reporting_Amount>
        <Beginning_Local_Amount>100</Beginning_Local_Amount>
        <Beginning_Transaction_Amount>100</Beginning_Transaction_Amount>
        <Ending_Functional_Amount>200</Ending_Functional_Amount>
        <Ending_Reporting_Amount>200</Ending_Reporting_Amount>
        <Ending_Local_Amount>200</Ending_Local_Amount>
        <Ending_Transaction_Amount>200</Ending_Transaction_Amount>
        <Segment_Number>1001</Segment_Number>
        <Segment_Name>B001</Segment_Name>
        <Business_Segment_X>02</Business_Segment_X>
    </GL_Trial_Balance>
    <GL_Trial_Balance>
        <GL_Account_Number>112101</GL_Account_Number>
```

```
        <Fiscal_Year>2021</Fiscal_Year>
        <Accounting_Period>M10</Accounting_Period>
        <Balance_As_Of_Date>2021-10-31</Balance_As_Of_Date>
        <Functional_Currency_Code>CNY</Functional_Currency_Code>
        <Reporting_Currency_Code>CNY</Reporting_Currency_Code>
        <Local_Currency_Code>CNY</Local_Currency_Code>
        <Transaction_Currency_Code>CNY</Transaction_Currency_Code>
        <Beginning_Functional_Amount>100</Beginning_Functional_Amount>
        <Beginning_Reporting_Amount>100</Beginning_Reporting_Amount>
        <Beginning_Local_Amount>100</Beginning_Local_Amount>
        <Beginning_Transaction_Amount>100</Beginning_Transaction_Amount>
        <Ending_Functional_Amount>200</Ending_Functional_Amount>
        <Ending_Reporting_Amount>200</Ending_Reporting_Amount>
        <Ending_Local_Amount>200</Ending_Local_Amount>
        <Ending_Transaction_Amount>200</Ending_Transaction_Amount>
        <Segment_Number>1121</Segment_Number>
        <Segment_Name>B001</Segment_Name>
        <Business_Segment_X>02</Business_Segment_X>
    </GL_Trial_Balance>
    <GL_Trial_Balance>
        <GL_Account_Number>122101</GL_Account_Number>
        <Fiscal_Year>2021</Fiscal_Year>
        <Accounting_Period>M10</Accounting_Period>
        <Balance_As_Of_Date>2021-10-31</Balance_As_Of_Date>
        <Functional_Currency_Code>CNY</Functional_Currency_Code>
        <Reporting_Currency_Code>CNY</Reporting_Currency_Code>
        <Local_Currency_Code>CNY</Local_Currency_Code>
        <Transaction_Currency_Code>CNY</Transaction_Currency_Code>
        <Beginning_Functional_Amount>100</Beginning_Functional_Amount>
        <Beginning_Reporting_Amount>100</Beginning_Reporting_Amount>
        <Beginning_Local_Amount>100</Beginning_Local_Amount>
        <Beginning_Transaction_Amount>100</Beginning_Transaction_Amount>
        <Ending_Functional_Amount>200</Ending_Functional_Amount>
        <Ending_Reporting_Amount>200</Ending_Reporting_Amount>
        <Ending_Local_Amount>200</Ending_Local_Amount>
        <Ending_Transaction_Amount>200</Ending_Transaction_Amount>
        <Segment_Number>1221</Segment_Number>
```

<Segment_Name>B001</Segment_Name>
<Business_Segment_X>02</Business_Segment_X>
</GL_Trial_Balance>
<GL_Details>
<Journal_ID>1003A910000000046UBR</Journal_ID>
<Journal_Number>4</Journal_Number>
<GL_Account_Number>640299</GL_Account_Number>
<Fiscal_Year>2014</Fiscal_Year>
<Accounting_Period>M2</Accounting_Period>
<Effective_Date>2014-02-27</Effective_Date>
<Journal_Line_Number>1</Journal_Line_Number>
<JE_Type_Code>01</JE_Type_Code>
<JE_Header_Description>无</JE_Header_Description>
<JE_Line_Description>无</JE_Line_Description>
<Source_Code>AP</Source_Code>
<Journal_Summary>外系统生成凭证</Journal_Summary>
<Bill_Number>SI2014030100000027</Bill_Number>
<Bill_Type_Code>004</Bill_Type_Code>
<Bill_Date>2014-03-01</Bill_Date>
<Quantity>0</Quantity>
<UOM_Code>件</UOM_Code>
<Unit_Price>0</Unit_Price>
<Attachment_Quantity>0</Attachment_Quantity>
<Functional_Amount>119.87</Functional_Amount>
<Functional_Currency_Code>CNY</Functional_Currency_Code>
<Reporting_Amount>119.87</Reporting_Amount>
<Reporting_Currency_Code>CNY</Reporting_Currency_Code>
<Local_Amount>119.87</Local_Amount>
<Local_Currency_Code>CNY</Local_Currency_Code>
<Transaction_Amount>119.87</Transaction_Amount>
<Transaction_Currency_Code>CNY</Transaction_Currency_Code>
<Settlement_Method_Code>02</Settlement_Method_Code>
<Credit_Debit_Indicator>D</Credit_Debit_Indicator>
<Posted_User_ID>1003A910000000046UBR</Posted_User_ID>
<Journal_Indicator>1</Journal_Indicator>
<Reversal_Indicator>0</Reversal_Indicator>
<Reversal_Journal_ID>0</Reversal_Journal_ID>

<Cancellation_Sign>0</Cancellation_Sign>
<Created_User_ID>1003A21000000000OKV</Created_User_ID>
<Created_Date>2014-02-27</Created_Date>
<Created_Time>16:09:28</Created_Time>
<Approved_User_ID>1003A21000000000ADI</Approved_User_ID>
<Approved_Date>2014-02-27</Approved_Date>
<Account_Segment_Employee>1003A41000000000001231</Account_Segment_Employee>
<Account_Segment_Project/>
<Account_Segment_Bank_Account/>
<Account_Segment_X/>
<Header_Scalable_Field_Structure>无</Header_Scalable_Field_Structure>
<Header_Scalable_Structure_Corresponding_File>无</Header_Scalable_Structure_Corresponding_File>
<Entry_Line_Scalable_Field_Structure>无</Entry_Line_Scalable_Field_Structure>
<Entry_Line_Scalable_Field_Corresponding_File>无</Entry_Line_Scalable_Field_Corresponding_File>
<Business_Segment_X>04</Business_Segment_X>
</GL_Details>
<GL_Details>
<Journal_ID>1003A910000000046UBR</Journal_ID>
<Journal_Number>4</Journal_Number>
<GL_Account_Number>22210102</GL_Account_Number>
<Fiscal_Year>2014</Fiscal_Year>
<Accounting_Period>M2</Accounting_Period>
<Effective_Date>2014-02-27</Effective_Date>
<Journal_Line_Number>2</Journal_Line_Number>
<JE_Type_Code>01</JE_Type_Code>
<JE_Header_Description>无</JE_Header_Description>
<JE_Line_Description>无</JE_Line_Description>
<Source_Code>AP</Source_Code>
<Journal_Summary>外系统生成凭证</Journal_Summary>
<Bill_Number>SI2014030100000027</Bill_Number>
<Bill_Type_Code>005</Bill_Type_Code>
<Bill_Date>2014-03-01</Bill_Date>
<Quantity>0</Quantity>

<UOM_Code>吨</UOM_Code>
<Unit_Price>0</Unit_Price>
<Attachment_Quantity>0</Attachment_Quantity>
<Functional_Amount>20.38</Functional_Amount>
<Functional_Currency_Code>CNY</Functional_Currency_Code>
<Reporting_Amount>20.38</Reporting_Amount>
<Reporting_Currency_Code>CNY</Reporting_Currency_Code>
<Local_Amount>20.38</Local_Amount>
<Local_Currency_Code>CNY</Local_Currency_Code>
<Transaction_Amount>20.38</Transaction_Amount>
<Transaction_Currency_Code>CNY</Transaction_Currency_Code>
<Settlement_Method_Code>02</Settlement_Method_Code>
<Credit_Debit_Indicator>D</Credit_Debit_Indicator>
<Posted_User_ID>1003A910000000046UBR</Posted_User_ID>
<Journal_Indicator>1</Journal_Indicator>
<Reversal_Indicator>0</Reversal_Indicator>
<Reversal_Journal_ID>0</Reversal_Journal_ID>
<Cancellation_Sign>0</Cancellation_Sign>
<Created_User_ID>1003A210000000000OKV</Created_User_ID>
<Created_Date>2014-02-27</Created_Date>
<Created_Time>16:09:28</Created_Time>
<Approved_User_ID>1003A210000000000OKV</Approved_User_ID>
<Approved_Date>2014-02-27</Approved_Date>
<Account_Segment_Employee>1003A410000000001231</Account_Segment_Employee>
<Account_Segment_Project/>
<Account_Segment_Bank_Account/>
<Account_Segment_X/>
<Header_Scalable_Field_Structure>无</Header_Scalable_Field_Structure>
<Header_Scalable_Structure_Corresponding_File>无</Header_Scalable_Structure_Corresponding_File>
<Entry_Line_Scalable_Field_Structure>无</Entry_Line_Scalable_Field_Structure>
<Entry_Line_Scalable_Field_Corresponding_File>无</Entry_Line_Scalable_Field_Corresponding_File>
<Business_Segment_X>04</Business_Segment_X>
</GL_Details>

<GL_Details>
<Journal_ID>1003A910000000046UBR</Journal_ID>
<Journal_Number>4</Journal_Number>
<GL_Account_Number>220201</GL_Account_Number>
<Fiscal_Year>2014</Fiscal_Year>
<Accounting_Period>M2</Accounting_Period>
<Effective_Date>2014-02-27</Effective_Date>
<Journal_Line_Number>3</Journal_Line_Number>
<JE_Type_Code>01</JE_Type_Code>
<JE_Header_Description>无</JE_Header_Description>
<JE_Line_Description>无</JE_Line_Description>
<Source_Code>AP</Source_Code>
<Journal_Summary>外系统生成凭证</Journal_Summary>
<Bill_Number>SI2014030100000027</Bill_Number>
<Bill_Type_Code>006</Bill_Type_Code>
<Bill_Date>2014-03-01</Bill_Date>
<Quantity>0</Quantity>
<UOM_Code>克</UOM_Code>
<Unit_Price>0</Unit_Price>
<Attachment_Quantity>0</Attachment_Quantity>
<Functional_Amount>140.25</Functional_Amount>
<Functional_Currency_Code>CNY</Functional_Currency_Code>
<Reporting_Amount>140.25</Reporting_Amount>
<Reporting_Currency_Code>CNY</Reporting_Currency_Code>
<Local_Amount>140.25</Local_Amount>
<Local_Currency_Code>CNY</Local_Currency_Code>
<Transaction_Amount>140.25</Transaction_Amount>
<Transaction_Currency_Code>CNY</Transaction_Currency_Code>
<Settlement_Method_Code>02</Settlement_Method_Code>
<Credit_Debit_Indicator>C</Credit_Debit_Indicator>
<Posted_User_ID>1003A910000000046UBR</Posted_User_ID>
<Journal_Indicator>1</Journal_Indicator>
<Reversal_Indicator>0</Reversal_Indicator>
<Reversal_Journal_ID>0</Reversal_Journal_ID>
<Cancellation_Sign>0</Cancellation_Sign>
<Created_User_ID>1003A210000000000OKV</Created_User_ID>
<Created_Date>2014-02-27</Created_Date>

<Created_Time>16:09:28</Created_Time>
<Approved_User_ID>1003A210000000000OKV</Approved_User_ID>
<Approved_Date>2014-02-27</Approved_Date>
<Account_Segment_Employee>1003A410000000001231</Account_Segment_Employee>
<Account_Segment_Project/>
<Account_Segment_Bank_Account/>
<Account_Segment_X>客商</Account_Segment_X>
<Header_Scalable_Field_Structure>无</Header_Scalable_Field_Structure>
<Header_Scalable_Structure_Corresponding_File>无</Header_Scalable_Structure_Corresponding_File>
<Entry_Line_Scalable_Field_Structure>无</Entry_Line_Scalable_Field_Structure>
<Entry_Line_Scalable_Field_Corresponding_File>无</Entry_Line_Scalable_Field_Corresponding_File>
<Business_Segment_X>04</Business_Segment_X>
</GL_Details>
<GL_Source>
<Source_Code>01</Source_Code>
<Source_System>AR</Source_System>
<Source_Description>应收</Source_Description>
<System_Manual_Identifier>S</System_Manual_Identifier>
<ERP_Subledger_Module/>
<Business_Process_Major/>
<Business_Process_Minor/>
</GL_Source>
<GL_Source>
<Source_Code>02</Source_Code>
<Source_System>AP</Source_System>
<Source_Description>应付</Source_Description>
<System_Manual_Identifier>S</System_Manual_Identifier>
<ERP_Subledger_Module/>
<Business_Process_Major/>
<Business_Process_Minor/>
</GL_Source>
<GL_Source>
<Source_Code>03</Source_Code>
<Source_System>FA</Source_System>

```
        <Source_Description>固定资产</Source_Description>
        <System_Manual_Identifier>S</System_Manual_Identifier>
        <ERP_Subledger_Module/>
        <Business_Process_Major/>
        <Business_Process_Minor/>
    </GL_Source>
    <GL_Account_Segment>
        <GL_Account_Number>220201</GL_Account_Number>
        <Account_Segment_Number>G300506</Account_Segment_Number>
        <Account_Segment_Name>客商</Account_Segment_Name>
        <Account_Segment_Description>客户</Account_Segment_Description>
        <Corresponding_File>BAS_Customer</Corresponding_File>
        <Customized_ACC_Segment_Code/>
    </GL_Account_Segment>
    <GL_Account_Segment>
        <GL_Account_Number>140302</GL_Account_Number>
        <Account_Segment_Number>501</Account_Segment_Number>
        <Account_Segment_Name>物料基本分类</Account_Segment_Name>
        <Account_Segment_Description>物料分类</Account_Segment_Description>
        <Corresponding_File>BAS_Product</Corresponding_File>
        <Customized_ACC_Segment_Code/>
    </GL_Account_Segment>
    <GL_Accounts_Period_Balance>
        <GL_Account_Number>1410</GL_Account_Number>
        <Fiscal_Year>2014</Fiscal_Year>
        <Accounting_Period>M2</Accounting_Period>
        <Beginning_Quantity>0</Beginning_Quantity>
        <UOM_Code>BOX</UOM_Code>
        <Transaction_Beginning_Balance>0</Transaction_Beginning_Balance>
        <Reporting_Beginning_Balance>0</Reporting_Beginning_Balance>
        <Functional_Beginning_Balance>0</Functional_Beginning_Balance>
        <Local_Beginning_Balance>0</Local_Beginning_Balance>
        <BEG_Balance_Indicator>D</BEG_Balance_Indicator>
        <Debit_Quantity>3</Debit_Quantity>
        <Transaction_Debit_Amount>0</Transaction_Debit_Amount>
        <Reporting_Debit_Amount>0</Reporting_Debit_Amount>
        <Functional_Debit_Amount>0</Functional_Debit_Amount>
```

```xml
        <Local_Debit_Amount>0</Local_Debit_Amount>
        <Credit_Quantity>3</Credit_Quantity>
        <Transaction_Credit_Amount>-769248</Transaction_Credit_Amount>
        <Reporting_Credit_Amount>-769248</Reporting_Credit_Amount>
        <Functional_Credit_Amount>-769248</Functional_Credit_Amount>
        <Local_Credit_Amount>-769248</Local_Credit_Amount>
        <Ending_Quantity>0</Ending_Quantity>
        <Transaction_Ending_Balance>-769248</Transaction_Ending_Balance>
        <Reporting_Ending_Balance>-769248</Reporting_Ending_Balance>
        <Functional_Ending_Balance>-769248</Functional_Ending_Balance>
        <Local_Ending_Balance>-769248</Local_Ending_Balance>
        <Ending_Balance_Indicator>C</Ending_Balance_Indicator>
        <Functional_Currency_Code>CNY</Functional_Currency_Code>
        <Reporting_Currency_Code>CNY</Reporting_Currency_Code>
        <Local_Currency_Code>CNY</Local_Currency_Code>
        <Transaction_Currency_Code>CNY</Transaction_Currency_Code>
        <Account_Segment_Employee>1003A410000000001231</Account_Segment_Employee>
        <Account_Segment_Project/>
        <Account_Segment_Bank_Account/>
        <Account_Segment_X/>
        <Business_Segment_X>02</Business_Segment_X>
    </GL_Accounts_Period_Balance>
    <GL_Accounts_Period_Balance>
        <GL_Account_Number>1980</GL_Account_Number>
        <Fiscal_Year>2014</Fiscal_Year>
        <Accounting_Period>M2</Accounting_Period>
        <Beginning_Quantity>0</Beginning_Quantity>
        <UOM_Code>BOX</UOM_Code>
        <Transaction_Beginning_Balance>82779.15</Transaction_Beginning_Balance>
        <Reporting_Beginning_Balance>82779.15</Reporting_Beginning_Balance>
        <Functional_Beginning_Balance>82779.15</Functional_Beginning_Balance>
        <Local_Beginning_Balance>82779.15</Local_Beginning_Balance>
        <BEG_Balance_Indicator>D</BEG_Balance_Indicator>
        <Debit_Quantity>3</Debit_Quantity>
        <Transaction_Debit_Amount>0</Transaction_Debit_Amount>
        <Reporting_Debit_Amount>0</Reporting_Debit_Amount>
```

```
        <Functional_Debit_Amount>0</Functional_Debit_Amount>
        <Local_Debit_Amount>0</Local_Debit_Amount>
        <Credit_Quantity>3</Credit_Quantity>
        <Transaction_Credit_Amount>0</Transaction_Credit_Amount>
        <Reporting_Credit_Amount>0</Reporting_Credit_Amount>
        <Functional_Credit_Amount>0</Functional_Credit_Amount>
        <Local_Credit_Amount>0</Local_Credit_Amount>
        <Ending_Quantity>0</Ending_Quantity>
        <Transaction_Ending_Balance>82779.15</Transaction_Ending_Balance>
        <Reporting_Ending_Balance>82779.15</Reporting_Ending_Balance>
        <Functional_Ending_Balance>82779.15</Functional_Ending_Balance>
        <Local_Ending_Balance>82779.15</Local_Ending_Balance>
        <Ending_Balance_Indicator>D</Ending_Balance_Indicator>
        <Functional_Currency_Code>CNY</Functional_Currency_Code>
        <Reporting_Currency_Code>CNY</Reporting_Currency_Code>
        <Local_Currency_Code>CNY</Local_Currency_Code>
        <Transaction_Currency_Code>CNY</Transaction_Currency_Code>
        <Account_Segment_Employee>1003A410000000001231</Account_Segment_
Employee>
        <Account_Segment_Project/>
        <Account_Segment_Bank_Account/>
        <Account_Segment_X/>
        <Business_Segment_X>02</Business_Segment_X>
    </GL_Accounts_Period_Balance>
    <GL_Accounts_Period_Balance>
        <GL_Account_Number>1601</GL_Account_Number>
        <Fiscal_Year>2014</Fiscal_Year>
        <Accounting_Period>M2</Accounting_Period>
        <Beginning_Quantity>0</Beginning_Quantity>
        <UOM_Code>BOX</UOM_Code>
        <Transaction_Beginning_Balance>182290</Transaction_Beginning_Balance>
        <Reporting_Beginning_Balance>182290</Reporting_Beginning_Balance>
        <Functional_Beginning_Balance>182290</Functional_Beginning_Balance>
        <Local_Beginning_Balance>182290</Local_Beginning_Balance>
        <BEG_Balance_Indicator>D</BEG_Balance_Indicator>
        <Debit_Quantity>3</Debit_Quantity>
        <Transaction_Debit_Amount>0</Transaction_Debit_Amount>
```

<Reporting_Debit_Amount>0</Reporting_Debit_Amount>
<Functional_Debit_Amount>0</Functional_Debit_Amount>
<Local_Debit_Amount>0</Local_Debit_Amount>
<Credit_Quantity>3</Credit_Quantity>
<Transaction_Credit_Amount>0</Transaction_Credit_Amount>
<Reporting_Credit_Amount>0</Reporting_Credit_Amount>
<Functional_Credit_Amount>0</Functional_Credit_Amount>
<Local_Credit_Amount>0</Local_Credit_Amount>
<Ending_Quantity>0</Ending_Quantity>
<Transaction_Ending_Balance>182290</Transaction_Ending_Balance>
<Reporting_Ending_Balance>182290</Reporting_Ending_Balance>
<Functional_Ending_Balance>182290</Functional_Ending_Balance>
<Local_Ending_Balance>182290</Local_Ending_Balance>
<Ending_Balance_Indicator>D</Ending_Balance_Indicator>
<Functional_Currency_Code>CNY</Functional_Currency_Code>
<Reporting_Currency_Code>CNY</Reporting_Currency_Code>
<Local_Currency_Code>CNY</Local_Currency_Code>
<Transaction_Currency_Code>CNY</Transaction_Currency_Code>
<Account_Segment_Employee>1003A410000000001231</Account_Segment_Employee>
<Account_Segment_Project/>
<Account_Segment_Bank_Account/>
<Account_Segment_X/>
<Business_Segment_X>09</Business_Segment_X>
</GL_Accounts_Period_Balance>
<GL_Accounts_Period_Balance>
<GL_Account_Number>1602</GL_Account_Number>
<Fiscal_Year>2014</Fiscal_Year>
<Accounting_Period>M2</Accounting_Period>
<Beginning_Quantity>0</Beginning_Quantity>
<UOM_Code>BOX</UOM_Code>
<Transaction_Beginning_Balance>-41972.2</Transaction_Beginning_Balance>
<Reporting_Beginning_Balance>-41972.2</Reporting_Beginning_Balance>
<Functional_Beginning_Balance>-41972.2</Functional_Beginning_Balance>
<Local_Beginning_Balance>-41972.2</Local_Beginning_Balance>
<BEG_Balance_Indicator>C</BEG_Balance_Indicator>
<Debit_Quantity>3</Debit_Quantity>

<Transaction_Debit_Amount>0</Transaction_Debit_Amount>
<Reporting_Debit_Amount>0</Reporting_Debit_Amount>
<Functional_Debit_Amount>0</Functional_Debit_Amount>
<Local_Debit_Amount>0</Local_Debit_Amount>
<Credit_Quantity>3</Credit_Quantity>
<Transaction_Credit_Amount>-20986.1</Transaction_Credit_Amount>
<Reporting_Credit_Amount>-20986.1</Reporting_Credit_Amount>
<Functional_Credit_Amount>-20986.1</Functional_Credit_Amount>
<Local_Credit_Amount>-20986.1</Local_Credit_Amount>
<Ending_Quantity>0</Ending_Quantity>
<Transaction_Ending_Balance>-62958.3</Transaction_Ending_Balance>
<Reporting_Ending_Balance>-62958.3</Reporting_Ending_Balance>
<Functional_Ending_Balance>-62958.3</Functional_Ending_Balance>
<Local_Ending_Balance>-62958.3</Local_Ending_Balance>
<Ending_Balance_Indicator>C</Ending_Balance_Indicator>
<Functional_Currency_Code>CNY</Functional_Currency_Code>
<Reporting_Currency_Code>CNY</Reporting_Currency_Code>
<Local_Currency_Code>CNY</Local_Currency_Code>
<Transaction_Currency_Code>CNY</Transaction_Currency_Code>
<Account_Segment_Employee>1003A410000000001231</Account_Segment_Employee>
<Account_Segment_Project/>
<Account_Segment_Bank_Account/>
<Account_Segment_X/>
<Business_Segment_X>04</Business_Segment_X>
</GL_Accounts_Period_Balance>
<GL_Accounts_Period_Balance>
<GL_Account_Number>100101</GL_Account_Number>
<Fiscal_Year>2014</Fiscal_Year>
<Accounting_Period>M2</Accounting_Period>
<Beginning_Quantity>0</Beginning_Quantity>
<UOM_Code>BOX</UOM_Code>
<Transaction_Beginning_Balance>30000</Transaction_Beginning_Balance>
<Reporting_Beginning_Balance>30000</Reporting_Beginning_Balance>
<Functional_Beginning_Balance>30000</Functional_Beginning_Balance>
<Local_Beginning_Balance>30000</Local_Beginning_Balance>
<BEG_Balance_Indicator>D</BEG_Balance_Indicator>

<Debit_Quantity>3</Debit_Quantity>
<Transaction_Debit_Amount>0</Transaction_Debit_Amount>
<Reporting_Debit_Amount>0</Reporting_Debit_Amount>
<Functional_Debit_Amount>0</Functional_Debit_Amount>
<Local_Debit_Amount>0</Local_Debit_Amount>
<Credit_Quantity>3</Credit_Quantity>
<Transaction_Credit_Amount>0</Transaction_Credit_Amount>
<Reporting_Credit_Amount>0</Reporting_Credit_Amount>
<Functional_Credit_Amount>0</Functional_Credit_Amount>
<Local_Credit_Amount>0</Local_Credit_Amount>
<Ending_Quantity>0</Ending_Quantity>
<Transaction_Ending_Balance>30000</Transaction_Ending_Balance>
<Reporting_Ending_Balance>30000</Reporting_Ending_Balance>
<Functional_Ending_Balance>30000</Functional_Ending_Balance>
<Local_Ending_Balance>30000</Local_Ending_Balance>
<Ending_Balance_Indicator>D</Ending_Balance_Indicator>
<Functional_Currency_Code>CNY</Functional_Currency_Code>
<Reporting_Currency_Code>CNY</Reporting_Currency_Code>
<Local_Currency_Code>CNY</Local_Currency_Code>
<Transaction_Currency_Code>CNY</Transaction_Currency_Code>
<Account_Segment_Employee>1003A410000000001231</Account_Segment_Employee>
<Account_Segment_Project/>
<Account_Segment_Bank_Account/>
<Account_Segment_X/>
<Business_Segment_X>09</Business_Segment_X>
</GL_Accounts_Period_Balance>
<GL_Cash_Flow_Item>
<Cash_Flow_Code>1</Cash_Flow_Code>
<Cash_Flow_Name>现金及现金等价物净增加额</Cash_Flow_Name>
<Cash_Flow_Description>无</Cash_Flow_Description>
<Whether_At_The_End_Of_Hierarchy>0</Whether_At_The_End_Of_Hierarchy>
<Cash_Flow_Hierarchy>1</Cash_Flow_Hierarchy>
<Parent_Cash_Flow_Item_Code/>
<Cash_Flow_Source>1</Cash_Flow_Source>
<Cash_Flow_Attribute>2</Cash_Flow_Attribute>
</GL_Cash_Flow_Item>

```
<GL_Cash_Flow_Item>
    <Cash_Flow_Code>10001</Cash_Flow_Code>
    <Cash_Flow_Name>经营活动产生的现金流量</Cash_Flow_Name>
    <Cash_Flow_Description>无</Cash_Flow_Description>
    <Whether_At_The_End_Of_Hierarchy>0</Whether_At_The_End_Of_Hierarchy>
    <Cash_Flow_Hierarchy>2</Cash_Flow_Hierarchy>
    <Parent_Cash_Flow_Item_Code>10001</Parent_Cash_Flow_Item_Code>
    <Cash_Flow_Source>0</Cash_Flow_Source>
    <Cash_Flow_Attribute>2</Cash_Flow_Attribute>
</GL_Cash_Flow_Item>
<GL_Cash_Flow_Item>
    <Cash_Flow_Code>100010001</Cash_Flow_Code>
    <Cash_Flow_Name>经营活动现金流入小计</Cash_Flow_Name>
    <Cash_Flow_Description>无</Cash_Flow_Description>
    <Whether_At_The_End_Of_Hierarchy>1</Whether_At_The_End_Of_Hierarchy>
    <Cash_Flow_Hierarchy>3</Cash_Flow_Hierarchy>
    <Parent_Cash_Flow_Item_Code>100010001</Parent_Cash_Flow_Item_Code>
    <Cash_Flow_Source>0</Cash_Flow_Source>
    <Cash_Flow_Attribute>2</Cash_Flow_Attribute>
</GL_Cash_Flow_Item>
<GL_Cash_Flow_Voucher_Item>
    <Cash_Flow_Line_Number>1</Cash_Flow_Line_Number>
    <Cash_Flow_Code>1</Cash_Flow_Code>
    <Cash_Flow_Summary>现金及现金等价物净增加额</Cash_Flow_Summary>
    <Cash_Flow_Transaction_Amount>50000</Cash_Flow_Transaction_Amount>
    <Cash_Flow_Functional_Amount>50000</Cash_Flow_Functional_Amount>
    <Journal_ID>1001A410000000000VSF</Journal_ID>
    <JE_Type_Code>05</JE_Type_Code>
    <Journal_Line_Number>01</Journal_Line_Number>
    <Business_Segment_X>02</Business_Segment_X>
</GL_Cash_Flow_Voucher_Item>
<GL_Cash_Flow_Voucher_Item>
    <Cash_Flow_Line_Number>1</Cash_Flow_Line_Number>
    <Cash_Flow_Code>10001</Cash_Flow_Code>
    <Cash_Flow_Summary>经营活动产生的现金流量</Cash_Flow_Summary>
    <Cash_Flow_Transaction_Amount>18888</Cash_Flow_Transaction_Amount>
    <Cash_Flow_Functional_Amount>18888</Cash_Flow_Functional_Amount>
```

```
        <Journal_ID>1001A410000000000VSO</Journal_ID>
        <JE_Type_Code>07</JE_Type_Code>
        <Journal_Line_Number>01</Journal_Line_Number>
        <Business_Segment_X>02</Business_Segment_X>
    </GL_Cash_Flow_Voucher_Item>
    <GL_Cash_Flow_Voucher_Item>
        <Cash_Flow_Line_Number>1</Cash_Flow_Line_Number>
        <Cash_Flow_Code>100010001</Cash_Flow_Code>
        <Cash_Flow_Summary>经营活动现金流入小计</Cash_Flow_Summary>
        <Cash_Flow_Transaction_Amount>2435</Cash_Flow_Transaction_Amount>
        <Cash_Flow_Functional_Amount>2435</Cash_Flow_Functional_Amount>
        <Journal_ID>1001A410000000000VSR</Journal_ID>
        <JE_Type_Code>08</JE_Type_Code>
        <Journal_Line_Number>01</Journal_Line_Number>
        <Business_Segment_X>02</Business_Segment_X>
    </GL_Cash_Flow_Voucher_Item>
    <GL_Report_Set>
        <Report_Number>B001</Report_Number>
        <Report_Name>资产负债表</Report_Name>
        <Report_Date>2022-04-30</Report_Date>
        <Accounting_Period>M4</Accounting_Period>
        <Prepared_By>大海公司</Prepared_By>
        <Currency_Unit>人民币</Currency_Unit>
        <Accounting_Standard>企业会计准则</Accounting_Standard>
    </GL_Report_Set>
    <GL_Report_Set>
        <Report_Number>B002</Report_Number>
        <Report_Name>利润表</Report_Name>
        <Report_Date>2022-04-30</Report_Date>
        <Accounting_Period>M4</Accounting_Period>
        <Prepared_By>大海公司</Prepared_By>
        <Currency_Unit>人民币</Currency_Unit>
        <Accounting_Standard>企业会计准则</Accounting_Standard>
    </GL_Report_Set>
    <GL_Report_Set>
        <Report_Number>B003</Report_Number>
        <Report_Name>现金流量表</Report_Name>
```

```
        <Report_Date>2022-04-30</Report_Date>
        <Accounting_Period>M4</Accounting_Period>
        <Prepared_By>大海公司</Prepared_By>
        <Currency_Unit>人民币</Currency_Unit>
        <Accounting_Standard>企业会计准则</Accounting_Standard>
    </GL_Report_Set>
    <GL_Report_Set>
        <Report_Number>B004</Report_Number>
        <Report_Name>所有者权益(股东权益)变动表</Report_Name>
        <Report_Date>2022-04-30</Report_Date>
        <Accounting_Period>M4</Accounting_Period>
        <Prepared_By>大海公司</Prepared_By>
        <Currency_Unit>人民币</Currency_Unit>
        <Accounting_Standard>企业会计准则</Accounting_Standard>
    </GL_Report_Set>
    <GL_Report_Item>
        <Segment_Number>1001</Segment_Number>
        <Segment_Name>货币资金</Segment_Name>
        <Report_Number>B001</Report_Number>
        <Segment_Formula>数据表!L7</Segment_Formula>
        <Segment_Value>20000</Segment_Value>
    </GL_Report_Item>
    <GL_Report_Item>
        <Segment_Number>1121</Segment_Number>
        <Segment_Name>应收票据</Segment_Name>
        <Report_Number>B001</Report_Number>
        <Segment_Formula>数据表!L8</Segment_Formula>
        <Segment_Value>2312.12</Segment_Value>
    </GL_Report_Item>
    <GL_Report_Item>
        <Segment_Number>1123</Segment_Number>
        <Segment_Name>预付款项</Segment_Name>
        <Report_Number>B001</Report_Number>
        <Segment_Formula>数据表!L9</Segment_Formula>
        <Segment_Value>23232.34</Segment_Value>
    </GL_Report_Item>
</GL>
```

参 考 文 献

[1] GB/T 18391.1—2009 信息技术 元数据注册系统（MDR）第1部分：框架
[2] GB/T 24589（所有部分）财经信息技术 会计核算软件数据接口
[3] GB/T 32180（所有部分）财经信息技术 企业资源计划软件数据接口
[4] 财会便〔2021〕7号 银行审计函证数据标准（试行版）
[5] ISO 21378: 2019 Audit data collection
[6] 美国注册会计师协会（AICPA）Audit data standards

ICS 35.240
CCS L 67

团　　体　　标　　准

T/CICPA 0103—2023

注册会计师审计数据规范 销售

Audit data specifications for Certified Public Accountants
Sales

2023-03-27 发布　　2023-03-27 实施

中国注册会计师协会　　发 布

目　次

前　言

本文件按照GB/T 1.1—2020《标准化工作导则 第1部分：标准化文件的结构和起草规则》的规定起草。

本文件由中国注册会计师协会提出并归口。

本文件起草单位：中国注册会计师协会、中国标准化研究院、毕马威华振会计师事务所（特殊普通合伙）、北京鼎信创智科技有限公司。

本文件主要起草人：舒惠好、唐建华、刘瑜、赵际喆、王廷梁、陈宇、岳高峰、刘守华、高亮、汪浩、陈甜甜、龙罡、苏萌、王常海、夏安东。

引 言

《注册会计师行业信息化建设规划（2021—2025年）》围绕“会计师事务所信息化、行业管理服务信息化、协会办公信息化”3大领域，提出行业信息化建设“标准化、数字化、网络化、智能化”的目标，从4个方面明确18项信息化建设任务。其中，在加快信息化基础研究与建设方面，提出推动构建行业数据标准体系，围绕审计数据采集、审计报告电子化、行业管理服务数据、电子签章与证照等领域，按照继承、发展和创新原则，急用先行、循序渐进推动构建科学适用的行业数据标准体系，满足数据共享交换和数据分析需求，发挥数据作为生产要素的作用。

在审计数据领域，中国注册会计师协会提出了注册会计师审计数据规范体系，包括基础信息、具体审计领域和特殊行业审计3大板块，每个板块包含若干模块，涵盖审计业务中的各个领域。中国注册会计师协会将根据不同领域和不同行业在数字化审计方面的成熟度和重要程度，分批次适时推出各模块，不断完善注册会计师审计数据规范体系。

本文件作为注册会计师审计数据规范体系的一部分，根据相关法律法规的规定、企业会计准则的披露要求和中国注册会计师审计准则的执业要求，从注册会计师审计执业和审计信息化的实际需求出发，充分依托现有国家标准和行业标准，借鉴国际相关审计标准化成果和经验，对数据元进行了拓展，并创新性地引入了多元化的数据来源。

本文件是用于规范审计数据的技术标准，主要用于审计数据的收集、存储、使用、加工、传输、提供、公开等数据处理。上述数据处理过程应符合《数据安全法》《个人信息保护法》等相关法律法规的规定。

注册会计师审计数据规范 销售

1 范围

本文件规定了注册会计师审计数据中销售数据的内容和格式要求。

本文件适用于注册会计师审计及相关软件的设计、开发和测试。

2 规范性引用文件

下列文件中的内容通过文中的规范性引用而构成本文件必不可少的条款。其中，注日期的引用文件，仅该日期对应的版本适用于本文件；不注日期的引用文件，其最新版本（包括所有的修改单）适用于本文件。

GB/T 7408—2005 数据元和交换格式 信息交换 日期和时间表示法（ISO 8601: 2000, IDT）

ISO 4217 表示货币的代码（Codes for the representation of currencies）

T/CICPA 0101—2023 注册会计师审计数据规范 公共基础

3 术语和定义

下列术语和定义适用于本文件。

3.1

数据 data

信息的可再解释的信息化表达，以适用于通信、解释和处理。

［来源：GB/T 18391.1—2009，3.2.6］

3.2

数据元 data element

由一组属性规定其定义、标识、表示和允许值的数据单元。

［来源：GB/T 18391.1—2009，3.3.8］

4 数据元的描述

本文件中，每个数据元通过标识符、中文名称、英文名称、说明、数据类型、表示、约束条件、数据来源等属性来表达。

a）标识符：数据元的唯一标识；

b）中文名称：数据元的中文名称；

c）英文名称：数据元的英文名称；

d）说明：关于数据元的含义和基本特性的描述，并使之区别于其他数据元；

e）数据类型：数据元值的数据类型，如表1所示；

f）表示：数据元值的数据类型及字符长度的组合表示方式，如表1所示；

g）约束条件：说明该数据元是必选项还是可选项；

h）数据来源：审计数据的采集来源。例如，被审计单位、税务、海关、物流等。

注："数据来源"和"约束条件"是建议，非强制要求。注册会计师在执行审计业务时需要根据实际情况采集数据。

表1 数据元的数据类型及表示方式

数据类型	说明	表示方式
字符型	一切可以显示打印的字符，包括汉字、字母、数字、各种符号、空格等，不具有计算能力。	以大写字母"C"代表字符串： CX：表示定长为X的字符型数据元值； C..X：表示最长为X的字符型数据元值； C..ul：表示长度不确定的字符型数据元值。
数值型	可以进行数学运算的数据。	以大写字母"N"代表数值型： NX：固定长度为X位数字的整型数； N..X：最大长度为X位数字的整型数； NX, Y：固定长度为X位的十进制小数格式（包括小数点和小数点后面的数字），小数点后保留Y位数字； N..X, Y：最大长度为X位的十进制小数格式（包括小数点和小数点后面的数字），小数点后保留Y位数字。
日期时间型	用以表示日期及时间的数据。	按照GB/T 7408—2005表示。例如，YYYY-MM-DD；YYYYMMDDThhmmss；hh：mm：ss。
布尔型	两个且只有两个表明条件的值。	用C1表示。

5 数据模型

审计数据规范包括若干模块，销售模块是其中之一。销售审计数据包含合同、合同明细、订单、订单明细、出库单、出库单明细、发票、发票明细、增值税、提单、装运单、报关单、销售退回、销售返利、快递单、验收单等16个实体，这些实体之间的关系见图1，实体的数据描述见第6章，数据结构见第7章。为了方便标准的数字化应用，本文件附录中提供了XML文件输出格式和实例。文件输出格式见附录A，实例参见附录B。为配合XBRL格式电子凭证的推广，将为用户提供XBRL文件输出格式和实例。本文件以一般制造业企业的审计为背景，以时点法下按签收或验收时点确认收入的模型为基础。

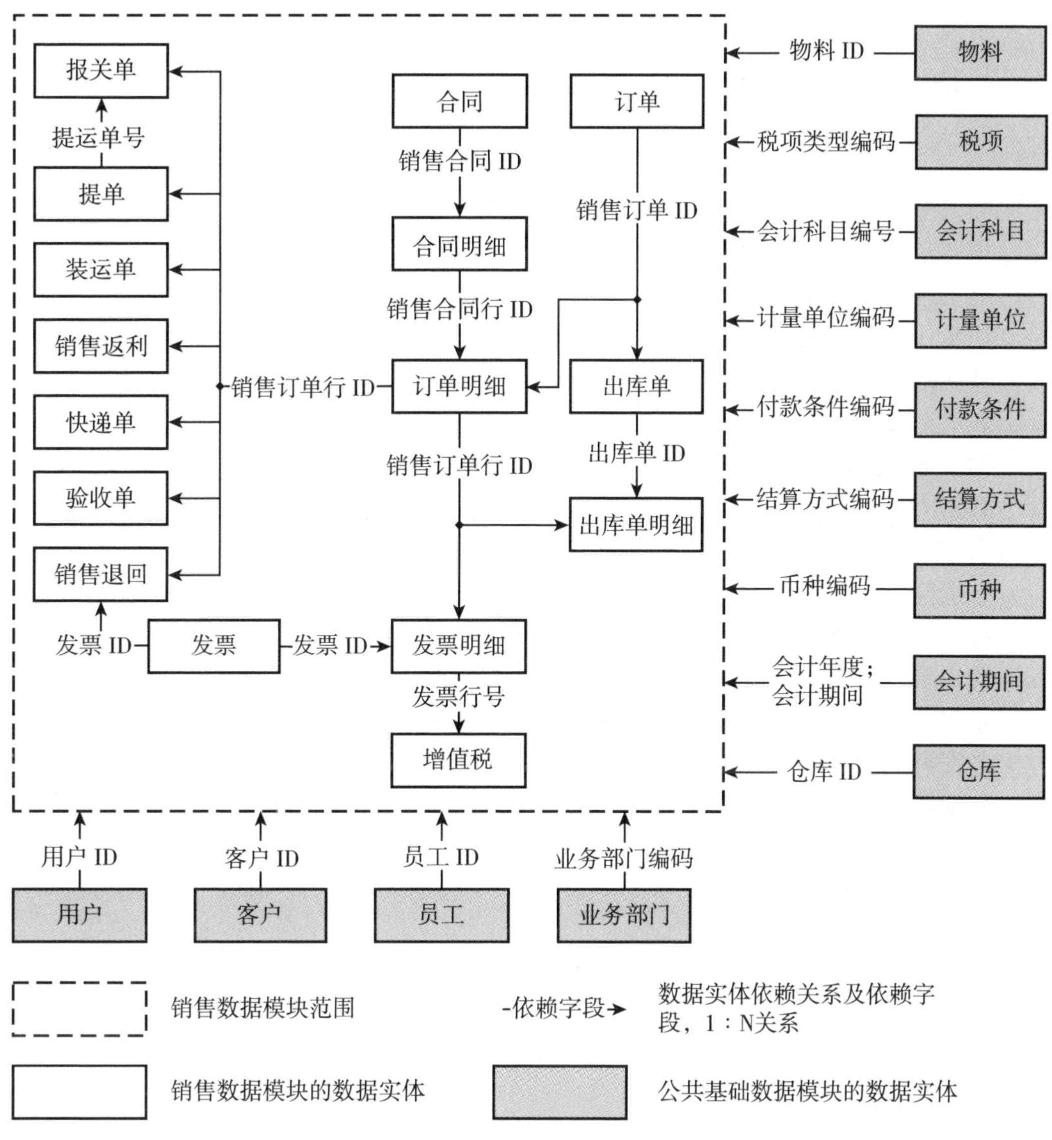

图1 销售数据实体关系图

6 销售数据

6.1 合同 Sales_Contract

标识符：010301001

中文名称：销售合同ID
英文名称：Sales_Contract_ID
说明：销售合同的唯一标识符。通常由系统自动生成。
数据类型：字符型
表示：C..60
约束条件：必选
数据来源：被审计单位

标识符：010301002
中文名称：销售合同号
英文名称：Sales_Contract_Number
说明：销售合同的编号，可通过手动输入生成或系统生成。
数据类型：字符型
表示：C..80
约束条件：必选
数据来源：被审计单位

标识符：010301003
中文名称：合同类型名称
英文名称：Contract_Type_Name
说明：买卖交易活动中所签订合同的分类名称。
数据类型：字符型
表示：C..256
约束条件：必选
数据来源：被审计单位

标识符：010301004
中文名称：合同开始日期
英文名称：Contract_Beginning_Date
说明：合同上约定的生效日期。
数据类型：日期时间型
表示：YYYY-MM-DD
约束条件：必选
数据来源：被审计单位

标识符：010301005
中文名称：合同结束日期

英文名称：Contract_Ending_Date
说明：合同上约定的终止日期。
数据类型：日期时间型
表示：YYYY-MM-DD
约束条件：可选
数据来源：被审计单位

标识符：010301006
中文名称：合同修订日期
英文名称：Contract_Revising_Date
说明：合同的修订日期。
数据类型：日期时间型
表示：YYYY-MM-DD
约束条件：可选
数据来源：被审计单位

标识符：010301007
中文名称：销售组织编码
英文名称：Sales_Organization_Code
说明：对企业内部从事销售业务的组织单元进行标识的编码。
数据类型：字符型
表示：C..80
约束条件：必选
数据来源：被审计单位

标识符：010301008
中文名称：业务员ID
英文名称：Salesperson_ID
说明：业务员的唯一标识符。
数据类型：字符型
表示：C..128
约束条件：必选
数据来源：被审计单位

标识符：010301009
中文名称：合同交易币种编码
英文名称：Contract_Transaction_CUR_Code

说明：对交易货币种类进行标识的编码。按照ISO 4217规定的3字母代码表示。
数据类型：字符型
表示：C3
约束条件：必选
数据来源：被审计单位

标识符：010301010
中文名称：状态
英文名称：Status
说明：单据的状态。例如，是否通过审批、是否作废等。
数据类型：字符型
表示：C..256
约束条件：可选
数据来源：被审计单位

标识符：010301011
中文名称：备注
英文名称：Remarks
说明：单据的备注信息。
数据类型：字符型
表示：C..25
约束条件：必选
数据来源：被审计单位

6.2 合同明细 Sales_Contract_Details

标识符：010302001
中文名称：销售合同行ID
英文名称：Sales_Contract_Line_ID
说明：销售合同行的唯一标识符。通常由系统自动生成。
数据类型：字符型
表示：C..60
约束条件：必选
数据来源：被审计单位

标识符：010302002
中文名称：销售合同行号
英文名称：Sales_Contract_Line_Number

说明：销售合同行的编号，可通过手动输入生成或系统生成。
数据类型：字符型
表示：C..80
约束条件：可选
数据来源：被审计单位

标识符：010302003
中文名称：合同数量
英文名称：Contract_Quantity
说明：合同上买卖物品的数量。
数据类型：数值型
表示：N..22, 4
约束条件：必选
数据来源：被审计单位

标识符：010302004
中文名称：销售计量单位编码
英文名称：Sales_UOM_Code
说明：销售计量单位的编码。
数据类型：字符型
表示：C..80
约束条件：必选
数据来源：被审计单位

标识符：010302005
中文名称：不含税单价
英文名称：Tax_Exclude_Unit_Price
说明：以原币表示的不包含税金的单价。
数据类型：数值型
表示：N..22, 8
约束条件：必选
数据来源：被审计单位

标识符：010302006
中文名称：含税单价
英文名称：Tax_Include_Unit_Price
说明：以原币表示的包含税金的单价。

数据类型：数值型
表示：N..22, 8
约束条件：必选
数据来源：被审计单位

标识符：010302007
中文名称：不含税金额
英文名称：Tax_Exclude_Amount
说明：以原币表示的不包含税金的总金额。
数据类型：数值型
表示：N..22, 4
约束条件：必选
数据来源：被审计单位

标识符：010302008
中文名称：含税金额
英文名称：Tax_Include_Amount
说明：以原币表示的包含税金的总金额。
数据类型：数值型
表示：N..22, 4
约束条件：必选
数据来源：被审计单位

标识符：010302009
中文名称：税额
英文名称：Tax_Transaction_Amount
说明：交易中包含的“税项类别”的金额。以当地货币记录。
数据类型：数值型
表示：N..22, 4
约束条件：可选
数据来源：被审计单位

标识符：010302010
中文名称：交货日期
英文名称：Due_Date
说明：物料的最晚交货日期。
数据类型：日期时间型

表示：YYYY-MM-DD
约束条件：必选
数据来源：被审计单位

6.3 订单 Sales_Order

标识符：010303001
中文名称：销售订单ID
英文名称：Sales_Order_ID
说明：销售订单的唯一标识符。通常由系统自动生成。
数据类型：字符型
表示：C..60
约束条件：必选
数据来源：被审计单位

标识符：010303002
中文名称：销售订单号
英文名称：Sales_Order_Number
说明：销售订购货物合同或单据的编号。
数据类型：字符型
表示：C..80
约束条件：必选
数据来源：被审计单位

标识符：010303003
中文名称：销售订单类型
英文名称：Sales_Order_Type_Name
说明：买卖交易活动中订单的分类名称。
数据类型：字符型
表示：C..256
约束条件：必选
数据来源：被审计单位

标识符：010303004
中文名称：销售订单日期
英文名称：Sales_Order_Date
说明：买卖交易活动中订单的业务发生日期。
数据类型：日期时间型

表示：YYYY-MM-DD
约束条件：必选
数据来源：被审计单位

标识符：010303005
中文名称：订单交易金额
英文名称：Order_Transaction_Amount
说明：以交易货币记录的销售金额。
数据类型：数值型
表示：N..22, 4
约束条件：必选
数据来源：被审计单位

标识符：010303006
中文名称：订单交易币种编码
英文名称：Order_Transaction_CUR_Code
说明：对交易货币种类进行标识的编码。按照ISO 4217规定的3字母代码表示。
数据类型：字符型
表示：C3
约束条件：必选
数据来源：被审计单位

6.4 订单明细 Sales_Order_Details

标识符：010304001
中文名称：销售订单行ID
英文名称：Sales_Order_Line_ID
说明：销售订单行的唯一标识符。通常由系统自动生成。
数据类型：字符型
表示：C..60
约束条件：必选
数据来源：被审计单位

标识符：010304002
中文名称：销售订单行号
英文名称：Sales_Order_Line_Number
说明：销售订单行的编号，可通过手动输入生成或系统生成。
数据类型：字符型

表示：C..80
约束条件：必选
数据来源：被审计单位

标识符：010304003
中文名称：付款客户ID
英文名称：Payer_ID
说明：付款客户的唯一标识符。通常由系统自动生成。某个集团公司内会有不同的采购模式。例如，集中采购、分散付款；分散采购、集中付款。如果销售订单的客户采用集中采购模式，则该客户可能是集团公司，而结算组织可以是该集团公司的子公司。客户名称和付款客户的名称可能不同。
数据类型：字符型
表示：C..60
约束条件：必选
数据来源：被审计单位

标识符：010304004
中文名称：结算财务组织编码
英文名称：Settlement_Organization_Code
说明：结算组织的唯一标识符。双方都有结算组织编码，用于在销售订单结算中识别相关组织机构。
数据类型：字符型
表示：C..25
约束条件：可选
数据来源：被审计单位

标识符：010304005
中文名称：发货组织编码
英文名称：Dispatch_Organization_Code
说明：发货组织的唯一标识符。发货组织指发出属于卖方货物的单位。
数据类型：字符型
表示：C..25
约束条件：必选
数据来源：被审计单位

标识符：010304006
中文名称：基本单位数量

英文名称：Basic_UOM_Quantity
说明：基本计量单位的数量。
数据类型：数值型
表示：N..22, 4
约束条件：必选
数据来源：被审计单位

标识符：010304007
中文名称：销售订单行数量
英文名称：Sales_Order_Line_Quantity
说明：销售订单行中按计量单位划分的销售订单行的数量。
数据类型：数值型
表示：N..22, 4
约束条件：必选
数据来源：被审计单位

标识符：010304008
中文名称：收货客户 ID
英文名称：Receiver_ID
说明：收货客户的唯一标识符。通常由系统自动生成。
数据类型：字符型
表示：C..60
约束条件：必选
数据来源：被审计单位

标识符：010304009
中文名称：订单行计量单位编码
英文名称：Order_Line_UOM_Code
说明：销售订单行计量单位的编码。
数据类型：字符型
表示：C..80
约束条件：可选
数据来源：被审计单位

标识符：010304010
中文名称：订单行金额
英文名称：Order_Line_Transaction_Amount

说明：以交易货币记录的销售金额。
数据类型：数值型
表示：N..22, 4
约束条件：必选
数据来源：被审计单位

标识符：010304011
中文名称：汇率
英文名称：Exchange_Rate
说明：销售时的汇率。
数据类型：数值型
表示：N..22, 4
约束条件：可选
数据来源：被审计单位

6.5 发票 Sales_Invoice

标识符：010305001
中文名称：发票ID
英文名称：Invoice_ID
说明：发票的唯一标识符。通常由系统自动生成。
数据类型：字符型
表示：C..60
约束条件：必选
数据来源：被审计单位

标识符：010305002
中文名称：发票号
英文名称：Invoice_Number
说明：内部生成的发票的编号。通过手动输入生成或系统生成。例如，序列号、文件类型、日期。
数据类型：字符型
表示：C..80
约束条件：必选
数据来源：被审计单位

标识符：010305003
中文名称：官方发票编码

英文名称：Official_Invoice_Code
说明：金税系统下生成的唯一发票号码。
数据类型：字符型
表示：C..80
约束条件：可选
数据来源：被审计单位

标识符：010305004
中文名称：发票类型名称
英文名称：Invoice_Type_Name
说明：发票类型的名称。根据业务内容对单据分类。例如，增值税专用发票、普通发票或专业发票。
数据类型：字符型
表示：C..60
约束条件：必选
数据来源：被审计单位

标识符：010305005
中文名称：发票日期
英文名称：Invoice_Date
说明：发票日期，与发票的创建日期无关。是根据发票条款计算到期日的日期。
数据类型：日期时间型
表示：YYYY-MM-DD
约束条件：必选
数据来源：被审计单位

标识符：010305006
中文名称：发票到期日
英文名称：Invoice_Due_Date
说明：客户应付款的日期。应收款项的账龄通常根据该日期计算。
数据类型：日期时间型
表示：YYYY-MM-DD
约束条件：必选
数据来源：被审计单位

标识符：010305007
中文名称：发票金额

英文名称：Invoice_Transaction_Amount

说明：以记账本位币或集团货币记录的交易金额。由于所有交易均以单一币种记录，不应对该金额执行多币种换算。

数据类型：数值型

表示：N..22, 4

约束条件：必选

数据来源：被审计单位

标识符：010305008

中文名称：发票交易币种编码

英文名称：Invoice_Transaction_CUR_Code

说明：对交易货币种类进行标识的编码。按照ISO 4217规定的3字母代码表示。

数据类型：字符型

表示：C3

约束条件：必选

数据来源：被审计单位

标识符：010305009

中文名称：发票组编码

英文名称：Grouping_Code

说明：对同一批次序列的发票分组。例如，在某些ERP系统中存在的发票分组。

数据类型：字符型

表示：C..80

约束条件：可选

数据来源：被审计单位

6.6 发票明细 Sales_Invoice_Details

标识符：010306001

中文名称：发票行ID

英文名称：Invoice_Line_ID

说明：发票行的唯一标识符。通常由系统自动生成。

数据类型：字符型

表示：C..60

约束条件：必选

数据来源：被审计单位

标识符：010306002

中文名称：发票行号
英文名称：Invoice_Line_Number
说明：内部生成的发票行的编码。通过手动输入生成或系统生成。
数据类型：字符型
表示：C..10
约束条件：必选
数据来源：被审计单位

标识符：010306003
中文名称：发票数量
英文名称：Invoice_Quantity
说明：发票行中按计量单位划分的销售商品的数量。
数据类型：数值型
表示：N..22, 4
约束条件：必选
数据来源：被审计单位

标识符：010306004
中文名称：发票行金额
英文名称：Invoice_Line_Transaction_Amount
说明：发票行中记录的货币金额。
数据类型：数值型
表示：N..22, 4
约束条件：必选
数据来源：被审计单位

标识符：010306005
中文名称：总账借方科目号
英文名称：GL_Line_Debit_Account_Number
说明：总账借方方向涉及的交易的账号信息。
数据类型：字符型
表示：C..60
约束条件：必选
数据来源：被审计单位

标识符：010306006
中文名称：总账贷方科目号

英文名称：GL_Line_Credit_Account_Number
说明：总账贷方方向涉及的交易的账号信息。
数据类型：字符型
表示：C..60
约束条件：必选
数据来源：被审计单位

标识符：010306007
中文名称：税项总账借方科目号
英文名称：GL_Tax_Debit_Account_Number
说明：总账借方方向涉及的税项的账号信息。
数据类型：字符型
表示：C..60
约束条件：可选
数据来源：被审计单位

标识符：010306008
中文名称：税项总账贷方科目号
英文名称：GL_Tax_Credit_Account_Number
说明：总账贷方方向涉及的税项的账号信息。
数据类型：字符型
表示：C..60
约束条件：可选
数据来源：被审计单位

6.7 出库单 Sales_Shipment

标识符：010307001
中文名称：出库单ID
英文名称：Shipment_ID
说明：出库单的唯一标识码。一般由计算机自动生成，用于系统内部进行数据关联。
数据类型：字符型
表示：C..100
约束条件：必选
数据来源：被审计单位

标识符：010307002

中文名称：出库单号
英文名称：Shipment_Number
说明：出库单号。通过手动输入生成或系统生成。
数据类型：字符型
表示：C..100
约束条件：必选
数据来源：被审计单位

标识符：010307003
中文名称：出库日期
英文名称：Shipment_Date
说明：出库日期（发运日期）。
数据类型：日期时间型
表示：YYYY-MM-DD
约束条件：必选
数据来源：被审计单位

标识符：010307004
中文名称：装运单据引用号
英文名称：Shipping_Reference_Number
说明：装运单据的引用号码，通常是公司的单据引用号或物流公司正本运单号。
数据类型：字符型
表示：C..100
约束条件：必选
数据来源：被审计单位

标识符：010307005
中文名称：出库金额
英文名称：Shipping_Transaction_Amount
说明：与销售订单关联的出库单据的货币金额，以结算货币记录。
数据类型：数值型
表示：N..22, 4
约束条件：可选
数据来源：被审计单位

标识符：010307006
中文名称：出库单交易币种编码

英文名称：Shipping_Transaction_CUR_Code
说明：对交易货币种类进行标识的编码。按照ISO 4217规定的3字母代码表示。
数据类型：字符型
表示：C3
约束条件：必选
数据来源：被审计单位

标识符：010307007
中文名称：运输工具名称
英文名称：Shipping_Method
说明：运输的工具名称。例如，飞机、火车、货车、手递。
数据类型：字符型
表示：C..60
约束条件：可选
数据来源：被审计单位

标识符：010307008
中文名称：承运人
英文名称：Shipper
说明：负责运输的组织或个人名称。例如，EMS、UPS。
数据类型：字符型
表示：C..25
约束条件：可选
数据来源：被审计单位

标识符：010307009
中文名称：调整标志
英文名称：Adjustment_Indicator
说明：如果是原始装运交易记录，则用0表示，如果是有调整的，则用1表示。
数据类型：字符型
表示：C1
约束条件：可选
数据来源：被审计单位

标识符：010307010
中文名称：调整描述
英文名称：Adjustment_Description

说明：如需调整出库信息，应注明调整原因。
数据类型：字符型
表示：C..1000
约束条件：可选
数据来源：被审计单位

6.8 出库单明细 Sales_Shipment_Details

标识符：010308001
中文名称：出库单行ID
英文名称：Shipping_Document_Line_ID
说明：出库单据行ID。通常由系统自动生成。
数据类型：字符型
表示：C..100
约束条件：必选
数据来源：被审计单位

标识符：010308002
中文名称：出库单行号
英文名称：Shipping_Document_Line_Number
说明：出库单据行号。通过手动输入生成或系统生成。
数据类型：字符型
表示：C..100
约束条件：必选
数据来源：被审计单位

标识符：010308003
中文名称：出库数量
英文名称：Shipping_Quantity
说明：出库单中按计量单位划分的销售商品的数量。
数据类型：数值型
表示：N..22, 4
约束条件：必选
数据来源：被审计单位

标识符：010308004
中文名称：出库计量单位编码
英文名称：Shipping_UOM_Code

说明：出库单所记录的计量单位的编码。
数据类型：字符型
表示：C..80
约束条件：可选
数据来源：被审计单位

标识符：010308005
中文名称：出库单价
英文名称：Shipping_Unit_Price
说明：所发出商品的单位价格。
数据类型：数值型
表示：N..22, 8
约束条件：可选
数据来源：被审计单位

标识符：010308006
中文名称：出库行金额
英文名称：Shipping_Line_Transaction_Amount
说明：以交易货币记录的销售金额。
数据类型：数值型
表示：N..22, 4
约束条件：可选
数据来源：被审计单位

标识符：010308007
中文名称：订单行单价
英文名称：Order_Line_Unit_Price
说明：销售订单行单价。
数据类型：数值型
表示：N..22, 8
约束条件：可选
数据来源：被审计单位

6.9 增值税 Sales_VAT

标识符：010309001
中文名称：发票种类
英文名称：Invoice_Type

说明：增值税发票的种类。包括专用发票、普通发票。
数据类型：字符型
表示：C..60
约束条件：必选
数据来源：被审计单位/税务

标识符：010309002
中文名称：销方名称
英文名称：Sellers_Name
说明：销售方的企业名称。
数据类型：字符型
表示：C..60
约束条件：必选
数据来源：被审计单位/税务

标识符：010309003
中文名称：发票代码
英文名称：Invoice_Code
说明：发票的标识符，通常位于发票的左上方。
数据类型：字符型
表示：C..80
约束条件：必选
数据来源：被审计单位/税务

标识符：010309004
中文名称：购方名称
英文名称：Buyers_Name
说明：购买方的企业名称。
数据类型：字符型
表示：C..60
约束条件：必选
数据来源：被审计单位/税务

标识符：010309005
中文名称：购方税号
英文名称：Buyers_Tax_Number
说明：购买方的纳税识别号。

数据类型：字符型
表示：C..60
约束条件：必选
数据来源：被审计单位/税务

标识符：010309006
中文名称：购方银行账号
英文名称：Buyers_Bank_Account_Number
说明：购买方的银行账号。
数据类型：字符型
表示：C..60
约束条件：必选
数据来源：被审计单位/税务

标识符：010309007
中文名称：购方地址电话
英文名称：Buyers_Address_And_Telephone_Number
说明：购买方的注册地址、电话。
数据类型：字符型
表示：C..100
约束条件：必选
数据来源：被审计单位/税务

标识符：010309008
中文名称：开票日期
英文名称：Invoice_date
说明：发票的开具日期。
数据类型：日期时间型
表示：YYYY-MM-DD
约束条件：必选
数据来源：被审计单位/税务

标识符：010309009
中文名称：商品编码版本号
英文名称：Goods_Code_Version_Number
说明：销售商品的编码版本号。
数据类型：字符型

表示：C..60
约束条件：可选
数据来源：被审计单位/税务

标识符：010309010
中文名称：单据号
英文名称：Document_Number
说明：发票中包含的销售商品明细表的序号。
数据类型：字符型
表示：C..60
约束条件：必选
数据来源：被审计单位/税务

标识符：010309011
中文名称：商品名称
英文名称：Goods_Name
说明：销售的货物或应税劳务、服务的名称。
数据类型：字符型
表示：C..60
约束条件：必选
数据来源：被审计单位/税务

标识符：010309012
中文名称：规格
英文名称：Specification
说明：销售商品的规格。
数据类型：字符型
表示：C..60
约束条件：可选
数据来源：被审计单位/税务

标识符：010309013
中文名称：单位
英文名称：Unit
说明：销售商品的计量单位。
数据类型：字符型
表示：C..20

约束条件：可选
数据来源：被审计单位/税务

标识符：010309014
中文名称：数量
英文名称：Quantity
说明：销售商品的数量。
数据类型：数值型
表示：N..22, 4
约束条件：可选
数据来源：被审计单位/税务

标识符：010309015
中文名称：单价
英文名称：Unit_Price
说明：不含增值税税额的单价。
数据类型：数值型
表示：N..22, 8
约束条件：可选
数据来源：被审计单位/税务

标识符：010309016
中文名称：金额
英文名称：Amount
说明：不含增值税税额的销售额。
数据类型：数值型
表示：N..22, 4
约束条件：必选
数据来源：被审计单位/税务

标识符：010309017
中文名称：发票税额
英文名称：VAT_Invoice
说明：销售商品的销项税额，一般等于金额 × 税率。
数据类型：数值型
表示：N..22, 4
约束条件：必选

数据来源：被审计单位/税务

标识符：010309018
中文名称：税收分类编码
英文名称：VAT_Classification_Code
说明：纳税人开具发票时票面上的商品应与税务总局核定的税收编码进行关联，按分类编码上注明的税率和征收率开具发票。
数据类型：字符型
表示：C..20
约束条件：必选
数据来源：被审计单位/税务

标识符：010309019
中文名称：销方税号
英文名称：Sellers_VAT_Number
说明：销售方的纳税识别号。
数据类型：字符型
表示：C..60
约束条件：必选
数据来源：被审计单位/税务

标识符：010309020
中文名称：有效税额
英文名称：Effective_VAT
说明：可以抵扣的进项税额。
数据类型：数值型
表示：N..22, 4
约束条件：必选
数据来源：被审计单位/税务

标识符：010309021
中文名称：销方银行账号
英文名称：Sellers_Bank_Account_Number
说明：销售方的银行账号。
数据类型：字符型
表示：C..60
约束条件：必选

数据来源：被审计单位/税务

标识符：010309022
中文名称：销方地址电话
英文名称：Sellers_Address_And_Telephone_Number
说明：销售方的注册地址、电话。
数据类型：字符型
表示：C..200
约束条件：必选
数据来源：被审计单位/税务

标识符：010309023
中文名称：是否使用优惠政策标识
英文名称：Whether_To_Use_Preferential_Policy_Label
说明：发票中是否使用了税收优惠。1表示使用，0表示不使用。
数据类型：布尔型
表示：C1
约束条件：必选
数据来源：被审计单位/税务

标识符：010309024
中文名称：零税率标识
英文名称：Zero_Rate_Label
说明：对于出口商品开具的增值税发票适用。空表示非零税率，0表示出口退税，1表示免税，2表示不征收，3表示普通零税率。
数据类型：字符型
表示：C1
约束条件：必选
数据来源：被审计单位/税务

标识符：010309025
中文名称：优惠政策说明
英文名称：Preferential_Policy_Description
说明：税收优惠政策的具体说明。
数据类型：字符型
表示：C..ul
约束条件：必选

数据来源：被审计单位/税务

标识符：010309026
中文名称：开票人
英文名称：Drawer
说明：开具增值税发票的人员。
数据类型：字符型
表示：C..100
约束条件：必选
数据来源：被审计单位/税务

标识符：010309027
中文名称：复核人
英文名称：Reviewer
说明：审核增值税发票的人员。
数据类型：字符型
表示：C..100
约束条件：必选
数据来源：被审计单位/税务

标识符：010309028
中文名称：收款人
英文名称：Payee
说明：收款人员名称。
数据类型：字符型
表示：C..100
约束条件：必选
数据来源：被审计单位/税务

6.10 提单 Sales_Lading

标识符：010310001
中文名称：提单号
英文名称：Bill_Of_Lading_Number
说明：提单号。
数据类型：字符型
表示：C..80
约束条件：可选

数据来源：物流

标识符：010310002
中文名称：前程运输
英文名称：Pre_Carriage
说明：提单的前程运输方式说明。
数据类型：字符型
表示：C..100
约束条件：可选
数据来源：物流

标识符：010310003
中文名称：托运人
英文名称：Consignor
说明：提单托运人。
数据类型：字符型
表示：C..100
约束条件：可选
数据来源：物流

标识符：010310004
中文名称：收货人
英文名称：Consignee
说明：提单上的实际收货人信息，可以既包含公司也包含自然人信息。
数据类型：字符型
表示：C..100
约束条件：可选
数据来源：物流

标识符：010310005
中文名称：被通知人
英文名称：Notified_Party
说明：提单的被通知人。
数据类型：字符型
表示：C..100
约束条件：可选
数据来源：物流

标识符：010310006
中文名称：收货地
英文名称：Place_Of_Receipt
说明：收货的实际地址。
数据类型：字符型
表示：C..100
约束条件：可选
数据来源：物流

标识符：010310007
中文名称：船次/航次
英文名称：Voyage_Number
说明：提单的船次/航次。
数据类型：字符型
表示：C..100
约束条件：可选
数据来源：物流

标识符：010310008
中文名称：装运港
英文名称：Port_Of_Loading
说明：提单上的装运港。
数据类型：字符型
表示：C..100
约束条件：可选
数据来源：物流

标识符：010310009
中文名称：卸货港
英文名称：Port_Of_Discharge
说明：卸货港。
数据类型：字符型
表示：C..100
约束条件：可选
数据来源：物流

标识符：010310010
中文名称：交货地
英文名称：Place_Of_Delivery
说明：提单的交货地。
数据类型：字符型
表示：C..100
约束条件：可选
数据来源：物流

标识符：010310011
中文名称：唛头/集装箱号
英文名称：Mark_Number_Or_Container_Number
说明：提单上的唛头/集装箱号。
数据类型：字符型
表示：C..100
约束条件：可选
数据来源：物流

标识符：010310012
中文名称：箱数/件数
英文名称：Container_Quantity_Or_Package_Quantity
说明：提单上的箱数/件数。
数据类型：数值型
表示：N..10
约束条件：可选
数据来源：物流

标识符：010310013
中文名称：货物描述
英文名称：Goods_Description
说明：提单的货物描述。
数据类型：字符型
表示：C..ul
约束条件：可选
数据来源：物流

标识符：010310014

中文名称：体积
英文名称：Volume
说明：单据上货物的体积。计量单位为立方米。
数据类型：数值型
表示：N..19, 5
约束条件：可选
数据来源：物流

标识符：010310015
中文名称：总箱数/货物总件数
英文名称：Total_Containers_Total_Packages
说明：提单上的总箱数/货物总件数。
数据类型：数值型
表示：N..10
约束条件：可选
数据来源：物流

标识符：010310016
中文名称：运费金额
英文名称：Freight_Amount
说明：提单上的运费。
数据类型：数值型
表示：N..22, 4
约束条件：可选
数据来源：物流

标识符：010310017
中文名称：提单单价
英文名称：Lading_Unit_Price
说明：提单上的单价。
数据类型：数值型
表示：N..22, 8
约束条件：可选
数据来源：物流

标识符：010310018
中文名称：预付地

英文名称：Prepaid_At
说明：提单的预付地。
数据类型：字符型
表示：C..100
约束条件：可选
数据来源：物流

标识符：010310019
中文名称：到付地
英文名称：Freight_Payable_At
说明：提单的到付地。
数据类型：字符型
表示：C..100
约束条件：可选
数据来源：物流

标识符：010310020
中文名称：提单签发地点
英文名称：Place_Of_Issue
说明：提单签发地点。
数据类型：字符型
表示：C..100
约束条件：可选
数据来源：物流

标识符：010310021
中文名称：提单签发日期
英文名称：Date_Of_Issue
说明：提单签发日期。
数据类型：日期时间型
表示：YYYY-MM-DD
约束条件：可选
数据来源：物流

标识符：010310022
中文名称：预付总额
英文名称：Total_Prepaid

说明：提单的预付总额。
数据类型：数值型
表示：N..22, 4
约束条件：可选
数据来源：物流

标识符：010310023
中文名称：正本提单份数
英文名称：Number_Of_Original_B_L
说明：正本提单份数。
数据类型：数值型
表示：N..10
约束条件：可选
数据来源：物流

标识符：010310024
中文名称：提单日期
英文名称：Sales_Lading_Date
说明：提单日期。
数据类型：日期时间型
表示：YYYY-MM-DD
约束条件：可选
数据来源：物流

6.11 装运单 Sales_Shipping_Order

标识符：010311001
中文名称：装运单号
英文名称：Shipping_Order_Number
说明：装运单号。
数据类型：字符型
表示：C..100
约束条件：可选
数据来源：物流

标识符：010311002
中文名称：物流单位ID
英文名称：Logistics_Unit_ID

说明：装运单的物流单位ID。
数据类型：字符型
表示：C..60
约束条件：可选
数据来源：物流

标识符：010311003
中文名称：物流单位
英文名称：Logistics_Unit
说明：装运单的物流单位。
数据类型：字符型
表示：C..100
约束条件：可选
数据来源：物流

标识符：010311004
中文名称：装运日期
英文名称：Shipping_Date
说明：装运单上的装运日期。
数据类型：日期时间型
表示：YYYY-MM-DD
约束条件：可选
数据来源：物流

标识符：010311005
中文名称：装运地
英文名称：Place_Of_Loading
说明：装运单上的装运地。
数据类型：字符型
表示：C..200
约束条件：可选
数据来源：物流

标识符：010311006
中文名称：目的地
英文名称：Destination
说明：装运单上的目的地。

数据类型：字符型
表示：C..100
约束条件：可选
数据来源：物流

标识符：010311007
中文名称：托运人ID
英文名称：Consignor_ID
说明：装运单托运人ID。
数据类型：字符型
表示：C..25
约束条件：可选
数据来源：物流

标识符：010311008
中文名称：托运人
英文名称：Consignor
说明：装运单托运人。
数据类型：字符型
表示：C..100
约束条件：可选
数据来源：物流

标识符：010311009
中文名称：托运人地址
英文名称：Consignor_Address
说明：装运单托运人的地址。
数据类型：字符型
表示：C..200
约束条件：可选
数据来源：物流

标识符：010311010
中文名称：托运人邮编
英文名称：Consignor_Physical_Postal_Code
说明：装运单托运人的邮编。
数据类型：字符型

表示：C..20
约束条件：可选
数据来源：物流

标识符：010311011
中文名称：托运人联系方式
英文名称：Consignor_Contact
说明：装运单托运人的联系方式。
数据类型：字符型
表示：C..100
约束条件：可选
数据来源：物流

标识符：010311012
中文名称：收货人ID
英文名称：Consignee_ID
说明：装运单上的实际收货人ID。
数据类型：字符型
表示：C..25
约束条件：可选
数据来源：物流

标识符：010311013
中文名称：收货人
英文名称：Consignee
说明：装运单上的实际收货人姓名。
数据类型：字符型
表示：C..100
约束条件：可选
数据来源：物流

标识符：010311014
中文名称：收货人地址
英文名称：Consignee_Address
说明：装运单上的实际收货人地址。
数据类型：字符型
表示：C..100

约束条件：可选
数据来源：物流

标识符：010311015
中文名称：收货人邮编
英文名称：Consignee_Physical_Postal_Code
说明：装运单上的实际收货人邮编。
数据类型：字符型
表示：C..20
约束条件：可选
数据来源：物流

标识符：010311016
中文名称：收货人联系方式
英文名称：Consignee_Contact
说明：装运单上的实际收货人联系方式。
数据类型：字符型
表示：C..100
约束条件：可选
数据来源：物流

标识符：010311017
中文名称：货物名称
英文名称：Goods_Description
说明：装运单的货物名称。
数据类型：字符型
表示：C..100
约束条件：可选
数据来源：物流

标识符：010311018
中文名称：件数
英文名称：Package_Quantity
说明：装运单的件数。
数据类型：数值型
表示：N..10
约束条件：可选

数据来源：物流

标识符：010311019
中文名称：重量
英文名称：Weight
说明：装运单上货物的重量。计量单位为千克。
数据类型：数值型
表示：N..19, 5
约束条件：可选
数据来源：物流

标识符：010311020
中文名称：运费金额
英文名称：Freight_Amount
说明：装运单上的运费金额。
数据类型：数值型
表示：N..22, 4
约束条件：可选
数据来源：物流

标识符：010311021
中文名称：送达日期
英文名称：Delivery_Date
说明：货物送达日期。
数据类型：日期时间型
表示：YYYY-MM-DD
约束条件：可选
数据来源：物流

6.12 报关单 Sales_Customs

标识符：010312001
中文名称：预录入编号
英文名称：Pre_Trade_Code
说明：申报单位或预录入单位对该单位填制录入的报关单编号，用于该单位与海关之间引用其申报后尚未批准放行的报关单。
数据类型：字符型
表示：C..18

约束条件：可选
数据来源：海关

标识符：010312002
中文名称：口岸网编号
英文名称：Export_ID
说明：口岸网、数据中心编号。
数据类型：字符型
表示：C..20
约束条件：可选
数据来源：海关

标识符：010312003
中文名称：海关编号
英文名称：Customs_Number
说明："海关编号"的含义取决于特定的语义环境。报关单中的海关编号即为"报关单号"，关区的海关编号则为"关区代码"；在其他场合出现时，则为其他方面的海关编号。为避免混淆，建议不单独使用海关编号。
数据类型：字符型
表示：C..18
约束条件：可选
数据来源：海关

标识符：010312004
中文名称：出口日期
英文名称：Export_Date
说明：运载所申报货物的运输工具办结出境手续的日期。
数据类型：日期时间型
表示：YYYY-MM-DD
约束条件：可选
数据来源：海关

标识符：010312005
中文名称：关区代码
英文名称：Customs_Code
说明：海关业务系统采用的各海关的表示代码，由4位数字组成，前2位为直属海关关别代码，后2位为其隶属海关的代码。

数据类型：字符型
表示：C4
约束条件：可选
数据来源：海关

标识符：010312006
中文名称：申报日期
英文名称：Declare_Date
说明：海关接受进出口货物的收、发货人或其代理人申报的日期。以电子数据报关单方式申报的，申报日期为海关计算机系统接受申报数据时记录的日期。以纸质报关单向海关申报的，申报日期为海关接受纸质报关单并对报关单进行登记处理的日期。
数据类型：日期时间型
表示：YYYY-MM-DD
约束条件：可选
数据来源：海关

标识符：010312007
中文名称：备案号
英文名称：Reg_Manual_Number
说明：与报关单对应的备案单证号，包括手册号码、征免税证明编号、原产地证明编号等。
数据类型：字符型
表示：C..18
约束条件：可选
数据来源：海关

标识符：010312008
中文名称：经营单位名称
英文名称：Trade_Name
说明：对外签订并执行进出口贸易合同中的中国境内企业、单位或个人的名称。
数据类型：字符型
表示：C..100
约束条件：可选
数据来源：海关

标识符：010312009
中文名称：运输方式

英文名称：Transport_Mode_Name

说明：我国海关对货物进出关境的运输方式的类别说明。进境货物的运输方式是按货物运抵我国关境第一个口岸时的运输方式填报；出境货物的运输方式是按货物运离我国关境最后一个口岸时的运输方式填报。

数据类型：字符型

表示：C..12

约束条件：可选

数据来源：海关

标识符：010312010

中文名称：提运单号

英文名称：Bill_Number

说明：进出口货物的提单或运单的编号。应与运输部门向海关申报的载货清单所列相应内容一致。

数据类型：字符型

表示：C..32

约束条件：可选

数据来源：海关

标识符：010312011

中文名称：发货单位名称

英文名称：Consignor_Company_Name

说明：出口货物在境内的生产或销售单位（包括：1.自行出口货物的单位。2.委托有外贸进出口经营权的企业出口货物的单位）的名称，采用其在海关登记注册的名称。

数据类型：字符型

表示：C..100

约束条件：可选

数据来源：海关

标识符：010312012

中文名称：成交方式

英文名称：Trans_Mode_Name

说明：进出口贸易中，对进出口商品的价格构成和买卖双方各自应该承担的责任、费用和风险，以及货物所有权转移的界限的简要说明，如工厂交货、离岸价格、到岸价格等。

数据类型：字符型

表示：C..26

约束条件：可选
数据来源：海关

标识符：010312013
中文名称：征免性质全称
英文名称：Tax_Exemption_Nature
说明：征免性质中文名称的全称。
数据类型：字符型
表示：C..50
约束条件：可选
数据来源：海关

标识符：010312014
中文名称：结汇方式名称
英文名称：Pay_Mode_Name
说明：出口货物的发货人或其代理人收结外汇方式的说明。
数据类型：字符型
表示：C..100
约束条件：可选
数据来源：海关

标识符：010312015
中文名称：批准文号
英文名称：Approval_ID
说明：出口报关单中，批准文号为《出口收汇核销单》编号。进口报关单中，批准文号为《进口付汇核销单》编号。
数据类型：字符型
表示：C8
约束条件：可选
数据来源：海关

标识符：010312016
中文名称：运费金额
英文名称：Freight_Amount
说明：对于成交价格中不包含运费的进口货物或成交价格中含有运费的出口货物，应该填报该份报关单所含全部货物的国际运输费用。
数据类型：数值型

表示：N..19, 5
约束条件：可选
数据来源：海关

标识符：010312017
中文名称：保险费金额
英文名称：Insurance_Amount
说明：对于成交价格中不包含保险费的进口货物或成交价格中含有保险费的出口货物，应该填报该份报关单所含全部货物的国际运输保险费用。
数据类型：数值型
表示：N..19, 5
约束条件：可选
数据来源：海关

标识符：010312018
中文名称：杂费金额
英文名称：Other_Fee_Amount
说明：进出口货物成交价格以外的，应该计入完税价格或应从完税价格中扣除的费用，如手续费、佣金、回扣等。
数据类型：数值型
表示：N..19, 5
约束条件：可选
数据来源：海关

标识符：010312019
中文名称：合同协议号
英文名称：Contract_Number
说明：在进出口贸易中，双方或多方当事人根据国际贸易惯例或国家的法律、法规，自愿按照一定条件买卖某种商品所签署的合同（协议）的编号。
数据类型：字符型
表示：C..32
约束条件：可选
数据来源：海关

标识符：010312020
中文名称：件数
英文名称：Package_Quantity

说明：有外包装的进（出）口货物的实际件数。舱单件数为集装箱（TEU）的，填报集装箱个数。舱单件数为托盘的，填报托盘数。裸装货物填报为“1”。

数据类型：数值型

表示：N..10

约束条件：可选

数据来源：海关

标识符：010312021

中文名称：包装种类

英文名称：Wrap_Type_Name

说明：海关对进出口货物在运输中所采用的外部包装方式的说明，按海关规定的《包装种类代码表》选择填报相应的包装种类名称及代码。

数据类型：字符型

表示：C..6

约束条件：可选

数据来源：海关

标识符：010312022

中文名称：毛重

英文名称：Gross_Weight

说明：按提（运）单填报进出口货物的实际毛重，即货物及其包装材料的重量之和。计量单位为千克。

数据类型：数值型

表示：N..19, 5

约束条件：可选

数据来源：海关

标识符：010312023

中文名称：净重

英文名称：Net_Weight

说明：按提（运）单填报进出口货物的实际净重。计量单位为千克。

数据类型：数值型

表示：N..19, 5

约束条件：可选

数据来源：海关

标识符：010312024

中文名称：集装箱号

英文名称：Container_Number

说明：在每个集装箱箱体两侧标示的全球唯一的编号。集装箱号由4部分组成：3位箱主代码（采用经国际集装箱局BICO注册的3位大写英文字母表示）+1位设备识别码（U集装箱、J集装箱所配置的挂装设备、Z集装箱拖挂车和底盘挂车）+6位箱号（采用6位数字表示，不足6位在前面补0）+1位数字的校验码。转关车辆运输则保存监管车货柜编号。

数据类型：字符型

表示：C..11

约束条件：可选

数据来源：海关

标识符：010312025

中文名称：随附单据代码

英文名称：Attached_Document_Code

说明：随进出口货物报关单一并向海关递交的各种单证或文件（不包括合同、发票、装箱单、许可证等的随附单证）的标识代码。

数据类型：字符型

表示：C..50

约束条件：可选

数据来源：海关

标识符：010312026

中文名称：生产厂商

英文名称：Manufacturer

说明：出库货物的境内生产企业名称。

数据类型：字符型

表示：C..100

约束条件：可选

数据来源：海关

标识符：010312027

中文名称：项号

英文名称：Goods_Number

说明：报关单中商品排列的序号。

数据类型：数值型

表示：N19

约束条件：可选
数据来源：海关

标识符：010312028
中文名称：商品代码
英文名称：Goods_Code
说明：我国海关对进出口货物规定的类别标识代码，总长度为10位数字代码，前8位由国务院关税税则委员会确定，后2位由海关根据进口环节税、暂定税和贸易管制的需要而增设。
数据类型：字符型
表示：C10
约束条件：可选
数据来源：海关

标识符：010312029
中文名称：商品名称
英文名称：Goods_Name
说明：同一类商品的中文名称。任何一种具体商品可以且只能归入表中的一个条目。
数据类型：字符型
表示：C..60
约束条件：可选
数据来源：海关

标识符：010312030
中文名称：最终目的国（地区）
英文名称：Destination_Country_Name
说明：已知的出口货物的最终实际消费、使用或进一步加工制造的国家（地区）的中文名称。按海关规定的《国别（地区）代码表》选择填报相应的国家（地区）名称及代码。
数据类型：字符型
表示：C..32
约束条件：可选
数据来源：海关

标识符：010312031
中文名称：数量

英文名称：Quantity
说明：单据上货物的数量。
数据类型：数值型
表示：N..22, 4
约束条件：可选
数据来源：海关

标识符：010312032
中文名称：单价
英文名称：Unit_Price
说明：同一项号下进出口货物实际成交的商品单位价格。无实际成交价格的填报货值。
数据类型：数值型
表示：N..22, 8
约束条件：可选
数据来源：海关

标识符：010312033
中文名称：总价
英文名称：Total_Amount
说明：同一项号下进出口货物实际成交的商品总价格。无实际成交价格的填报货值。
数据类型：数值型
表示：N..19, 5
约束条件：可选
数据来源：海关

标识符：010312034
中文名称：货币代码
英文名称：Currency_Code
说明：世界各国货币和资金的标识代码，即海关统计采用的货币缩写符。我国海关规定统一按照ISO 4217规定的3字母代码表示。
数据类型：字符型
表示：C3
约束条件：可选
数据来源：海关

标识符：010312035
中文名称：征减免税方式
英文名称：Duty_Mode_Name
说明：海关依法对进出口货物实际决定征税、减税或免税的操作方式的说明。对报关单所列每项商品选择海关规定的《征减免税方式代码表》中相应的征减免税方式填报。
数据类型：字符型
表示：C..12
约束条件：可选
数据来源：海关

标识符：010312036
中文名称：录入员
英文名称：Inputer_Name
说明：预录入操作人员的姓名。
数据类型：字符型
表示：C..30
约束条件：可选
数据来源：海关

标识符：010312037
中文名称：录入单位
英文名称：Input_Company_Name
说明：电子数据报关单录入单位的名称。
数据类型：字符型
表示：C..100
约束条件：可选
数据来源：海关

标识符：010312038
中文名称：填制日期
英文名称：Fill_Date
说明：填制日期。
数据类型：日期时间型
表示：YYYY-MM-DD
约束条件：可选
数据来源：海关

标识符：010312039
中文名称：报关员姓名
英文名称：Declarant_Name
说明：报关员姓名。
数据类型：字符型
表示：C..30
约束条件：可选
数据来源：海关

6.13 销售退回 Sales_Return

标识符：010313001
中文名称：退货单号
英文名称：Sales_Return_Document_Number
说明：退货的单号。
数据类型：字符型
表示：C..80
约束条件：可选
数据来源：被审计单位

标识符：010313002
中文名称：退货日期
英文名称：Sales_Return_Date
说明：退货的日期。
数据类型：日期时间型
表示：YYYY-MM-DD
约束条件：可选
数据来源：被审计单位

标识符：010313003
中文名称：入库单ID
英文名称：Goods_Received_Note_ID
说明：入库单的唯一标识码。一般由计算机自动生成，用于系统内部进行数据关联。
数据类型：字符型
表示：C..60
约束条件：必选
数据来源：被审计单位

标识符：010313004
中文名称：销售类型
英文名称：Sales_Type
说明：退回货物的销售类型。
数据类型：字符型
表示：C..100
约束条件：可选
数据来源：被审计单位

标识符：010313005
中文名称：业务员 ID
英文名称：Salesperson_ID
说明：货物退回业务员的唯一标识符。
数据类型：字符型
表示：C..128
约束条件：可选
数据来源：被审计单位

标识符：010313006
中文名称：销售退回数量
英文名称：Sales_Return_Quantity
说明：销售退回的数量。
数据类型：字符型
表示：N..10
约束条件：可选
数据来源：被审计单位

标识符：010313007
中文名称：销售退回单价
英文名称：Sales_Return_Unit_Price
说明：销售退回的单价。
数据类型：数值型
表示：N..22, 8
约束条件：可选
数据来源：被审计单位

标识符：010313008

中文名称：审核人ID
英文名称：Reviewed_User_ID
说明：销售退回的审核人ID。
数据类型：字符型
表示：C..25
约束条件：可选
数据来源：被审计单位

标识符：010313009
中文名称：审核人
英文名称：Reviewed_User
说明：销售退回的审核人。
数据类型：字符型
表示：C..100
约束条件：可选
数据来源：被审计单位

6.14 销售返利 Sales_Rebate

标识符：010314001
中文名称：销售返利方式ID
英文名称：Sales_Rebate_Method_ID
说明：销售返利方式的ID。
数据类型：字符型
表示：C..60
约束条件：可选
数据来源：被审计单位

标识符：010314002
中文名称：销售返利方式
英文名称：Sales_Rebate_Method
说明：返利条件描述。
数据类型：字符型
表示：C..200
约束条件：可选
数据来源：被审计单位

标识符：010314003

中文名称：销售返利客户ID
英文名称：Sales_Rebate_Customer_ID
说明：销售返利客户的ID。
数据类型：字符型
表示：C..80
约束条件：可选
数据来源：被审计单位

标识符：010314004
中文名称：销售返利客户
英文名称：Sales_Rebate_Customer
说明：销售返利的客户。
数据类型：字符型
表示：C..80
约束条件：可选
数据来源：被审计单位

标识符：010314005
中文名称：销售返利组织编码
英文名称：Sales_Rebate_Organization_Code
说明：对企业内部从事销售业务的组织单元进行标识的编码。
数据类型：字符型
表示：C..100
约束条件：可选
数据来源：被审计单位

标识符：010314006
中文名称：销售返利比例
英文名称：Sales_Rebate_Percentage
说明：销售返利的比例。
数据类型：数值型
表示：N..5, 2
约束条件：可选
数据来源：被审计单位

标识符：010314007
中文名称：销售返利日期

英文名称：Sales_Rebate_Date
说明：销售返利的日期。
数据类型：日期时间型
表示：YYYY-MM-DD
约束条件：可选
数据来源：被审计单位

标识符：010314008
中文名称：销售返利号
英文名称：Sales_Rebate_Code
说明：销售返利号。
数据类型：字符型
表示：C..60
约束条件：可选
数据来源：被审计单位

标识符：010314009
中文名称：销售返利金额
英文名称：Sales_Rebate_Amount
说明：销售返利金额。
数据类型：数值型
表示：N..22, 4
约束条件：可选
数据来源：被审计单位

标识符：010314010
中文名称：支付时间
英文名称：Payment_Time
说明：销售返利的支付时间。
数据类型：日期时间型
表示：YYYYMMDDThhmmss
约束条件：可选
数据来源：被审计单位

标识符：010314011
中文名称：交易金额
英文名称：Sales_Transaction_Amount

说明：以交易货币记录的销售金额。
数据类型：数值型
表示：N..22, 4
约束条件：可选
数据来源：被审计单位

6.15 快递单 Sales_Express_Bill

标识符：010315001
中文名称：快递单号
英文名称：Express_Bill_Number
说明：快递单号。
数据类型：字符型
表示：C..100
约束条件：可选
数据来源：物流

标识符：010315002
中文名称：寄件人信息
英文名称：Shipper_Information
说明：寄件人信息。
数据类型：字符型
表示：C..100
约束条件：可选
数据来源：物流

标识符：010315003
中文名称：客户编号
英文名称：Customer_Number
说明：快递单上的客户编号。
数据类型：字符型
表示：C..80
约束条件：可选
数据来源：物流

标识符：010315004
中文名称：寄件公司
英文名称：Shipper_Company

说明：快递单寄件公司。
数据类型：字符型
表示：C..100
约束条件：可选
数据来源：物流

标识符：010315005
中文名称：主要联系人
英文名称：Primary_Contact_Name
说明：快递单上的主要联系人名称。
数据类型：字符型
表示：C..100
约束条件：可选
数据来源：物流

标识符：010315006
中文名称：寄件人地址
英文名称：Shipper_Address
说明：寄件人地址。
数据类型：字符型
表示：C..100
约束条件：可选
数据来源：物流

标识符：010315007
中文名称：区号
英文名称：Area_Code
说明：快递单上的区号。
数据类型：字符型
表示：C..10
约束条件：可选
数据来源：物流

标识符：010315008
中文名称：联系电话
英文名称：Telephone_Number
说明：快递单上的联系电话。

数据类型：字符型
表示：C..100
约束条件：可选
数据来源：物流

标识符：010315009
中文名称：签收短信通知
英文名称：Sign_Notification
说明：快递单的签收短信通知。
数据类型：字符型
表示：C..200
约束条件：可选
数据来源：物流

标识符：010315010
中文名称：收件人信息
英文名称：Consignee_Information
说明：收件人信息。
数据类型：字符型
表示：C..100
约束条件：可选
数据来源：物流

标识符：010315011
中文名称：收件公司
英文名称：Consignee_Company
说明：收件公司。
数据类型：字符型
表示：C..100
约束条件：可选
数据来源：物流

标识符：010315012
中文名称：收件人地址
英文名称：Consignee_Address
说明：收件人地址。
数据类型：字符型

表示：C..200
约束条件：可选
数据来源：物流

标识符：010315013
中文名称：托寄物详细资料
英文名称：Shipment_Information
说明：快递单托寄物的详细资料。
数据类型：字符型
表示：C..2000
约束条件：可选
数据来源：物流

标识符：010315014
中文名称：托寄物内容
英文名称：Description_Of_Goods
说明：快递单托寄物的内容。
数据类型：字符型
表示：C..60
约束条件：可选
数据来源：物流

标识符：010315015
中文名称：数量
英文名称：Quantity
说明：快递单上货物的数量。
数据类型：数值型
表示：N..22, 4
约束条件：可选
数据来源：物流

标识符：010315016
中文名称：体积
英文名称：Volume
说明：快递单上货物的体积。计量单位为立方米。
数据类型：数值型
表示：N..19, 5

约束条件：可选
数据来源：物流

标识符：010315017
中文名称：重量
英文名称：Weight
说明：快递单上货物的重量。计量单位为千克。
数据类型：数值型
表示：N..19, 5
约束条件：可选
数据来源：物流

标识符：010315018
中文名称：长
英文名称：Length
说明：快递单上货物的长度。计量单位为米。
数据类型：数值型
表示：N..19, 5
约束条件：可选
数据来源：物流

标识符：010315019
中文名称：宽
英文名称：Width
说明：快递单上货物的宽度。计量单位为米。
数据类型：数值型
表示：N..19, 5
约束条件：可选
数据来源：物流

标识符：010315020
中文名称：高
英文名称：Height
说明：快递单上货物的高度。计量单位为米。
数据类型：数值型
表示：N..19, 5
约束条件：可选

数据来源：物流

标识符：010315021
中文名称：业务类型
英文名称：Shipment_Type
说明：快递单的业务类型。一般由快递公司定义其服务类型。例如，邮政系统包括一般小包、特快小包等；顺丰速运包括一般寄送、特快专送等。
数据类型：字符型
表示：C..60
约束条件：可选
数据来源：物流

标识符：010315022
中文名称：附加业务类型
英文名称：Additional_Service_Type
说明：附加业务类型。例如，保价服务、代收货款服务、签单返还服务。
数据类型：字符型
表示：C..200
约束条件：可选
数据来源：物流

标识符：010315023
中文名称：费用
英文名称：Charge
说明：快递费用。
数据类型：数值型
表示：N..22, 4
约束条件：可选
数据来源：物流

标识符：010315024
中文名称：付款方式
英文名称：Payment_Of_Charge
说明：快递付款方式。
数据类型：字符型
表示：C..100
约束条件：可选

数据来源：物流

标识符：010315025
中文名称：物流公司信息
英文名称：Courier_Information
说明：物流公司信息。
数据类型：字符型
表示：C..100
约束条件：可选
数据来源：物流

标识符：010315026
中文名称：寄件人签名
英文名称：Shipper_Signature
说明：寄件人签名。
数据类型：字符型
表示：C..100
约束条件：可选
数据来源：物流

标识符：010315027
中文名称：收件人签名
英文名称：Consignee_Signature
说明：收件人签名。
数据类型：字符型
表示：C..100
约束条件：可选
数据来源：物流

标识符：010315028
中文名称：快递单日期
英文名称：Sales_Express_Bill_Date
说明：快递单上标注的日期。
数据类型：日期时间型
表示：YYYY-MM-DD
约束条件：可选
数据来源：物流

6.16 验收单 Sales_Acceptance_Sheet

标识符：010316001
中文名称：验收单号
英文名称：Acceptance_Sheet_Number
说明：验收单号。
数据类型：字符型
表示：C..60
约束条件：可选
数据来源：物流

标识符：010316002
中文名称：验收日期
英文名称：Acceptance_Date
说明：验收完成日期。
数据类型：日期时间型
表示：YYYY-MM-DD
约束条件：可选
数据来源：物流

标识符：010316003
中文名称：验收结果
英文名称：Acceptance_Result
说明：验收结果描述。
数据类型：字符型
表示：C..200
约束条件：可选
数据来源：物流

7 销售数据结构

7.1 合同表数据结构

合同表数据结构见表2。

表2　合同表数据结构

表编号	数据表名	数据元标识符	数据元名称
01	合同表	010301001	销售合同ID
		010301002	销售合同号
		010301003	合同类型名称
		010301004	合同开始日期
		010301005	合同结束日期
		010301006	合同修订日期
		010105001	客户ID
		010301007	销售组织编码
		010301008	业务员ID
		010111001	结算方式编码
		010114001	付款条件编码
		010301009	合同交易币种编码
		010105036	制单日期
		010301010	状态
		010301011	备注
		010105044	制单人ID
		010105045	批准人ID
		010107011	业务部门-X

合同表标识见表3。

表3　合同表标识

编号	数据元名称	标识	引用数据元	引用表
1	销售合同ID	主键	无	无
2	客户ID	外键	客户ID	公共基础-客户
3	业务员ID	外键	员工ID	公共基础-员工
4	结算方式编码	外键	结算方式编码	公共基础-结算方式
5	付款条件编码	外键	付款条件编码	公共基础-付款条件
6	合同交易币种编码	外键	币种编码	公共基础-币种
7	制单人ID	外键	用户ID	公共基础-用户
8	批准人ID	外键	用户ID	公共基础-用户
9	销售组织编码	外键	业务部门编码	公共基础-业务部门
注：公共基础相关表见T/CICPA 0101—2023，其他标识表同。				

7.2 合同明细表数据结构

合同明细表数据结构见表4。

表4 合同明细表数据结构

表编号	数据表名	数据元标识符	数据元名称
02	合同明细表	010301001	销售合同ID
		010302001	销售合同行ID
		010302002	销售合同行号
		010304004	结算财务组织编码
		010304005	发货组织编码
		010120001	物料ID
		010302003	合同数量
		010302004	销售计量单位编码
		010302005	不含税单价
		010302006	含税单价
		010302007	不含税金额
		010302008	含税金额
		010118001	税项类型编码
		010302009	税额
		010302010	交货日期
		010301010	状态
		010107011	业务部门-X

合同明细表标识见表5。

表5 合同明细表标识

编号	数据元名称	标识	引用数据元	引用表
1	销售合同ID	外键	销售合同ID	销售-合同
2	销售合同行ID	主键	无	无
3	结算财务组织编码	外键	业务部门编码	公共基础-业务部门
4	发货组织编码	外键	业务部门编码	公共基础-业务部门
5	物料ID	外键	物料ID	公共基础-物料
6	销售计量单位编码	外键	计量单位编码	公共基础-计量单位
7	税项类型编码	外键	税项类型编码	公共基础-税项

7.3 订单表数据结构

订单表数据结构见表6。

表6 订单表数据结构

表编号	数据表名	数据元标识符	数据元名称
03	订单表	010303001	销售订单ID
		010303002	销售订单号
		010108001	会计年度
		010108002	会计期间
		010303003	销售订单类型
		010303004	销售订单日期
		010301007	销售组织编码
		010301008	业务员ID
		010105001	客户ID
		010111001	结算方式编码
		010114001	付款条件编码
		010303005	订单交易金额
		010303006	订单交易币种编码
		010105044	制单人ID
		010105036	制单日期
		010105037	制单时间
		010105045	批准人ID
		010105038	批准日期
		010105039	批准时间
		010105046	最后修改人ID
		010105040	最后修改日期
		010105041	最后修改时间
		010301010	状态
		010301011	备注
		010107011	业务部门-X

订单表标识见表7。

表7　订单表标识

编号	数据元名称	标识	引用数据元	引用表
1	销售订单ID	主键	无	无
2	会计年度	外键	会计年度	公共基础-会计期间
3	会计期间	外键	会计期间	公共基础-会计期间
4	销售组织编码	外键	业务部门编码	公共基础-业务部门
5	业务员ID	外键	员工ID	公共基础-员工
6	客户ID	外键	客户ID	公共基础-客户
7	结算方式编码	外键	结算方式编码	公共基础-结算方式
8	付款条件编码	外键	付款条件编码	公共基础-付款条件
9	订单交易币种编码	外键	币种编码	公共基础-币种
10	制单人ID	外键	用户ID	公共基础-用户
11	批准人ID	外键	用户ID	公共基础-用户
12	最后修改人ID	外键	用户ID	公共基础-用户

7.4　订单明细表数据结构

订单明细表数据结构见表8。

表8　订单明细表数据结构

表编号	数据表名	数据元标识符	数据元名称
04	订单明细表	010303001	销售订单ID
		010304001	销售订单行ID
		010304002	销售订单行号
		010301001	销售合同ID
		010302001	销售合同行ID
		010304003	付款客户ID
		010304004	结算财务组织编码
		010304005	发货组织编码
		010302010	交货日期
		010304006	基本单位数量
		010120017	基本计量单位编码
		010304007	销售订单行数量
		010304008	收货客户ID

续表

表编号	数据表名	数据元标识符	数据元名称
04	订单明细表	010304009	订单行计量单位编码
		010302005	不含税单价
		010302006	含税单价
		010302007	不含税金额
		010302008	含税金额
		010118001	税项类型编码
		010302009	税额
		010120001	物料ID
		010304010	订单行金额
		010304011	汇率
		010301010	状态
		010107011	业务部门-X

订单明细表标识见表9。

表9　订单明细表标识

编号	数据元名称	标识	引用数据元	引用表
1	销售订单ID	外键	销售订单ID	销售-订单
2	销售订单行ID	主键	无	无
3	销售合同ID	外键	销售合同ID	销售-合同
4	销售合同行ID	外键	销售合同行ID	销售-合同明细
5	付款客户ID	外键	客户ID	公共基础-客户
6	结算财务组织编码	外键	业务部门编码	公共基础-业务部门
7	发货组织编码	外键	业务部门编码	公共基础-业务部门
8	基本计量单位编码	外键	计量单位编码	公共基础-计量单位
9	订单行计量单位编码	外键	计量单位编码	公共基础-计量单位
10	收货客户ID	外键	客户ID	公共基础-客户
11	税项类型编码	外键	税项类型编码	公共基础-税项
12	物料ID	外键	物料ID	公共基础-物料

7.5　发票表数据结构

发票表数据结构见表10。

表10　发票表数据结构

表编号	数据表名	数据元标识符	数据元名称
05	发票表	010305001	发票ID
		010305002	发票号
		010108001	会计年度
		010108002	会计期间
		010305003	官方发票编码
		010305004	发票类型名称
		010305005	发票日期
		010305006	发票到期日
		010105001	客户ID
		010111001	结算方式编码
		010305007	发票金额
		010305008	发票交易币种编码
		010114001	付款条件编码
		010105033	现金折扣百分比
		010105034	现金折扣天数
		010105035	账期
		010105044	制单人ID
		010105036	制单日期
		010105037	制单时间
		010105045	批准人ID
		010105038	批准日期
		010105039	批准时间
		010105046	最后修改人ID
		010105040	最后修改日期
		010105041	最后修改时间
		010305009	发票组编码
		010118001	税项类型编码
		010302009	税额
		010301010	状态
		010301011	备注
		010107011	业务部门-X

发票表标识见表11。

表11　发票表标识

编号	数据元名称	标识	引用数据元	引用表
1	发票ID	主键	无	无
2	会计年度	外键	会计年度	公共基础-会计期间
3	会计期间	外键	会计期间	公共基础-会计期间
4	客户ID	外键	客户ID	公共基础-客户
5	结算方式编码	外键	结算方式编码	公共基础-结算方式
6	发票交易币种编码	外键	币种编码	公共基础-币种
7	付款条件编码	外键	付款条件编码	公共基础-付款条件
8	制单人ID	外键	用户ID	公共基础-用户
9	批准人ID	外键	用户ID	公共基础-用户
10	最后修改人ID	外键	用户ID	公共基础-用户
11	税项类型编码	外键	税项类型编码	公共基础-税项

7.6　发票明细表数据结构

发票明细表数据结构见表12。

表12　发票明细表数据结构

编号	数据表名	数据元标识符	数据元名称
06	发票明细表	010305001	发票ID
		010306001	发票行ID
		010306002	发票行号
		010303001	销售订单ID
		010304001	销售订单行ID
		010120001	物料ID
		010304006	基本单位数量
		010120017	基本计量单位编码
		010306003	发票数量
		010302004	销售计量单位编码
		010302005	不含税单价
		010302006	含税单价

续表

编号	数据表名	数据元标识符	数据元名称
06	发票明细表	010302007	不含税金额
		010302008	含税金额
		010306004	发票行金额
		010305009	发票组编码
		010118001	税项类型编码
		010302009	税额
		010118005	税率
		010306005	总账借方科目号
		010306006	总账贷方科目号
		010306007	税项总账借方科目号
		010306008	税项总账贷方科目号
		010107011	业务部门–X

发票明细表标识见表13。

表13　发票明细表标识

编号	数据元名称	标识	引用数据元	引用表
1	发票ID	外键	发票ID	销售–发票
2	发票行ID	主键	无	无
3	销售订单ID	外键	销售订单ID	销售–订单
4	销售订单行ID	外键	销售订单行ID	销售–订单明细
5	物料ID	外键	物料ID	公共基础–物料
6	基本计量单位编码	外键	计量单位编码	公共基础–计量单位
7	销售计量单位编码	外键	计量单位编码	公共基础–计量单位
8	税项类型编码	外键	税项类型编码	公共基础–税项
9	总账借方科目号	外键	会计科目编号	公共基础–会计科目
10	总账贷方科目号	外键	会计科目编号	公共基础–会计科目
11	税项总账借方科目号	外键	会计科目编号	公共基础–会计科目
12	税项总账贷方科目号	外键	会计科目编号	公共基础–会计科目

7.7 出库单表数据结构

出库单表数据结构见表14。

表14 出库单表数据结构

表编号	数据表名	数据元标识符	数据元名称
07	出库单表	010307001	出库单ID
		010307002	出库单号
		010108001	会计年度
		010108002	会计期间
		010304005	发货组织编码
		010307003	出库日期
		010307004	装运单据引用号
		010307005	出库金额
		010307006	出库单交易币种编码
		010307007	运输工具名称
		010307008	承运人
		010307009	调整标志
		010307010	调整描述
		010105001	客户ID
		010303001	销售订单ID
		010105044	制单人ID
		010105036	制单日期
		010105037	制单时间
		010105045	批准人ID
		010105038	批准日期
		010105039	批准时间
		010105046	最后修改人ID
		010105040	最后修改日期
		010105041	最后修改时间
		010121001	仓库ID
		010107011	业务部门-X

出库单表标识见表15。

表15　出库单表标识

编号	数据元名称	标识	引用数据元	引用表
1	出库单ID	主键	无	无
2	会计年度	外键	会计年度	公共基础－会计期间
3	会计期间	外键	会计期间	公共基础－会计期间
4	发货组织编码	外键	业务部门编码	公共基础－业务部门
5	出库单交易币种编码	外键	币种编码	公共基础－币种
6	客户ID	外键	客户ID	公共基础－客户
7	销售订单ID	外键	销售订单ID	销售－订单
8	制单人ID	外键	用户ID	公共基础－用户
9	批准人ID	外键	用户ID	公共基础－用户
10	最后修改人ID	外键	用户ID	公共基础－用户
11	仓库ID	外键	仓库ID	公共基础－仓库

7.8　出库单明细表数据结构

出库单明细表数据结构见表16。

表16　出库明细单表数据结构

表编号	数据表名	数据元标识符	数据元名称
08	出库单明细表	010307001	出库单ID
		010308001	出库单行ID
		010308002	出库单行号
		010120001	物料ID
		010308003	出库数量
		010308004	出库计量单位编码
		010308005	出库单价
		010308006	出库行金额
		010304001	销售订单行ID
		010304007	销售订单行数量
		010304009	订单行计量单位编码
		010308007	订单行单价
		010304010	订单行金额
		010107011	业务部门–X

出库单明细表标识见表17。

表17　出库单明细表标识

编号	数据元名称	标识	引用数据元	引用表
1	出库单ID	外键	出库单ID	销售-出库单
2	出库单行ID	主键	无	无
3	物料ID	外键	物料ID	公共基础-物料
4	出库计量单位编码	外键	计量单位编码	公共基础-计量单位
5	销售订单行ID	外键	销售订单行ID	销售-订单明细
6	订单行计量单位编码	外键	计量单位编码	公共基础-计量单位

7.9　增值税表数据结构

增值税表数据结构见表18。

表18　增值税表数据结构

表编号	数据表名	数据元标识符	数据元名称
09	增值税表	010309001	发票种类
		010309002	销方名称
		010309003	发票代码
		010305002	发票号
		010306002	发票行号
		010309004	购方名称
		010309005	购方税号
		010309006	购方银行账号
		010309007	购方地址电话
		010309008	开票日期
		010309009	商品编码版本号
		010309010	单据号
		010309011	商品名称
		010309012	规格
		010309013	单位
		010309014	数量
		010309015	单价
		010309016	金额

续表

表编号	数据表名	数据元标识符	数据元名称
09	增值税表	010118005	税率
		010309017	发票税额
		010309018	税收分类编码
		010309019	销方税号
		010309020	有效税额
		010309021	销方银行账号
		010309022	销方地址电话
		010309023	是否使用优惠政策标识
		010309024	零税率标识
		010309025	优惠政策说明
		010301010	状态
		010309026	开票人
		010309027	复核人
		010309028	收款人
		010301011	备注

增值税表标识见表19。

表19　增值税表标识

编号	数据元名称	标识	引用数据元	引用表
1	发票号	主键/外键	发票ID	销售-发票
2	发票行号	主键/外键	发票行ID	销售-发票明细

7.10　提单表数据结构

提单表数据结构见表20。

表20　提单表数据结构

表编号	数据表名	数据元标识符	数据元名称
10	提单表	010310001	提单号
		010303001	销售订单ID
		010304001	销售订单行ID
		010310002	前程运输

续表

表编号	数据表名	数据元标识符	数据元名称
10	提单表	010310003	托运人
		010310004	收货人
		010310005	被通知人
		010310006	收货地
		010310007	船次/航次
		010310008	装运港
		010310009	卸货港
		010310010	交货地
		010310011	唛头/集装箱号
		010310012	箱数/件数
		010310013	货物描述
		010312022	毛重
		010312023	净重
		010310014	体积
		010310015	总箱数/货物总件数
		010310016	运费金额
		010310017	提单单价
		010310018	预付地
		010310019	到付地
		010310020	提单签发地点
		010310021	提单签发日期
		010310022	预付总额
		010310023	正本提单份数
		010310024	提单日期
		010301011	备注

提单表标识见表21。

表21　提单表标识

编号	数据元名称	标识	引用数据元	引用表
1	提单号	主键	无	无
2	销售订单ID	外键	销售订单ID	销售-订单
3	销售订单行ID	外键	销售订单行ID	销售-订单明细

7.11 装运单表数据结构

装运单表数据结构见表22。

表22 装运单表数据结构

表编号	数据表名	数据元标识符	数据元名称
11	装运单表	010311001	装运单号
		010303001	销售订单ID
		010304001	销售订单行ID
		010311002	物流单位ID
		010311003	物流单位
		010311004	装运日期
		010311005	装运地
		010311006	目的地
		010311007	托运人ID
		010311008	托运人
		010311009	托运人地址
		010311010	托运人邮编
		010311011	托运人联系方式
		010311012	收货人ID
		010311013	收货人
		010311014	收货人地址
		010311015	收货人邮编
		010311016	收货人联系方式
		010311017	货物名称
		010311018	件数
		010311019	重量
		010310014	体积
		010311020	运费金额
		010311021	送达日期
		010301011	备注

装运单表标识见表23。

表23　装运单表标识

编号	数据元名称	标识	引用数据元	引用表
1	装运单号	主键	无	无
2	销售订单ID	外键	销售订单ID	销售－订单
3	销售订单行ID	外键	销售订单行ID	销售－订单明细
4	物流单位ID	外键	业务部门编码	公共基础－业务部门

7.12　报关单表数据结构

报关单表数据结构见表24。

表24　报关单表数据结构

表编号	数据表名	数据元标识符	数据元名称
12	报关单表	010312001	预录入编号
		010304001	销售订单行ID
		010312002	口岸网编号
		010312003	海关编号
		010312004	出口日期
		010312005	关区代码
		010312006	申报日期
		010312007	备案号
		010312008	经营单位名称
		010312009	运输方式
		010307007	运输工具名称
		010312010	提运单号
		010312011	发货单位名称
		010312012	成交方式
		010312013	征免性质全称
		010312014	结汇方式名称
		010312015	批准文号
		010312016	运费金额
		010312017	保险费金额
		010312018	杂费金额
		010312019	合同协议号

续表

表编号	数据表名	数据元标识符	数据元名称
12	报关单表	010312020	件数
		010312021	包装种类
		010312022	毛重
		010312023	净重
		010312024	集装箱号
		010312025	随附单据代码
		010312026	生产厂商
		010301011	备注
		010312027	项号
		010312028	商品代码
		010312029	商品名称
		010312030	最终目的国（地区）
		010312031	数量
		010312032	单价
		010312033	总价
		010312034	货币代码
		010312035	征减免税方式
		010312036	录入员
		010312037	录入单位
		010312038	填制日期
		010312039	报关员姓名

报关单表标识见表25。

表25　报关单表标识

编号	数据元名称	标识	引用数据元	引用表
1	预录入编号	主键	无	无
2	提运单号	外键	提单号	销售-提单
3	销售订单行ID	外键	销售订单行ID	销售-订单明细
4	货币代码	外键	币种编码	公共基础-币种

7.13 销售退回表数据结构

销售退回表数据结构见表26。

表26 销售退回表数据结构

表编号	数据表名	数据元标识符	数据元名称
13	销售退回表	010313001	退货单号
		010313002	退货日期
		010303001	销售订单ID
		010304001	销售订单行ID
		010305001	发票ID
		010313003	入库单ID
		010313004	销售类型
		010105003	客户名称
		010313005	业务员ID
		010118005	税率
		010120001	物料ID
		010120008	规格型号
		010313006	销售退回数量
		010313007	销售退回单价
		010105044	制单人ID
		010313008	审核人ID
		010313009	审核人
		010105038	批准日期
		010302007	不含税金额
		010302008	含税金额
		010304011	汇率

销售退回表标识见表27。

表27 销售退回表标识

编号	数据元名称	标识	引用数据元	引用表
1	退货单号	主键	无	无
2	销售订单ID	外键	销售订单ID	销售-订单
3	销售订单行ID	外键	销售订单行ID	销售-订单明细
4	发票ID	外键	发票ID	销售-发票

续表

编号	数据元名称	标识	引用数据元	引用表
5	物料ID	外键	物料ID	公共基础－物料
6	业务员ID	外键	员工ID	公共基础－员工
7	制单人ID	外键	用户ID	公共基础－用户
8	审核人ID	外键	用户ID	公共基础－用户

7.14 销售返利表数据结构

销售返利表数据结构见表28。

表28 销售返利表数据结构

表编号	数据表名	数据元标识符	数据元名称
14	销售返利表	010314001	销售返利方式ID
		010314002	销售返利方式
		010314003	销售返利客户ID
		010314004	销售返利客户
		010314005	销售返利组织编码
		010314006	销售返利比例
		010314007	销售返利日期
		010314008	销售返利号
		010314009	销售返利金额
		010314010	支付时间
		010303001	销售订单ID
		010304001	销售订单行ID
		010314011	交易金额

销售返利表标识见表29。

表29 销售返利表标识

编号	数据元名称	标识	引用数据元	引用表
1	销售返利号	主键	无	无
2	销售订单ID	外键	销售订单ID	销售－订单
3	销售订单行ID	外键	销售订单行ID	销售－订单明细
4	销售返利客户ID	外键	客户ID	公共基础－客户
5	销售返利组织编码	外键	业务部门编码	公共基础－业务部门

7.15 快递单表数据结构

快递单表数据结构见表30。

表30 快递单表数据结构

表编号	数据表名	数据元标识符	数据元名称
15	快递单表	010315001	快递单号
		010303001	销售订单ID
		010304001	销售订单行ID
		010315002	寄件人信息
		010315003	客户编号
		010315004	寄件公司
		010315005	主要联系人
		010315006	寄件人地址
		010315007	区号
		010315008	联系电话
		010315009	签收短信通知
		010315010	收件人信息
		010315011	收件公司
		010315012	收件人地址
		010315013	托寄物详细资料
		010315014	托寄物内容
		010315015	数量
		010315016	体积
		010315017	重量
		010315018	长
		010315019	宽
		010315020	高
		010315021	业务类型
		010315022	附加业务类型
		010315023	费用
		010315024	付款方式
		010315025	物流公司信息
		010315026	寄件人签名
		010315027	收件人签名
		010315028	快递单日期
		010301011	备注

快递单表标识见表31。

表31　快递单表标识

编号	数据元名称	标识	引用数据元	引用表
1	快递单号	主键	无	无
2	销售订单ID	外键	销售订单ID	销售－订单
3	销售订单行ID	外键	销售订单行ID	销售－订单明细

7.16　验收单表数据结构

验收单表数据结构见表32。

表32　验收单表数据结构

表编号	数据表名	数据元标识符	数据元名称
16	验收单表	010316001	验收单号
		010303001	销售订单ID
		010304001	销售订单行ID
		010120001	物料ID
		010106002	供应商编号
		010106003	供应商名称
		010316002	验收日期
		010316003	验收结果

验收单表标识见表33。

表33　验收单表标识

编号	数据元名称	标识	引用数据元	引用表
1	验收单号	主键	无	无
2	销售订单ID	外键	销售订单ID	销售－订单
3	销售订单行ID	外键	销售订单行ID	销售－订单明细
4	物料ID	外键	物料ID	公共基础－物料
5	供应商编号	外键	供应商编号	公共基础－供应商
6	供应商名称	外键	供应商名称	公共基础－供应商

附 录 A
（规范性）
销售数据文件输出格式


```
<?xml version="1.0" encoding="UTF-8"?>
<xs:schema xmlns:xs="http://www.w3.org/2001/XMLSchema" xmlns:SALE="https://www.cicpa.org.cn/2023/audit_data/XMLSchema/SALE"  targetNamespace="https://www.cicpa.org.cn/2023/audit_data/XMLSchema/SALE" elementFormDefault="qualified" attributeFormDefault="unqualified">
	<xs:element name="SALE">
		<xs:complexType>
			<xs:sequence>
				<xs:element ref="SALE:Sales_Contract" minOccurs="0" maxOccurs="unbounded" />
				<xs:element ref="SALE:Sales_Contract_Details" minOccurs="0" maxOccurs="unbounded" />
				<xs:element ref="SALE:Sales_Order" minOccurs="0" maxOccurs="unbounded" />
				<xs:element ref="SALE:Sales_Order_Details" minOccurs="0" maxOccurs="unbounded" />
				<xs:element ref="SALE:Sales_Invoice" minOccurs="0" maxOccurs="unbounded" />
				<xs:element ref="SALE:Sales_Invoice_Details" minOccurs="0" maxOccurs="unbounded" />
				<xs:element ref="SALE:Sales_Shipment" minOccurs="0" maxOccurs="unbounded" />
				<xs:element ref="SALE:Sales_Shipment_Details" minOccurs="0" maxOccurs="unbounded" />
				<xs:element ref="SALE:Sales_VAT" minOccurs="0" maxOccurs="unbounded" />
				<xs:element ref="SALE:Sales_Lading" minOccurs="0"
```

```
maxOccurs="unbounded" />
                    <xs:element ref="SALE:Sales_Shipping_Order" minOccurs="0"
maxOccurs="unbounded" />
                    <xs:element ref="SALE:Sales_Customs" minOccurs="0"
maxOccurs="unbounded" />
                    <xs:element ref="SALE:Sales_Return" minOccurs="0"
maxOccurs="unbounded" />
                    <xs:element ref="SALE:Sales_Rebate" minOccurs="0"
maxOccurs="unbounded" />
                    <xs:element ref="SALE:Sales_Express_Bill" minOccurs="0"
maxOccurs="unbounded" />
                    <xs:element ref="SALE:Sales_Acceptance_Sheet" minOccurs="0"
maxOccurs="unbounded" />
                </xs:sequence>
            </xs:complexType>
        </xs:element>
        <xs:element name="Sales_Contract">
            <xs:complexType>
                <xs:sequence>
                    <xs:element name="Sales_Contract_ID" nillable="false">
                        <xs:annotation>
                            <xs:documentation>销售合同的唯一标识符。通常由系统自动
生成。</xs:documentation>
                        </xs:annotation>
                            <xs:simpleType>
                                <xs:restriction base="xs:string">
                                    <xs:minLength value="0"/>
                                    <xs:maxLength value="60"/>
                                </xs:restriction>
                            </xs:simpleType>
                    </xs:element>
                    <xs:element name="Sales_Contract_Number" nillable="false">
                        <xs:annotation>
                            <xs:documentation>销售合同的编号，可通过手动输入生成或
系统生成。</xs:documentation>
                        </xs:annotation>
                            <xs:simpleType>
```

```
                        <xs:restriction base="xs:string">
                            <xs:minLength value="0"/>
                            <xs:maxLength value="80"/>
                        </xs:restriction>
                    </xs:simpleType>
                </xs:element>
                <xs:element name="Contract_Type_Name" nillable="false">
                    <xs:annotation>
                        <xs:documentation>买卖交易活动中所签订合同的分类名称。
</xs:documentation>
                    </xs:annotation>
                        <xs:simpleType>
                            <xs:restriction base="xs:string">
                                <xs:minLength value="0"/>
                                <xs:maxLength value="256"/>
                            </xs:restriction>
                        </xs:simpleType>
                </xs:element>
                <xs:element name="Contract_Beginning_Date" type = "xs:date"
nillable="false">
                    <xs:annotation>
                        <xs:documentation>合同上约定的生效日期。
</xs:documentation>
                    </xs:annotation>
                </xs:element>
                <xs:element name="Contract_Ending_Date" type = "xs:date"
nillable="true">
                    <xs:annotation>
                        <xs:documentation>合同上约定的终止日期。
</xs:documentation>
                    </xs:annotation>
                </xs:element>
                <xs:element name="Contract_Revising_Date" type = "xs:date"
nillable="true">
                    <xs:annotation>
                        <xs:documentation>合同的修订日期。</xs:documentation>
                    </xs:annotation>
```

```
</xs:element>
<xs:element name="Customer_ID" nillable="false">
    <xs:annotation>
        <xs:documentation>客户的唯一标识符。一般由计算机自动生成，用于系统内部进行数据关联。</xs:documentation>
    </xs:annotation>
        <xs:simpleType>
            <xs:restriction base="xs:string">
                <xs:minLength value="0"/>
                <xs:maxLength value="60"/>
            </xs:restriction>
        </xs:simpleType>
</xs:element>
<xs:element name="Sales_Organization_Code" nillable="false">
    <xs:annotation>
        <xs:documentation>对企业内部从事销售业务的组织单元进行标识的编码。</xs:documentation>
    </xs:annotation>
        <xs:simpleType>
            <xs:restriction base="xs:string">
                <xs:minLength value="0"/>
                <xs:maxLength value="80"/>
            </xs:restriction>
        </xs:simpleType>
</xs:element>
<xs:element name="Salesperson_ID" nillable="false">
    <xs:annotation>
        <xs:documentation>业务员的唯一标识符。</xs:documentation>
    </xs:annotation>
        <xs:simpleType>
            <xs:restriction base="xs:string">
                <xs:minLength value="0"/>
                <xs:maxLength value="128"/>
            </xs:restriction>
        </xs:simpleType>
</xs:element>
<xs:element name="Settlement_Method_Code" nillable="true">
```

```
<xs:annotation>
    <xs:documentation>结算方式编码。可采用各种方式结算交易
和进行转账。例如，现金、票据、信用卡、汇款以及银行代收。</xs:documentation>
</xs:annotation>
    <xs:simpleType>
        <xs:restriction base="xs:string">
            <xs:minLength value="0"/>
            <xs:maxLength value="80"/>
        </xs:restriction>
    </xs:simpleType>
</xs:element>
<xs:element name="Payment_Term_Code" nillable="true">
    <xs:annotation>
        <xs:documentation>付款条件的编码。</xs:documentation>
    </xs:annotation>
        <xs:simpleType>
            <xs:restriction base="xs:string">
                <xs:minLength value="0"/>
                <xs:maxLength value="80"/>
            </xs:restriction>
        </xs:simpleType>
</xs:element>
<xs:element name="Contract_Transaction_CUR_Code" nillable="false">
    <xs:annotation>
        <xs:documentation>对交易货币种类进行标识的编码。按照
ISO 4217规定的3字母代码表示。</xs:documentation>
    </xs:annotation>
        <xs:simpleType>
            <xs:restriction base="xs:string">
                <xs:length value="3" fixed="true"/>
            </xs:restriction>
        </xs:simpleType>
</xs:element>
<xs:element name="Created_Date" type = "xs:date" nillable="true">
    <xs:annotation>
        <xs:documentation>订单记录录入系统的日期。如果可能，
应采用系统生成的日期（而非用户输入的日期）。有时也被称为创建日期，按照GB/T
```

```
7408—2005表示。</xs:documentation>
            </xs:annotation>
        </xs:element>
        <xs:element name="Status" nillable="true">
            <xs:annotation>
                <xs:documentation>单据的状态。例如，是否通过审批、是否
作废等。</xs:documentation>
            </xs:annotation>
                <xs:simpleType>
                    <xs:restriction base="xs:string">
                        <xs:minLength value="0"/>
                        <xs:maxLength value="256"/>
                    </xs:restriction>
                </xs:simpleType>
        </xs:element>
        <xs:element name="Remarks" nillable="false">
            <xs:annotation>
                <xs:documentation>单据的备注信息。</xs:documentation>
            </xs:annotation>
                <xs:simpleType>
                    <xs:restriction base="xs:string">
                        <xs:minLength value="0"/>
                        <xs:maxLength value="25"/>
                    </xs:restriction>
                </xs:simpleType>
        </xs:element>
        <xs:element name="Created_User_ID" nillable="false">
            <xs:annotation>
                <xs:documentation>唯一制单人的标识符。一般由计算机自动
生成，用于系统内部进行数据关联。</xs:documentation>
            </xs:annotation>
                <xs:simpleType>
                    <xs:restriction base="xs:string">
                        <xs:minLength value="0"/>
                        <xs:maxLength value="25"/>
                    </xs:restriction>
                </xs:simpleType>
```

```
                </xs:element>
                <xs:element name="Approved_User_ID" nillable="false">
                    <xs:annotation>
                        <xs:documentation>唯一标识符，用于批准客户添加或修改的员工信息。一般由计算机自动生成，用于系统内部进行数据关联。</xs:documentation>
                    </xs:annotation>
                        <xs:simpleType>
                            <xs:restriction base="xs:string">
                                <xs:minLength value="0"/>
                                <xs:maxLength value="25"/>
                            </xs:restriction>
                        </xs:simpleType>
                </xs:element>
                <xs:element name="Business_Segment_X" nillable="false">
                    <xs:annotation>
                        <xs:documentation>保留字段，应用于业务分部/结构。“X”表示在组织结构中的等级。用于替换“X”的每个数字都与唯一的相对等级相关联。例如，分部、部门、业务单元、采购组织、项目、法人实体。</xs:documentation>
                    </xs:annotation>
                        <xs:simpleType>3
                            <xs:restriction base="xs:string">
                                <xs:minLength value="0"/>
                                <xs:maxLength value="25"/>
                            </xs:restriction>
                        </xs:simpleType>
                </xs:element>
            </xs:sequence>
        </xs:complexType>
    </xs:element>
    <xs:element name="Sales_Contract_Details">
        <xs:complexType>
            <xs:sequence>
                <xs:element name="Sales_Contract_ID" nillable="false">
                    <xs:annotation>
                        <xs:documentation>销售合同的唯一标识符。通常由系统自动生成。</xs:documentation>
                    </xs:annotation>
```

```
                <xs:simpleType>
                    <xs:restriction base="xs:string">
                        <xs:minLength value="0"/>
                        <xs:maxLength value="60"/>
                    </xs:restriction>
                </xs:simpleType>
        </xs:element>
        <xs:element name="Sales_Contract_Line_ID" nillable="false">
            <xs:annotation>
                <xs:documentation>销售合同行的唯一标识符。通常由系统自动生成。</xs:documentation>
            </xs:annotation>
                <xs:simpleType>
                    <xs:restriction base="xs:string">
                        <xs:minLength value="0"/>
                        <xs:maxLength value="60"/>
                    </xs:restriction>
                </xs:simpleType>
        </xs:element>
        <xs:element name="Sales_Contract_Line_Number" nillable="true">
            <xs:annotation>
                <xs:documentation>销售合同行的编号，可通过手动输入生成或系统生成。</xs:documentation>
            </xs:annotation>
                <xs:simpleType>
                    <xs:restriction base="xs:string">
                        <xs:minLength value="0"/>
                        <xs:maxLength value="80"/>
                    </xs:restriction>
                </xs:simpleType>
        </xs:element>
        <xs:element name="Settlement_Organization_Code" nillable="true">
            <xs:annotation>
                <xs:documentation>结算组织的唯一标识符。双方都有结算组织编码，用于在销售订单结算中识别相关组织机构。</xs:documentation>
            </xs:annotation>
                <xs:simpleType>
```

```
                <xs:restriction base="xs:string">
                    <xs:minLength value="0"/>
                    <xs:maxLength value="25"/>
                </xs:restriction>
            </xs:simpleType>
    </xs:element>
    <xs:element name="Dispatch_Organization_Code" nillable="false">
        <xs:annotation>
            <xs:documentation>发货组织的唯一标识符。发货组织指发出属于卖方货物的单位。</xs:documentation>
        </xs:annotation>
            <xs:simpleType>
                <xs:restriction base="xs:string">
                    <xs:minLength value="0"/>
                    <xs:maxLength value="25"/>
                </xs:restriction>
            </xs:simpleType>
    </xs:element>
    <xs:element name="Product_ID" nillable="false">
        <xs:annotation>
            <xs:documentation>物料的唯一标识码。一般由计算机自动生成，用于系统内部进行数据关联。</xs:documentation>
        </xs:annotation>
            <xs:simpleType>
                <xs:restriction base="xs:string">
                    <xs:minLength value="0"/>
                    <xs:maxLength value="60"/>
                </xs:restriction>
            </xs:simpleType>
    </xs:element>
    <xs:element name="Contract_Quantity" nillable="false">
        <xs:annotation>
            <xs:documentation>合同上买卖物品的数量。
</xs:documentation>
        </xs:annotation>
        <xs:simpleType>
            <xs:restriction base="xs:decimal">
```

```
                <xs:totalDigits value="22"/>
                <xs:fractionDigits value="4"/>
            </xs:restriction>
        </xs:simpleType>
    </xs:element>
    <xs:element name="Sales_UOM_Code" nillable="false">
        <xs:annotation>
            <xs:documentation>销售计量单位的编码。</xs:documentation>
        </xs:annotation>
            <xs:simpleType>
                <xs:restriction base="xs:string">
                    <xs:minLength value="0"/>
                    <xs:maxLength value="80"/>
                </xs:restriction>
            </xs:simpleType>
    </xs:element>
    <xs:element name="Tax_Exclude_Unit_Price" nillable="false">
        <xs:annotation>
            <xs:documentation>以原币表示的不包含税金的单价。
</xs:documentation>
        </xs:annotation>
        <xs:simpleType>
            <xs:restriction base="xs:decimal">
                <xs:totalDigits value="22"/>
                <xs:fractionDigits value="8"/>
            </xs:restriction>
        </xs:simpleType>
    </xs:element>
    <xs:element name="Tax_Include_Unit_Price" nillable="false">
        <xs:annotation>
            <xs:documentation>以原币表示的包含税金的单价。
</xs:documentation>
        </xs:annotation>
        <xs:simpleType>
            <xs:restriction base="xs:decimal">
                <xs:totalDigits value="22"/>
                <xs:fractionDigits value="8"/>
```

```
                </xs:restriction>
            </xs:simpleType>
        </xs:element>
        <xs:element name="Tax_Exclude_Amount" nillable="false">
            <xs:annotation>
                <xs:documentation>以原币表示的不包含税金的总金额。</xs:documentation>
            </xs:annotation>
            <xs:simpleType>
                <xs:restriction base="xs:decimal">
                    <xs:totalDigits value="22"/>
                    <xs:fractionDigits value="4"/>
                </xs:restriction>
            </xs:simpleType>
        </xs:element>
        <xs:element name="Tax_Include_Amount" nillable="false">
            <xs:annotation>
                <xs:documentation>以原币表示的包含税金的总金额。</xs:documentation>
            </xs:annotation>
            <xs:simpleType>
                <xs:restriction base="xs:decimal">
                    <xs:totalDigits value="22"/>
                    <xs:fractionDigits value="4"/>
                </xs:restriction>
            </xs:simpleType>
        </xs:element>
        <xs:element name="Tax_Type_Code" nillable="false">
            <xs:annotation>
                <xs:documentation>用于指代该税项类型的编码，在文件中用作密钥或交叉索引。例如，“004”表示所得税、“005”表示关税、“006”表示增值税。</xs:documentation>
            </xs:annotation>
                <xs:simpleType>
                    <xs:restriction base="xs:string">
                        <xs:minLength value="0"/>
                        <xs:maxLength value="25"/>
```

```
                </xs:restriction>
            </xs:simpleType>
        </xs:element>
        <xs:element name="Tax_Transaction_Amount" nillable="true">
            <xs:annotation>
                <xs:documentation>交易中包含的“税项类别”的金额。以当地货币记录。</xs:documentation>
            </xs:annotation>
            <xs:simpleType>
                <xs:restriction base="xs:decimal">
                    <xs:totalDigits value="22"/>
                    <xs:fractionDigits value="4"/>
                </xs:restriction>
            </xs:simpleType>
        </xs:element>
        <xs:element name="Due_Date" type = "xs:date" nillable="false">
            <xs:annotation>
                <xs:documentation>物料的最晚交货日期。</xs:documentation>
            </xs:annotation>
        </xs:element>
        <xs:element name="Status" nillable="true">
            <xs:annotation>
                <xs:documentation>单据的状态。例如，是否通过审批、是否作废等。</xs:documentation>
            </xs:annotation>
                <xs:simpleType>
                    <xs:restriction base="xs:string">
                        <xs:minLength value="0"/>
                        <xs:maxLength value="256"/>
                    </xs:restriction>
                </xs:simpleType>
        </xs:element>
        <xs:element name="Business_Segment_X" nillable="false">
            <xs:annotation>
                <xs:documentation>保留字段，应用于业务分部/结构。“X”表示在组织结构中的等级。用于替换“X”的每个数字都与唯一的相对等级相关联。例如，分部、部门、业务单元、采购组织、项目、法人实体。</xs:documentation>
```

```
                </xs:annotation>
                    <xs:simpleType>
                        <xs:restriction base="xs:string">
                            <xs:minLength value="0"/>
                            <xs:maxLength value="25"/>
                        </xs:restriction>
                    </xs:simpleType>
            </xs:element>
        </xs:sequence>
    </xs:complexType>
</xs:element>
<xs:element name="Sales_Order">
    <xs:complexType>
        <xs:sequence>
            <xs:element name="Sales_Order_ID" nillable="false">
                <xs:annotation>
                    <xs:documentation>销售订单的唯一标识符。通常由系统自动生成。</xs:documentation>
                </xs:annotation>
                    <xs:simpleType>
                        <xs:restriction base="xs:string">
                            <xs:minLength value="0"/>
                            <xs:maxLength value="60"/>
                        </xs:restriction>
                    </xs:simpleType>
            </xs:element>
            <xs:element name="Sales_Order_Number" nillable="false">
                <xs:annotation>
                    <xs:documentation>销售订购货物合同或单据的编号。</xs:documentation>
                </xs:annotation>
                    <xs:simpleType>
                        <xs:restriction base="xs:string">
                            <xs:minLength value="0"/>
                            <xs:maxLength value="80"/>
                        </xs:restriction>
                    </xs:simpleType>
```

```xml
</xs:element>
<xs:element name="Fiscal_Year" nillable="false">
    <xs:annotation>
        <xs:documentation>会计年度所覆盖的日期。年份应以四位数显示为“YYYY”，这是按照GB/T 7408—2005表示“YYYY-MM-DD”扩展格式的一部分。</xs:documentation>
    </xs:annotation>
        <xs:simpleType>
            <xs:restriction base="xs:string">
                <xs:length value="4" fixed="true"/>
            </xs:restriction>
        </xs:simpleType>
</xs:element>
<xs:element name="Accounting_Period" nillable="false">
    <xs:annotation>
        <xs:documentation>会计期间所覆盖的日期。例如，在任何日期开始至任何日期结束的期间内，W1-W53表示按周计算的期间，M1-M12表示按月计算的期间，Q1-Q4表示按季度计算的期间。</xs:documentation>
    </xs:annotation>
        <xs:simpleType>
            <xs:restriction base="xs:string">
                <xs:minLength value="0"/>
                <xs:maxLength value="15"/>
            </xs:restriction>
        </xs:simpleType>
</xs:element>
<xs:element name="Sales_Order_Type_Name" nillable="false">
    <xs:annotation>
        <xs:documentation>买卖交易活动中订单的分类名称。</xs:documentation>
    </xs:annotation>
        <xs:simpleType>
            <xs:restriction base="xs:string">
                <xs:minLength value="0"/>
                <xs:maxLength value="256"/>
            </xs:restriction>
        </xs:simpleType>
```

```
</xs:element>
<xs:element name="Sales_Order_Date" type = "xs:date" nillable="false">
    <xs:annotation>
        <xs:documentation>买卖交易活动中订单的业务发生日期。</xs:documentation>
    </xs:annotation>
</xs:element>
<xs:element name="Sales_Organization_Code" nillable="false">
    <xs:annotation>
        <xs:documentation>对企业内部从事销售业务的组织单元进行标识的编码。</xs:documentation>
    </xs:annotation>
        <xs:simpleType>
            <xs:restriction base="xs:string">
                <xs:minLength value="0"/>
                <xs:maxLength value="80"/>
            </xs:restriction>
        </xs:simpleType>
</xs:element>
<xs:element name="Salesperson_ID" nillable="false">
    <xs:annotation>
        <xs:documentation>业务员的唯一标识符。</xs:documentation>
    </xs:annotation>
        <xs:simpleType>
            <xs:restriction base="xs:string">
                <xs:minLength value="0"/>
                <xs:maxLength value="128"/>
            </xs:restriction>
        </xs:simpleType>
</xs:element>
<xs:element name="Customer_ID" nillable="false">
    <xs:annotation>
        <xs:documentation>客户的唯一标识符。一般由计算机自动生成，用于系统内部进行数据关联。</xs:documentation>
    </xs:annotation>
        <xs:simpleType>
            <xs:restriction base="xs:string">
```

```
                <xs:minLength value="0"/>
                <xs:maxLength value="60"/>
            </xs:restriction>
        </xs:simpleType>
    </xs:element>
    <xs:element name="Settlement_Method_Code" nillable="true">
        <xs:annotation>
            <xs:documentation>结算方式编码。可采用各种方式结算交易和进行转账。例如，现金、票据、信用卡、汇款以及银行代收。</xs:documentation>
        </xs:annotation>
            <xs:simpleType>
                <xs:restriction base="xs:string">
                    <xs:minLength value="0"/>
                    <xs:maxLength value="80"/>
                </xs:restriction>
            </xs:simpleType>
    </xs:element>
    <xs:element name="Payment_Term_Code" nillable="true">
        <xs:annotation>
            <xs:documentation>付款条件的编码。</xs:documentation>
        </xs:annotation>
            <xs:simpleType>
                <xs:restriction base="xs:string">
                    <xs:minLength value="0"/>
                    <xs:maxLength value="80"/>
                </xs:restriction>
            </xs:simpleType>
    </xs:element>
    <xs:element name="Order_Transaction_Amount" nillable="false">
        <xs:annotation>
            <xs:documentation>以交易货币记录的销售金额。</xs:documentation>
        </xs:annotation>
        <xs:simpleType>
            <xs:restriction base="xs:decimal">
                <xs:totalDigits value="22"/>
                <xs:fractionDigits value="4"/>
```

```
				</xs:restriction>
			</xs:simpleType>
		</xs:element>
		<xs:element name="Order_Transaction_CUR_Code" nillable="false">
			<xs:annotation>
				<xs:documentation>对交易货币种类进行标识的编码。按照
ISO 4217规定的3字母代码表示。</xs:documentation>
			</xs:annotation>
				<xs:simpleType>
					<xs:restriction base="xs:string">
						<xs:length value="3" fixed="true"/>
					</xs:restriction>
				</xs:simpleType>
		</xs:element>
		<xs:element name="Created_User_ID" nillable="false">
			<xs:annotation>
				<xs:documentation>唯一制单人的标识符。一般由计算机自动
生成，用于系统内部进行数据关联。</xs:documentation>
			</xs:annotation>
				<xs:simpleType>
					<xs:restriction base="xs:string">
						<xs:minLength value="0"/>
						<xs:maxLength value="25"/>
					</xs:restriction>
				</xs:simpleType>
		</xs:element>
		<xs:element name="Created_Date" type = "xs:date" nillable="true">
			<xs:annotation>
				<xs:documentation>订单记录录入系统的日期。如果可能，
应采用系统生成的日期（而非用户输入的日期）。有时也被称为创建日期，按照GB/T
7408—2005表示。</xs:documentation>
			</xs:annotation>
		</xs:element>
		<xs:element name="Created_Time" type = "xs:time" nillable="true">
			<xs:annotation>
				<xs:documentation>交易记录在系统中创建的时间。
</xs:documentation>
```

```
                </xs:annotation>
            </xs:element>
            <xs:element name="Approved_User_ID" nillable="false">
                <xs:annotation>
                    <xs:documentation>唯一标识符，用于批准客户添加或修改的
员工信息。一般由计算机自动生成，用于系统内部进行数据关联。</xs:documentation>
                </xs:annotation>
                    <xs:simpleType>
                        <xs:restriction base="xs:string">
                            <xs:minLength value="0"/>
                            <xs:maxLength value="25"/>
                        </xs:restriction>
                    </xs:simpleType>
            </xs:element>
            <xs:element name="Approved_Date" type = "xs:date" nillable="true">
                <xs:annotation>
                    <xs:documentation>批准添加或修改客户的日期。
</xs:documentation>
                </xs:annotation>
            </xs:element>
            <xs:element name="Approved_Time" type = "xs:time" nillable="true">
                <xs:annotation>
                    <xs:documentation>添加或修改被批准的时间。
</xs:documentation>
                </xs:annotation>
            </xs:element>
            <xs:element name="Last_Modified_User_ID" nillable="true">
                <xs:annotation>
                    <xs:documentation>唯一标识符，用于最后修改记录的员工信
息。一般由计算机自动生成，用于系统内部进行数据关联。</xs:documentation>
                </xs:annotation>
                    <xs:simpleType>
                        <xs:restriction base="xs:string">
                            <xs:minLength value="0"/>
                            <xs:maxLength value="25"/>
                        </xs:restriction>
                    </xs:simpleType>
```

```
                </xs:element>
                <xs:element name="Last_Modified_Date" type = "xs:date" nillable="true">
                    <xs:annotation>
                        <xs:documentation>最后修改客户记录的日期。
</xs:documentation>
                    </xs:annotation>
                </xs:element>
                <xs:element name="Last_Modified_Time" type = "xs:time" nillable="true">
                    <xs:annotation>
                        <xs:documentation>最后修改客户记录的时间。
</xs:documentation>
                    </xs:annotation>
                </xs:element>
                <xs:element name="Status" nillable="true">
                    <xs:annotation>
                        <xs:documentation>单据的状态。例如，是否通过审批、是否
作废等。</xs:documentation>
                    </xs:annotation>
                        <xs:simpleType>
                            <xs:restriction base="xs:string">
                                <xs:minLength value="0"/>
                                <xs:maxLength value="256"/>
                            </xs:restriction>
                        </xs:simpleType>
                </xs:element>
                <xs:element name="Remarks" nillable="false">
                    <xs:annotation>
                        <xs:documentation>单据的备注信息。</xs:documentation>
                    </xs:annotation>
                        <xs:simpleType>
                            <xs:restriction base="xs:string">
                                <xs:minLength value="0"/>
                                <xs:maxLength value="25"/>
                            </xs:restriction>
                        </xs:simpleType>
                </xs:element>
                <xs:element name="Business_Segment_X" nillable="false">
```

```
                    <xs:annotation>
                        <xs:documentation>保留字段，应用于业务分部/结构。“X”表示在组织结构中的等级。用于替换“X”的每个数字都与唯一的相对等级相关联。例如，分部、部门、业务单元、采购组织、项目、法人实体。</xs:documentation>
                    </xs:annotation>
                        <xs:simpleType>
                            <xs:restriction base="xs:string">
                                <xs:minLength value="0"/>
                                <xs:maxLength value="25"/>
                            </xs:restriction>
                        </xs:simpleType>
                </xs:element>
            </xs:sequence>
        </xs:complexType>
    </xs:element>
    <xs:element name="Sales_Order_Details">
        <xs:complexType>
            <xs:sequence>
                <xs:element name="Sales_Order_ID" nillable="false">
                    <xs:annotation>
                        <xs:documentation>销售订单的唯一标识符。通常由系统自动生成。</xs:documentation>
                    </xs:annotation>
                        <xs:simpleType>
                            <xs:restriction base="xs:string">
                                <xs:minLength value="0"/>
                                <xs:maxLength value="60"/>
                            </xs:restriction>
                        </xs:simpleType>
                </xs:element>
                <xs:element name="Sales_Order_Line_ID" nillable="false">
                    <xs:annotation>
                        <xs:documentation>销售订单行的唯一标识符。通常由系统自动生成。</xs:documentation>
                    </xs:annotation>
                        <xs:simpleType>
                            <xs:restriction base="xs:string">
```

```
                        <xs:minLength value="0"/>
                        <xs:maxLength value="60"/>
                    </xs:restriction>
                </xs:simpleType>
        </xs:element>
        <xs:element name="Sales_Order_Line_Number" nillable="false">
            <xs:annotation>
                <xs:documentation>销售订单行的编号，可通过手动输入生成或系统生成。</xs:documentation>
            </xs:annotation>
                <xs:simpleType>
                    <xs:restriction base="xs:string">
                        <xs:minLength value="0"/>
                        <xs:maxLength value="80"/>
                    </xs:restriction>
                </xs:simpleType>
        </xs:element>
        <xs:element name="Sales_Contract_ID" nillable="false">
            <xs:annotation>
                <xs:documentation>销售合同的唯一标识符。通常由系统自动生成。</xs:documentation>
            </xs:annotation>
                <xs:simpleType>
                    <xs:restriction base="xs:string">
                        <xs:minLength value="0"/>
                        <xs:maxLength value="60"/>
                    </xs:restriction>
                </xs:simpleType>
        </xs:element>
        <xs:element name="Sales_Contract_Line_ID" nillable="false">
            <xs:annotation>
                <xs:documentation>销售合同行的唯一标识符。通常由系统自动生成。</xs:documentation>
            </xs:annotation>
                <xs:simpleType>
                    <xs:restriction base="xs:string">
                        <xs:minLength value="0"/>
```

```
                    <xs:maxLength value="60"/>
                </xs:restriction>
            </xs:simpleType>
        </xs:element>
        <xs:element name="Payer_ID" nillable="false">
            <xs:annotation>
                <xs:documentation>付款客户的唯一标识符。通常由系统自动生成。某个集团公司内会有不同的采购模式。例如，集中采购、分散付款；分散采购、集中付款。如果销售订单的客户采用集中采购模式，则该客户可能是集团公司，而结算组织可以是该集团公司的子公司。客户名称和付款客户的名称可能不同。</xs:documentation>
            </xs:annotation>
            <xs:simpleType>
                <xs:restriction base="xs:string">
                    <xs:minLength value="0"/>
                    <xs:maxLength value="60"/>
                </xs:restriction>
            </xs:simpleType>
        </xs:element>
        <xs:element name="Settlement_Organization_Code" nillable="true">
            <xs:annotation>
                <xs:documentation>结算组织的唯一标识符。双方都有结算组织编码，用于在销售订单结算中识别相关组织机构。</xs:documentation>
            </xs:annotation>
            <xs:simpleType>
                <xs:restriction base="xs:string">
                    <xs:minLength value="0"/>
                    <xs:maxLength value="25"/>
                </xs:restriction>
            </xs:simpleType>
        </xs:element>
        <xs:element name="Dispatch_Organization_Code" nillable="false">
            <xs:annotation>
                <xs:documentation>发货组织的唯一标识符。发货组织指发出属于卖方货物的单位。</xs:documentation>
            </xs:annotation>
            <xs:simpleType>
```

```
                <xs:restriction base="xs:string">
                    <xs:minLength value="0"/>
                    <xs:maxLength value="25"/>
                </xs:restriction>
            </xs:simpleType>
    </xs:element>
    <xs:element name="Due_Date" type = "xs:date" nillable="false">
        <xs:annotation>
            <xs:documentation>物料的最晚交货日期。</xs:documentation>
        </xs:annotation>
    </xs:element>
    <xs:element name="Basic_UOM_Quantity" nillable="false">
        <xs:annotation>
            <xs:documentation>基本计量单位的数量。</xs:documentation>
        </xs:annotation>
        <xs:simpleType>
            <xs:restriction base="xs:decimal">
                <xs:totalDigits value="22"/>
                <xs:fractionDigits value="4"/>
            </xs:restriction>
        </xs:simpleType>
    </xs:element>
    <xs:element name="Basic_UOM_Code" nillable="false">
        <xs:annotation>
            <xs:documentation>物料基本计量单位的唯一标识码。一般由
计算机自动生成，用于系统内部进行数据关联。例如，金属型材以“支”或“米”计
量，但是通常以“千克”作为基本计量，用于中间换算。</xs:documentation>
        </xs:annotation>
            <xs:simpleType>
                <xs:restriction base="xs:string">
                    <xs:minLength value="0"/>
                    <xs:maxLength value="80"/>
                </xs:restriction>
            </xs:simpleType>
    </xs:element>
    <xs:element name="Sales_Order_Line_Quantity" nillable="false">
        <xs:annotation>
```

```xml
                    <xs:documentation>销售订单行中按计量单位划分的销售订单行的数量。</xs:documentation>
                </xs:annotation>
                <xs:simpleType>
                    <xs:restriction base="xs:decimal">
                        <xs:totalDigits value="22"/>
                        <xs:fractionDigits value="4"/>
                    </xs:restriction>
                </xs:simpleType>
            </xs:element>
            <xs:element name="Receiver_ID" nillable="false">
                <xs:annotation>
                    <xs:documentation>收货客户的唯一标识符。通常由系统自动生成。</xs:documentation>
                </xs:annotation>
                    <xs:simpleType>
                        <xs:restriction base="xs:string">
                            <xs:minLength value="0"/>
                            <xs:maxLength value="60"/>
                        </xs:restriction>
                    </xs:simpleType>
            </xs:element>
            <xs:element name="Order_Line_UOM_Code" nillable="true">
                <xs:annotation>
                    <xs:documentation>销售订单行计量单位的编码。</xs:documentation>
                </xs:annotation>
                    <xs:simpleType>
                        <xs:restriction base="xs:string">
                            <xs:minLength value="0"/>
                            <xs:maxLength value="80"/>
                        </xs:restriction>
                    </xs:simpleType>
            </xs:element>
            <xs:element name="Tax_Exclude_Unit_Price" nillable="false">
                <xs:annotation>
                    <xs:documentation>以原币表示的不包含税金的单价。
```

```
</xs:documentation>
                    </xs:annotation>
                    <xs:simpleType>
                        <xs:restriction base="xs:decimal">
                            <xs:totalDigits value="22"/>
                            <xs:fractionDigits value="8"/>
                        </xs:restriction>
                    </xs:simpleType>
                </xs:element>
                <xs:element name="Tax_Include_Unit_Price" nillable="false">
                    <xs:annotation>
                        <xs:documentation>以原币表示的包含税金的单价。
</xs:documentation>
                    </xs:annotation>
                    <xs:simpleType>
                        <xs:restriction base="xs:decimal">
                            <xs:totalDigits value="22"/>
                            <xs:fractionDigits value="8"/>
                        </xs:restriction>
                    </xs:simpleType>
                </xs:element>
                <xs:element name="Tax_Exclude_Amount" nillable="false">
                    <xs:annotation>
                        <xs:documentation>以原币表示的不包含税金的总金额。
</xs:documentation>
                    </xs:annotation>
                    <xs:simpleType>
                        <xs:restriction base="xs:decimal">
                            <xs:totalDigits value="22"/>
                            <xs:fractionDigits value="4"/>
                        </xs:restriction>
                    </xs:simpleType>
                </xs:element>
                <xs:element name="Tax_Include_Amount" nillable="false">
                    <xs:annotation>
                        <xs:documentation>以原币表示的包含税金的总金额。
</xs:documentation>
```

```
            </xs:annotation>
            <xs:simpleType>
                <xs:restriction base="xs:decimal">
                    <xs:totalDigits value="22"/>
                    <xs:fractionDigits value="4"/>
                </xs:restriction>
            </xs:simpleType>
        </xs:element>
        <xs:element name="Tax_Type_Code" nillable="false">
            <xs:annotation>
                <xs:documentation>用于指代该税项类型的编码，在文件中用作密钥或交叉索引。例如，“004”表示所得税、“005”表示关税、“006”表示增值税。</xs:documentation>
            </xs:annotation>
                <xs:simpleType>
                    <xs:restriction base="xs:string">
                        <xs:minLength value="0"/>
                        <xs:maxLength value="25"/>
                    </xs:restriction>
                </xs:simpleType>
        </xs:element>
        <xs:element name="Tax_Transaction_Amount" nillable="true">
            <xs:annotation>
                <xs:documentation>交易中包含的“税项类别”的金额。以当地货币记录。</xs:documentation>
            </xs:annotation>
            <xs:simpleType>
                <xs:restriction base="xs:decimal">
                    <xs:totalDigits value="22"/>
                    <xs:fractionDigits value="4"/>
                </xs:restriction>
            </xs:simpleType>
        </xs:element>
        <xs:element name="Product_ID" nillable="false">
            <xs:annotation>
                <xs:documentation>物料的唯一标识码。一般由计算机自动生成，用于系统内部进行数据关联。</xs:documentation>
```

```
                </xs:annotation>
                    <xs:simpleType>
                        <xs:restriction base="xs:string">
                            <xs:minLength value="0"/>
                            <xs:maxLength value="60"/>
                        </xs:restriction>
                    </xs:simpleType>
            </xs:element>
            <xs:element name="Order_Line_Transaction_Amount" nillable="false">
                <xs:annotation>
                    <xs:documentation>以交易货币记录的销售金额。
</xs:documentation>
                </xs:annotation>
                <xs:simpleType>
                    <xs:restriction base="xs:decimal">
                        <xs:totalDigits value="22"/>
                        <xs:fractionDigits value="4"/>
                    </xs:restriction>
                </xs:simpleType>
            </xs:element>
            <xs:element name="Exchange_Rate" nillable="true">
                <xs:annotation>
                    <xs:documentation>销售时的汇率。</xs:documentation>
                </xs:annotation>
                <xs:simpleType>
                    <xs:restriction base="xs:decimal">
                        <xs:totalDigits value="22"/>
                        <xs:fractionDigits value="4"/>
                    </xs:restriction>
                </xs:simpleType>
            </xs:element>
            <xs:element name="Status" nillable="true">
                <xs:annotation>
                    <xs:documentation>单据的状态。例如，是否通过审批、是否
作废等。</xs:documentation>
                </xs:annotation>
                    <xs:simpleType>
```

```
                        <xs:restriction base="xs:string">
                            <xs:minLength value="0"/>
                            <xs:maxLength value="256"/>
                        </xs:restriction>
                    </xs:simpleType>
                </xs:element>
                <xs:element name="Business_Segment_X" nillable="false">
                    <xs:annotation>
                        <xs:documentation>保留字段，应用于业务分部/结构。“X”
表示在组织结构中的等级。用于替换“X”的每个数字都与唯一的相对等级相关联。例
如，分部、部门、业务单元、采购组织、项目、法人实体。</xs:documentation>
                    </xs:annotation>
                        <xs:simpleType>
                            <xs:restriction base="xs:string">
                                <xs:minLength value="0"/>
                                <xs:maxLength value="25"/>
                            </xs:restriction>
                        </xs:simpleType>
                </xs:element>
            </xs:sequence>
        </xs:complexType>
    </xs:element>
    <xs:element name="Sales_Invoice">
        <xs:complexType>
            <xs:sequence>
                <xs:element name="Invoice_ID" nillable="false">
                    <xs:annotation>
                        <xs:documentation>发票的唯一标识符。通常由系统自动生成。
</xs:documentation>
                    </xs:annotation>
                        <xs:simpleType>
                            <xs:restriction base="xs:string">
                                <xs:minLength value="0"/>
                                <xs:maxLength value="60"/>
                            </xs:restriction>
                        </xs:simpleType>
                </xs:element>
```

```
<xs:element name="Invoice_Number" nillable="false">
    <xs:annotation>
        <xs:documentation>内部生成的发票的编号。通过手动输入生成或系统生成。例如，序列号、文件类型、日期。</xs:documentation>
    </xs:annotation>
        <xs:simpleType>
            <xs:restriction base="xs:string">
                <xs:minLength value="0"/>
                <xs:maxLength value="80"/>
            </xs:restriction>
        </xs:simpleType>
</xs:element>
<xs:element name="Fiscal_Year" nillable="false">
    <xs:annotation>
        <xs:documentation>会计年度所覆盖的日期。年份应以四位数显示为“YYYY”，这是按照GB/T 7408—2005表示“YYYY-MM-DD”扩展格式的一部分。</xs:documentation>
    </xs:annotation>
        <xs:simpleType>
            <xs:restriction base="xs:string">
                <xs:length value="4" fixed="true"/>
            </xs:restriction>
        </xs:simpleType>
</xs:element>
<xs:element name="Accounting_Period" nillable="false">
    <xs:annotation>
        <xs:documentation>会计期间所覆盖的日期。例如，在任何日期开始至任何日期结束的期间内，W1-W53表示按周计算的期间，M1-M12表示按月计算的期间，Q1-Q4表示按季度计算的期间。</xs:documentation>
    </xs:annotation>
        <xs:simpleType>
            <xs:restriction base="xs:string">
                <xs:minLength value="0"/>
                <xs:maxLength value="15"/>
            </xs:restriction>
        </xs:simpleType>
</xs:element>
```

```
<xs:element name="Official_Invoice_Code" nillable="true">
    <xs:annotation>
        <xs:documentation>金税系统下生成的唯一发票号码。</xs:documentation>
    </xs:annotation>
        <xs:simpleType>
            <xs:restriction base="xs:string">
                <xs:minLength value="0"/>
                <xs:maxLength value="80"/>
            </xs:restriction>
        </xs:simpleType>
</xs:element>
<xs:element name="Invoice_Type_Name" nillable="false">
    <xs:annotation>
        <xs:documentation>发票类型的名称。根据业务内容对单据分类。例如，增值税专用发票、普通发票或专业发票。</xs:documentation>
    </xs:annotation>
        <xs:simpleType>
            <xs:restriction base="xs:string">
                <xs:minLength value="0"/>
                <xs:maxLength value="60"/>
            </xs:restriction>
        </xs:simpleType>
</xs:element>
<xs:element name="Invoice_Date" type = "xs:date" nillable="false">
    <xs:annotation>
        <xs:documentation>发票日期，与发票的创建日期无关。是根据发票条款计算到期日的日期。</xs:documentation>
    </xs:annotation>
</xs:element>
<xs:element name="Invoice_Due_Date" type = "xs:date" nillable="false">
    <xs:annotation>
        <xs:documentation>客户应付款的日期。应收款项的账龄通常根据该日期计算。</xs:documentation>
    </xs:annotation>
</xs:element>
<xs:element name="Customer_ID" nillable="false">
```

```
                <xs:annotation>
                    <xs:documentation>客户的唯一标识符。一般由计算机自动生成，用于系统内部进行数据关联。</xs:documentation>
                </xs:annotation>
                    <xs:simpleType>
                        <xs:restriction base="xs:string">
                            <xs:minLength value="0"/>
                            <xs:maxLength value="60"/>
                        </xs:restriction>
                    </xs:simpleType>
            </xs:element>
            <xs:element name="Settlement_Method_Code" nillable="true">
                <xs:annotation>
                    <xs:documentation>结算方式编码。可采用各种方式结算交易和进行转账。例如，现金、票据、信用卡、汇款以及银行代收。</xs:documentation>
                </xs:annotation>
                    <xs:simpleType>
                        <xs:restriction base="xs:string">
                            <xs:minLength value="0"/>
                            <xs:maxLength value="80"/>
                        </xs:restriction>
                    </xs:simpleType>
            </xs:element>
            <xs:element name="Invoice_Transaction_Amount" nillable="false">
                <xs:annotation>
                    <xs:documentation>以记账本位币或集团货币记录的交易金额。由于所有交易均以单一币种记录，不应对该金额执行多币种换算。</xs:documentation>
                </xs:annotation>
                <xs:simpleType>
                    <xs:restriction base="xs:decimal">
                        <xs:totalDigits value="22"/>
                        <xs:fractionDigits value="4"/>
                    </xs:restriction>
                </xs:simpleType>
            </xs:element>
            <xs:element name="Invoice_Transaction_CUR_Code" nillable="false">
                <xs:annotation>
```

```
                    <xs:documentation>对交易货币种类进行标识的编码。按照ISO 4217规定的3字母代码表示。</xs:documentation>
                </xs:annotation>
                    <xs:simpleType>
                        <xs:restriction base="xs:string">
                            <xs:length value="3" fixed="true"/>
                        </xs:restriction>
                    </xs:simpleType>
            </xs:element>
            <xs:element name="Payment_Term_Code" nillable="true">
                <xs:annotation>
                    <xs:documentation>付款条件的编码。</xs:documentation>
                </xs:annotation>
                    <xs:simpleType>
                        <xs:restriction base="xs:string">
                            <xs:minLength value="0"/>
                            <xs:maxLength value="80"/>
                        </xs:restriction>
                    </xs:simpleType>
            </xs:element>
            <xs:element name="Terms_Discount_Percentage" nillable="true">
                <xs:annotation>
                    <xs:documentation>如果在一定天数之前付款，客户可以享受的折扣百分比。在平面文件中，条款表达一般表现为小数。例如，10%为0.10。</xs:documentation>
                </xs:annotation>
                <xs:simpleType>
                    <xs:restriction base="xs:decimal">
                        <xs:totalDigits value="5"/>
                        <xs:fractionDigits value="4"/>
                    </xs:restriction>
                </xs:simpleType>
            </xs:element>
            <xs:element name="Terms_Discount_Days" nillable="true">
                <xs:annotation>
                    <xs:documentation>自开具发票之日起客户能够使用折扣的天数。数值取整，不留小数。例如，10天以10表示。</xs:documentation>
```

```
				</xs:annotation>
				<xs:simpleType>
					<xs:restriction base="xs:decimal">
						<xs:totalDigits value="6"/>
						<xs:fractionDigits value="0"/>
					</xs:restriction>
				</xs:simpleType>
			</xs:element>
			<xs:element name="Terms_Due_Days" nillable="true">
				<xs:annotation>
					<xs:documentation>发票到期之前允许履行义务的默认天数。</xs:documentation>
				</xs:annotation>
				<xs:simpleType>
					<xs:restriction base="xs:decimal">
						<xs:totalDigits value="6"/>
						<xs:fractionDigits value="0"/>
					</xs:restriction>
				</xs:simpleType>
			</xs:element>
			<xs:element name="Created_User_ID" nillable="false">
				<xs:annotation>
					<xs:documentation>唯一制单人的标识符。一般由计算机自动生成，用于系统内部进行数据关联。</xs:documentation>
				</xs:annotation>
					<xs:simpleType>
						<xs:restriction base="xs:string">
							<xs:minLength value="0"/>
							<xs:maxLength value="25"/>
						</xs:restriction>
					</xs:simpleType>
			</xs:element>
			<xs:element name="Created_Date" type = "xs:date" nillable="true">
				<xs:annotation>
					<xs:documentation>订单记录录入系统的日期。如果可能，应采用系统生成的日期（而非用户输入的日期）。有时也被称为创建日期，按照GB/T 7408—2005表示。</xs:documentation>
```

```
                </xs:annotation>
            </xs:element>
            <xs:element name="Created_Time" type = "xs:time" nillable="true">
                <xs:annotation>
                    <xs:documentation>交易记录在系统中创建的时间。
</xs:documentation>
                </xs:annotation>
            </xs:element>
            <xs:element name="Approved_User_ID" nillable="false">
                <xs:annotation>
                    <xs:documentation>唯一标识符，用于批准客户添加或修改的
员工信息。一般由计算机自动生成，用于系统内部进行数据关联。</xs:documentation>
                </xs:annotation>
                    <xs:simpleType>
                        <xs:restriction base="xs:string">
                            <xs:minLength value="0"/>
                            <xs:maxLength value="25"/>
                        </xs:restriction>
                    </xs:simpleType>
            </xs:element>
            <xs:element name="Approved_Date" type = "xs:date" nillable="true">
                <xs:annotation>
                    <xs:documentation>批准添加或修改客户的日期。
</xs:documentation>
                </xs:annotation>
            </xs:element>
            <xs:element name="Approved_Time" type = "xs:time" nillable="true">
                <xs:annotation>
                    <xs:documentation>添加或修改被批准的时间。
</xs:documentation>
                </xs:annotation>
            </xs:element>
            <xs:element name="Last_Modified_User_ID" nillable="true">
                <xs:annotation>
                    <xs:documentation>唯一标识符，用于最后修改记录的员工信
息。一般由计算机自动生成，用于系统内部进行数据关联。</xs:documentation>
                </xs:annotation>
```

```
                <xs:simpleType>
                    <xs:restriction base="xs:string">
                        <xs:minLength value="0"/>
                        <xs:maxLength value="25"/>
                    </xs:restriction>
                </xs:simpleType>
        </xs:element>
        <xs:element name="Last_Modified_Date" type = "xs:date" nillable="true">
            <xs:annotation>
                <xs:documentation>最后修改客户记录的日期。
</xs:documentation>
            </xs:annotation>
        </xs:element>
        <xs:element name="Last_Modified_Time" type = "xs:time" nillable="true">
            <xs:annotation>
                <xs:documentation>最后修改客户记录的时间。
</xs:documentation>
            </xs:annotation>
        </xs:element>
        <xs:element name="Grouping_Code" nillable="true">
            <xs:annotation>
                <xs:documentation>对同一批次序列的发票分组。例如，在某
些ERP系统中存在的发票分组。</xs:documentation>
            </xs:annotation>
                <xs:simpleType>
                    <xs:restriction base="xs:string">
                        <xs:minLength value="0"/>
                        <xs:maxLength value="80"/>
                    </xs:restriction>
                </xs:simpleType>
        </xs:element>
        <xs:element name="Tax_Type_Code" nillable="false">
            <xs:annotation>
                <xs:documentation>用于指代该税项类型的编码，在文件中用
作密钥或交叉索引。例如，“004”表示所得税、“005”表示关税、“006”表示增值税。
</xs:documentation>
            </xs:annotation>
```

```xml
                <xs:simpleType>
                    <xs:restriction base="xs:string">
                        <xs:minLength value="0"/>
                        <xs:maxLength value="25"/>
                    </xs:restriction>
                </xs:simpleType>
        </xs:element>
        <xs:element name="Tax_Transaction_Amount" nillable="true">
            <xs:annotation>
                <xs:documentation>交易中包含的“税项类别”的金额。以当地货币记录。</xs:documentation>
            </xs:annotation>
            <xs:simpleType>
                <xs:restriction base="xs:decimal">
                    <xs:totalDigits value="22"/>
                    <xs:fractionDigits value="4"/>
                </xs:restriction>
            </xs:simpleType>
        </xs:element>
        <xs:element name="Status" nillable="true">
            <xs:annotation>
                <xs:documentation>单据的状态。例如，是否通过审批、是否作废等。</xs:documentation>
            </xs:annotation>
                <xs:simpleType>
                    <xs:restriction base="xs:string">
                        <xs:minLength value="0"/>
                        <xs:maxLength value="256"/>
                    </xs:restriction>
                </xs:simpleType>
        </xs:element>
        <xs:element name="Remarks" nillable="false">
            <xs:annotation>
                <xs:documentation>单据的备注信息。</xs:documentation>
            </xs:annotation>
                <xs:simpleType>
                    <xs:restriction base="xs:string">
```

```
                        <xs:minLength value="0"/>
                        <xs:maxLength value="25"/>
                    </xs:restriction>
                </xs:simpleType>
            </xs:element>
            <xs:element name="Business_Segment_X" nillable="false">
                <xs:annotation>
                    <xs:documentation>保留字段，应用于业务分部/结构。“X”表示在组织结构中的等级。用于替换“X”的每个数字都与唯一的相对等级相关联。例如，分部、部门、业务单元、采购组织、项目、法人实体。</xs:documentation>
                </xs:annotation>
                <xs:simpleType>
                    <xs:restriction base="xs:string">
                        <xs:minLength value="0"/>
                        <xs:maxLength value="25"/>
                    </xs:restriction>
                </xs:simpleType>
            </xs:element>
        </xs:sequence>
    </xs:complexType>
</xs:element>
<xs:element name="Sales_Invoice_Details">
    <xs:complexType>
        <xs:sequence>
            <xs:element name="Invoice_ID" nillable="false">
                <xs:annotation>
                    <xs:documentation>发票的唯一标识符。通常由系统自动生成。</xs:documentation>
                </xs:annotation>
                <xs:simpleType>
                    <xs:restriction base="xs:string">
                        <xs:minLength value="0"/>
                        <xs:maxLength value="60"/>
                    </xs:restriction>
                </xs:simpleType>
            </xs:element>
            <xs:element name="Invoice_Line_ID" nillable="false">
```

```
            <xs:annotation>
                <xs:documentation>发票行的唯一标识符。通常由系统自动生成。</xs:documentation>
            </xs:annotation>
            <xs:simpleType>
                <xs:restriction base="xs:string">
                    <xs:minLength value="0"/>
                    <xs:maxLength value="60"/>
                </xs:restriction>
            </xs:simpleType>
        </xs:element>
        <xs:element name="Invoice_Line_Number" nillable="false">
            <xs:annotation>
                <xs:documentation>内部生成的发票行的编码。通过手动输入生成或系统生成。</xs:documentation>
            </xs:annotation>
            <xs:simpleType>
                <xs:restriction base="xs:string">
                    <xs:minLength value="0"/>
                    <xs:maxLength value="10"/>
                </xs:restriction>
            </xs:simpleType>
        </xs:element>
        <xs:element name="Sales_Order_ID" nillable="false">
            <xs:annotation>
                <xs:documentation>销售订单的唯一标识符。通常由系统自动生成。</xs:documentation>
            </xs:annotation>
            <xs:simpleType>
                <xs:restriction base="xs:string">
                    <xs:minLength value="0"/>
                    <xs:maxLength value="60"/>
                </xs:restriction>
            </xs:simpleType>
        </xs:element>
        <xs:element name="Sales_Order_Line_ID" nillable="false">
            <xs:annotation>
```

```xml
                <xs:documentation>销售订单行的唯一标识符。通常由系统自
动生成。</xs:documentation>
            </xs:annotation>
                <xs:simpleType>
                    <xs:restriction base="xs:string">
                        <xs:minLength value="0"/>
                        <xs:maxLength value="60"/>
                    </xs:restriction>
                </xs:simpleType>
        </xs:element>
        <xs:element name="Product_ID" nillable="false">
            <xs:annotation>
                <xs:documentation>物料的唯一标识码。一般由计算机自动生
成，用于系统内部进行数据关联。</xs:documentation>
            </xs:annotation>
                <xs:simpleType>
                    <xs:restriction base="xs:string">
                        <xs:minLength value="0"/>
                        <xs:maxLength value="60"/>
                    </xs:restriction>
                </xs:simpleType>
        </xs:element>
        <xs:element name="Basic_UOM_Quantity" nillable="false">
            <xs:annotation>
                <xs:documentation>基本计量单位的数量。</xs:documentation>
            </xs:annotation>
            <xs:simpleType>
                <xs:restriction base="xs:decimal">
                    <xs:totalDigits value="22"/>
                    <xs:fractionDigits value="4"/>
                </xs:restriction>
            </xs:simpleType>
        </xs:element>
        <xs:element name="Basic_UOM_Code" nillable="false">
            <xs:annotation>
                <xs:documentation>物料基本计量单位的唯一标识码。一般由
计算机自动生成，用于系统内部进行数据关联。例如，金属型材以“支”或“米”计
```

```
量，但是通常以“千克”作为基本计量，用于中间换算。</xs:documentation>
                        </xs:annotation>
                            <xs:simpleType>
                                <xs:restriction base="xs:string">
                                    <xs:minLength value="0"/>
                                    <xs:maxLength value="80"/>
                                </xs:restriction>
                            </xs:simpleType>
                    </xs:element>
                    <xs:element name="Invoice_Quantity" nillable="false">
                        <xs:annotation>
                            <xs:documentation>发票行中按计量单位划分的销售商品的数
量。</xs:documentation>
                        </xs:annotation>
                        <xs:simpleType>
                            <xs:restriction base="xs:decimal">
                                <xs:totalDigits value="22"/>
                                <xs:fractionDigits value="4"/>
                            </xs:restriction>
                        </xs:simpleType>
                    </xs:element>
                    <xs:element name="Sales_UOM_Code" nillable="false">
                        <xs:annotation>
                            <xs:documentation>销售计量单位的编码。</xs:documentation>
                        </xs:annotation>
                            <xs:simpleType>
                                <xs:restriction base="xs:string">
                                    <xs:minLength value="0"/>
                                    <xs:maxLength value="80"/>
                                </xs:restriction>
                            </xs:simpleType>
                    </xs:element>
                    <xs:element name="Tax_Exclude_Unit_Price" nillable="false">
                        <xs:annotation>
                            <xs:documentation>以原币表示的不包含税金的单价。
</xs:documentation>
                        </xs:annotation>
```

```
            <xs:simpleType>
                <xs:restriction base="xs:decimal">
                    <xs:totalDigits value="22"/>
                    <xs:fractionDigits value="8"/>
                </xs:restriction>
            </xs:simpleType>
        </xs:element>
        <xs:element name="Tax_Include_Unit_Price" nillable="false">
            <xs:annotation>
                <xs:documentation>以原币表示的包含税金的单价。
</xs:documentation>
            </xs:annotation>
            <xs:simpleType>
                <xs:restriction base="xs:decimal">
                    <xs:totalDigits value="22"/>
                    <xs:fractionDigits value="8"/>
                </xs:restriction>
            </xs:simpleType>
        </xs:element>
        <xs:element name="Tax_Exclude_Amount" nillable="false">
            <xs:annotation>
                <xs:documentation>以原币表示的不包含税金的总金额。
</xs:documentation>
            </xs:annotation>
            <xs:simpleType>
                <xs:restriction base="xs:decimal">
                    <xs:totalDigits value="22"/>
                    <xs:fractionDigits value="4"/>
                </xs:restriction>
            </xs:simpleType>
        </xs:element>
        <xs:element name="Tax_Include_Amount" nillable="false">
            <xs:annotation>
                <xs:documentation>以原币表示的包含税金的总金额。
</xs:documentation>
            </xs:annotation>
            <xs:simpleType>
```

```
                <xs:restriction base="xs:decimal">
                    <xs:totalDigits value="22"/>
                    <xs:fractionDigits value="4"/>
                </xs:restriction>
            </xs:simpleType>
        </xs:element>
        <xs:element name="Invoice_Line_Transaction_Amount" nillable="false">
            <xs:annotation>
                <xs:documentation>发票行中记录的货币金额。
</xs:documentation>
            </xs:annotation>
            <xs:simpleType>
                <xs:restriction base="xs:decimal">
                    <xs:totalDigits value="22"/>
                    <xs:fractionDigits value="4"/>
                </xs:restriction>
            </xs:simpleType>
        </xs:element>
        <xs:element name="Grouping_Code" nillable="true">
            <xs:annotation>
                <xs:documentation>对同一批次序列的发票分组。例如，在某
些ERP系统中存在的发票分组。</xs:documentation>
            </xs:annotation>
                <xs:simpleType>
                    <xs:restriction base="xs:string">
                        <xs:minLength value="0"/>
                        <xs:maxLength value="80"/>
                    </xs:restriction>
                </xs:simpleType>
        </xs:element>
        <xs:element name="Tax_Type_Code" nillable="false">
            <xs:annotation>
                <xs:documentation>用于指代该税项类型的编码，在文件中用
作密钥或交叉索引。例如，"004" 表示所得税、"005" 表示关税、"006" 表示增值税。
</xs:documentation>
            </xs:annotation>
                <xs:simpleType>
```

```
                <xs:restriction base="xs:string">
                    <xs:minLength value="0"/>
                    <xs:maxLength value="25"/>
                </xs:restriction>
            </xs:simpleType>
    </xs:element>
    <xs:element name="Tax_Transaction_Amount" nillable="true">
        <xs:annotation>
            <xs:documentation>交易中包含的“税项类别”的金额。以当地货币记录。</xs:documentation>
        </xs:annotation>
        <xs:simpleType>
            <xs:restriction base="xs:decimal">
                <xs:totalDigits value="22"/>
                <xs:fractionDigits value="4"/>
            </xs:restriction>
        </xs:simpleType>
    </xs:element>
    <xs:element name="Tax_Percentage" nillable="false">
        <xs:annotation>
            <xs:documentation>税项类型所对应的税率，用百分比表示。</xs:documentation>
        </xs:annotation>
        <xs:simpleType>
            <xs:restriction base="xs:decimal">
                <xs:totalDigits value="30"/>
                <xs:fractionDigits value="10"/>
            </xs:restriction>
        </xs:simpleType>
    </xs:element>
    <xs:element name="GL_Line_Debit_Account_Number" nillable="false">
        <xs:annotation>
            <xs:documentation>总账借方方向涉及的交易的账号信息。</xs:documentation>
        </xs:annotation>
            <xs:simpleType>
                <xs:restriction base="xs:string">
```

```
                        <xs:minLength value="0"/>
                        <xs:maxLength value="60"/>
                    </xs:restriction>
                </xs:simpleType>
        </xs:element>
        <xs:element name="GL_Line_Credit_Account_Number" nillable="false">
            <xs:annotation>
                <xs:documentation>总账贷方方向涉及的交易的账号信息。
</xs:documentation>
            </xs:annotation>
                <xs:simpleType>
                    <xs:restriction base="xs:string">
                        <xs:minLength value="0"/>
                        <xs:maxLength value="60"/>
                    </xs:restriction>
                </xs:simpleType>
        </xs:element>
        <xs:element name="GL_Tax_Debit_Account_Number" nillable="true">
            <xs:annotation>
                <xs:documentation>总账借方方向涉及的税项的账号信息。
</xs:documentation>
            </xs:annotation>
                <xs:simpleType>
                    <xs:restriction base="xs:string">
                        <xs:minLength value="0"/>
                        <xs:maxLength value="60"/>
                    </xs:restriction>
                </xs:simpleType>
        </xs:element>
        <xs:element name="GL_Tax_Credit_Account_Number" nillable="true">
            <xs:annotation>
                <xs:documentation>总账贷方方向涉及的税项的账号信息。
</xs:documentation>
            </xs:annotation>
                <xs:simpleType>
                    <xs:restriction base="xs:string">
                        <xs:minLength value="0"/>
```

```
                        <xs:maxLength value="60"/>
                    </xs:restriction>
                </xs:simpleType>
            </xs:element>
            <xs:element name="Business_Segment_X" nillable="false">
                <xs:annotation>
                    <xs:documentation>保留字段，应用于业务分部/结构。“X”表示在组织结构中的等级。用于替换“X”的每个数字都与唯一的相对等级相关联。例如，分部、部门、业务单元、采购组织、项目、法人实体。</xs:documentation>
                </xs:annotation>
                    <xs:simpleType>
                        <xs:restriction base="xs:string">
                            <xs:minLength value="0"/>
                            <xs:maxLength value="25"/>
                        </xs:restriction>
                    </xs:simpleType>
            </xs:element>
        </xs:sequence>
    </xs:complexType>
</xs:element>
<xs:element name="Sales_Shipment">
    <xs:complexType>
        <xs:sequence>
            <xs:element name="Shipment_ID" nillable="false">
                <xs:annotation>
                    <xs:documentation>出库单的唯一标识码。一般由计算机自动生成，用于系统内部进行数据关联。</xs:documentation>
                </xs:annotation>
                    <xs:simpleType>
                        <xs:restriction base="xs:string">
                            <xs:minLength value="0"/>
                            <xs:maxLength value="100"/>
                        </xs:restriction>
                    </xs:simpleType>
            </xs:element>
            <xs:element name="Shipment_Number" nillable="false">
                <xs:annotation>
```

```
                    <xs:documentation>出库单号。通过手动输入生成或系统生成。</xs:documentation>
                </xs:annotation>
                    <xs:simpleType>
                        <xs:restriction base="xs:string">
                            <xs:minLength value="0"/>
                            <xs:maxLength value="100"/>
                        </xs:restriction>
                    </xs:simpleType>
            </xs:element>
            <xs:element name="Fiscal_Year" nillable="false">
                <xs:annotation>
                    <xs:documentation>会计年度所覆盖的日期。年份应以四位数显示为“YYYY”，这是按照GB/T 7408—2005表示“YYYY-MM-DD”扩展格式的一部分。</xs:documentation>
                </xs:annotation>
                    <xs:simpleType>
                        <xs:restriction base="xs:string">
                            <xs:length value="4" fixed="true"/>
                        </xs:restriction>
                    </xs:simpleType>
            </xs:element>
            <xs:element name="Accounting_Period" nillable="false">
                <xs:annotation>
                    <xs:documentation>会计期间所覆盖的日期。例如，在任何日期开始至任何日期结束的期间内，W1-W53表示按周计算的期间，M1-M12表示按月计算的期间，Q1-Q4表示按季度计算的期间。</xs:documentation>
                </xs:annotation>
                    <xs:simpleType>
                        <xs:restriction base="xs:string">
                            <xs:minLength value="0"/>
                            <xs:maxLength value="15"/>
                        </xs:restriction>
                    </xs:simpleType>
            </xs:element>
            <xs:element name="Dispatch_Organization_Code" nillable="false">
                <xs:annotation>
```

```
                <xs:documentation>发货组织的唯一标识符。发货组织指发出属于卖方货物的单位。</xs:documentation>
            </xs:annotation>
                <xs:simpleType>
                    <xs:restriction base="xs:string">
                        <xs:minLength value="0"/>
                        <xs:maxLength value="25"/>
                    </xs:restriction>
                </xs:simpleType>
        </xs:element>
        <xs:element name="Shipment_Date" type = "xs:date" nillable="false">
            <xs:annotation>
                <xs:documentation>出库日期（发运日期）。</xs:documentation>
            </xs:annotation>
        </xs:element>
        <xs:element name="Shipping_Reference_Number" nillable="false">
            <xs:annotation>
                <xs:documentation>装运单据的引用号码，通常是公司的单据引用号或物流公司正本运单号。</xs:documentation>
            </xs:annotation>
                <xs:simpleType>
                    <xs:restriction base="xs:string">
                        <xs:minLength value="0"/>
                        <xs:maxLength value="100"/>
                    </xs:restriction>
                </xs:simpleType>
        </xs:element>
        <xs:element name="Shipping_Transaction_Amount" nillable="true">
            <xs:annotation>
                <xs:documentation>与销售订单关联的出库单据的货币金额，以结算货币记录。</xs:documentation>
            </xs:annotation>
            <xs:simpleType>
                <xs:restriction base="xs:decimal">
                    <xs:totalDigits value="22"/>
                    <xs:fractionDigits value="4"/>
                </xs:restriction>
```

```
                </xs:simpleType>
            </xs:element>
            <xs:element name="Shipping_Transaction_CUR_Code" nillable="false">
                <xs:annotation>
                    <xs:documentation>对交易货币种类进行标识的编码。按照ISO 4217规定的3字母代码表示。</xs:documentation>
                </xs:annotation>
                    <xs:simpleType>
                        <xs:restriction base="xs:string">
                            <xs:length value="3" fixed="true"/>
                        </xs:restriction>
                    </xs:simpleType>
            </xs:element>
            <xs:element name="Shipping_Method" nillable="true">
                <xs:annotation>
                    <xs:documentation>运输的工具名称。例如，飞机、火车、货车、手递。</xs:documentation>
                </xs:annotation>
                    <xs:simpleType>
                        <xs:restriction base="xs:string">
                            <xs:minLength value="0"/>
                            <xs:maxLength value="60"/>
                        </xs:restriction>
                    </xs:simpleType>
            </xs:element>
            <xs:element name="Shipper" nillable="true">
                <xs:annotation>
                    <xs:documentation>负责运输的组织或个人名称。例如，EMS、UPS。</xs:documentation>
                </xs:annotation>
                    <xs:simpleType>
                        <xs:restriction base="xs:string">
                            <xs:minLength value="0"/>
                            <xs:maxLength value="25"/>
                        </xs:restriction>
                    </xs:simpleType>
            </xs:element>
```

```
<xs:element name="Adjustment_Indicator" nillable="true">
    <xs:annotation>
        <xs:documentation>如果是原始装运交易记录，则用0表示，
如果是有调整的，则用1表示。</xs:documentation>
    </xs:annotation>
        <xs:simpleType>
            <xs:restriction base="xs:string">
                <xs:length value="1" fixed="true"/>
            </xs:restriction>
        </xs:simpleType>
</xs:element>
<xs:element name="Adjustment_Description" nillable="true">
    <xs:annotation>
        <xs:documentation>如需调整出库信息，应注明调整原因。
</xs:documentation>
    </xs:annotation>
        <xs:simpleType>
            <xs:restriction base="xs:string">
                <xs:minLength value="0"/>
                <xs:maxLength value="1000"/>
            </xs:restriction>
        </xs:simpleType>
</xs:element>
<xs:element name="Customer_ID" nillable="false">
    <xs:annotation>
        <xs:documentation>客户的唯一标识符。一般由计算机自动生
成，用于系统内部进行数据关联。</xs:documentation>
    </xs:annotation>
        <xs:simpleType>
            <xs:restriction base="xs:string">
                <xs:minLength value="0"/>
                <xs:maxLength value="60"/>
            </xs:restriction>
        </xs:simpleType>
</xs:element>
<xs:element name="Sales_Order_ID" nillable="false">
    <xs:annotation>
```

```
                        <xs:documentation>销售订单的唯一标识符。通常由系统自动生成。</xs:documentation>
                    </xs:annotation>
                    <xs:simpleType>
                        <xs:restriction base="xs:string">
                            <xs:minLength value="0"/>
                            <xs:maxLength value="60"/>
                        </xs:restriction>
                    </xs:simpleType>
                </xs:element>
                <xs:element name="Created_User_ID" nillable="false">
                    <xs:annotation>
                        <xs:documentation>唯一制单人的标识符。一般由计算机自动生成，用于系统内部进行数据关联。</xs:documentation>
                    </xs:annotation>
                    <xs:simpleType>
                        <xs:restriction base="xs:string">
                            <xs:minLength value="0"/>
                            <xs:maxLength value="25"/>
                        </xs:restriction>
                    </xs:simpleType>
                </xs:element>
                <xs:element name="Created_Date" type = "xs:date" nillable="true">
                    <xs:annotation>
                        <xs:documentation>订单记录录入系统的日期。如果可能，应采用系统生成的日期（而非用户输入的日期）。有时也被称为创建日期，按照GB/T 7408—2005表示。</xs:documentation>
                    </xs:annotation>
                </xs:element>
                <xs:element name="Created_Time" type = "xs:time" nillable="true">
                    <xs:annotation>
                        <xs:documentation>交易记录在系统中创建的时间。</xs:documentation>
                    </xs:annotation>
                </xs:element>
                <xs:element name="Approved_User_ID" nillable="false">
                    <xs:annotation>
```

```
                <xs:documentation>唯一标识符，用于批准客户添加或修改的
员工信息。一般由计算机自动生成，用于系统内部进行数据关联。</xs:documentation>
            </xs:annotation>
                <xs:simpleType>
                    <xs:restriction base="xs:string">
                        <xs:minLength value="0"/>
                        <xs:maxLength value="25"/>
                    </xs:restriction>
                </xs:simpleType>
        </xs:element>
        <xs:element name="Approved_Date" type = "xs:date" nillable="true">
            <xs:annotation>
                <xs:documentation>批准添加或修改客户的日期。
</xs:documentation>
            </xs:annotation>
        </xs:element>
        <xs:element name="Approved_Time" type = "xs:time" nillable="true">
            <xs:annotation>
                <xs:documentation>添加或修改被批准的时间。
</xs:documentation>
            </xs:annotation>
        </xs:element>
        <xs:element name="Last_Modified_User_ID" nillable="true">
            <xs:annotation>
                <xs:documentation>唯一标识符，用于最后修改记录的员工信
息。一般由计算机自动生成，用于系统内部进行数据关联。</xs:documentation>
            </xs:annotation>
                <xs:simpleType>
                    <xs:restriction base="xs:string">
                        <xs:minLength value="0"/>
                        <xs:maxLength value="25"/>
                    </xs:restriction>
                </xs:simpleType>
        </xs:element>
        <xs:element name="Last_Modified_Date" type = "xs:date" nillable="true">
            <xs:annotation>
                <xs:documentation>最后修改客户记录的日期。
```

```
</xs:documentation>
                    </xs:annotation>
                </xs:element>
                <xs:element name="Last_Modified_Time" type = "xs:time" nillable="true">
                    <xs:annotation>
                        <xs:documentation>最后修改客户记录的时间。
</xs:documentation>
                    </xs:annotation>
                </xs:element>
                <xs:element name="Location_ID" nillable="false">
                    <xs:annotation>
                        <xs:documentation>仓库的唯一标识码。一般由计算机自动生
成，用于系统内部进行数据关联。</xs:documentation>
                    </xs:annotation>
                        <xs:simpleType>
                            <xs:restriction base="xs:string">
                                <xs:minLength value="0"/>
                                <xs:maxLength value="60"/>
                            </xs:restriction>
                        </xs:simpleType>
                </xs:element>
                <xs:element name="Business_Segment_X" nillable="false">
                    <xs:annotation>
                        <xs:documentation>保留字段，应用于业务分部/结构。“X”
表示在组织结构中的等级。用于替换“X”的每个数字都与唯一的相对等级相关联。例
如，分部、部门、业务单元、采购组织、项目、法人实体。</xs:documentation>
                    </xs:annotation>
                        <xs:simpleType>
                            <xs:restriction base="xs:string">
                                <xs:minLength value="0"/>
                                <xs:maxLength value="25"/>
                            </xs:restriction>
                        </xs:simpleType>
                </xs:element>
            </xs:sequence>
        </xs:complexType>
    </xs:element>
```

```
<xs:element name="Sales_Shipment_Details">
    <xs:complexType>
        <xs:sequence>
            <xs:element name="Shipment_ID" nillable="false">
                <xs:annotation>
                    <xs:documentation>出库单的唯一标识码。一般由计算机自动生成，用于系统内部进行数据关联。</xs:documentation>
                </xs:annotation>
                <xs:simpleType>
                    <xs:restriction base="xs:string">
                        <xs:minLength value="0"/>
                        <xs:maxLength value="100"/>
                    </xs:restriction>
                </xs:simpleType>
            </xs:element>
            <xs:element name="Shipping_Document_Line_ID" nillable="false">
                <xs:annotation>
                    <xs:documentation>出库单据行ID。通常由系统自动生成。</xs:documentation>
                </xs:annotation>
                <xs:simpleType>
                    <xs:restriction base="xs:string">
                        <xs:minLength value="0"/>
                        <xs:maxLength value="100"/>
                    </xs:restriction>
                </xs:simpleType>
            </xs:element>
            <xs:element name="Shipping_Document_Line_Number" nillable="false">
                <xs:annotation>
                    <xs:documentation>出库单据行号。通过手动输入生成或系统生成。</xs:documentation>
                </xs:annotation>
                <xs:simpleType>
                    <xs:restriction base="xs:string">
                        <xs:minLength value="0"/>
                        <xs:maxLength value="100"/>
                    </xs:restriction>
```

```
                    </xs:simpleType>
                </xs:element>
                <xs:element name="Product_ID" nillable="false">
                    <xs:annotation>
                        <xs:documentation>物料的唯一标识码。一般由计算机自动生成，用于系统内部进行数据关联。</xs:documentation>
                    </xs:annotation>
                        <xs:simpleType>
                            <xs:restriction base="xs:string">
                                <xs:minLength value="0"/>
                                <xs:maxLength value="60"/>
                            </xs:restriction>
                        </xs:simpleType>
                </xs:element>
                <xs:element name="Shipping_Quantity" nillable="false">
                    <xs:annotation>
                        <xs:documentation>出库单中按计量单位划分的销售商品的数量。</xs:documentation>
                    </xs:annotation>
                    <xs:simpleType>
                        <xs:restriction base="xs:decimal">
                            <xs:totalDigits value="22"/>
                            <xs:fractionDigits value="4"/>
                        </xs:restriction>
                    </xs:simpleType>
                </xs:element>
                <xs:element name="Shipping_UOM_Code" nillable="true">
                    <xs:annotation>
                        <xs:documentation>出库单所记录的计量单位的编码。</xs:documentation>
                    </xs:annotation>
                        <xs:simpleType>
                            <xs:restriction base="xs:string">
                                <xs:minLength value="0"/>
                                <xs:maxLength value="80"/>
                            </xs:restriction>
                        </xs:simpleType>
```

```
                    </xs:element>
                    <xs:element name="Shipping_Unit_Price" nillable="true">
                        <xs:annotation>
                            <xs:documentation>所发出商品的单位价格。</xs:documentation>
                        </xs:annotation>
                        <xs:simpleType>
                            <xs:restriction base="xs:decimal">
                                <xs:totalDigits value="22"/>
                                <xs:fractionDigits value="8"/>
                            </xs:restriction>
                        </xs:simpleType>
                    </xs:element>
                    <xs:element name="Shipping_Line_Transaction_Amount" nillable="true">
                        <xs:annotation>
                            <xs:documentation>以交易货币记录的销售金额。</xs:documentation>
                        </xs:annotation>
                        <xs:simpleType>
                            <xs:restriction base="xs:decimal">
                                <xs:totalDigits value="22"/>
                                <xs:fractionDigits value="4"/>
                            </xs:restriction>
                        </xs:simpleType>
                    </xs:element>
                    <xs:element name="Sales_Order_Line_ID" nillable="false">
                        <xs:annotation>
                            <xs:documentation>销售订单行的唯一标识符。通常由系统自动生成。</xs:documentation>
                        </xs:annotation>
                            <xs:simpleType>
                                <xs:restriction base="xs:string">
                                    <xs:minLength value="0"/>
                                    <xs:maxLength value="60"/>
                                </xs:restriction>
                            </xs:simpleType>
                    </xs:element>
```

```
<xs:element name="Sales_Order_Line_Quantity" nillable="false">
    <xs:annotation>
        <xs:documentation>销售订单行中按计量单位划分的销售订单行的数量。</xs:documentation>
    </xs:annotation>
    <xs:simpleType>
        <xs:restriction base="xs:decimal">
            <xs:totalDigits value="22"/>
            <xs:fractionDigits value="4"/>
        </xs:restriction>
    </xs:simpleType>
</xs:element>
<xs:element name="Order_Line_UOM_Code" nillable="true">
    <xs:annotation>
        <xs:documentation>销售订单行计量单位的编码。</xs:documentation>
    </xs:annotation>
        <xs:simpleType>
            <xs:restriction base="xs:string">
                <xs:minLength value="0"/>
                <xs:maxLength value="80"/>
            </xs:restriction>
        </xs:simpleType>
</xs:element>
<xs:element name="Order_Line_Unit_Price" nillable="true">
    <xs:annotation>
        <xs:documentation>销售订单行单价。</xs:documentation>
    </xs:annotation>
    <xs:simpleType>
        <xs:restriction base="xs:decimal">
            <xs:totalDigits value="22"/>
            <xs:fractionDigits value="8"/>
        </xs:restriction>
    </xs:simpleType>
</xs:element>
<xs:element name="Order_Line_Transaction_Amount" nillable="false">
    <xs:annotation>
```

```
                        <xs:documentation>以交易货币记录的销售金额。
</xs:documentation>
                    </xs:annotation>
                    <xs:simpleType>
                        <xs:restriction base="xs:decimal">
                            <xs:totalDigits value="22"/>
                            <xs:fractionDigits value="4"/>
                        </xs:restriction>
                    </xs:simpleType>
                </xs:element>
                <xs:element name="Business_Segment_X" nillable="false">
                    <xs:annotation>
                        <xs:documentation>保留字段，应用于业务分部/结构。“X”
表示在组织结构中的等级。用于替换“X”的每个数字都与唯一的相对等级相关联。例
如，分部、部门、业务单元、采购组织、项目、法人实体。</xs:documentation>
                    </xs:annotation>
                        <xs:simpleType>
                            <xs:restriction base="xs:string">
                                <xs:minLength value="0"/>
                                <xs:maxLength value="25"/>
                            </xs:restriction>
                        </xs:simpleType>
                </xs:element>
            </xs:sequence>
        </xs:complexType>
    </xs:element>
    <xs:element name="Sales_VAT">
        <xs:complexType>
            <xs:sequence>
                <xs:element name="Invoice_Type" nillable="false">
                    <xs:annotation>
                        <xs:documentation>增值税发票的种类。包括专用发票、普通
发票。</xs:documentation>
                    </xs:annotation>
                        <xs:simpleType>
                            <xs:restriction base="xs:string">
                                <xs:minLength value="0"/>
```

```
                    <xs:maxLength value="60"/>
                </xs:restriction>
            </xs:simpleType>
    </xs:element>
    <xs:element name="Sellers_Name" nillable="false">
        <xs:annotation>
            <xs:documentation>销售方的企业名称。</xs:documentation>
        </xs:annotation>
            <xs:simpleType>
                <xs:restriction base="xs:string">
                    <xs:minLength value="0"/>
                    <xs:maxLength value="60"/>
                </xs:restriction>
            </xs:simpleType>
    </xs:element>
    <xs:element name="Invoice_Code" nillable="false">
        <xs:annotation>
            <xs:documentation>发票的标识符，通常位于发票的左上方。
</xs:documentation>
        </xs:annotation>
            <xs:simpleType>
                <xs:restriction base="xs:string">
                    <xs:minLength value="0"/>
                    <xs:maxLength value="80"/>
                </xs:restriction>
            </xs:simpleType>
    </xs:element>
    <xs:element name="Invoice_Number" nillable="false">
        <xs:annotation>
            <xs:documentation>内部生成的发票的编号。通过手动输入生
成或系统生成。例如，序列号、文件类型、日期。</xs:documentation>
        </xs:annotation>
            <xs:simpleType>
                <xs:restriction base="xs:string">
                    <xs:minLength value="0"/>
                    <xs:maxLength value="80"/>
                </xs:restriction>
```

```
            </xs:simpleType>
        </xs:element>
        <xs:element name="Invoice_Line_Number" nillable="false">
            <xs:annotation>
                <xs:documentation>内部生成的发票行的编码。通过手动输入生成或系统生成。</xs:documentation>
            </xs:annotation>
                <xs:simpleType>
                    <xs:restriction base="xs:string">
                        <xs:minLength value="0"/>
                        <xs:maxLength value="10"/>
                    </xs:restriction>
                </xs:simpleType>
        </xs:element>
        <xs:element name="Buyers_Name" nillable="false">
            <xs:annotation>
                <xs:documentation>购买方的企业名称。</xs:documentation>
            </xs:annotation>
                <xs:simpleType>
                    <xs:restriction base="xs:string">
                        <xs:minLength value="0"/>
                        <xs:maxLength value="60"/>
                    </xs:restriction>
                </xs:simpleType>
        </xs:element>
        <xs:element name="Buyers_Tax_Number" nillable="false">
            <xs:annotation>
                <xs:documentation>购买方的纳税识别号。</xs:documentation>
            </xs:annotation>
                <xs:simpleType>
                    <xs:restriction base="xs:string">
                        <xs:minLength value="0"/>
                        <xs:maxLength value="60"/>
                    </xs:restriction>
                </xs:simpleType>
        </xs:element>
        <xs:element name="Buyers_Bank_Account_Number" nillable="false">
```

```
                <xs:annotation>
                    <xs:documentation>购买方的银行账号。</xs:documentation>
                </xs:annotation>
                    <xs:simpleType>
                        <xs:restriction base="xs:string">
                            <xs:minLength value="0"/>
                            <xs:maxLength value="60"/>
                        </xs:restriction>
                    </xs:simpleType>
            </xs:element>
            <xs:element name="Buyers_Address_And_Telephone_Number"
nillable="false">
                <xs:annotation>
                    <xs:documentation>购买方的注册地址、电话。
</xs:documentation>
                </xs:annotation>
                    <xs:simpleType>
                        <xs:restriction base="xs:string">
                            <xs:minLength value="0"/>
                            <xs:maxLength value="100"/>
                        </xs:restriction>
                    </xs:simpleType>
            </xs:element>
            <xs:element name="Invoice_date" type = "xs:date" nillable="false">
                <xs:annotation>
                    <xs:documentation>发票的开具日期。</xs:documentation>
                </xs:annotation>
            </xs:element>
            <xs:element name="Goods_Code_Version_Number" nillable="true">
                <xs:annotation>
                    <xs:documentation>销售商品的编码版本号。
</xs:documentation>
                </xs:annotation>
                    <xs:simpleType>
                        <xs:restriction base="xs:string">
                            <xs:minLength value="0"/>
                            <xs:maxLength value="60"/>
```

```
            </xs:restriction>
        </xs:simpleType>
</xs:element>
<xs:element name="Document_Number" nillable="false">
    <xs:annotation>
        <xs:documentation>发票中包含的销售商品明细表的序号。
</xs:documentation>
    </xs:annotation>
        <xs:simpleType>
            <xs:restriction base="xs:string">
                <xs:minLength value="0"/>
                <xs:maxLength value="60"/>
            </xs:restriction>
        </xs:simpleType>
</xs:element>
<xs:element name="Goods_Name" nillable="false">
    <xs:annotation>
        <xs:documentation>销售的货物或应税劳务、服务的名称。
</xs:documentation>
    </xs:annotation>
        <xs:simpleType>
            <xs:restriction base="xs:string">
                <xs:minLength value="0"/>
                <xs:maxLength value="60"/>
            </xs:restriction>
        </xs:simpleType>
</xs:element>
<xs:element name="Specification" nillable="true">
    <xs:annotation>
        <xs:documentation>销售商品的规格。</xs:documentation>
    </xs:annotation>
        <xs:simpleType>
            <xs:restriction base="xs:string">
                <xs:minLength value="0"/>
                <xs:maxLength value="60"/>
            </xs:restriction>
        </xs:simpleType>
```

```
                </xs:element>
                <xs:element name="Unit" nillable="true">
                    <xs:annotation>
                        <xs:documentation>销售商品的计量单位。</xs:documentation>
                    </xs:annotation>
                        <xs:simpleType>
                            <xs:restriction base="xs:string">
                                <xs:minLength value="0"/>
                                <xs:maxLength value="20"/>
                            </xs:restriction>
                        </xs:simpleType>
                </xs:element>
                <xs:element name="Quantity" nillable="true">
                    <xs:annotation>
                        <xs:documentation>销售商品的数量。</xs:documentation>
                    </xs:annotation>
                    <xs:simpleType>
                        <xs:restriction base="xs:decimal">
                            <xs:totalDigits value="22"/>
                            <xs:fractionDigits value="4"/>
                        </xs:restriction>
                    </xs:simpleType>
                </xs:element>
                <xs:element name="Unit_Price" nillable="true">
                    <xs:annotation>
                        <xs:documentation>不含增值税税额的单价。
</xs:documentation>
                    </xs:annotation>
                    <xs:simpleType>
                        <xs:restriction base="xs:decimal">
                            <xs:totalDigits value="22"/>
                            <xs:fractionDigits value="8"/>
                        </xs:restriction>
                    </xs:simpleType>
                </xs:element>
                <xs:element name="Amount" nillable="false">
                    <xs:annotation>
```

```
                <xs:documentation>不含增值税税额的销售额。</xs:documentation>
            </xs:annotation>
            <xs:simpleType>
                <xs:restriction base="xs:decimal">
                    <xs:totalDigits value="22"/>
                    <xs:fractionDigits value="4"/>
                </xs:restriction>
            </xs:simpleType>
        </xs:element>
        <xs:element name="Tax_Percentage" nillable="false">
            <xs:annotation>
                <xs:documentation>税项类型所对应的税率，用百分比表示。</xs:documentation>
            </xs:annotation>
            <xs:simpleType>
                <xs:restriction base="xs:decimal">
                    <xs:totalDigits value="30"/>
                    <xs:fractionDigits value="10"/>
                </xs:restriction>
            </xs:simpleType>
        </xs:element>
        <xs:element name="VAT_Invoice" nillable="false">
            <xs:annotation>
                <xs:documentation>销售商品的销项税额，一般等于金额 × 税率。</xs:documentation>
            </xs:annotation>
            <xs:simpleType>
                <xs:restriction base="xs:decimal">
                    <xs:totalDigits value="22"/>
                    <xs:fractionDigits value="4"/>
                </xs:restriction>
            </xs:simpleType>
        </xs:element>
        <xs:element name="VAT_Classification_Code" nillable="false">
            <xs:annotation>
                <xs:documentation>纳税人开具发票时票面上的商品应与
```

```
税务总局核定的税收编码进行关联，按分类编码上注明的税率和征收率开具发票。
</xs:documentation>
                </xs:annotation>
                    <xs:simpleType>
                        <xs:restriction base="xs:string">
                            <xs:minLength value="0"/>
                            <xs:maxLength value="20"/>
                        </xs:restriction>
                    </xs:simpleType>
            </xs:element>
            <xs:element name="Sellers_VAT_Number" nillable="false">
                <xs:annotation>
                    <xs:documentation>销售方的纳税识别号。</xs:documentation>
                </xs:annotation>
                    <xs:simpleType>
                        <xs:restriction base="xs:string">
                            <xs:minLength value="0"/>
                            <xs:maxLength value="60"/>
                        </xs:restriction>
                    </xs:simpleType>
            </xs:element>
            <xs:element name="Effective_VAT" nillable="false">
                <xs:annotation>
                    <xs:documentation>可以抵扣的进项税额。</xs:documentation>
                </xs:annotation>
                <xs:simpleType>
                    <xs:restriction base="xs:decimal">
                        <xs:totalDigits value="22"/>
                        <xs:fractionDigits value="4"/>
                    </xs:restriction>
                </xs:simpleType>
            </xs:element>
            <xs:element name="Sellers_Bank_Account_Number" nillable="false">
                <xs:annotation>
                    <xs:documentation>销售方的银行账号。</xs:documentation>
                </xs:annotation>
                    <xs:simpleType>
```

```
                <xs:restriction base="xs:string">
                    <xs:minLength value="0"/>
                    <xs:maxLength value="60"/>
                </xs:restriction>
            </xs:simpleType>
        </xs:element>
        <xs:element name="Sellers_Address_And_Telephone_Number"
nillable="false">
            <xs:annotation>
                <xs:documentation>销售方的注册地址、电话。
</xs:documentation>
            </xs:annotation>
            <xs:simpleType>
                <xs:restriction base="xs:string">
                    <xs:minLength value="0"/>
                    <xs:maxLength value="200"/>
                </xs:restriction>
            </xs:simpleType>
        </xs:element>
        <xs:element name="Whether_To_Use_Preferential_Policy_Label"
nillable="false">
            <xs:annotation>
                <xs:documentation>发票中是否使用了税收优惠。1表示使用，
0表示不使用。</xs:documentation>
            </xs:annotation>
            <xs:simpleType>
                <xs:restriction base="xs:boolean">
                </xs:restriction>
            </xs:simpleType>
        </xs:element>
        <xs:element name="Zero_Rate_Label" nillable="false">
            <xs:annotation>
                <xs:documentation>对于出口商品开具的增值税发票适用。
空表示非零税率，0表示出口退税，1表示免税，2表示不征收，3表示普通零税率。
</xs:documentation>
            </xs:annotation>
            <xs:simpleType>
```

```
                <xs:restriction base="xs:string">
                    <xs:length value="1" fixed="true"/>
                </xs:restriction>
            </xs:simpleType>
    </xs:element>
    <xs:element name="Preferential_Policy_Description" nillable="false">
        <xs:annotation>
            <xs:documentation>税收优惠政策的具体说明。
</xs:documentation>
        </xs:annotation>
            <xs:simpleType>
                <xs:restriction base="xs:string">
                    <xs:minLength value="0"/>
                    <xs:maxLength value="2000"/>
                </xs:restriction>
            </xs:simpleType>
    </xs:element>
    <xs:element name="Status" nillable="true">
        <xs:annotation>
            <xs:documentation>单据的状态。例如，是否通过审批、是否
作废等。</xs:documentation>
        </xs:annotation>
            <xs:simpleType>
                <xs:restriction base="xs:string">
                    <xs:minLength value="0"/>
                    <xs:maxLength value="256"/>
                </xs:restriction>
            </xs:simpleType>
    </xs:element>
    <xs:element name="Drawer" nillable="false">
        <xs:annotation>
            <xs:documentation>开具增值税发票的人员。
</xs:documentation>
        </xs:annotation>
            <xs:simpleType>
                <xs:restriction base="xs:string">
                    <xs:minLength value="0"/>
```

```
                <xs:maxLength value="100"/>
            </xs:restriction>
        </xs:simpleType>
</xs:element>
<xs:element name="Reviewer" nillable="false">
    <xs:annotation>
        <xs:documentation>审核增值税发票的人员。</xs:documentation>
    </xs:annotation>
        <xs:simpleType>
            <xs:restriction base="xs:string">
                <xs:minLength value="0"/>
                <xs:maxLength value="100"/>
            </xs:restriction>
        </xs:simpleType>
</xs:element>
<xs:element name="Payee" nillable="false">
    <xs:annotation>
        <xs:documentation>收款人员名称。</xs:documentation>
    </xs:annotation>
        <xs:simpleType>
            <xs:restriction base="xs:string">
                <xs:minLength value="0"/>
                <xs:maxLength value="100"/>
            </xs:restriction>
        </xs:simpleType>
</xs:element>
<xs:element name="Remarks" nillable="false">
    <xs:annotation>
        <xs:documentation>单据的备注信息。</xs:documentation>
    </xs:annotation>
        <xs:simpleType>
            <xs:restriction base="xs:string">
                <xs:minLength value="0"/>
                <xs:maxLength value="25"/>
            </xs:restriction>
        </xs:simpleType>
</xs:element>
```

```
                </xs:sequence>
            </xs:complexType>
        </xs:element>
        <xs:element name="Sales_Lading">
            <xs:complexType>
                <xs:sequence>
                    <xs:element name="Bill_Of_Lading_Number" nillable="true">
                        <xs:annotation>
                            <xs:documentation>提单号。</xs:documentation>
                        </xs:annotation>
                            <xs:simpleType>
                                <xs:restriction base="xs:string">
                                    <xs:minLength value="0"/>
                                    <xs:maxLength value="80"/>
                                </xs:restriction>
                            </xs:simpleType>
                    </xs:element>
                    <xs:element name="Sales_Order_ID" nillable="false">
                        <xs:annotation>
                            <xs:documentation>销售订单的唯一标识符。通常由系统自动
生成。</xs:documentation>
                        </xs:annotation>
                            <xs:simpleType>
                                <xs:restriction base="xs:string">
                                    <xs:minLength value="0"/>
                                    <xs:maxLength value="60"/>
                                </xs:restriction>
                            </xs:simpleType>
                    </xs:element>
                    <xs:element name="Sales_Order_Line_ID" nillable="false">
                        <xs:annotation>
                            <xs:documentation>销售订单行的唯一标识符。通常由系统自
动生成。</xs:documentation>
                        </xs:annotation>
                            <xs:simpleType>
                                <xs:restriction base="xs:string">
                                    <xs:minLength value="0"/>
```

```
                        <xs:maxLength value="60"/>
                    </xs:restriction>
                </xs:simpleType>
        </xs:element>
        <xs:element name="Pre_Carriage" nillable="true">
            <xs:annotation>
                <xs:documentation>提单的前程运输方式说明。
</xs:documentation>
            </xs:annotation>
                <xs:simpleType>
                    <xs:restriction base="xs:string">
                        <xs:minLength value="0"/>
                        <xs:maxLength value="100"/>
                    </xs:restriction>
                </xs:simpleType>
        </xs:element>
        <xs:element name="Consignor" nillable="true">
            <xs:annotation>
                <xs:documentation>提单托运人。</xs:documentation>
            </xs:annotation>
                <xs:simpleType>
                    <xs:restriction base="xs:string">
                        <xs:minLength value="0"/>
                        <xs:maxLength value="100"/>
                    </xs:restriction>
                </xs:simpleType>
        </xs:element>
        <xs:element name="Consignee" nillable="true">
            <xs:annotation>
                <xs:documentation>提单上的实际收货人信息，可以既包含公
司也包含自然人信息。</xs:documentation>
            </xs:annotation>
                <xs:simpleType>
                    <xs:restriction base="xs:string">
                        <xs:minLength value="0"/>
                        <xs:maxLength value="100"/>
                    </xs:restriction>
```

```
        </xs:simpleType>
    </xs:element>
    <xs:element name="Notified_Party" nillable="true">
        <xs:annotation>
            <xs:documentation>提单的被通知人。</xs:documentation>
        </xs:annotation>
            <xs:simpleType>
                <xs:restriction base="xs:string">
                    <xs:minLength value="0"/>
                    <xs:maxLength value="100"/>
                </xs:restriction>
            </xs:simpleType>
    </xs:element>
    <xs:element name="Place_Of_Receipt" nillable="true">
        <xs:annotation>
            <xs:documentation>收货的实际地址。</xs:documentation>
        </xs:annotation>
            <xs:simpleType>
                <xs:restriction base="xs:string">
                    <xs:minLength value="0"/>
                    <xs:maxLength value="100"/>
                </xs:restriction>
            </xs:simpleType>
    </xs:element>
    <xs:element name="Voyage_Number" nillable="true">
        <xs:annotation>
            <xs:documentation>提单的船次/航次。</xs:documentation>
        </xs:annotation>
            <xs:simpleType>
                <xs:restriction base="xs:string">
                    <xs:minLength value="0"/>
                    <xs:maxLength value="100"/>
                </xs:restriction>
            </xs:simpleType>
    </xs:element>
    <xs:element name="Port_Of_Loading" nillable="true">
        <xs:annotation>
```

```
            <xs:documentation>提单上的装运港。</xs:documentation>
        </xs:annotation>
            <xs:simpleType>
                <xs:restriction base="xs:string">
                    <xs:minLength value="0"/>
                    <xs:maxLength value="100"/>
                </xs:restriction>
            </xs:simpleType>
    </xs:element>
    <xs:element name="Port_Of_Discharge" nillable="true">
        <xs:annotation>
            <xs:documentation>卸货港。</xs:documentation>
        </xs:annotation>
            <xs:simpleType>
                <xs:restriction base="xs:string">
                    <xs:minLength value="0"/>
                    <xs:maxLength value="100"/>
                </xs:restriction>
            </xs:simpleType>
    </xs:element>
    <xs:element name="Place_Of_Delivery" nillable="true">
        <xs:annotation>
            <xs:documentation>提单的交货地。</xs:documentation>
        </xs:annotation>
            <xs:simpleType>
                <xs:restriction base="xs:string">
                    <xs:minLength value="0"/>
                    <xs:maxLength value="100"/>
                </xs:restriction>
            </xs:simpleType>
    </xs:element>
    <xs:element name="Mark_Number_Or_Container_Number" nillable="true">
        <xs:annotation>
            <xs:documentation>提单上的唛头/集装箱号。
</xs:documentation>
        </xs:annotation>
            <xs:simpleType>
```

```
                    <xs:restriction base="xs:string">
                        <xs:minLength value="0"/>
                        <xs:maxLength value="100"/>
                    </xs:restriction>
                </xs:simpleType>
            </xs:element>
            <xs:element name="Container_Quantity_Or_Package_Quantity" nillable="true">
                <xs:annotation>
                    <xs:documentation>提单上的箱数/件数。</xs:documentation>
                </xs:annotation>
                <xs:simpleType>
                    <xs:restriction base="xs:decimal">
                        <xs:totalDigits value="10"/>
                        <xs:fractionDigits value="0"/>
                    </xs:restriction>
                </xs:simpleType>
            </xs:element>
            <xs:element name="Goods_Description" nillable="true">
                <xs:annotation>
                    <xs:documentation>提单的货物描述。</xs:documentation>
                </xs:annotation>
                    <xs:simpleType>
                        <xs:restriction base="xs:string">
                            <xs:minLength value="0"/>
                            <xs:maxLength value="2000"/>
                        </xs:restriction>
                    </xs:simpleType>
            </xs:element>
            <xs:element name="Gross_Weight" nillable="true">
                <xs:annotation>
                    <xs:documentation>按提（运）单填报进出口货物的实际毛重，即货物及其包装材料的重量之和。计量单位为千克。</xs:documentation>
                </xs:annotation>
                <xs:simpleType>
                    <xs:restriction base="xs:decimal">
                        <xs:totalDigits value="19"/>
```

```
                <xs:fractionDigits value="5"/>
            </xs:restriction>
        </xs:simpleType>
    </xs:element>
    <xs:element name="Net_Weight" nillable="true">
        <xs:annotation>
            <xs:documentation>按提（运）单填报进出口货物的实际净重。计量单位为千克。</xs:documentation>
        </xs:annotation>
        <xs:simpleType>
            <xs:restriction base="xs:decimal">
                <xs:totalDigits value="19"/>
                <xs:fractionDigits value="5"/>
            </xs:restriction>
        </xs:simpleType>
    </xs:element>
    <xs:element name="Volume" nillable="true">
        <xs:annotation>
            <xs:documentation>单据上货物的体积。计量单位为立方米。</xs:documentation>
        </xs:annotation>
        <xs:simpleType>
            <xs:restriction base="xs:decimal">
                <xs:totalDigits value="19"/>
                <xs:fractionDigits value="5"/>
            </xs:restriction>
        </xs:simpleType>
    </xs:element>
    <xs:element name="Total_Containers_Total_Packages" nillable="true">
        <xs:annotation>
            <xs:documentation>提单上的总箱数/货物总件数。</xs:documentation>
        </xs:annotation>
        <xs:simpleType>
            <xs:restriction base="xs:decimal">
                <xs:totalDigits value="10"/>
                <xs:fractionDigits value="0"/>
```

```
        </xs:restriction>
    </xs:simpleType>
</xs:element>
<xs:element name="Freight_Amount" nillable="true">
    <xs:annotation>
        <xs:documentation>提单上的运费。</xs:documentation>
    </xs:annotation>
    <xs:simpleType>
        <xs:restriction base="xs:decimal">
            <xs:totalDigits value="22"/>
            <xs:fractionDigits value="4"/>
        </xs:restriction>
    </xs:simpleType>
</xs:element>
<xs:element name="Lading_Unit_Price" nillable="true">
    <xs:annotation>
        <xs:documentation>提单上的单价。</xs:documentation>
    </xs:annotation>
    <xs:simpleType>
        <xs:restriction base="xs:decimal">
            <xs:totalDigits value="22"/>
            <xs:fractionDigits value="8"/>
        </xs:restriction>
    </xs:simpleType>
</xs:element>
<xs:element name="Prepaid_At" nillable="true">
    <xs:annotation>
        <xs:documentation>提单的预付地。</xs:documentation>
    </xs:annotation>
        <xs:simpleType>
            <xs:restriction base="xs:string">
                <xs:minLength value="0"/>
                <xs:maxLength value="100"/>
            </xs:restriction>
        </xs:simpleType>
</xs:element>
<xs:element name="Freight_Payable_At" nillable="true">
```

```
    <xs:annotation>
        <xs:documentation>提单的到付地。</xs:documentation>
    </xs:annotation>
        <xs:simpleType>
            <xs:restriction base="xs:string">
                <xs:minLength value="0"/>
                <xs:maxLength value="100"/>
            </xs:restriction>
        </xs:simpleType>
</xs:element>
<xs:element name="Place_Of_Issue" nillable="true">
    <xs:annotation>
        <xs:documentation>提单签发地点。</xs:documentation>
    </xs:annotation>
        <xs:simpleType>
            <xs:restriction base="xs:string">
                <xs:minLength value="0"/>
                <xs:maxLength value="100"/>
            </xs:restriction>
        </xs:simpleType>
</xs:element>
<xs:element name="Date_Of_Issue" type = "xs:date" nillable="true">
    <xs:annotation>
        <xs:documentation>提单签发日期。</xs:documentation>
    </xs:annotation>
</xs:element>
<xs:element name="Total_Prepaid" nillable="true">
    <xs:annotation>
        <xs:documentation>提单的预付总额。</xs:documentation>
    </xs:annotation>
    <xs:simpleType>
        <xs:restriction base="xs:decimal">
            <xs:totalDigits value="22"/>
            <xs:fractionDigits value="4"/>
        </xs:restriction>
    </xs:simpleType>
</xs:element>
```

```
                    <xs:element name="Number_Of_Original_B_L" nillable="true">
                        <xs:annotation>
                            <xs:documentation>正本提单份数。</xs:documentation>
                        </xs:annotation>
                        <xs:simpleType>
                            <xs:restriction base="xs:decimal">
                                <xs:totalDigits value="10"/>
                                <xs:fractionDigits value="0"/>
                            </xs:restriction>
                        </xs:simpleType>
                    </xs:element>
                    <xs:element name="Sales_Lading_Date" type = "xs:date" nillable="true">
                        <xs:annotation>
                            <xs:documentation>提单日期。</xs:documentation>
                        </xs:annotation>
                    </xs:element>
                    <xs:element name="Remarks" nillable="false">
                        <xs:annotation>
                            <xs:documentation>单据的备注信息。</xs:documentation>
                        </xs:annotation>
                            <xs:simpleType>
                                <xs:restriction base="xs:string">
                                    <xs:minLength value="0"/>
                                    <xs:maxLength value="25"/>
                                </xs:restriction>
                            </xs:simpleType>
                    </xs:element>
                </xs:sequence>
            </xs:complexType>
        </xs:element>
        <xs:element name="Sales_Shipping_Order">
            <xs:complexType>
                <xs:sequence>
                    <xs:element name="Shipping_Order_Number" nillable="true">
                        <xs:annotation>
                            <xs:documentation>装运单号。</xs:documentation>
                        </xs:annotation>
```

```
                <xs:simpleType>
                    <xs:restriction base="xs:string">
                        <xs:minLength value="0"/>
                        <xs:maxLength value="100"/>
                    </xs:restriction>
                </xs:simpleType>
        </xs:element>
        <xs:element name="Sales_Order_ID" nillable="false">
            <xs:annotation>
                <xs:documentation>销售订单的唯一标识符。通常由系统自动生成。</xs:documentation>
            </xs:annotation>
                <xs:simpleType>
                    <xs:restriction base="xs:string">
                        <xs:minLength value="0"/>
                        <xs:maxLength value="60"/>
                    </xs:restriction>
                </xs:simpleType>
        </xs:element>
        <xs:element name="Sales_Order_Line_ID" nillable="false">
            <xs:annotation>
                <xs:documentation>销售订单行的唯一标识符。通常由系统自动生成。</xs:documentation>
            </xs:annotation>
                <xs:simpleType>
                    <xs:restriction base="xs:string">
                        <xs:minLength value="0"/>
                        <xs:maxLength value="60"/>
                    </xs:restriction>
                </xs:simpleType>
        </xs:element>
        <xs:element name="Logistics_Unit_ID" nillable="true">
            <xs:annotation>
                <xs:documentation>装运单的物流单位ID。</xs:documentation>
            </xs:annotation>
                <xs:simpleType>
                    <xs:restriction base="xs:string">
```

```
                    <xs:minLength value="0"/>
                    <xs:maxLength value="60"/>
                </xs:restriction>
            </xs:simpleType>
</xs:element>
<xs:element name="Logistics_Unit" nillable="true">
    <xs:annotation>
        <xs:documentation>装运单的物流单位。</xs:documentation>
    </xs:annotation>
        <xs:simpleType>
            <xs:restriction base="xs:string">
                <xs:minLength value="0"/>
                <xs:maxLength value="100"/>
            </xs:restriction>
        </xs:simpleType>
</xs:element>
<xs:element name="Shipping_Date" type = "xs:date" nillable="true">
    <xs:annotation>
        <xs:documentation>装运单上的装运日期。</xs:documentation>
    </xs:annotation>
</xs:element>
<xs:element name="Place_Of_Loading" nillable="true">
    <xs:annotation>
        <xs:documentation>装运单上的装运地。</xs:documentation>
    </xs:annotation>
        <xs:simpleType>
            <xs:restriction base="xs:string">
                <xs:minLength value="0"/>
                <xs:maxLength value="200"/>
            </xs:restriction>
        </xs:simpleType>
</xs:element>
<xs:element name="Destination" nillable="true">
    <xs:annotation>
        <xs:documentation>装运单上的目的地。</xs:documentation>
    </xs:annotation>
        <xs:simpleType>
```

```
            <xs:restriction base="xs:string">
                <xs:minLength value="0"/>
                <xs:maxLength value="100"/>
            </xs:restriction>
        </xs:simpleType>
</xs:element>
<xs:element name="Consignor_ID" nillable="true">
    <xs:annotation>
        <xs:documentation>装运单托运人ID。</xs:documentation>
    </xs:annotation>
        <xs:simpleType>
            <xs:restriction base="xs:string">
                <xs:minLength value="0"/>
                <xs:maxLength value="25"/>
            </xs:restriction>
        </xs:simpleType>
</xs:element>
<xs:element name="Consignor" nillable="true">
    <xs:annotation>
        <xs:documentation>提单托运人。</xs:documentation>
    </xs:annotation>
        <xs:simpleType>
            <xs:restriction base="xs:string">
                <xs:minLength value="0"/>
                <xs:maxLength value="100"/>
            </xs:restriction>
        </xs:simpleType>
</xs:element>
<xs:element name="Consignor_Address" nillable="true">
    <xs:annotation>
        <xs:documentation>装运单托运人的地址。</xs:documentation>
    </xs:annotation>
        <xs:simpleType>
            <xs:restriction base="xs:string">
                <xs:minLength value="0"/>
                <xs:maxLength value="200"/>
            </xs:restriction>
```

```
            </xs:simpleType>
        </xs:element>
        <xs:element name="Consignor_Physical_Postal_Code" nillable="true">
            <xs:annotation>
                <xs:documentation>装运单托运人的邮编。</xs:documentation>
            </xs:annotation>
                <xs:simpleType>
                    <xs:restriction base="xs:string">
                        <xs:minLength value="0"/>
                        <xs:maxLength value="20"/>
                    </xs:restriction>
                </xs:simpleType>
        </xs:element>
        <xs:element name="Consignor_Contact" nillable="true">
            <xs:annotation>
                <xs:documentation>装运单托运人的联系方式。
</xs:documentation>
            </xs:annotation>
                <xs:simpleType>
                    <xs:restriction base="xs:string">
                        <xs:minLength value="0"/>
                        <xs:maxLength value="100"/>
                    </xs:restriction>
                </xs:simpleType>
        </xs:element>
        <xs:element name="Consignee_ID" nillable="true">
            <xs:annotation>
                <xs:documentation>装运单上的实际收货人ID。
</xs:documentation>
            </xs:annotation>
                <xs:simpleType>
                    <xs:restriction base="xs:string">
                        <xs:minLength value="0"/>
                        <xs:maxLength value="25"/>
                    </xs:restriction>
                </xs:simpleType>
        </xs:element>
```

```
                    <xs:element name="Consignee" nillable="true">
                        <xs:annotation>
                            <xs:documentation>装运单上的实际收货人姓名。
</xs:documentation>
                        </xs:annotation>
                            <xs:simpleType>
                                <xs:restriction base="xs:string">
                                    <xs:minLength value="0"/>
                                    <xs:maxLength value="100"/>
                                </xs:restriction>
                            </xs:simpleType>
                    </xs:element>
                    <xs:element name="Consignee_Address" nillable="true">
                        <xs:annotation>
                            <xs:documentation>装运单上的实际收货人地址。
</xs:documentation>
                        </xs:annotation>
                            <xs:simpleType>
                                <xs:restriction base="xs:string">
                                    <xs:minLength value="0"/>
                                    <xs:maxLength value="100"/>
                                </xs:restriction>
                            </xs:simpleType>
                    </xs:element>
                    <xs:element name="Consignee_Physical_Postal_Code" nillable="true">
                        <xs:annotation>
                            <xs:documentation>装运单上的实际收货人邮编。
</xs:documentation>
                        </xs:annotation>
                            <xs:simpleType>
                                <xs:restriction base="xs:string">
                                    <xs:minLength value="0"/>
                                    <xs:maxLength value="20"/>
                                </xs:restriction>
                            </xs:simpleType>
                    </xs:element>
                    <xs:element name="Consignee_Contact" nillable="true">
```

```
            <xs:annotation>
                <xs:documentation>装运单上的实际收货人联系方式。
</xs:documentation>
            </xs:annotation>
                <xs:simpleType>
                    <xs:restriction base="xs:string">
                        <xs:minLength value="0"/>
                        <xs:maxLength value="100"/>
                    </xs:restriction>
                </xs:simpleType>
        </xs:element>
        <xs:element name="Goods_Description" nillable="true">
            <xs:annotation>
                <xs:documentation>装运单的货物名称。</xs:documentation>
            </xs:annotation>
                <xs:simpleType>
                    <xs:restriction base="xs:string">
                        <xs:minLength value="0"/>
                        <xs:maxLength value="100"/>
                    </xs:restriction>
                </xs:simpleType>
        </xs:element>
        <xs:element name="Package_Quantity" nillable="true">
            <xs:annotation>
                <xs:documentation>装运单的件数。</xs:documentation>
            </xs:annotation>
            <xs:simpleType>
                <xs:restriction base="xs:decimal">
                    <xs:totalDigits value="10"/>
                    <xs:fractionDigits value="0"/>
                </xs:restriction>
            </xs:simpleType>
        </xs:element>
        <xs:element name="Weight" nillable="true">
            <xs:annotation>
                <xs:documentation>装运单上货物的重量。计量单位为千克。
</xs:documentation>
```

```
        </xs:annotation>
        <xs:simpleType>
            <xs:restriction base="xs:decimal">
                <xs:totalDigits value="19"/>
                <xs:fractionDigits value="5"/>
            </xs:restriction>
        </xs:simpleType>
    </xs:element>
    <xs:element name="Volume" nillable="true">
        <xs:annotation>
            <xs:documentation>单据上货物的体积。计量单位为立方米。
</xs:documentation>
        </xs:annotation>
        <xs:simpleType>
            <xs:restriction base="xs:decimal">
                <xs:totalDigits value="19"/>
                <xs:fractionDigits value="5"/>
            </xs:restriction>
        </xs:simpleType>
    </xs:element>
    <xs:element name="Freight_Amount" nillable="true">
        <xs:annotation>
            <xs:documentation>装运单上的运费金额。</xs:documentation>
        </xs:annotation>
        <xs:simpleType>
            <xs:restriction base="xs:decimal">
                <xs:totalDigits value="22"/>
                <xs:fractionDigits value="4"/>
            </xs:restriction>
        </xs:simpleType>
    </xs:element>
    <xs:element name="Delivery_Date" type = "xs:date" nillable="true">
        <xs:annotation>
            <xs:documentation>货物送达日期。</xs:documentation>
        </xs:annotation>
    </xs:element>
    <xs:element name="Remarks" nillable="false">
```

```
                    <xs:annotation>
                        <xs:documentation>单据的备注信息。</xs:documentation>
                    </xs:annotation>
                        <xs:simpleType>
                            <xs:restriction base="xs:string">
                                <xs:minLength value="0"/>
                                <xs:maxLength value="25"/>
                            </xs:restriction>
                        </xs:simpleType>
                </xs:element>
            </xs:sequence>
        </xs:complexType>
    </xs:element>
    <xs:element name="Sales_Customs">
        <xs:complexType>
            <xs:sequence>
                <xs:element name="Pre_Trade_Code" nillable="true">
                    <xs:annotation>
                        <xs:documentation>申报单位或预录入单位对该单位填制录入的报关单编号，用于该单位与海关之间引用其申报后尚未批准放行的报关单。</xs:documentation>
                    </xs:annotation>
                        <xs:simpleType>
                            <xs:restriction base="xs:string">
                                <xs:minLength value="0"/>
                                <xs:maxLength value="18"/>
                            </xs:restriction>
                        </xs:simpleType>
                </xs:element>
                <xs:element name="Sales_Order_Line_ID" nillable="false">
                    <xs:annotation>
                        <xs:documentation>销售订单行的唯一标识符。通常由系统自动生成。</xs:documentation>
                    </xs:annotation>
                        <xs:simpleType>
                            <xs:restriction base="xs:string">
                                <xs:minLength value="0"/>
```

```
                        <xs:maxLength value="60"/>
                    </xs:restriction>
                </xs:simpleType>
        </xs:element>
        <xs:element name="Export_ID" nillable="true">
            <xs:annotation>
                <xs:documentation>口岸网、数据中心编号。
</xs:documentation>
            </xs:annotation>
                <xs:simpleType>
                    <xs:restriction base="xs:string">
                        <xs:minLength value="0"/>
                        <xs:maxLength value="20"/>
                    </xs:restriction>
                </xs:simpleType>
        </xs:element>
        <xs:element name="Customs_Number" nillable="true">
            <xs:annotation>
                <xs:documentation>“海关编号”的含义取决于特定的语义
环境。报关单中的海关编号即为“报关单号”，关区的海关编号则为“关区代码”；在
其他场合出现时，则为其他方面的海关编号。为避免混淆，建议不单独使用海关编号。
</xs:documentation>
            </xs:annotation>
                <xs:simpleType>
                    <xs:restriction base="xs:string">
                        <xs:minLength value="0"/>
                        <xs:maxLength value="18"/>
                    </xs:restriction>
                </xs:simpleType>
        </xs:element>
        <xs:element name="Export_Date" type = "xs:date" nillable="true">
            <xs:annotation>
                <xs:documentation>运载所申报货物的运输工具办结出境手续
的日期。</xs:documentation>
            </xs:annotation>
        </xs:element>
        <xs:element name="Customs_Code" nillable="true">
```

```
                    <xs:annotation>
                        <xs:documentation>海关业务系统采用的各海关的表示
代码，由4位数字组成，前2位为直属海关关别代码，后2位为其隶属海关的代码。
</xs:documentation>
                    </xs:annotation>
                        <xs:simpleType>
                            <xs:restriction base="xs:string">
                                <xs:length value="4" fixed="true"/>
                            </xs:restriction>
                        </xs:simpleType>
                </xs:element>
                <xs:element name="Declare_Date" type = "xs:date" nillable="true">
                    <xs:annotation>
                        <xs:documentation>海关接受进出口货物的收、发货人或其代
理人申报的日期。以电子数据报关单方式申报的，申报日期为海关计算机系统接受申报
数据时记录的日期。以纸质报关单向海关申报的，申报日期为海关接受纸质报关单并对
报关单进行登记处理的日期。</xs:documentation>
                    </xs:annotation>
                </xs:element>
                <xs:element name="Reg_Manual_Number" nillable="true">
                    <xs:annotation>
                        <xs:documentation>与报关单对应的备案单证号，包括手册号
码、征免税证明编号、原产地证明编号等。</xs:documentation>
                    </xs:annotation>
                        <xs:simpleType>
                            <xs:restriction base="xs:string">
                                <xs:minLength value="0"/>
                                <xs:maxLength value="18"/>
                            </xs:restriction>
                        </xs:simpleType>
                </xs:element>
                <xs:element name="Trade_Name" nillable="true">
                    <xs:annotation>
                        <xs:documentation>对外签订并执行进出口贸易合同中的中国
境内企业、单位或个人的名称。</xs:documentation>
                    </xs:annotation>
                        <xs:simpleType>
```

```xml
                    <xs:restriction base="xs:string">
                        <xs:minLength value="0"/>
                        <xs:maxLength value="100"/>
                    </xs:restriction>
                </xs:simpleType>
            </xs:element>
            <xs:element name="Transport_Mode_Name" nillable="true">
                <xs:annotation>
                    <xs:documentation>我国海关对货物进出关境的运输方式的类别说明。进境货物的运输方式是按货物运抵我国关境第一个口岸时的运输方式填报；出境货物的运输方式是按货物运离我国关境最后一个口岸时的运输方式填报。</xs:documentation>
                </xs:annotation>
                <xs:simpleType>
                    <xs:restriction base="xs:string">
                        <xs:minLength value="0"/>
                        <xs:maxLength value="12"/>
                    </xs:restriction>
                </xs:simpleType>
            </xs:element>
            <xs:element name="Shipping_Method" nillable="true">
                <xs:annotation>
                    <xs:documentation>运输的工具名称。例如，飞机、火车、货车、手递。</xs:documentation>
                </xs:annotation>
                <xs:simpleType>
                    <xs:restriction base="xs:string">
                        <xs:minLength value="0"/>
                        <xs:maxLength value="60"/>
                    </xs:restriction>
                </xs:simpleType>
            </xs:element>
            <xs:element name="Bill_Number" nillable="true">
                <xs:annotation>
                    <xs:documentation>进出口货物的提单或运单的编号。应与运输部门向海关申报的载货清单所列相应内容一致。</xs:documentation>
                </xs:annotation>
```

```
                <xs:simpleType>
                    <xs:restriction base="xs:string">
                        <xs:minLength value="0"/>
                        <xs:maxLength value="32"/>
                    </xs:restriction>
                </xs:simpleType>
        </xs:element>
        <xs:element name="Consignor_Company_Name" nillable="true">
            <xs:annotation>
                <xs:documentation>出口货物在境内的生产或销售单位（包括：1. 自行出口货物的单位。2. 委托有外贸进出口经营权的企业出口货物的单位）的名称，采用其在海关登记注册的名称。</xs:documentation>
            </xs:annotation>
                <xs:simpleType>
                    <xs:restriction base="xs:string">
                        <xs:minLength value="0"/>
                        <xs:maxLength value="100"/>
                    </xs:restriction>
                </xs:simpleType>
        </xs:element>
        <xs:element name="Trans_Mode_Name" nillable="true">
            <xs:annotation>
                <xs:documentation>进出口贸易中，对进出口商品的价格构成和买卖双方各自应该承担的责任、费用和风险，以及货物所有权转移的界限的简要说明，如工厂交货、离岸价格、到岸价格等。</xs:documentation>
            </xs:annotation>
                <xs:simpleType>
                    <xs:restriction base="xs:string">
                        <xs:minLength value="0"/>
                        <xs:maxLength value="26"/>
                    </xs:restriction>
                </xs:simpleType>
        </xs:element>
        <xs:element name="Tax_Exemption_Nature" nillable="true">
            <xs:annotation>
                <xs:documentation>征免性质中文名称的全称。
</xs:documentation>
```

```
                </xs:annotation>
                    <xs:simpleType>
                        <xs:restriction base="xs:string">
                            <xs:minLength value="0"/>
                            <xs:maxLength value="50"/>
                        </xs:restriction>
                    </xs:simpleType>
            </xs:element>
            <xs:element name="Pay_Mode_Name" nillable="true">
                <xs:annotation>
                    <xs:documentation>出口货物的发货人或其代理人收结外汇方式的说明。</xs:documentation>
                </xs:annotation>
                    <xs:simpleType>
                        <xs:restriction base="xs:string">
                            <xs:minLength value="0"/>
                            <xs:maxLength value="100"/>
                        </xs:restriction>
                    </xs:simpleType>
            </xs:element>
            <xs:element name="Approval_ID" nillable="true">
                <xs:annotation>
                    <xs:documentation>出口报关单中，批准文号为《出口收汇核销单》编号。进口报关单中，批准文号为《进口付汇核销单》编号。</xs:documentation>
                </xs:annotation>
                    <xs:simpleType>
                        <xs:restriction base="xs:string">
                            <xs:length value="8" fixed="true"/>
                        </xs:restriction>
                    </xs:simpleType>
            </xs:element>
            <xs:element name="Freight_Amount" nillable="true">
                <xs:annotation>
                    <xs:documentation>对于成交价格中不包含运费的进口货物或成交价格中含有运费的出口货物，应该填报该份报关单所含全部货物的国际运输费用。</xs:documentation>
                </xs:annotation>
```

```
                <xs:simpleType>
                    <xs:restriction base="xs:decimal">
                        <xs:totalDigits value="19"/>
                        <xs:fractionDigits value="5"/>
                    </xs:restriction>
                </xs:simpleType>
            </xs:element>
            <xs:element name="Insurance_Amount" nillable="true">
                <xs:annotation>
                    <xs:documentation>对于成交价格中不包含保险费的进口货物或成交价格中含有保险费的出口货物，应该填报该份报关单所含全部货物的国际运输保险费用。</xs:documentation>
                </xs:annotation>
                <xs:simpleType>
                    <xs:restriction base="xs:decimal">
                        <xs:totalDigits value="19"/>
                        <xs:fractionDigits value="5"/>
                    </xs:restriction>
                </xs:simpleType>
            </xs:element>
            <xs:element name="Other_Fee_Amount" nillable="true">
                <xs:annotation>
                    <xs:documentation>进出口货物成交价格以外的，应该计入完税价格或应从完税价格中扣除的费用，如手续费、佣金、回扣等。</xs:documentation>
                </xs:annotation>
                <xs:simpleType>
                    <xs:restriction base="xs:decimal">
                        <xs:totalDigits value="19"/>
                        <xs:fractionDigits value="5"/>
                    </xs:restriction>
                </xs:simpleType>
            </xs:element>
            <xs:element name="Contract_Number" nillable="true">
                <xs:annotation>
                    <xs:documentation>在进出口贸易中，双方或多方当事人根据国际贸易惯例或国家的法律、法规，自愿按照一定条件买卖某种商品所签署的合同（协议）的编号。</xs:documentation>
```

```
        </xs:annotation>
            <xs:simpleType>
                <xs:restriction base="xs:string">
                    <xs:minLength value="0"/>
                    <xs:maxLength value="32"/>
                </xs:restriction>
            </xs:simpleType>
    </xs:element>
    <xs:element name="Package_Quantity" nillable="true">
        <xs:annotation>
            <xs:documentation>有外包装的进（出）口货物的实际件数。舱单件数为集装箱（TEU）的，填报集装箱个数。舱单件数为托盘的，填报托盘数。裸装货物填报为“1”。</xs:documentation>
        </xs:annotation>
        <xs:simpleType>
            <xs:restriction base="xs:decimal">
                <xs:totalDigits value="10"/>
                <xs:fractionDigits value="0"/>
            </xs:restriction>
        </xs:simpleType>
    </xs:element>
    <xs:element name="Wrap_Type_Name" nillable="true">
        <xs:annotation>
            <xs:documentation>海关对进出口货物在运输中所采用的外部包装方式的说明，按海关规定的《包装种类代码表》选择填报相应的包装种类名称及代码。</xs:documentation>
        </xs:annotation>
            <xs:simpleType>
                <xs:restriction base="xs:string">
                    <xs:minLength value="0"/>
                    <xs:maxLength value="6"/>
                </xs:restriction>
            </xs:simpleType>
    </xs:element>
    <xs:element name="Gross_Weight" nillable="true">
        <xs:annotation>
            <xs:documentation>按提（运）单填报进出口货物的实际毛重，
```

```
即货物及其包装材料的重量之和。计量单位为千克。</xs:documentation>
          </xs:annotation>
          <xs:simpleType>
            <xs:restriction base="xs:decimal">
              <xs:totalDigits value="19"/>
              <xs:fractionDigits value="5"/>
            </xs:restriction>
          </xs:simpleType>
        </xs:element>
        <xs:element name="Net_Weight" nillable="true">
          <xs:annotation>
            <xs:documentation>按提（运）单填报进出口货物的实际净重。
计量单位为千克。</xs:documentation>
          </xs:annotation>
          <xs:simpleType>
            <xs:restriction base="xs:decimal">
              <xs:totalDigits value="19"/>
              <xs:fractionDigits value="5"/>
            </xs:restriction>
          </xs:simpleType>
        </xs:element>
        <xs:element name="Container_Number" nillable="true">
          <xs:annotation>
            <xs:documentation>在每个集装箱箱体两侧标示的全球唯一的
编号。集装箱号由4部分组成：3位箱主代码（采用经国际集装箱局BICO注册的3位大
写英文字母表示）+1位设备识别码（U集装箱、J集装箱所配置的挂装设备、Z集装箱拖
挂车和底盘挂车）+6位箱号（采用6位数字表示，不足6位在前面补0）+1位数字的校
验码。转关车辆运输则保存监管车货柜编号。</xs:documentation>
          </xs:annotation>
            <xs:simpleType>
              <xs:restriction base="xs:string">
                <xs:minLength value="0"/>
                <xs:maxLength value="11"/>
              </xs:restriction>
            </xs:simpleType>
        </xs:element>
        <xs:element name="Attached_Document_Code" nillable="true">
```

```
                <xs:annotation>
                    <xs:documentation>随进出口货物报关单一并向海关递交的
各种单证或文件（不包括合同、发票、装箱单、许可证等的随附单证）的标识代码。
</xs:documentation>
                </xs:annotation>
                    <xs:simpleType>
                        <xs:restriction base="xs:string">
                            <xs:minLength value="0"/>
                            <xs:maxLength value="50"/>
                        </xs:restriction>
                    </xs:simpleType>
            </xs:element>
            <xs:element name="Manufacturer" nillable="true">
                <xs:annotation>
                    <xs:documentation>出库货物的境内生产企业名称。
</xs:documentation>
                </xs:annotation>
                    <xs:simpleType>
                        <xs:restriction base="xs:string">
                            <xs:minLength value="0"/>
                            <xs:maxLength value="100"/>
                        </xs:restriction>
                    </xs:simpleType>
            </xs:element>
            <xs:element name="Remarks" nillable="false">
                <xs:annotation>
                    <xs:documentation>单据的备注信息。</xs:documentation>
                </xs:annotation>
                    <xs:simpleType>
                        <xs:restriction base="xs:string">
                            <xs:minLength value="0"/>
                            <xs:maxLength value="25"/>
                        </xs:restriction>
                    </xs:simpleType>
            </xs:element>
            <xs:element name="Goods_Number" nillable="true">
                <xs:annotation>
```

```
                    <xs:documentation>报关单中商品排列的序号。
</xs:documentation>
                </xs:annotation>
                <xs:simpleType>
                    <xs:restriction base="xs:decimal">
                        <xs:totalDigits value="19"/>
                        <xs:fractionDigits value="0"/>
                    </xs:restriction>
                </xs:simpleType>
            </xs:element>
            <xs:element name="Goods_Code" nillable="true">
                <xs:annotation>
                    <xs:documentation>我国海关对进出口货物规定的类别标识代
码，总长度为10位数字代码，前8位由国务院关税税则委员会确定，后2位由海关根据
进口环节税、暂定税和贸易管制的需要而增设。</xs:documentation>
                </xs:annotation>
                    <xs:simpleType>
                        <xs:restriction base="xs:string">
                            <xs:length value="10" fixed="true"/>
                        </xs:restriction>
                    </xs:simpleType>
            </xs:element>
            <xs:element name="Goods_Name" nillable="false">
                <xs:annotation>
                    <xs:documentation>同一类商品的中文名称。任何一种具体商
品可以且只能归入表中的一个条目。</xs:documentation>
                </xs:annotation>
                    <xs:simpleType>
                        <xs:restriction base="xs:string">
                            <xs:minLength value="0"/>
                            <xs:maxLength value="60"/>
                        </xs:restriction>
                    </xs:simpleType>
            </xs:element>
            <xs:element name="Destination_Country_Name" nillable="true">
                <xs:annotation>
                    <xs:documentation>已知的出口货物的最终实际消费、使用或
```

```
进一步加工制造的国家（地区）的中文名称。按海关规定的《国别（地区）代码表》选
择填报相应的国家（地区）名称及代码。</xs:documentation>
                </xs:annotation>
                    <xs:simpleType>
                        <xs:restriction base="xs:string">
                            <xs:minLength value="0"/>
                            <xs:maxLength value="32"/>
                        </xs:restriction>
                    </xs:simpleType>
            </xs:element>
            <xs:element name="Quantity" nillable="true">
                <xs:annotation>
                    <xs:documentation>单据上货物的数量。</xs:documentation>
                </xs:annotation>
                <xs:simpleType>
                    <xs:restriction base="xs:decimal">
                        <xs:totalDigits value="22"/>
                        <xs:fractionDigits value="4"/>
                    </xs:restriction>
                </xs:simpleType>
            </xs:element>
            <xs:element name="Unit_Price" nillable="true">
                <xs:annotation>
                    <xs:documentation>同一项号下进出口货物实际成交的商品单
位价格。无实际成交价格的填报货值。</xs:documentation>
                </xs:annotation>
                <xs:simpleType>
                    <xs:restriction base="xs:decimal">
                        <xs:totalDigits value="22"/>
                        <xs:fractionDigits value="8"/>
                    </xs:restriction>
                </xs:simpleType>
            </xs:element>
            <xs:element name="Total_Amount" nillable="true">
                <xs:annotation>
                    <xs:documentation>同一项号下进出口货物实际成交的商品总
价格。无实际成交价格的填报货值。</xs:documentation>
```

```
                </xs:annotation>
                <xs:simpleType>
                    <xs:restriction base="xs:decimal">
                        <xs:totalDigits value="19"/>
                        <xs:fractionDigits value="5"/>
                    </xs:restriction>
                </xs:simpleType>
            </xs:element>
            <xs:element name="Currency_Code" nillable="true">
                <xs:annotation>
                    <xs:documentation>世界各国货币和资金的标识代码，即海关统计采用的货币缩写符。我国海关规定统一按照ISO 4217规定的3字母代码表示。</xs:documentation>
                </xs:annotation>
                    <xs:simpleType>
                        <xs:restriction base="xs:string">
                            <xs:length value="3" fixed="true"/>
                        </xs:restriction>
                    </xs:simpleType>
            </xs:element>
            <xs:element name="Duty_Mode_Name" nillable="true">
                <xs:annotation>
                    <xs:documentation>海关依法对进出口货物实际决定征税、减税或免税的操作方式的说明。对报关单所列每项商品选择海关规定的《征减免税方式代码表》中相应的征减免税方式填报。</xs:documentation>
                </xs:annotation>
                    <xs:simpleType>
                        <xs:restriction base="xs:string">
                            <xs:minLength value="0"/>
                            <xs:maxLength value="12"/>
                        </xs:restriction>
                    </xs:simpleType>
            </xs:element>
            <xs:element name="Inputer_Name" nillable="true">
                <xs:annotation>
                    <xs:documentation>预录入操作人员的姓名。</xs:documentation>
```

```
                </xs:annotation>
                    <xs:simpleType>
                        <xs:restriction base="xs:string">
                            <xs:minLength value="0"/>
                            <xs:maxLength value="30"/>
                        </xs:restriction>
                    </xs:simpleType>
            </xs:element>
            <xs:element name="Input_Company_Name" nillable="true">
                <xs:annotation>
                    <xs:documentation>电子数据报关单录入单位的名称。
</xs:documentation>
                </xs:annotation>
                    <xs:simpleType>
                        <xs:restriction base="xs:string">
                            <xs:minLength value="0"/>
                            <xs:maxLength value="100"/>
                        </xs:restriction>
                    </xs:simpleType>
            </xs:element>
            <xs:element name="Fill_Date" type = "xs:date" nillable="true">
                <xs:annotation>
                    <xs:documentation>填制日期。</xs:documentation>
                </xs:annotation>
            </xs:element>
            <xs:element name="Declarant_Name" nillable="true">
                <xs:annotation>
                    <xs:documentation>报关员姓名。</xs:documentation>
                </xs:annotation>
                    <xs:simpleType>
                        <xs:restriction base="xs:string">
                            <xs:minLength value="0"/>
                            <xs:maxLength value="30"/>
                        </xs:restriction>
                    </xs:simpleType>
            </xs:element>
        </xs:sequence>
```

```
        </xs:complexType>
    </xs:element>
    <xs:element name="Sales_Return">
        <xs:complexType>
            <xs:sequence>
                <xs:element name="Sales_Return_Document_Number" nillable="true">
                    <xs:annotation>
                        <xs:documentation>退货的单号。</xs:documentation>
                    </xs:annotation>
                        <xs:simpleType>
                            <xs:restriction base="xs:string">
                                <xs:minLength value="0"/>
                                <xs:maxLength value="80"/>
                            </xs:restriction>
                        </xs:simpleType>
                </xs:element>
                <xs:element name="Sales_Return_Date" type = "xs:date" nillable="true">
                    <xs:annotation>
                        <xs:documentation>退货的日期。</xs:documentation>
                    </xs:annotation>
                </xs:element>
                <xs:element name="Sales_Order_ID" nillable="false">
                    <xs:annotation>
                        <xs:documentation>销售订单的唯一标识符。通常由系统自动生成。</xs:documentation>
                    </xs:annotation>
                        <xs:simpleType>
                            <xs:restriction base="xs:string">
                                <xs:minLength value="0"/>
                                <xs:maxLength value="60"/>
                            </xs:restriction>
                        </xs:simpleType>
                </xs:element>
                <xs:element name="Sales_Order_Line_ID" nillable="false">
                    <xs:annotation>
                        <xs:documentation>销售订单行的唯一标识符。通常由系统自动生成。</xs:documentation>
```

```
        </xs:annotation>
            <xs:simpleType>
                <xs:restriction base="xs:string">
                    <xs:minLength value="0"/>
                    <xs:maxLength value="60"/>
                </xs:restriction>
            </xs:simpleType>
    </xs:element>
    <xs:element name="Invoice_ID" nillable="false">
        <xs:annotation>
            <xs:documentation>发票的唯一标识符。通常由系统自动生成。
</xs:documentation>
        </xs:annotation>
            <xs:simpleType>
                <xs:restriction base="xs:string">
                    <xs:minLength value="0"/>
                    <xs:maxLength value="60"/>
                </xs:restriction>
            </xs:simpleType>
    </xs:element>
    <xs:element name="Goods_Received_Note_ID" nillable="false">
        <xs:annotation>
            <xs:documentation>入库单的唯一标识码。一般由计算机自动
生成，用于系统内部进行数据关联。</xs:documentation>
        </xs:annotation>
            <xs:simpleType>
                <xs:restriction base="xs:string">
                    <xs:minLength value="0"/>
                    <xs:maxLength value="60"/>
                </xs:restriction>
            </xs:simpleType>
    </xs:element>
    <xs:element name="Sales_Type" nillable="true">
        <xs:annotation>
            <xs:documentation>退回货物的销售类型。</xs:documentation>
        </xs:annotation>
            <xs:simpleType>
```

```
                <xs:restriction base="xs:string">
                    <xs:minLength value="0"/>
                    <xs:maxLength value="100"/>
                </xs:restriction>
            </xs:simpleType>
    </xs:element>
    <xs:element name="Customer_Name" nillable="false">
        <xs:annotation>
            <xs:documentation>客户的名称全称。</xs:documentation>
        </xs:annotation>
            <xs:simpleType>
                <xs:restriction base="xs:string">
                    <xs:minLength value="0"/>
                    <xs:maxLength value="512"/>
                </xs:restriction>
            </xs:simpleType>
    </xs:element>
    <xs:element name="Salesperson_ID" nillable="false">
        <xs:annotation>
            <xs:documentation>货物退回业务员的唯一标识符。
</xs:documentation>
        </xs:annotation>
            <xs:simpleType>
                <xs:restriction base="xs:string">
                    <xs:minLength value="0"/>
                    <xs:maxLength value="128"/>
                </xs:restriction>
            </xs:simpleType>
    </xs:element>
    <xs:element name="Tax_Percentage" nillable="false">
        <xs:annotation>
            <xs:documentation>税项类型所对应的税率，用百分比表示。
</xs:documentation>
        </xs:annotation>
        <xs:simpleType>
            <xs:restriction base="xs:decimal">
                <xs:totalDigits value="30"/>
```

```
                <xs:fractionDigits value="10"/>
            </xs:restriction>
        </xs:simpleType>
    </xs:element>
    <xs:element name="Product_ID" nillable="false">
        <xs:annotation>
            <xs:documentation>物料的唯一标识码。一般由计算机自动生成，用于系统内部进行数据关联。</xs:documentation>
        </xs:annotation>
            <xs:simpleType>
                <xs:restriction base="xs:string">
                    <xs:minLength value="0"/>
                    <xs:maxLength value="60"/>
                </xs:restriction>
            </xs:simpleType>
    </xs:element>
    <xs:element name="Product_Type_Description" nillable="false">
        <xs:annotation>
            <xs:documentation>物料的规格型号。</xs:documentation>
        </xs:annotation>
            <xs:simpleType>
                <xs:restriction base="xs:string">
                    <xs:minLength value="0"/>
                    <xs:maxLength value="512"/>
                </xs:restriction>
            </xs:simpleType>
    </xs:element>
    <xs:element name="Sales_Return_Quantity" nillable="true">
        <xs:annotation>
            <xs:documentation>销售退回的数量。</xs:documentation>
        </xs:annotation>
        <xs:simpleType>
            <xs:restriction base="xs:decimal">
                <xs:totalDigits value="10"/>
                <xs:fractionDigits value="0"/>
            </xs:restriction>
        </xs:simpleType>
```

```
</xs:element>
<xs:element name="Sales_Return_Unit_Price" nillable="true">
    <xs:annotation>
        <xs:documentation>销售退回的单价。</xs:documentation>
    </xs:annotation>
    <xs:simpleType>
        <xs:restriction base="xs:decimal">
            <xs:totalDigits value="22"/>
            <xs:fractionDigits value="8"/>
        </xs:restriction>
    </xs:simpleType>
</xs:element>
<xs:element name="Created_User_ID" nillable="false">
    <xs:annotation>
        <xs:documentation>唯一制单人的标识符。一般由计算机自动
生成，用于系统内部进行数据关联。</xs:documentation>
    </xs:annotation>
        <xs:simpleType>
            <xs:restriction base="xs:string">
                <xs:minLength value="0"/>
                <xs:maxLength value="25"/>
            </xs:restriction>
        </xs:simpleType>
</xs:element>
<xs:element name="Reviewed_User_ID" nillable="true">
    <xs:annotation>
        <xs:documentation>销售退回的审核人ID。</xs:documentation>
    </xs:annotation>
        <xs:simpleType>
            <xs:restriction base="xs:string">
                <xs:minLength value="0"/>
                <xs:maxLength value="25"/>
            </xs:restriction>
        </xs:simpleType>
</xs:element>
<xs:element name="Reviewed_User" nillable="true">
    <xs:annotation>
```

```
                <xs:documentation>销售退回的审核人。</xs:documentation>
            </xs:annotation>
                <xs:simpleType>
                    <xs:restriction base="xs:string">
                        <xs:minLength value="0"/>
                        <xs:maxLength value="100"/>
                    </xs:restriction>
                </xs:simpleType>
        </xs:element>
        <xs:element name="Approved_Date" type = "xs:date" nillable="true">
            <xs:annotation>
                <xs:documentation>批准添加或修改客户的日期。
</xs:documentation>
            </xs:annotation>
        </xs:element>
        <xs:element name="Tax_Exclude_Amount" nillable="false">
            <xs:annotation>
                <xs:documentation>以原币表示的不包含税金的总金额。
</xs:documentation>
            </xs:annotation>
            <xs:simpleType>
                <xs:restriction base="xs:decimal">
                    <xs:totalDigits value="22"/>
                    <xs:fractionDigits value="4"/>
                </xs:restriction>
            </xs:simpleType>
        </xs:element>
        <xs:element name="Tax_Include_Amount" nillable="false">
            <xs:annotation>
                <xs:documentation>以原币表示的包含税金的总金额。
</xs:documentation>
            </xs:annotation>
            <xs:simpleType>
                <xs:restriction base="xs:decimal">
                    <xs:totalDigits value="22"/>
                    <xs:fractionDigits value="4"/>
                </xs:restriction>
```

```
                    </xs:simpleType>
                </xs:element>
                <xs:element name="Exchange_Rate" nillable="true">
                    <xs:annotation>
                        <xs:documentation>销售时的汇率。</xs:documentation>
                    </xs:annotation>
                    <xs:simpleType>
                        <xs:restriction base="xs:decimal">
                            <xs:totalDigits value="22"/>
                            <xs:fractionDigits value="4"/>
                        </xs:restriction>
                    </xs:simpleType>
                </xs:element>
            </xs:sequence>
        </xs:complexType>
    </xs:element>
    <xs:element name="Sales_Rebate">
        <xs:complexType>
            <xs:sequence>
                <xs:element name="Sales_Rebate_Method_ID" nillable="true">
                    <xs:annotation>
                        <xs:documentation>销售返利方式的ID。</xs:documentation>
                    </xs:annotation>
                        <xs:simpleType>
                            <xs:restriction base="xs:string">
                                <xs:minLength value="0"/>
                                <xs:maxLength value="60"/>
                            </xs:restriction>
                        </xs:simpleType>
                </xs:element>
                <xs:element name="Sales_Rebate_Method" nillable="true">
                    <xs:annotation>
                        <xs:documentation>返利条件描述。</xs:documentation>
                    </xs:annotation>
                        <xs:simpleType>
                            <xs:restriction base="xs:string">
                                <xs:minLength value="0"/>
```

```xml
                <xs:maxLength value="200"/>
            </xs:restriction>
        </xs:simpleType>
</xs:element>
<xs:element name="Sales_Rebate_Customer_ID" nillable="true">
    <xs:annotation>
        <xs:documentation>销售返利客户的ID。</xs:documentation>
    </xs:annotation>
        <xs:simpleType>
            <xs:restriction base="xs:string">
                <xs:minLength value="0"/>
                <xs:maxLength value="80"/>
            </xs:restriction>
        </xs:simpleType>
</xs:element>
<xs:element name="Sales_Rebate_Customer" nillable="true">
    <xs:annotation>
        <xs:documentation>销售返利的客户。</xs:documentation>
    </xs:annotation>
        <xs:simpleType>
            <xs:restriction base="xs:string">
                <xs:minLength value="0"/>
                <xs:maxLength value="80"/>
            </xs:restriction>
        </xs:simpleType>
</xs:element>
<xs:element name="Sales_Rebate_Organization_Code" nillable="true">
    <xs:annotation>
        <xs:documentation>对企业内部从事销售业务的组织单元进行标识的编码。</xs:documentation>
    </xs:annotation>
        <xs:simpleType>
            <xs:restriction base="xs:string">
                <xs:minLength value="0"/>
                <xs:maxLength value="100"/>
            </xs:restriction>
        </xs:simpleType>
```

```
</xs:element>
<xs:element name="Sales_Rebate_Percentage" nillable="true">
    <xs:annotation>
        <xs:documentation>销售返利的比例。</xs:documentation>
    </xs:annotation>
    <xs:simpleType>
        <xs:restriction base="xs:decimal">
            <xs:totalDigits value="5"/>
            <xs:fractionDigits value="2"/>
        </xs:restriction>
    </xs:simpleType>
</xs:element>
<xs:element name="Sales_Rebate_Date" type = "xs:date" nillable="true">
    <xs:annotation>
        <xs:documentation>销售返利的日期。</xs:documentation>
    </xs:annotation>
</xs:element>
<xs:element name="Sales_Rebate_Code" nillable="true">
    <xs:annotation>
        <xs:documentation>销售返利号。</xs:documentation>
    </xs:annotation>
        <xs:simpleType>
            <xs:restriction base="xs:string">
                <xs:minLength value="0"/>
                <xs:maxLength value="60"/>
            </xs:restriction>
        </xs:simpleType>
</xs:element>
<xs:element name="Sales_Rebate_Amount" nillable="true">
    <xs:annotation>
        <xs:documentation>销售返利金额。</xs:documentation>
    </xs:annotation>
    <xs:simpleType>
        <xs:restriction base="xs:decimal">
            <xs:totalDigits value="22"/>
            <xs:fractionDigits value="4"/>
        </xs:restriction>
```

```
			</xs:simpleType>
		</xs:element>
		<xs:element name="Payment_Time" type = "xs:time" nillable="true">
			<xs:annotation>
				<xs:documentation>销售返利的支付时间。</xs:documentation>
			</xs:annotation>
		</xs:element>
		<xs:element name="Sales_Order_ID" nillable="false">
			<xs:annotation>
				<xs:documentation>销售订单的唯一标识符。通常由系统自动生成。</xs:documentation>
			</xs:annotation>
				<xs:simpleType>
					<xs:restriction base="xs:string">
						<xs:minLength value="0"/>
						<xs:maxLength value="60"/>
					</xs:restriction>
				</xs:simpleType>
		</xs:element>
		<xs:element name="Sales_Order_Line_ID" nillable="false">
			<xs:annotation>
				<xs:documentation>销售订单行的唯一标识符。通常由系统自动生成。</xs:documentation>
			</xs:annotation>
				<xs:simpleType>
					<xs:restriction base="xs:string">
						<xs:minLength value="0"/>
						<xs:maxLength value="60"/>
					</xs:restriction>
				</xs:simpleType>
		</xs:element>
		<xs:element name="Sales_Transaction_Amount" nillable="true">
			<xs:annotation>
				<xs:documentation>以交易货币记录的销售金额。</xs:documentation>
			</xs:annotation>
			<xs:simpleType>
```

```
                        <xs:restriction base="xs:decimal">
                            <xs:totalDigits value="22"/>
                            <xs:fractionDigits value="4"/>
                        </xs:restriction>
                    </xs:simpleType>
                </xs:element>
            </xs:sequence>
        </xs:complexType>
    </xs:element>
    <xs:element name="Sales_Express_Bill">
        <xs:complexType>
            <xs:sequence>
                <xs:element name="Express_Bill_Number" nillable="true">
                    <xs:annotation>
                        <xs:documentation>快递单号。</xs:documentation>
                    </xs:annotation>
                        <xs:simpleType>
                            <xs:restriction base="xs:string">
                                <xs:minLength value="0"/>
                                <xs:maxLength value="100"/>
                            </xs:restriction>
                        </xs:simpleType>
                </xs:element>
                <xs:element name="Sales_Order_ID" nillable="false">
                    <xs:annotation>
                        <xs:documentation>销售订单的唯一标识符。通常由系统自动
生成。</xs:documentation>
                    </xs:annotation>
                        <xs:simpleType>
                            <xs:restriction base="xs:string">
                                <xs:minLength value="0"/>
                                <xs:maxLength value="60"/>
                            </xs:restriction>
                        </xs:simpleType>
                </xs:element>
                <xs:element name="Sales_Order_Line_ID" nillable="false">
                    <xs:annotation>
```

```
                <xs:documentation>销售订单行的唯一标识符。通常由系统自动生成。</xs:documentation>
            </xs:annotation>
                <xs:simpleType>
                    <xs:restriction base="xs:string">
                        <xs:minLength value="0"/>
                        <xs:maxLength value="60"/>
                    </xs:restriction>
                </xs:simpleType>
        </xs:element>
        <xs:element name="Shipper_Information" nillable="true">
            <xs:annotation>
                <xs:documentation>寄件人信息。</xs:documentation>
            </xs:annotation>
                <xs:simpleType>
                    <xs:restriction base="xs:string">
                        <xs:minLength value="0"/>
                        <xs:maxLength value="100"/>
                    </xs:restriction>
                </xs:simpleType>
        </xs:element>
        <xs:element name="Customer_Number" nillable="true">
            <xs:annotation>
                <xs:documentation>快递单上的客户编号。</xs:documentation>
            </xs:annotation>
                <xs:simpleType>
                    <xs:restriction base="xs:string">
                        <xs:minLength value="0"/>
                        <xs:maxLength value="80"/>
                    </xs:restriction>
                </xs:simpleType>
        </xs:element>
        <xs:element name="Shipper_Company" nillable="true">
            <xs:annotation>
                <xs:documentation>快递单寄件公司。</xs:documentation>
            </xs:annotation>
                <xs:simpleType>
```

```xml
                    <xs:restriction base="xs:string">
                        <xs:minLength value="0"/>
                        <xs:maxLength value="100"/>
                    </xs:restriction>
                </xs:simpleType>
            </xs:element>
            <xs:element name="Primary_Contact_Name" nillable="true">
                <xs:annotation>
                    <xs:documentation>快递单上的主要联系人名称。
</xs:documentation>
                </xs:annotation>
                <xs:simpleType>
                    <xs:restriction base="xs:string">
                        <xs:minLength value="0"/>
                        <xs:maxLength value="100"/>
                    </xs:restriction>
                </xs:simpleType>
            </xs:element>
            <xs:element name="Shipper_Address" nillable="true">
                <xs:annotation>
                    <xs:documentation>寄件人地址。</xs:documentation>
                </xs:annotation>
                <xs:simpleType>
                    <xs:restriction base="xs:string">
                        <xs:minLength value="0"/>
                        <xs:maxLength value="100"/>
                    </xs:restriction>
                </xs:simpleType>
            </xs:element>
            <xs:element name="Area_Code" nillable="true">
                <xs:annotation>
                    <xs:documentation>快递单上的区号。</xs:documentation>
                </xs:annotation>
                <xs:simpleType>
                    <xs:restriction base="xs:string">
                        <xs:minLength value="0"/>
                        <xs:maxLength value="10"/>
```

```
                </xs:restriction>
            </xs:simpleType>
        </xs:element>
        <xs:element name="Telephone_Number" nillable="true">
            <xs:annotation>
                <xs:documentation>快递单上的联系电话。</xs:documentation>
            </xs:annotation>
                <xs:simpleType>
                    <xs:restriction base="xs:string">
                        <xs:minLength value="0"/>
                        <xs:maxLength value="100"/>
                    </xs:restriction>
                </xs:simpleType>
        </xs:element>
        <xs:element name="Sign_Notification" nillable="true">
            <xs:annotation>
                <xs:documentation>快递单的签收短信通知。
</xs:documentation>
            </xs:annotation>
                <xs:simpleType>
                    <xs:restriction base="xs:string">
                        <xs:minLength value="0"/>
                        <xs:maxLength value="200"/>
                    </xs:restriction>
                </xs:simpleType>
        </xs:element>
        <xs:element name="Consignee_Information" nillable="true">
            <xs:annotation>
                <xs:documentation>收件人信息。</xs:documentation>
            </xs:annotation>
                <xs:simpleType>
                    <xs:restriction base="xs:string">
                        <xs:minLength value="0"/>
                        <xs:maxLength value="100"/>
                    </xs:restriction>
                </xs:simpleType>
        </xs:element>
```

```
<xs:element name="Consignee_Company" nillable="true">
    <xs:annotation>
        <xs:documentation>收件公司。</xs:documentation>
    </xs:annotation>
        <xs:simpleType>
            <xs:restriction base="xs:string">
                <xs:minLength value="0"/>
                <xs:maxLength value="100"/>
            </xs:restriction>
        </xs:simpleType>
</xs:element>
<xs:element name="Consignee_Address" nillable="true">
    <xs:annotation>
        <xs:documentation>收件人地址。</xs:documentation>
    </xs:annotation>
        <xs:simpleType>
            <xs:restriction base="xs:string">
                <xs:minLength value="0"/>
                <xs:maxLength value="200"/>
            </xs:restriction>
        </xs:simpleType>
</xs:element>
<xs:element name="Shipment_Information" nillable="true">
    <xs:annotation>
        <xs:documentation>快递单托寄物的详细资料。</xs:documentation>
    </xs:annotation>
        <xs:simpleType>
            <xs:restriction base="xs:string">
                <xs:minLength value="0"/>
                <xs:maxLength value="2000"/>
            </xs:restriction>
        </xs:simpleType>
</xs:element>
<xs:element name="Description_Of_Goods" nillable="true">
    <xs:annotation>
        <xs:documentation>快递单托寄物的内容。</xs:documentation>
    </xs:annotation>
```

```
            <xs:simpleType>
                <xs:restriction base="xs:string">
                    <xs:minLength value="0"/>
                    <xs:maxLength value="60"/>
                </xs:restriction>
            </xs:simpleType>
        </xs:element>
        <xs:element name="Quantity" nillable="true">
            <xs:annotation>
                <xs:documentation>快递单上货物的数量。</xs:documentation>
            </xs:annotation>
            <xs:simpleType>
                <xs:restriction base="xs:decimal">
                    <xs:totalDigits value="22"/>
                    <xs:fractionDigits value="4"/>
                </xs:restriction>
            </xs:simpleType>
        </xs:element>
        <xs:element name="Volume" nillable="true">
            <xs:annotation>
                <xs:documentation>快递单上货物的体积。计量单位为立方米。
</xs:documentation>
            </xs:annotation>
            <xs:simpleType>
                <xs:restriction base="xs:decimal">
                    <xs:totalDigits value="19"/>
                    <xs:fractionDigits value="5"/>
                </xs:restriction>
            </xs:simpleType>
        </xs:element>
        <xs:element name="Weight" nillable="true">
            <xs:annotation>
                <xs:documentation>快递单上货物的重量。计量单位为千克。
</xs:documentation>
            </xs:annotation>
            <xs:simpleType>
                <xs:restriction base="xs:decimal">
```

```
                    <xs:totalDigits value="19"/>
                    <xs:fractionDigits value="5"/>
                </xs:restriction>
            </xs:simpleType>
        </xs:element>
        <xs:element name="Length" nillable="true">
            <xs:annotation>
                <xs:documentation>快递单上货物的长度。计量单位为米。</xs:documentation>
            </xs:annotation>
            <xs:simpleType>
                <xs:restriction base="xs:decimal">
                    <xs:totalDigits value="19"/>
                    <xs:fractionDigits value="5"/>
                </xs:restriction>
            </xs:simpleType>
        </xs:element>
        <xs:element name="Width" nillable="true">
            <xs:annotation>
                <xs:documentation>快递单上货物的宽度。计量单位为米。</xs:documentation>
            </xs:annotation>
            <xs:simpleType>
                <xs:restriction base="xs:decimal">
                    <xs:totalDigits value="19"/>
                    <xs:fractionDigits value="5"/>
                </xs:restriction>
            </xs:simpleType>
        </xs:element>
        <xs:element name="Height" nillable="true">
            <xs:annotation>
                <xs:documentation>快递单上货物的高度。计量单位为米。</xs:documentation>
            </xs:annotation>
            <xs:simpleType>
                <xs:restriction base="xs:decimal">
                    <xs:totalDigits value="19"/>
```

```
                <xs:fractionDigits value="5"/>
            </xs:restriction>
        </xs:simpleType>
    </xs:element>
    <xs:element name="Shipment_Type" nillable="true">
        <xs:annotation>
            <xs:documentation>快递单的业务类型。一般由快递公司定义其服务类型。例如，邮政系统包括一般小包、特快小包等；顺丰速运包括一般寄送、特快专送等。</xs:documentation>
        </xs:annotation>
            <xs:simpleType>
                <xs:restriction base="xs:string">
                    <xs:minLength value="0"/>
                    <xs:maxLength value="60"/>
                </xs:restriction>
            </xs:simpleType>
    </xs:element>
    <xs:element name="Additional_Service_Type" nillable="true">
        <xs:annotation>
            <xs:documentation>附加业务类型。例如，保价服务、代收货款服务、签单返还服务。</xs:documentation>
        </xs:annotation>
            <xs:simpleType>
                <xs:restriction base="xs:string">
                    <xs:minLength value="0"/>
                    <xs:maxLength value="200"/>
                </xs:restriction>
            </xs:simpleType>
    </xs:element>
    <xs:element name="Charge" nillable="true">
        <xs:annotation>
            <xs:documentation>快递费用。</xs:documentation>
        </xs:annotation>
        <xs:simpleType>
            <xs:restriction base="xs:decimal">
                <xs:totalDigits value="22"/>
                <xs:fractionDigits value="4"/>
```

```
                <//xs:restriction>
            </xs:simpleType>
        </xs:element>
        <xs:element name="Payment_Of_Charge" nillable="true">
            <xs:annotation>
                <xs:documentation>快递付款方式。</xs:documentation>
            </xs:annotation>
                <xs:simpleType>
                    <xs:restriction base="xs:string">
                        <xs:minLength value="0"/>
                        <xs:maxLength value="100"/>
                    </xs:restriction>
                </xs:simpleType>
        </xs:element>
        <xs:element name="Courier_Information" nillable="true">
            <xs:annotation>
                <xs:documentation>物流公司信息。</xs:documentation>
            </xs:annotation>
                <xs:simpleType>
                    <xs:restriction base="xs:string">
                        <xs:minLength value="0"/>
                        <xs:maxLength value="100"/>
                    </xs:restriction>
                </xs:simpleType>
        </xs:element>
        <xs:element name="Shipper_Signature" nillable="true">
            <xs:annotation>
                <xs:documentation>寄件人签名。</xs:documentation>
            </xs:annotation>
                <xs:simpleType>
                    <xs:restriction base="xs:string">
                        <xs:minLength value="0"/>
                        <xs:maxLength value="100"/>
                    </xs:restriction>
                </xs:simpleType>
        </xs:element>
        <xs:element name="Consignee_Signature" nillable="true">
```

```
                <xs:annotation>
                    <xs:documentation>收件人签名。</xs:documentation>
                </xs:annotation>
                    <xs:simpleType>
                        <xs:restriction base="xs:string">
                            <xs:minLength value="0"/>
                            <xs:maxLength value="100"/>
                        </xs:restriction>
                    </xs:simpleType>
            </xs:element>
            <xs:element name="Sales_Express_Bill_Date" type = "xs:date"
nillable="true">
                <xs:annotation>
                    <xs:documentation>快递单上标注的日期。</xs:documentation>
                </xs:annotation>
            </xs:element>
            <xs:element name="Remarks" nillable="false">
                <xs:annotation>
                    <xs:documentation>单据的备注信息。</xs:documentation>
                </xs:annotation>
                    <xs:simpleType>
                        <xs:restriction base="xs:string">
                            <xs:minLength value="0"/>
                            <xs:maxLength value="25"/>
                        </xs:restriction>
                    </xs:simpleType>
            </xs:element>
        </xs:sequence>
    </xs:complexType>
</xs:element>
<xs:element name="Sales_Acceptance_Sheet">
    <xs:complexType>
        <xs:sequence>
            <xs:element name="Acceptance_Sheet_Number" nillable="true">
                <xs:annotation>
                    <xs:documentation>验收单号。</xs:documentation>
                </xs:annotation>
```

```
                <xs:simpleType>
                    <xs:restriction base="xs:string">
                        <xs:minLength value="0"/>
                        <xs:maxLength value="60"/>
                    </xs:restriction>
                </xs:simpleType>
        </xs:element>
        <xs:element name="Sales_Order_ID" nillable="false">
            <xs:annotation>
                <xs:documentation>销售订单的唯一标识符。通常由系统自动生成。</xs:documentation>
            </xs:annotation>
                <xs:simpleType>
                    <xs:restriction base="xs:string">
                        <xs:minLength value="0"/>
                        <xs:maxLength value="60"/>
                    </xs:restriction>
                </xs:simpleType>
        </xs:element>
        <xs:element name="Sales_Order_Line_ID" nillable="false">
            <xs:annotation>
                <xs:documentation>销售订单行的唯一标识符。通常由系统自动生成。</xs:documentation>
            </xs:annotation>
                <xs:simpleType>
                    <xs:restriction base="xs:string">
                        <xs:minLength value="0"/>
                        <xs:maxLength value="60"/>
                    </xs:restriction>
                </xs:simpleType>
        </xs:element>
        <xs:element name="Product_ID" nillable="false">
            <xs:annotation>
                <xs:documentation>物料的唯一标识码。一般由计算机自动生成，用于系统内部进行数据关联。</xs:documentation>
            </xs:annotation>
                <xs:simpleType>
```

```xml
                <xs:restriction base="xs:string">
                    <xs:minLength value="0"/>
                    <xs:maxLength value="60"/>
                </xs:restriction>
            </xs:simpleType>
        </xs:element>
        <xs:element name="Supplier_Account_Number" nillable="false">
            <xs:annotation>
                <xs:documentation>供应商的编号。供应商是指向被审计单位销售商品或提供劳务的一方。</xs:documentation>
            </xs:annotation>
            <xs:simpleType>
                <xs:restriction base="xs:string">
                    <xs:minLength value="0"/>
                    <xs:maxLength value="80"/>
                </xs:restriction>
            </xs:simpleType>
        </xs:element>
        <xs:element name="Supplier_Account_Name" nillable="false">
            <xs:annotation>
                <xs:documentation>供应商的名称全称。</xs:documentation>
            </xs:annotation>
            <xs:simpleType>
                <xs:restriction base="xs:string">
                    <xs:minLength value="0"/>
                    <xs:maxLength value="512"/>
                </xs:restriction>
            </xs:simpleType>
        </xs:element>
        <xs:element name="Acceptance_Date" type = "xs:date" nillable="true">
            <xs:annotation>
                <xs:documentation>验收完成日期。</xs:documentation>
            </xs:annotation>
        </xs:element>
        <xs:element name="Acceptance_Result" nillable="true">
            <xs:annotation>
                <xs:documentation>验收结果描述。</xs:documentation>
```

```
                </xs:annotation>
                    <xs:simpleType>
                        <xs:restriction base="xs:string">
                            <xs:minLength value="0"/>
                            <xs:maxLength value="200"/>
                        </xs:restriction>
                    </xs:simpleType>
            </xs:element>
        </xs:sequence>
    </xs:complexType>
  </xs:element>
</xs:schema>
```

附 录 B
（资料性）
销售数据实例


```xml
<?xml version="1.0" encoding="UTF-8"?>
<SALE xmlns="https://www.cicpa.org.cn/2023/audit_data/XMLSchema/SALE" xmlns:xsi="http://www.w3.org/2001/XMLSchema-instance" xsi:schemaLocation="https://www.cicpa.org.cn/2023/audit_data/XMLSchema/SALE SALE.xsd">
    <Sales_Contract>
        <Sales_Contract_ID>1003A41000000001MK0Q</Sales_Contract_ID>
        <Sales_Contract_Number>2014001</Sales_Contract_Number>
        <Contract_Type_Name>合同2014001</Contract_Type_Name>
        <Contract_Beginning_Date>2014-01-06</Contract_Beginning_Date>
        <Contract_Ending_Date>2014-04-30</Contract_Ending_Date>
        <Contract_Revising_Date>2014-03-10</Contract_Revising_Date>
        <Customer_ID>C10041000000000017DL</Customer_ID>
        <Sales_Organization_Code>T3007</Sales_Organization_Code>
        <Salesperson_ID>1003A510000000044TSA</Salesperson_ID>
        <Settlement_Method_Code>10</Settlement_Method_Code>
        <Payment_Term_Code>SKTJ20120316001</Payment_Term_Code>
        <Contract_Transaction_CUR_Code>CNY</Contract_Transaction_CUR_Code>
        <Created_Date>2014-02-17</Created_Date>
        <Status>生效</Status>
        <Remarks>无</Remarks>
        <Created_User_ID>1003A210000000000OKV</Created_User_ID>
        <Approved_User_ID>1003A210000000000OKV</Approved_User_ID>
        <Business_Segment_X>0403</Business_Segment_X>
    </Sales_Contract>
    <Sales_Contract>
        <Sales_Contract_ID>1003A510000000044TZO</Sales_Contract_ID>
        <Sales_Contract_Number>Z22014020400000003</Sales_Contract_Number>
```

<Contract_Type_Name>合同20140121</Contract_Type_Name>
<Contract_Beginning_Date>2014-01-21</Contract_Beginning_Date>
<Contract_Ending_Date>2014-05-01</Contract_Ending_Date>
<Contract_Revising_Date>2014-03-10</Contract_Revising_Date>
<Customer_ID>C100410000000001ADD</Customer_ID>
<Sales_Organization_Code>T3007</Sales_Organization_Code>
<Salesperson_ID>1003A4100000000014AH</Salesperson_ID>
<Settlement_Method_Code>2</Settlement_Method_Code>
<Payment_Term_Code>SKTJ20120316002</Payment_Term_Code>
<Contract_Transaction_CUR_Code>CNY</Contract_Transaction_CUR_Code>
<Created_Date>2014-02-21</Created_Date>
<Status>生效</Status>
<Remarks>无</Remarks>
<Created_User_ID>1003A4100000000029BP</Created_User_ID>
<Approved_User_ID>1002A210000000001NO2</Approved_User_ID>
<Business_Segment_X>0401</Business_Segment_X>
</Sales_Contract>
<Sales_Contract_Details>
<Sales_Contract_ID>1003A41000000001MK0Q</Sales_Contract_ID>
<Sales_Contract_Line_ID>SCL1000000001MK0S</Sales_Contract_Line_ID>
<Sales_Contract_Line_Number>10</Sales_Contract_Line_Number>
<Settlement_Organization_Code>T3007</Settlement_Organization_Code>
<Dispatch_Organization_Code>T3001</Dispatch_Organization_Code>
<Product_ID>1003A2100000000000BO</Product_ID>
<Contract_Quantity>500</Contract_Quantity>
<Sales_UOM_Code>PCS</Sales_UOM_Code>
<Tax_Exclude_Unit_Price>589</Tax_Exclude_Unit_Price>
<Tax_Include_Unit_Price>689.13</Tax_Include_Unit_Price>
<Tax_Exclude_Amount>294500</Tax_Exclude_Amount>
<Tax_Include_Amount>344565</Tax_Include_Amount>
<Tax_Type_Code>CN02</Tax_Type_Code>
<Tax_Transaction_Amount>50065</Tax_Transaction_Amount>
<Due_Date>2021-03-31</Due_Date>
<Status>生效</Status>
<Business_Segment_X>0403</Business_Segment_X>
</Sales_Contract_Details>
<Sales_Contract_Details>

```
        <Sales_Contract_ID>1003A510000000044TZO</Sales_Contract_ID>
        <Sales_Contract_Line_ID>SCL10000000044TZS</Sales_Contract_Line_ID>
        <Sales_Contract_Line_Number>10</Sales_Contract_Line_Number>
        <Settlement_Organization_Code>T3006</Settlement_Organization_Code>
        <Dispatch_Organization_Code>T3002</Dispatch_Organization_Code>
        <Product_ID>1003A510000000044TF0</Product_ID>
        <Contract_Quantity>98</Contract_Quantity>
        <Sales_UOM_Code>EA</Sales_UOM_Code>
        <Tax_Exclude_Unit_Price>480</Tax_Exclude_Unit_Price>
        <Tax_Include_Unit_Price>561.6</Tax_Include_Unit_Price>
        <Tax_Exclude_Amount>168000</Tax_Exclude_Amount>
        <Tax_Include_Amount>196560</Tax_Include_Amount>
        <Tax_Type_Code>CN02</Tax_Type_Code>
        <Tax_Transaction_Amount>28560</Tax_Transaction_Amount>
        <Due_Date>2021-03-31</Due_Date>
        <Status>生效</Status>
        <Business_Segment_X>0401</Business_Segment_X>
    </Sales_Contract_Details>
    <Sales_Order>
        <Sales_Order_ID>1003A910000000046VBG</Sales_Order_ID>
        <Sales_Order_Number>CD2014022700000035</Sales_Order_Number>
        <Fiscal_Year>2014</Fiscal_Year>
        <Accounting_Period>2</Accounting_Period>
        <Sales_Order_Type_Name>普通-模组（半成品）销售</Sales_Order_Type_
Name>
        <Sales_Order_Date>2014-02-12</Sales_Order_Date>
        <Sales_Organization_Code>T300502</Sales_Organization_Code>
        <Salesperson_ID>1003A9100000000477I6</Salesperson_ID>
        <Customer_ID>C1004100000000017DL</Customer_ID>
        <Settlement_Method_Code>11</Settlement_Method_Code>
        <Payment_Term_Code>SKTJ20120316001</Payment_Term_Code>
        <Order_Transaction_Amount>294372</Order_Transaction_Amount>
        <Order_Transaction_CUR_Code>CNY</Order_Transaction_CUR_Code>
        <Created_User_ID>1003A9100000000477I6</Created_User_ID>
        <Created_Date>2014-02-27</Created_Date>
        <Created_Time>19:20:02</Created_Time>
        <Approved_User_ID>1003A410000000008X6T</Approved_User_ID>
```

<Approved_Date>2014-02-27</Approved_Date>
<Approved_Time>20:02:36</Approved_Time>
<Last_Modified_User_ID>1003A410000000008X6T</Last_Modified_User_ID>
<Last_Modified_Date>2014-02-27</Last_Modified_Date>
<Last_Modified_Time>18:02:36</Last_Modified_Time>
<Status>审批</Status>
<Remarks>无</Remarks>
<Business_Segment_X>09</Business_Segment_X>
</Sales_Order>
<Sales_Order>
<Sales_Order_ID>1003A9100000000046OWP</Sales_Order_ID>
<Sales_Order_Number>CD2014022700000038</Sales_Order_Number>
<Fiscal_Year>2014</Fiscal_Year>
<Accounting_Period>2</Accounting_Period>
<Sales_Order_Type_Name>普通-电子屏定制销售</Sales_Order_Type_Name>
<Sales_Order_Date>2014-02-15</Sales_Order_Date>
<Sales_Organization_Code>T300502</Sales_Organization_Code>
<Salesperson_ID>1003A510000000044MPN</Salesperson_ID>
<Customer_ID>C100410000000001ADD</Customer_ID>
<Settlement_Method_Code>10</Settlement_Method_Code>
<Payment_Term_Code>SKTJ20120316002</Payment_Term_Code>
<Order_Transaction_Amount>192500</Order_Transaction_Amount>
<Order_Transaction_CUR_Code>CNY</Order_Transaction_CUR_Code>
<Created_User_ID>1003A510000000044MPN</Created_User_ID>
<Created_Date>2014-02-27</Created_Date>
<Created_Time>19:18:56</Created_Time>
<Approved_User_ID>1003A410000000008YQD</Approved_User_ID>
<Approved_Date>2014-02-27</Approved_Date>
<Approved_Time>19:19:29</Approved_Time>
<Last_Modified_User_ID>1003A410000000008YQD</Last_Modified_User_ID>
<Last_Modified_Date>2014-02-27</Last_Modified_Date>
<Last_Modified_Time>19:19:29</Last_Modified_Time>
<Status>审批</Status>
<Remarks>无</Remarks>
<Business_Segment_X>09</Business_Segment_X>
</Sales_Order>
<Sales_Order>

<Sales_Order_ID>1003A910000000045EYC</Sales_Order_ID>
<Sales_Order_Number>CD2014020100000033</Sales_Order_Number>
<Fiscal_Year>2014</Fiscal_Year>
<Accounting_Period>2</Accounting_Period>
<Sales_Order_Type_Name>大卖场-LED灯具</Sales_Order_Type_Name>
<Sales_Order_Date>2014-02-02</Sales_Order_Date>
<Sales_Organization_Code>T300502</Sales_Organization_Code>
<Salesperson_ID>1003A510000000044UC2</Salesperson_ID>
<Customer_ID>C10041000000001ADD</Customer_ID>
<Settlement_Method_Code>0</Settlement_Method_Code>
<Payment_Term_Code>SKTJ20120316002</Payment_Term_Code>
<Order_Transaction_Amount>3300</Order_Transaction_Amount>
<Order_Transaction_CUR_Code>CNY</Order_Transaction_CUR_Code>
<Created_User_ID>1003A510000000044UC2</Created_User_ID>
<Created_Date>2014-02-14</Created_Date>
<Created_Time>13:44:49</Created_Time>
<Approved_User_ID>1003A410000000009NRS</Approved_User_ID>
<Approved_Date>2014-02-14</Approved_Date>
<Approved_Time>13:45:50</Approved_Time>
<Last_Modified_User_ID>1003A410000000009NRS</Last_Modified_User_ID>
<Last_Modified_Date>2014-02-14</Last_Modified_Date>
<Last_Modified_Time>13:45:50</Last_Modified_Time>
<Status>审批</Status>
<Remarks>无</Remarks>
<Business_Segment_X>09</Business_Segment_X>
</Sales_Order>
<Sales_Order_Details>
<Sales_Order_ID>1003A910000000046VBG</Sales_Order_ID>
<Sales_Order_Line_ID>SOL10000000046VBI</Sales_Order_Line_ID>
<Sales_Order_Line_Number>20</Sales_Order_Line_Number>
<Sales_Contract_ID>1003A41000000001MK0Q</Sales_Contract_ID>
<Sales_Contract_Line_ID>SCL1000000001MK0S</Sales_Contract_Line_ID>
<Payer_ID>C1004100000000017DL</Payer_ID>
<Settlement_Organization_Code>T300502</Settlement_Organization_Code>
<Dispatch_Organization_Code>T300502</Dispatch_Organization_Code>
<Due_Date>2014-06-12</Due_Date>
<Basic_UOM_Quantity>1</Basic_UOM_Quantity>

```
        <Basic_UOM_Code>PCS</Basic_UOM_Code>
        <Sales_Order_Line_Quantity>1</Sales_Order_Line_Quantity>
        <Receiver_ID>C1004100000000017DL</Receiver_ID>
        <Order_Line_UOM_Code/>
        <Tax_Exclude_Unit_Price>125800</Tax_Exclude_Unit_Price>
        <Tax_Include_Unit_Price>147186</Tax_Include_Unit_Price>
        <Tax_Exclude_Amount>125800</Tax_Exclude_Amount>
        <Tax_Include_Amount>147186</Tax_Include_Amount>
        <Tax_Type_Code>CN02</Tax_Type_Code>
        <Tax_Transaction_Amount>21386</Tax_Transaction_Amount>
        <Product_ID>1003A510000000044SDD</Product_ID>
        <Order_Line_Transaction_Amount>147186</Order_Line_Transaction_Amount>
        <Exchange_Rate>1</Exchange_Rate>
        <Status>审批</Status>
        <Business_Segment_X>09</Business_Segment_X>
    </Sales_Order_Details>
    <Sales_Order_Details>
        <Sales_Order_ID>1003A910000000046VBG</Sales_Order_ID>
        <Sales_Order_Line_ID>SOL10000000046VBH</Sales_Order_Line_ID>
        <Sales_Order_Line_Number>10</Sales_Order_Line_Number>
        <Sales_Contract_ID>1003A41000000001MK0Q</Sales_Contract_ID>
        <Sales_Contract_Line_ID>SCL1000000001MK0S</Sales_Contract_Line_ID>
        <Payer_ID>C1004100000000017DL</Payer_ID>
        <Settlement_Organization_Code>T300502</Settlement_Organization_Code>
        <Dispatch_Organization_Code>T300502</Dispatch_Organization_Code>
        <Due_Date>2014-06-12</Due_Date>
        <Basic_UOM_Quantity>1</Basic_UOM_Quantity>
        <Basic_UOM_Code>PCS</Basic_UOM_Code>
        <Sales_Order_Line_Quantity>1</Sales_Order_Line_Quantity>
        <Receiver_ID>C1004100000000017DL</Receiver_ID>
        <Order_Line_UOM_Code/>
        <Tax_Exclude_Unit_Price>125800</Tax_Exclude_Unit_Price>
        <Tax_Include_Unit_Price>147186</Tax_Include_Unit_Price>
        <Tax_Exclude_Amount>125800</Tax_Exclude_Amount>
        <Tax_Include_Amount>147186</Tax_Include_Amount>
        <Tax_Type_Code>CN02</Tax_Type_Code>
        <Tax_Transaction_Amount>21386</Tax_Transaction_Amount>
```

<Product_ID>1003A510000000044SDD</Product_ID>
<Order_Line_Transaction_Amount>147186</Order_Line_Transaction_Amount>
<Exchange_Rate>1</Exchange_Rate>
<Status>审批</Status>
<Business_Segment_X>09</Business_Segment_X>
</Sales_Order_Details>
<Sales_Order_Details>
<Sales_Order_ID>1003A910000000046OWP</Sales_Order_ID>
<Sales_Order_Line_ID>SOL10000000046OWR</Sales_Order_Line_ID>
<Sales_Order_Line_Number>20</Sales_Order_Line_Number>
<Sales_Contract_ID>1003A510000000044TZO</Sales_Contract_ID>
<Sales_Contract_Line_ID>SCL10000000044TZS</Sales_Contract_Line_ID>
<Payer_ID>C100410000000001ADD</Payer_ID>
<Settlement_Organization_Code>T300502</Settlement_Organization_Code>
<Dispatch_Organization_Code>T300501</Dispatch_Organization_Code>
<Due_Date>2014-05-20</Due_Date>
<Basic_UOM_Quantity>30</Basic_UOM_Quantity>
<Basic_UOM_Code>TAI</Basic_UOM_Code>
<Sales_Order_Line_Quantity>30</Sales_Order_Line_Quantity>
<Receiver_ID>C100410000000001ADD</Receiver_ID>
<Order_Line_UOM_Code/>
<Tax_Exclude_Unit_Price>3376.07</Tax_Exclude_Unit_Price>
<Tax_Include_Unit_Price>3950</Tax_Include_Unit_Price>
<Tax_Exclude_Amount>101282.05</Tax_Exclude_Amount>
<Tax_Include_Amount>118500</Tax_Include_Amount>
<Tax_Type_Code>CN02</Tax_Type_Code>
<Tax_Transaction_Amount>17217.95</Tax_Transaction_Amount>
<Product_ID>1003A41000000000376M</Product_ID>
<Order_Line_Transaction_Amount>118500</Order_Line_Transaction_Amount>
<Exchange_Rate>1</Exchange_Rate>
<Status>审批</Status>
<Business_Segment_X>09</Business_Segment_X>
</Sales_Order_Details>
<Sales_Order_Details>
<Sales_Order_ID>1003A910000000046OWP</Sales_Order_ID>
<Sales_Order_Line_ID>SOL10000000046OWQ</Sales_Order_Line_ID>
<Sales_Order_Line_Number>10</Sales_Order_Line_Number>

```
        <Sales_Contract_ID>1003A510000000044TZO</Sales_Contract_ID>
        <Sales_Contract_Line_ID>SCL10000000044TZS</Sales_Contract_Line_ID>
        <Payer_ID>C100410000000001ADD</Payer_ID>
        <Settlement_Organization_Code>T300502</Settlement_Organization_Code>
        <Dispatch_Organization_Code>T300501</Dispatch_Organization_Code>
        <Due_Date>2014-05-20</Due_Date>
        <Basic_UOM_Quantity>20</Basic_UOM_Quantity>
        <Basic_UOM_Code>TAI</Basic_UOM_Code>
        <Sales_Order_Line_Quantity>20</Sales_Order_Line_Quantity>
        <Receiver_ID>C100410000000001ADD</Receiver_ID>
        <Order_Line_UOM_Code/>
        <Tax_Exclude_Unit_Price>3162.39</Tax_Exclude_Unit_Price>
        <Tax_Include_Unit_Price>3700</Tax_Include_Unit_Price>
        <Tax_Exclude_Amount>63247.86</Tax_Exclude_Amount>
        <Tax_Include_Amount>74000</Tax_Include_Amount>
        <Tax_Type_Code>CN02</Tax_Type_Code>
        <Tax_Transaction_Amount>10752.14</Tax_Transaction_Amount>
        <Product_ID>1003A41000000000376K</Product_ID>
        <Order_Line_Transaction_Amount>74000</Order_Line_Transaction_Amount>
        <Exchange_Rate>1</Exchange_Rate>
        <Status>审批</Status>
        <Business_Segment_X>09</Business_Segment_X>
    </Sales_Order_Details>
    <Sales_Order_Details>
        <Sales_Order_ID>1003A910000000045EYC</Sales_Order_ID>
        <Sales_Order_Line_ID>SOL10000000045EYD</Sales_Order_Line_ID>
        <Sales_Order_Line_Number>10</Sales_Order_Line_Number>
        <Sales_Contract_ID>1003A510000000044TZO</Sales_Contract_ID>
        <Sales_Contract_Line_ID>SCL10000000044TZS</Sales_Contract_Line_ID>
        <Payer_ID>C100410000000001ADD</Payer_ID>
        <Settlement_Organization_Code>T300502</Settlement_Organization_Code>
        <Dispatch_Organization_Code>T300502</Dispatch_Organization_Code>
        <Due_Date>2014-05-01</Due_Date>
        <Basic_UOM_Quantity>330</Basic_UOM_Quantity>
        <Basic_UOM_Code>PCS</Basic_UOM_Code>
        <Sales_Order_Line_Quantity>330</Sales_Order_Line_Quantity>
        <Receiver_ID>C100410000000001ADD</Receiver_ID>
```

<Order_Line_UOM_Code/>
<Tax_Exclude_Unit_Price>8.55</Tax_Exclude_Unit_Price>
<Tax_Include_Unit_Price>10</Tax_Include_Unit_Price>
<Tax_Exclude_Amount>2820.51</Tax_Exclude_Amount>
<Tax_Include_Amount>3300</Tax_Include_Amount>
<Tax_Type_Code>CN02</Tax_Type_Code>
<Tax_Transaction_Amount>479.49</Tax_Transaction_Amount>
<Product_ID>1003A510000000044SNA</Product_ID>
<Order_Line_Transaction_Amount>3300</Order_Line_Transaction_Amount>
<Exchange_Rate>1</Exchange_Rate>
<Status>审批</Status>
<Business_Segment_X>09</Business_Segment_X>
</Sales_Order_Details>
<Sales_Invoice>
<Invoice_ID>1003A41000000003KGD9</Invoice_ID>
<Invoice_Number>SI2014020900000024</Invoice_Number>
<Fiscal_Year>2014</Fiscal_Year>
<Accounting_Period>2</Accounting_Period>
<Official_Invoice_Code/>
<Invoice_Type_Name>增值税专用发票</Invoice_Type_Name>
<Invoice_Date>2014-02-09</Invoice_Date>
<Invoice_Due_Date>2014-05-09</Invoice_Due_Date>
<Customer_ID>C1004100000000017DL</Customer_ID>
<Settlement_Method_Code>10</Settlement_Method_Code>
<Invoice_Transaction_Amount>1250000</Invoice_Transaction_Amount>
<Invoice_Transaction_CUR_Code>CNY</Invoice_Transaction_CUR_Code>
<Payment_Term_Code>4</Payment_Term_Code>
<Terms_Discount_Percentage>0.1</Terms_Discount_Percentage>
<Terms_Discount_Days>30</Terms_Discount_Days>
<Terms_Due_Days>30</Terms_Due_Days>
<Created_User_ID>1003A9100000000477I6</Created_User_ID>
<Created_Date>2014-02-09</Created_Date>
<Created_Time>16:29:47</Created_Time>
<Approved_User_ID>1003A410000000008X6T</Approved_User_ID>
<Approved_Date>2014-02-09</Approved_Date>
<Approved_Time>16:33:56</Approved_Time>
<Last_Modified_User_ID>1003A410000000008X6T</Last_Modified_User_ID>

```
        <Last_Modified_Date>2014-02-09</Last_Modified_Date>
        <Last_Modified_Time>11:27:17</Last_Modified_Time>
        <Grouping_Code/>
        <Tax_Type_Code>CN02</Tax_Type_Code>
        <Tax_Transaction_Amount>181623.93</Tax_Transaction_Amount>
        <Status>审批通过</Status>
        <Remarks>无</Remarks>
        <Business_Segment_X>03</Business_Segment_X>
    </Sales_Invoice>
    <Sales_Invoice>
        <Invoice_ID>1003A910000000046HZM</Invoice_ID>
        <Invoice_Number>SI2014022600000030</Invoice_Number>
        <Fiscal_Year>2014</Fiscal_Year>
        <Accounting_Period>2</Accounting_Period>
        <Official_Invoice_Code/>
        <Invoice_Type_Name>增值税专用发票</Invoice_Type_Name>
        <Invoice_Date>2014-02-26</Invoice_Date>
        <Invoice_Due_Date>2014-05-26</Invoice_Due_Date>
        <Customer_ID>C1004100000000017DL</Customer_ID>
        <Settlement_Method_Code>20</Settlement_Method_Code>
        <Invoice_Transaction_Amount>966000</Invoice_Transaction_Amount>
        <Invoice_Transaction_CUR_Code>CNY</Invoice_Transaction_CUR_Code>
        <Payment_Term_Code>4</Payment_Term_Code>
        <Terms_Discount_Percentage>0.1</Terms_Discount_Percentage>
        <Terms_Discount_Days>30</Terms_Discount_Days>
        <Terms_Due_Days>30</Terms_Due_Days>
        <Created_User_ID>1003A510000000044MPN</Created_User_ID>
        <Created_Date>2014-02-26</Created_Date>
        <Created_Time>11:26:14</Created_Time>
        <Approved_User_ID>1003A410000000008YQD</Approved_User_ID>
        <Approved_Date>2014-02-26</Approved_Date>
        <Approved_Time>11:29:17</Approved_Time>
        <Last_Modified_User_ID>1003A410000000008YQD</Last_Modified_User_ID>
        <Last_Modified_Date>2014-02-26</Last_Modified_Date>
        <Last_Modified_Time>11:27:17</Last_Modified_Time>
        <Grouping_Code/>
        <Tax_Type_Code>CN02</Tax_Type_Code>
```

<Tax_Transaction_Amount>140358.98</Tax_Transaction_Amount>
<Status>审批通过</Status>
<Remarks>无</Remarks>
<Business_Segment_X>03</Business_Segment_X>
</Sales_Invoice>
<Sales_Invoice>
<Invoice_ID>1003A910000000046J43</Invoice_ID>
<Invoice_Number>SI2014022600000031</Invoice_Number>
<Fiscal_Year>2014</Fiscal_Year>
<Accounting_Period>2</Accounting_Period>
<Official_Invoice_Code/>
<Invoice_Type_Name>增值税专用发票</Invoice_Type_Name>
<Invoice_Date>2014-02-26</Invoice_Date>
<Invoice_Due_Date>2014-05-26</Invoice_Due_Date>
<Customer_ID>C100410000000001ADD</Customer_ID>
<Settlement_Method_Code>10</Settlement_Method_Code>
<Invoice_Transaction_Amount>3790000</Invoice_Transaction_Amount>
<Invoice_Transaction_CUR_Code>CNY</Invoice_Transaction_CUR_Code>
<Payment_Term_Code>2</Payment_Term_Code>
<Terms_Discount_Percentage>0.05</Terms_Discount_Percentage>
<Terms_Discount_Days>30</Terms_Discount_Days>
<Terms_Due_Days>30</Terms_Due_Days>
<Created_User_ID>1003A510000000044UC2</Created_User_ID>
<Created_Date>2014-02-26</Created_Date>
<Created_Time>11:47:39</Created_Time>
<Approved_User_ID>1003A410000000009NRS</Approved_User_ID>
<Approved_Date>2014-02-26</Approved_Date>
<Approved_Time>11:47:44</Approved_Time>
<Last_Modified_User_ID>1003A410000000009NRS</Last_Modified_User_ID>
<Last_Modified_Date>2014-02-26</Last_Modified_Date>
<Last_Modified_Time>11:27:17</Last_Modified_Time>
<Grouping_Code/>
<Tax_Type_Code>CN02</Tax_Type_Code>
<Tax_Transaction_Amount>550683.76</Tax_Transaction_Amount>
<Status>审批通过</Status>
<Remarks>无</Remarks>
<Business_Segment_X>09</Business_Segment_X>

```
</Sales_Invoice>
<Sales_Invoice_Details>
    <Invoice_ID>1003A41000000003KGD9</Invoice_ID>
    <Invoice_Line_ID>1003A41000000003KGDB</Invoice_Line_ID>
    <Invoice_Line_Number>10</Invoice_Line_Number>
    <Sales_Order_ID>1003A41000000001MK0Q</Sales_Order_ID>
    <Sales_Order_Line_ID>1003A41000000001MK0S</Sales_Order_Line_ID>
    <Product_ID>1003A210000000000OCP</Product_ID>
    <Basic_UOM_Quantity>10000</Basic_UOM_Quantity>
    <Basic_UOM_Code>PCS</Basic_UOM_Code>
    <Invoice_Quantity>10000</Invoice_Quantity>
    <Sales_UOM_Code>EA</Sales_UOM_Code>
    <Tax_Exclude_Unit_Price>47.01</Tax_Exclude_Unit_Price>
    <Tax_Include_Unit_Price>55</Tax_Include_Unit_Price>
    <Tax_Exclude_Amount>470085.47</Tax_Exclude_Amount>
    <Tax_Include_Amount>550000</Tax_Include_Amount>
    <Invoice_Line_Transaction_Amount>550000</Invoice_Line_Transaction_Amount>
    <Grouping_Code/>
    <Tax_Type_Code>CN02</Tax_Type_Code>
    <Tax_Transaction_Amount>79914.53</Tax_Transaction_Amount>
    <Tax_Percentage>0.145</Tax_Percentage>
    <GL_Line_Debit_Account_Number>1131</GL_Line_Debit_Account_Number>
    <GL_Line_Credit_Account_Number>5101</GL_Line_Credit_Account_Number>
    <GL_Tax_Debit_Account_Number/>
    <GL_Tax_Credit_Account_Number/>
    <Business_Segment_X>02</Business_Segment_X>
</Sales_Invoice_Details>
<Sales_Invoice_Details>
    <Invoice_ID>1003A41000000003KGD9</Invoice_ID>
    <Invoice_Line_ID>1003A41000000003KGDC</Invoice_Line_ID>
    <Invoice_Line_Number>20</Invoice_Line_Number>
    <Sales_Order_ID>1003A510000000044TZO</Sales_Order_ID>
    <Sales_Order_Line_ID>1003A510000000044TZS</Sales_Order_Line_ID>
    <Product_ID>1003A210000000000OCW</Product_ID>
    <Basic_UOM_Quantity>20000</Basic_UOM_Quantity>
    <Basic_UOM_Code>PCS</Basic_UOM_Code>
    <Invoice_Quantity>20000</Invoice_Quantity>
```

<Sales_UOM_Code>EA</Sales_UOM_Code>
<Tax_Exclude_Unit_Price>29.91</Tax_Exclude_Unit_Price>
<Tax_Include_Unit_Price>35</Tax_Include_Unit_Price>
<Tax_Exclude_Amount>598290.6</Tax_Exclude_Amount>
<Tax_Include_Amount>700000</Tax_Include_Amount>
<Invoice_Line_Transaction_Amount>700000</Invoice_Line_Transaction_Amount>
<Grouping_Code/>
<Tax_Type_Code>CN02</Tax_Type_Code>
<Tax_Transaction_Amount>101709.4</Tax_Transaction_Amount>
<Tax_Percentage>0.145</Tax_Percentage>
<GL_Line_Debit_Account_Number>1131</GL_Line_Debit_Account_Number>
<GL_Line_Credit_Account_Number>5101</GL_Line_Credit_Account_Number>
<GL_Tax_Debit_Account_Number/>
<GL_Tax_Credit_Account_Number/>
<Business_Segment_X>02</Business_Segment_X>
</Sales_Invoice_Details>
<Sales_Invoice_Details>
<Invoice_ID>1003A910000000046HZM</Invoice_ID>
<Invoice_Line_ID>1003A910000000046HZP</Invoice_Line_ID>
<Invoice_Line_Number>20</Invoice_Line_Number>
<Sales_Order_ID>1003A41000000001MK0Q</Sales_Order_ID>
<Sales_Order_Line_ID>1003A41000000001MK0S</Sales_Order_Line_ID>
<Product_ID>1003A210000000000ODA</Product_ID>
<Basic_UOM_Quantity>1600</Basic_UOM_Quantity>
<Basic_UOM_Code>PCS</Basic_UOM_Code>
<Invoice_Quantity>1600</Invoice_Quantity>
<Sales_UOM_Code>EA</Sales_UOM_Code>
<Tax_Exclude_Unit_Price>333.33</Tax_Exclude_Unit_Price>
<Tax_Include_Unit_Price>390</Tax_Include_Unit_Price>
<Tax_Exclude_Amount>533333.33</Tax_Exclude_Amount>
<Tax_Include_Amount>624000</Tax_Include_Amount>
<Invoice_Line_Transaction_Amount>624000</Invoice_Line_Transaction_Amount>
<Grouping_Code/>
<Tax_Type_Code>CN02</Tax_Type_Code>
<Tax_Transaction_Amount>90666.67</Tax_Transaction_Amount>
<Tax_Percentage>0.145</Tax_Percentage>
<GL_Line_Debit_Account_Number>1131</GL_Line_Debit_Account_Number>

```xml
        <GL_Line_Credit_Account_Number>5101</GL_Line_Credit_Account_Number>
        <GL_Tax_Debit_Account_Number/>
        <GL_Tax_Credit_Account_Number/>
        <Business_Segment_X>02</Business_Segment_X>
    </Sales_Invoice_Details>
    <Sales_Invoice_Details>
        <Invoice_ID>1003A910000000046HZM</Invoice_ID>
        <Invoice_Line_ID>1003A910000000046HZO</Invoice_Line_ID>
        <Invoice_Line_Number>10</Invoice_Line_Number>
        <Sales_Order_ID>1003A510000000044TZO</Sales_Order_ID>
        <Sales_Order_Line_ID>1003A510000000044TZS</Sales_Order_Line_ID>
        <Product_ID>1003A210000000000OD3</Product_ID>
        <Basic_UOM_Quantity>900</Basic_UOM_Quantity>
        <Basic_UOM_Code>PCS</Basic_UOM_Code>
        <Invoice_Quantity>900</Invoice_Quantity>
        <Sales_UOM_Code>EA</Sales_UOM_Code>
        <Tax_Exclude_Unit_Price>324.79</Tax_Exclude_Unit_Price>
        <Tax_Include_Unit_Price>380</Tax_Include_Unit_Price>
        <Tax_Exclude_Amount>292307.69</Tax_Exclude_Amount>
        <Tax_Include_Amount>342000</Tax_Include_Amount>
        <Invoice_Line_Transaction_Amount>342000</Invoice_Line_Transaction_Amount>
        <Grouping_Code/>
        <Tax_Type_Code>CN02</Tax_Type_Code>
        <Tax_Transaction_Amount>49692.31</Tax_Transaction_Amount>
        <Tax_Percentage>0.145</Tax_Percentage>
        <GL_Line_Debit_Account_Number>1131</GL_Line_Debit_Account_Number>
        <GL_Line_Credit_Account_Number>5101</GL_Line_Credit_Account_Number>
        <GL_Tax_Debit_Account_Number/>
        <GL_Tax_Credit_Account_Number/>
        <Business_Segment_X>02</Business_Segment_X>
    </Sales_Invoice_Details>
    <Sales_Invoice_Details>
        <Invoice_ID>1003A910000000046J43</Invoice_ID>
        <Invoice_Line_ID>1003A910000000046J48</Invoice_Line_ID>
        <Invoice_Line_Number>40</Invoice_Line_Number>
        <Sales_Order_ID>1003A410000000001MK0Q</Sales_Order_ID>
        <Sales_Order_Line_ID>1003A410000000001MK0S</Sales_Order_Line_ID>
```

<Product_ID>1003A210000000000ODA</Product_ID>
<Basic_UOM_Quantity>1200</Basic_UOM_Quantity>
<Basic_UOM_Code>PCS</Basic_UOM_Code>
<Invoice_Quantity>1200</Invoice_Quantity>
<Sales_UOM_Code>EA</Sales_UOM_Code>
<Tax_Exclude_Unit_Price>333.33</Tax_Exclude_Unit_Price>
<Tax_Include_Unit_Price>390</Tax_Include_Unit_Price>
<Tax_Exclude_Amount>400000</Tax_Exclude_Amount>
<Tax_Include_Amount>468000</Tax_Include_Amount>
<Invoice_Line_Transaction_Amount>468000</Invoice_Line_Transaction_Amount>
<Grouping_Code/>
<Tax_Type_Code>CN02</Tax_Type_Code>
<Tax_Transaction_Amount>68000</Tax_Transaction_Amount>
<Tax_Percentage>0.145</Tax_Percentage>
<GL_Line_Debit_Account_Number>1131</GL_Line_Debit_Account_Number>
<GL_Line_Credit_Account_Number>5101</GL_Line_Credit_Account_Number>
<GL_Tax_Debit_Account_Number/>
<GL_Tax_Credit_Account_Number/>
<Business_Segment_X>09</Business_Segment_X>
</Sales_Invoice_Details>
<Sales_Invoice_Details>
<Invoice_ID>1003A910000000046J43</Invoice_ID>
<Invoice_Line_ID>1003A910000000046J47</Invoice_Line_ID>
<Invoice_Line_Number>30</Invoice_Line_Number>
<Sales_Order_ID>1003A510000000044TZO</Sales_Order_ID>
<Sales_Order_Line_ID>1003A510000000044TZS</Sales_Order_Line_ID>
<Product_ID>1003A210000000000ODA</Product_ID>
<Basic_UOM_Quantity>5400</Basic_UOM_Quantity>
<Basic_UOM_Code>PCS</Basic_UOM_Code>
<Invoice_Quantity>5400</Invoice_Quantity>
<Sales_UOM_Code>EA</Sales_UOM_Code>
<Tax_Exclude_Unit_Price>333.33</Tax_Exclude_Unit_Price>
<Tax_Include_Unit_Price>390</Tax_Include_Unit_Price>
<Tax_Exclude_Amount>1800000</Tax_Exclude_Amount>
<Tax_Include_Amount>2106000</Tax_Include_Amount>
<Invoice_Line_Transaction_Amount>2106000</Invoice_Line_Transaction_Amount>

<Grouping_Code/>
<Tax_Type_Code>CN02</Tax_Type_Code>
<Tax_Transaction_Amount>306000</Tax_Transaction_Amount>
<Tax_Percentage>0.145</Tax_Percentage>
<GL_Line_Debit_Account_Number>1131</GL_Line_Debit_Account_Number>
<GL_Line_Credit_Account_Number>5101</GL_Line_Credit_Account_Number>
<GL_Tax_Debit_Account_Number/>
<GL_Tax_Credit_Account_Number/>
<Business_Segment_X>09</Business_Segment_X>
</Sales_Invoice_Details>
<Sales_Invoice_Details>
<Invoice_ID>1003A910000000046J43</Invoice_ID>
<Invoice_Line_ID>1003A910000000046J46</Invoice_Line_ID>
<Invoice_Line_Number>20</Invoice_Line_Number>
<Sales_Order_ID>1003A41000000001MK0Q</Sales_Order_ID>
<Sales_Order_Line_ID>1003A41000000001MK0S</Sales_Order_Line_ID>
<Product_ID>1003A210000000000OD3</Product_ID>
<Basic_UOM_Quantity>1100</Basic_UOM_Quantity>
<Basic_UOM_Code>PCS</Basic_UOM_Code>
<Invoice_Quantity>1100</Invoice_Quantity>
<Sales_UOM_Code>EA</Sales_UOM_Code>
<Tax_Exclude_Unit_Price>324.79</Tax_Exclude_Unit_Price>
<Tax_Include_Unit_Price>380</Tax_Include_Unit_Price>
<Tax_Exclude_Amount>357264.96</Tax_Exclude_Amount>
<Tax_Include_Amount>418000</Tax_Include_Amount>
<Invoice_Line_Transaction_Amount>418000</Invoice_Line_Transaction_Amount>
<Grouping_Code/>
<Tax_Type_Code>CN02</Tax_Type_Code>
<Tax_Transaction_Amount>60735.04</Tax_Transaction_Amount>
<Tax_Percentage>0.145</Tax_Percentage>
<GL_Line_Debit_Account_Number>1131</GL_Line_Debit_Account_Number>
<GL_Line_Credit_Account_Number>5101</GL_Line_Credit_Account_Number>
<GL_Tax_Debit_Account_Number/>
<GL_Tax_Credit_Account_Number/>
<Business_Segment_X>09</Business_Segment_X>
</Sales_Invoice_Details>
<Sales_Invoice_Details>

```
        <Invoice_ID>1003A910000000046J43</Invoice_ID>
        <Invoice_Line_ID>1003A910000000046J45</Invoice_Line_ID>
        <Invoice_Line_Number>10</Invoice_Line_Number>
        <Sales_Order_ID>1003A510000000044TZO</Sales_Order_ID>
        <Sales_Order_Line_ID>1003A510000000044TZS</Sales_Order_Line_ID>
        <Product_ID>1003A210000000000OD3</Product_ID>
        <Basic_UOM_Quantity>2100</Basic_UOM_Quantity>
        <Basic_UOM_Code>PCS</Basic_UOM_Code>
        <Invoice_Quantity>2100</Invoice_Quantity>
        <Sales_UOM_Code>EA</Sales_UOM_Code>
        <Tax_Exclude_Unit_Price>324.79</Tax_Exclude_Unit_Price>
        <Tax_Include_Unit_Price>380</Tax_Include_Unit_Price>
        <Tax_Exclude_Amount>682051.28</Tax_Exclude_Amount>
        <Tax_Include_Amount>798000</Tax_Include_Amount>
        <Invoice_Line_Transaction_Amount>798000</Invoice_Line_Transaction_Amount>
        <Grouping_Code/>
        <Tax_Type_Code>CN02</Tax_Type_Code>
        <Tax_Transaction_Amount>115948.72</Tax_Transaction_Amount>
        <Tax_Percentage>0.145</Tax_Percentage>
        <GL_Line_Debit_Account_Number>1131</GL_Line_Debit_Account_Number>
        <GL_Line_Credit_Account_Number>5101</GL_Line_Credit_Account_Number>
        <GL_Tax_Debit_Account_Number/>
        <GL_Tax_Credit_Account_Number/>
        <Business_Segment_X>09</Business_Segment_X>
    </Sales_Invoice_Details>
    <Sales_Shipment>
        <Shipment_ID>1002A210000000002KLV</Shipment_ID>
        <Shipment_Number>I62014011200000002</Shipment_Number>
        <Fiscal_Year>2014</Fiscal_Year>
        <Accounting_Period>1</Accounting_Period>
        <Dispatch_Organization_Code>0001A210000000005MZC</Dispatch_Organization_Code>
        <Shipment_Date>2014-01-12</Shipment_Date>
        <Shipping_Reference_Number>HAWB12345678</Shipping_Reference_Number>
        <Shipping_Transaction_Amount>407624</Shipping_Transaction_Amount>
        <Shipping_Transaction_CUR_Code>CNY</Shipping_Transaction_CUR_Code>
        <Shipping_Method>汽车</Shipping_Method>
```

<Shipper>无</Shipper>
<Adjustment_Indicator>0</Adjustment_Indicator>
<Adjustment_Description>无</Adjustment_Description>
<Customer_ID>C1004100000000017DL</Customer_ID>
<Sales_Order_ID>1003A910000000046VBG</Sales_Order_ID>
<Created_User_ID>1003A91000000000477I6</Created_User_ID>
<Created_Date>2014-01-12</Created_Date>
<Created_Time>16:58:34</Created_Time>
<Approved_User_ID>1003A410000000008X6T</Approved_User_ID>
<Approved_Date>2014-01-30</Approved_Date>
<Approved_Time>16:47:11</Approved_Time>
<Last_Modified_User_ID>1003A410000000008X6T</Last_Modified_User_ID>
<Last_Modified_Date>2014-01-09</Last_Modified_Date>
<Last_Modified_Time>16:47:11</Last_Modified_Time>
<Location_ID>1002A210000000001M8U</Location_ID>
<Business_Segment_X>0403</Business_Segment_X>
</Sales_Shipment>
<Sales_Shipment>
<Shipment_ID>1002A210000000002KMM</Shipment_ID>
<Shipment_Number>I62014011500000003</Shipment_Number>
<Fiscal_Year>2014</Fiscal_Year>
<Accounting_Period>1</Accounting_Period>
<Dispatch_Organization_Code>0001A210000000005MZC</Dispatch_
Organization_Code>
<Shipment_Date>2014-01-15</Shipment_Date>
<Shipping_Reference_Number>HAWB12345678</Shipping_Reference_Number>
<Shipping_Transaction_Amount>709804</Shipping_Transaction_Amount>
<Shipping_Transaction_CUR_Code>CNY</Shipping_Transaction_CUR_Code>
<Shipping_Method>火车</Shipping_Method>
<Shipper>无</Shipper>
<Adjustment_Indicator>0</Adjustment_Indicator>
<Adjustment_Description>无</Adjustment_Description>
<Customer_ID>C1004100000000017DL</Customer_ID>
<Sales_Order_ID>1003A910000000046VBG</Sales_Order_ID>
<Created_User_ID>1003A91000000000477I6</Created_User_ID>
<Created_Date>2014-01-15</Created_Date>
<Created_Time>09:11:13</Created_Time>

<Approved_User_ID>1003A410000000008X6T</Approved_User_ID>
<Approved_Date>2014-01-30</Approved_Date>
<Approved_Time>16:47:17</Approved_Time>
<Last_Modified_User_ID>1003A410000000008X6T</Last_Modified_User_ID>
<Last_Modified_Date>2014-01-09</Last_Modified_Date>
<Last_Modified_Time>16:47:17</Last_Modified_Time>
<Location_ID>1002A210000000001M8U</Location_ID>
<Business_Segment_X>0403</Business_Segment_X>
</Sales_Shipment>
<Sales_Shipment>
<Shipment_ID>1002A210000000002TWB</Shipment_ID>
<Shipment_Number>I62014011500000004</Shipment_Number>
<Fiscal_Year>2014</Fiscal_Year>
<Accounting_Period>1</Accounting_Period>
<Dispatch_Organization_Code>0001A210000000005N2B</Dispatch_
Organization_Code>
<Shipment_Date>2014-01-15</Shipment_Date>
<Shipping_Reference_Number>HAWB12345678</Shipping_Reference_Number>
<Shipping_Transaction_Amount>1244.92</Shipping_Transaction_Amount>
<Shipping_Transaction_CUR_Code>CNY</Shipping_Transaction_CUR_Code>
<Shipping_Method>飞机</Shipping_Method>
<Shipper>无</Shipper>
<Adjustment_Indicator>0</Adjustment_Indicator>
<Adjustment_Description>无</Adjustment_Description>
<Customer_ID>C10041000000000017DL</Customer_ID>
<Sales_Order_ID>1003A910000000046VBG</Sales_Order_ID>
<Created_User_ID>1003A9100000000477I6</Created_User_ID>
<Created_Date>2014-01-15</Created_Date>
<Created_Time>20:32:11</Created_Time>
<Approved_User_ID>1003A410000000008X6T</Approved_User_ID>
<Approved_Date>2014-01-24</Approved_Date>
<Approved_Time>14:55:39</Approved_Time>
<Last_Modified_User_ID>1003A410000000008X6T</Last_Modified_User_ID>
<Last_Modified_Date>2014-01-15</Last_Modified_Date>
<Last_Modified_Time>20:32:17</Last_Modified_Time>
<Location_ID>1002A210000000001M93</Location_ID>
<Business_Segment_X>0403</Business_Segment_X>

</Sales_Shipment>
<Sales_Shipment_Details>
<Shipment_ID>1002A210000000002KLV</Shipment_ID>
<Shipping_Document_Line_ID>1002A210000000002KLW</Shipping_Document_Line_ID>
<Shipping_Document_Line_Number>10</Shipping_Document_Line_Number>
<Product_ID>1002A210000000001K30</Product_ID>
<Shipping_Quantity>8</Shipping_Quantity>
<Shipping_UOM_Code>TNE</Shipping_UOM_Code>
<Shipping_Unit_Price>44680</Shipping_Unit_Price>
<Shipping_Line_Transaction_Amount>357440</Shipping_Line_Transaction_Amount>
<Sales_Order_Line_ID>1003A910000000046VBG</Sales_Order_Line_ID>
<Sales_Order_Line_Quantity>8</Sales_Order_Line_Quantity>
<Order_Line_UOM_Code>NULL</Order_Line_UOM_Code>
<Order_Line_Unit_Price>44680</Order_Line_Unit_Price>
<Order_Line_Transaction_Amount>357440</Order_Line_Transaction_Amount>
<Business_Segment_X>0403</Business_Segment_X>
</Sales_Shipment_Details>
<Sales_Shipment_Details>
<Shipment_ID>1002A210000000002KLV</Shipment_ID>
<Shipping_Document_Line_ID>1002A210000000002KLX</Shipping_Document_Line_ID>
<Shipping_Document_Line_Number>20</Shipping_Document_Line_Number>
<Product_ID>1002A210000000001K36</Product_ID>
<Shipping_Quantity>12</Shipping_Quantity>
<Shipping_UOM_Code>TNE</Shipping_UOM_Code>
<Shipping_Unit_Price>4182</Shipping_Unit_Price>
<Shipping_Line_Transaction_Amount>50184</Shipping_Line_Transaction_Amount>
<Sales_Order_Line_ID>1003A910000000046VBG</Sales_Order_Line_ID>
<Sales_Order_Line_Quantity>12</Sales_Order_Line_Quantity>
<Order_Line_UOM_Code>NULL</Order_Line_UOM_Code>
<Order_Line_Unit_Price>4182</Order_Line_Unit_Price>
<Order_Line_Transaction_Amount>50184</Order_Line_Transaction_Amount>
<Business_Segment_X>0403</Business_Segment_X>
</Sales_Shipment_Details>

<Sales_Shipment_Details>
<Shipment_ID>1002A210000000002KMM</Shipment_ID>
<Shipping_Document_Line_ID>1002A210000000002KMN</Shipping_Document_Line_ID>
<Shipping_Document_Line_Number>10</Shipping_Document_Line_Number>
<Product_ID>1002A210000000001K34</Product_ID>
<Shipping_Quantity>6</Shipping_Quantity>
<Shipping_UOM_Code>TNE</Shipping_UOM_Code>
<Shipping_Unit_Price>43834</Shipping_Unit_Price>
<Shipping_Line_Transaction_Amount>263004</Shipping_Line_Transaction_Amount>
<Sales_Order_Line_ID>1003A910000000046VBG</Sales_Order_Line_ID>
<Sales_Order_Line_Quantity>6</Sales_Order_Line_Quantity>
<Order_Line_UOM_Code>NULL</Order_Line_UOM_Code>
<Order_Line_Unit_Price>43834</Order_Line_Unit_Price>
<Order_Line_Transaction_Amount>263004</Order_Line_Transaction_Amount>
<Business_Segment_X>0403</Business_Segment_X>
</Sales_Shipment_Details>
<Sales_Shipment_Details>
<Shipment_ID>1002A210000000002KMM</Shipment_ID>
<Shipping_Document_Line_ID>1002A210000000002KMO</Shipping_Document_Line_ID>
<Shipping_Document_Line_Number>20</Shipping_Document_Line_Number>
<Product_ID>1002A210000000001K30</Product_ID>
<Shipping_Quantity>10</Shipping_Quantity>
<Shipping_UOM_Code>TNE</Shipping_UOM_Code>
<Shipping_Unit_Price>44680</Shipping_Unit_Price>
<Shipping_Line_Transaction_Amount>446800</Shipping_Line_Transaction_Amount>
<Sales_Order_Line_ID>1003A910000000046VBG</Sales_Order_Line_ID>
<Sales_Order_Line_Quantity>10</Sales_Order_Line_Quantity>
<Order_Line_UOM_Code>NULL</Order_Line_UOM_Code>
<Order_Line_Unit_Price>44680</Order_Line_Unit_Price>
<Order_Line_Transaction_Amount>446800</Order_Line_Transaction_Amount>
<Business_Segment_X>0403</Business_Segment_X>
</Sales_Shipment_Details>
<Sales_VAT>
<Invoice_Type>增值税专用发票</Invoice_Type>
<Sellers_Name>ABC有限责任公司</Sellers_Name>

<Invoice_Code>011002100311</Invoice_Code>
<Invoice_Number>80987282</Invoice_Number>
<Invoice_Line_Number>1</Invoice_Line_Number>
<Buyers_Name>BCD有限责任公司</Buyers_Name>
<Buyers_Tax_Number>91110107080856750B</Buyers_Tax_Number>
<Buyers_Bank_Account_Number>6236683304128045325</Buyers_Bank_Account_Number>
<Buyers_Address_And_Telephone_Number>2356987</Buyers_Address_And_Telephone_Number>
<Invoice_date>2022-08-24</Invoice_date>
<Goods_Code_Version_Number/>
<Document_Number>1002A210000000002KLV</Document_Number>
<Goods_Name>家具及配件</Goods_Name>
<Specification/>
<Unit>套</Unit>
<Quantity>1</Quantity>
<Unit_Price>10000</Unit_Price>
<Amount>10000</Amount>
<Tax_Percentage>0.13</Tax_Percentage>
<VAT_Invoice>1300</VAT_Invoice>
<VAT_Classification_Code>1050200000000000000</VAT_Classification_Code>
<Sellers_VAT_Number>91440106327541896Q</Sellers_VAT_Number>
<Effective_VAT>1300</Effective_VAT>
<Sellers_Bank_Account_Number>3601444521453658</Sellers_Bank_Account_Number>
<Sellers_Address_And_Telephone_Number>北京市石景山区实兴大街</Sellers_Address_And_Telephone_Number>
<Whether_To_Use_Preferential_Policy_Label>0</Whether_To_Use_Preferential_Policy_Label>
<Zero_Rate_Label>空</Zero_Rate_Label>
<Preferential_Policy_Description>无</Preferential_Policy_Description>
<Status/>
<Drawer>孙小明</Drawer>
<Reviewer>王大志</Reviewer>
<Payee>赵文明</Payee>

<Remarks>无</Remarks>
</Sales_VAT>
<Sales_Lading>
<Bill_Of_Lading_Number>T478921236523</Bill_Of_Lading_Number>
<Sales_Order_ID>1003A910000000046VBG</Sales_Order_ID>
<Sales_Order_Line_ID>CD2014022700000035</Sales_Order_Line_ID>
<Pre_Carriage>空运</Pre_Carriage>
<Consignor>ABC有限责任公司</Consignor>
<Consignee>BCD有限责任公司</Consignee>
<Notified_Party/>
<Place_Of_Receipt>天津</Place_Of_Receipt>
<Voyage_Number>SC987</Voyage_Number>
<Port_Of_Loading>杭州</Port_Of_Loading>
<Port_Of_Discharge>天津</Port_Of_Discharge>
<Place_Of_Delivery/>
<Mark_Number_Or_Container_Number>SC987656</Mark_Number_Or_Container_Number>
<Container_Quantity_Or_Package_Quantity>1</Container_Quantity_Or_Package_Quantity>
<Goods_Description>家具</Goods_Description>
<Gross_Weight>1500</Gross_Weight>
<Net_Weight>1450</Net_Weight>
<Volume>10</Volume>
<Total_Containers_Total_Packages>1</Total_Containers_Total_Packages>
<Freight_Amount>50000</Freight_Amount>
<Lading_Unit_Price>50000</Lading_Unit_Price>
<Prepaid_At/>
<Freight_Payable_At/>
<Place_Of_Issue>杭州</Place_Of_Issue>
<Date_Of_Issue>2022-08-24</Date_Of_Issue>
<Total_Prepaid>25000</Total_Prepaid>
<Number_Of_Original_B_L>3</Number_Of_Original_B_L>
<Sales_Lading_Date>2022-08-24</Sales_Lading_Date>
<Remarks>无</Remarks>
</Sales_Lading>

```xml
<Sales_Shipping_Order>
    <Shipping_Order_Number>HSFAHCN0987</Shipping_Order_Number>
    <Sales_Order_ID>1003A910000000046VBG</Sales_Order_ID>
    <Sales_Order_Line_ID>CD2014022700000035</Sales_Order_Line_ID>
    <Logistics_Unit_ID>SFHCNL9710</Logistics_Unit_ID>
    <Logistics_Unit>BNM物流装运公司</Logistics_Unit>
    <Shipping_Date>2022-08-24</Shipping_Date>
    <Place_Of_Loading>杭州</Place_Of_Loading>
    <Destination>天津</Destination>
    <Consignor_ID>HSJ14462</Consignor_ID>
    <Consignor>BSK有限责任公司</Consignor>
    <Consignor_Address/>
    <Consignor_Physical_Postal_Code/>
    <Consignor_Contact/>
    <Consignee_ID/>
    <Consignee/>
    <Consignee_Address/>
    <Consignee_Physical_Postal_Code/>
    <Consignee_Contact/>
    <Goods_Description>家具</Goods_Description>
    <Package_Quantity>1</Package_Quantity>
    <Weight>15000</Weight>
    <Volume>10</Volume>
    <Freight_Amount>50000</Freight_Amount>
    <Delivery_Date>2022-08-26</Delivery_Date>
    <Remarks>无</Remarks>
</Sales_Shipping_Order>
<Sales_Customs>
    <Pre_Trade_Code/>
    <Sales_Order_Line_ID>CD2014022700000035</Sales_Order_Line_ID>
    <Export_ID/>
    <Customs_Number/>
    <Export_Date>2022-08-24</Export_Date>
    <Customs_Code>0408</Customs_Code>
    <Declare_Date>2022-08-24</Declare_Date>
```

<Reg_Manual_Number/>
<Trade_Name>ABC有限责任公司</Trade_Name>
<Transport_Mode_Name>空运</Transport_Mode_Name>
<Shipping_Method>飞机</Shipping_Method>
<Bill_Number>BDWU145604</Bill_Number>
<Consignor_Company_Name>ABC有限责任公司</Consignor_Company_Name>
<Trans_Mode_Name>离岸价格</Trans_Mode_Name>
<Tax_Exemption_Nature>先征后退</Tax_Exemption_Nature>
<Pay_Mode_Name>汇付</Pay_Mode_Name>
<Approval_ID>BP000001</Approval_ID>
<Freight_Amount>50000</Freight_Amount>
<Insurance_Amount>500</Insurance_Amount>
<Other_Fee_Amount>100</Other_Fee_Amount>
<Contract_Number>1003A41000000001MK0Q</Contract_Number>
<Package_Quantity>1</Package_Quantity>
<Wrap_Type_Name>散装</Wrap_Type_Name>
<Gross_Weight>15000</Gross_Weight>
<Net_Weight>14500</Net_Weight>
<Container_Number/>
<Attached_Document_Code/>
<Manufacturer/>
<Remarks>无</Remarks>
<Goods_Number>1902190010</Goods_Number>
<Goods_Code>9401711011</Goods_Code>
<Goods_Name>家具及配件</Goods_Name>
<Destination_Country_Name>韩国</Destination_Country_Name>
<Quantity>1</Quantity>
<Unit_Price>25000</Unit_Price>
<Total_Amount>25000</Total_Amount>
<Currency_Code>CNY</Currency_Code>
<Duty_Mode_Name>先征后退</Duty_Mode_Name>
<Inputer_Name>林XX</Inputer_Name>
<Input_Company_Name>ABC有限责任公司</Input_Company_Name>
<Fill_Date>2022-08-24</Fill_Date>
<Declarant_Name>王XX</Declarant_Name>

</Sales_Customs>
<Sales_Return>
<Sales_Return_Document_Number>HDNX478925</Sales_Return_Document_Number>
<Sales_Return_Date>2022-08-27</Sales_Return_Date>
<Sales_Order_ID>1003A910000000046VBG</Sales_Order_ID>
<Sales_Order_Line_ID>CD2014022700000035</Sales_Order_Line_ID>
<Invoice_ID>1003A41000000003KGD9</Invoice_ID>
<Goods_Received_Note_ID>1002A210000000002KLV</Goods_Received_Note_ID>
<Sales_Type>渠道销售</Sales_Type>
<Customer_Name>BCD有限责任公司</Customer_Name>
<Salesperson_ID>王XX</Salesperson_ID>
<Tax_Percentage>0.13</Tax_Percentage>
<Product_ID>PD1002A21008PI</Product_ID>
<Product_Type_Description>PCS</Product_Type_Description>
<Sales_Return_Quantity>10000</Sales_Return_Quantity>
<Sales_Return_Unit_Price>47.01</Sales_Return_Unit_Price>
<Created_User_ID>144560</Created_User_ID>
<Reviewed_User_ID/>
<Reviewed_User/>
<Approved_Date>2022-08-27</Approved_Date>
<Tax_Exclude_Amount>470085.47</Tax_Exclude_Amount>
<Tax_Include_Amount>550000</Tax_Include_Amount>
<Exchange_Rate>1</Exchange_Rate>
</Sales_Return>
<Sales_Rebate>
<Sales_Rebate_Method_ID>001</Sales_Rebate_Method_ID>
<Sales_Rebate_Method>现金折扣</Sales_Rebate_Method>
<Sales_Rebate_Customer_ID>ND8923347</Sales_Rebate_Customer_ID>
<Sales_Rebate_Customer>QWE有限责任公司</Sales_Rebate_Customer>
<Sales_Rebate_Organization_Code>SSJ92374</Sales_Rebate_Organization_Code>
<Sales_Rebate_Percentage>0.02</Sales_Rebate_Percentage>
<Sales_Rebate_Date>2022-08-27</Sales_Rebate_Date>
<Sales_Rebate_Code>JDSF45512</Sales_Rebate_Code>
<Sales_Rebate_Amount>2000</Sales_Rebate_Amount>

```
    <Payment_Time>14:03:23</Payment_Time>
    <Sales_Order_ID>1003A910000000046VBG</Sales_Order_ID>
    <Sales_Order_Line_ID>CD2014022700000035</Sales_Order_Line_ID>
    <Sales_Transaction_Amount>100000</Sales_Transaction_Amount>
</Sales_Rebate>
<Sales_Express_Bill>
    <Express_Bill_Number>SF9424727420</Express_Bill_Number>
    <Sales_Order_ID>1003A910000000046VBG</Sales_Order_ID>
    <Sales_Order_Line_ID>CD2014022700000035</Sales_Order_Line_ID>
    <Shipper_Information>ABC有限责任公司物流部</Shipper_Information>
    <Customer_Number>IFS993472</Customer_Number>
    <Shipper_Company>ABC有限责任公司</Shipper_Company>
    <Primary_Contact_Name>章XX</Primary_Contact_Name>
    <Shipper_Address>北京市朝阳区XXX</Shipper_Address>
    <Area_Code>010</Area_Code>
    <Telephone_Number>150XXXX11486</Telephone_Number>
    <Sign_Notification/>
    <Consignee_Information>HKL有限责任公司仓储部</Consignee_Information>
    <Consignee_Company>HKL有限责任公司</Consignee_Company>
    <Consignee_Address>天津市北辰区XXX</Consignee_Address>
    <Shipment_Information>货物</Shipment_Information>
    <Description_Of_Goods>大宗货物</Description_Of_Goods>
    <Quantity>10</Quantity>
    <Volume>20</Volume>
    <Weight>500</Weight>
    <Length>20</Length>
    <Width>30</Width>
    <Height>30</Height>
    <Shipment_Type>一般寄送</Shipment_Type>
    <Additional_Service_Type>签单返还服务</Additional_Service_Type>
    <Charge>750</Charge>
    <Payment_Of_Charge>寄付月结</Payment_Of_Charge>
    <Courier_Information>德邦物流</Courier_Information>
    <Shipper_Signature>王XX</Shipper_Signature>
    <Consignee_Signature>张XX</Consignee_Signature>
```

```
        <Sales_Express_Bill_Date>2022-08-29</Sales_Express_Bill_Date>
        <Remarks>无</Remarks>
    </Sales_Express_Bill>
    <Sales_Acceptance_Sheet>
        <Acceptance_Sheet_Number>IIOSFU30230482097</Acceptance_Sheet_Number>
        <Sales_Order_ID>1003A910000000046VBG</Sales_Order_ID>
        <Sales_Order_Line_ID>CD2014022700000035</Sales_Order_Line_ID>
        <Product_ID>PD1002A21008PI</Product_ID>
        <Supplier_Account_Number>G468761</Supplier_Account_Number>
        <Supplier_Account_Name>QWE有限责任公司</Supplier_Account_Name>
        <Acceptance_Date>2022-08-29</Acceptance_Date>
        <Acceptance_Result>已验收</Acceptance_Result>
    </Sales_Acceptance_Sheet>
</SALE>
```

参 考 文 献

[1] GB/T 18391.1—2009 信息技术 元数据注册系统（MDR）第1部分：框架
[2] GB/T 24589（所有部分）财经信息技术 会计核算软件数据接口
[3] GB/T 32180（所有部分）财经信息技术 企业资源计划软件数据接口
[4] HS/T 17—2006 海关业务基础数据元目录
[5] 财会便〔2021〕7号 银行审计函证数据标准（试行版）
[6] ISO 21378: 2019 Audit data collection
[7] 美国注册会计师协会（AICPA）Audit data standards

ICS 35.240
CCS L 67

团 体 标 准

T/CICPA 0104—2023

注册会计师审计数据规范 银行流水

Audit data specifications for Certified Public Accountants
Bank statement

2023-03-27 发布　　2023-03-27 实施

中国注册会计师协会　发 布

目　次

前　言

本文件按照GB/T 1.1—2020《标准化工作导则 第1部分：标准化文件的结构和起草规则》的规定起草。

本文件由中国注册会计师协会提出并归口。

本文件起草单位：中国注册会计师协会、中国标准化研究院、毕马威华振会计师事务所（特殊普通合伙）、北京鼎信创智科技有限公司。

本文件主要起草人：舒惠好、唐建华、刘渝、赵际喆、王廷梁、陈宇、岳高峰、高亮、刘守华、汪浩、陈甜甜、龙罡、苏萌、王常海、夏安东。

引　言

《注册会计师行业信息化建设规划（2021—2025年）》围绕“会计师事务所信息化、行业管理服务信息化、协会办公信息化”3大领域，提出行业信息化建设“标准化、数字化、网络化、智能化”的目标，从4个方面明确18项信息化建设任务。其中，在加快信息化基础研究与建设方面，提出推动构建行业数据标准体系，围绕审计数据采集、审计报告电子化、行业管理服务数据、电子签章与证照等领域，按照继承、发展和创新原则，急用先行、循序渐进推动构建科学适用的行业数据标准体系，满足数据共享交换和数据分析需求，发挥数据作为生产要素的作用。

在审计数据领域，中国注册会计师协会提出了注册会计师审计数据规范体系，包括基础信息、具体审计领域和特殊行业审计3大板块，每个板块包含若干模块，涵盖审计业务中的各个领域。中国注册会计师协会将根据不同领域和不同行业在数字化审计方面的成熟度和重要程度，分批次适时推出各模块，不断完善注册会计师审计数据规范体系。

本文件作为注册会计师审计数据规范体系的一部分，根据相关法律法规的规定、企业会计准则的披露要求和中国注册会计师审计准则的执业要求，从注册会计师审计执业和审计信息化的实际需求出发，充分依托现有国家标准和行业标准，借鉴国际相关审计标准化成果和经验，对数据元进行了拓展，并创新性地引入了多元化的数据来源。

本文件是用于规范审计数据的技术标准，主要用于审计数据的收集、存储、使用、加工、传输、提供、公开等数据处理。上述数据处理过程应符合《数据安全法》《个人信息保护法》等相关法律法规的规定。

注册会计师审计数据规范 银行流水

1 范围

本文件规定了注册会计师审计数据中银行流水数据的内容和格式要求。

本文件适用于注册会计师审计及相关软件的设计、开发和测试。

2 规范性引用文件

下列文件中的内容通过文中的规范性引用而构成本文件必不可少的条款。其中，注日期的引用文件，仅该日期对应的版本适用于本文件；不注日期的引用文件，其最新版本（包括所有的修改单）适用于本文件。

GB/T 7408—2005 数据元和交换格式 信息交换 日期和时间表示法（ISO 8601: 2000, IDT）

ISO 3166-1 世界各国和地区及其行政区划名称代码 第1部分：国家代码（Codes for the representation of names of countries and their subdivisions—Part 1: Country code）

ISO 3166-2 世界各国和地区及其行政区划名称代码 第2部分：行政区划代码（Codes for the representation of names of countries and their subdivisions—Part 2: Country subdivision code）

ISO 4217 表示货币的代码（Codes for the representation of currencies）

3 术语和定义

下列术语和定义适用于本文件。

3.1

数据 data

信息的可再解释的信息化表达，以适用于通信、解释和处理。

［来源：GB/T 18391.1—2009，3.2.6］

3.2

数据元 data element

由一组属性规定其定义、标识、表示和允许值的数据单元。

［来源：GB/T 18391.1—2009，3.3.8］

4 数据元的描述

本文件中，每个数据元通过标识符、中文名称、英文名称、说明、数据类型、表示、约束条件、数据来源等属性来表达。

a）标识符：数据元的唯一标识；

b）中文名称：数据元的中文名称；

c）英文名称：数据元的英文名称；

d）说明：关于数据元的含义和基本特性的描述，并使之区别于其他数据元；

e）数据类型：数据元值的数据类型，如表1所示；

f）表示：数据元值的数据类型及字符长度的组合表示方式，如表1所示；

g）约束条件：说明该数据元是必选项还是可选项；

h）数据来源：审计数据的采集来源，例如，被审计单位、银行、会计师事务所等。

注：“数据来源”和“约束条件”是建议，非强制要求。注册会计师在执行审计业务时需要根据实际情况采集数据。

表1　数据元的数据类型及表示方式

数据类型	说明	表示方式
字符型	一切可以显示打印的字符，包括汉字、字母、数字、各种符号、空格等，不具有计算能力。	以大写字母“C”代表字符串： CX：表示定长为X的字符型数据元值； C..X：表示最长为X的字符型数据元值； C..ul：表示长度不确定的字符型数据元值。
数值型	可以进行数学运算的数据。	以大写字母“N”代表数值型： NX：固定长度为X位数字的整型数； N..X：最大长度为X位数字的整型数； NX, Y：固定长度为X位的十进制小数格式（包括小数点和小数点后面的数字），小数点后保留Y位数字； N..X, Y：最大长度为X位的十进制小数格式（包括小数点和小数点后面的数字），小数点后保留Y位数字。
日期时间型	用以表示日期及时间的数据。	按照GB/T 7408—2005表示。例如，YYYY-MM-DD；YYYYMMDDThhmmss；hh：mm：ss。
布尔型	两个且只有两个表明条件的值。	用C1表示。

5 数据模型

审计数据规范包括若干模块，银行流水模块是其中之一。银行流水审计数据包含基本信息、银行存款、银行借款、已注销账户、本公司作为委托人的委托贷款、本公司作为借款人的委托贷款、“本公司为其他单位提供的、以银行为担保受益人的担保”、银行向本公司提供的担保、本公司为出票人且由银行承兑尚未支付的承兑汇票、本公司向银行已贴现而尚未到期的商业汇票、本公司为持票人且由银行托收的商业汇票、“本公司为申请人、由银行开具的、未履行完毕的不可撤销信用证”、本公司与银行之间未履行完毕的外汇买卖合约、本公司存放于银行托管的证券或其他产权文件、本公司购买的由银行发行的未到期银行理财产品、注册会计师认为重大且应予函证的其他事项、资金归集账户具体信息、验资业务、银行询证函结论或银行确认、询证银行、银行流水等21个实体，这些实体之间的关系见图1，实体的数据描述见第6章，数据结构见第7章。为了方便标准的数字化应用，本文件附录中提供了XML文件输出格式和实例。文件输出格式见附录A，实例参见附录B。为配合XBRL格式电子凭证的推广，将为用户提供XBRL文件输出格式和实例。

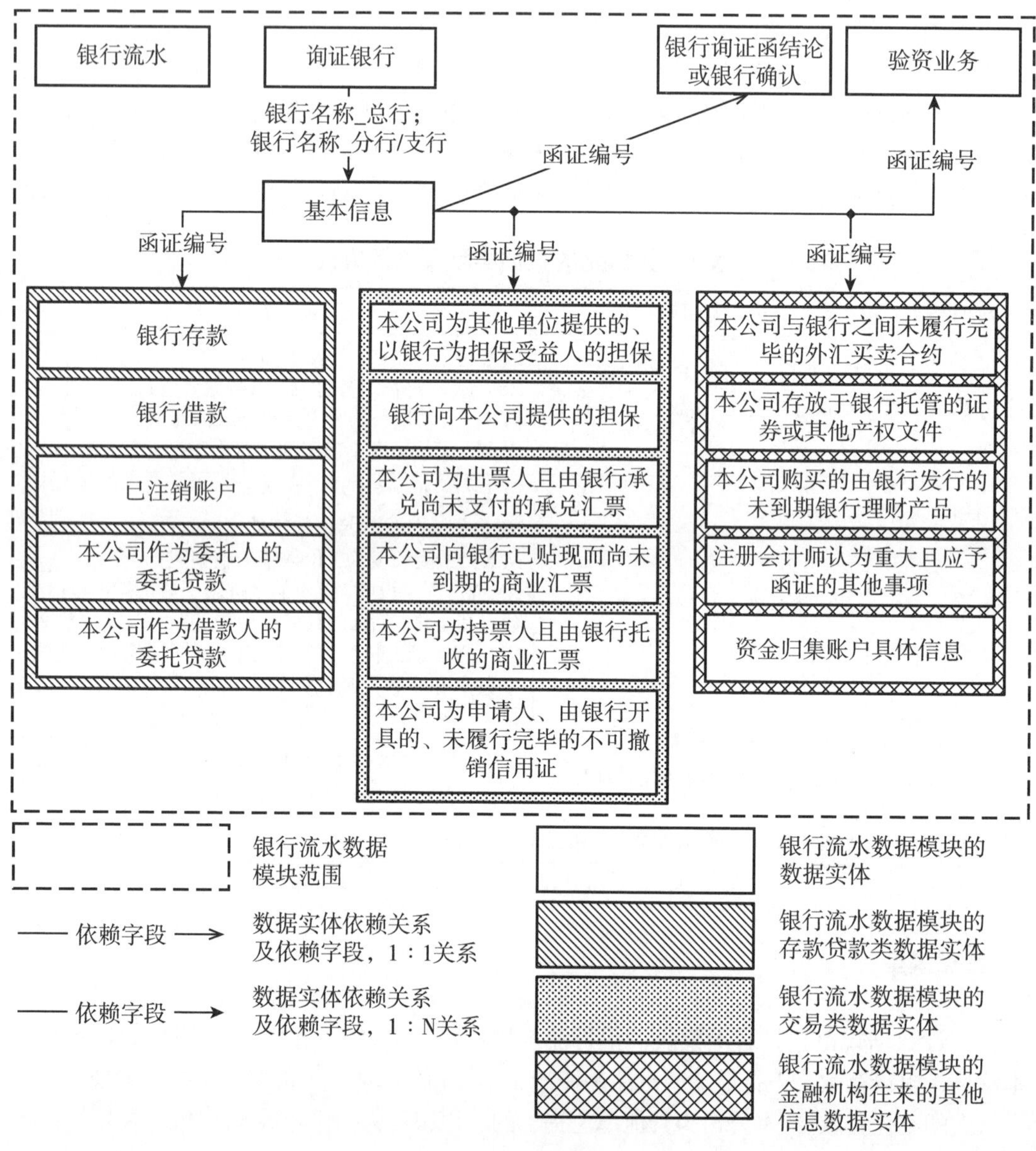

图1　银行流水数据实体关系图

6 银行流水数据

6.1 基本信息 Basic_Information

标识符：010401001
中文名称：函证编号
英文名称：Number_Of_Confirmation
说明：为银行函证的数字编号，是数字函证信息的唯一标识。
数据类型：字符型
表示：C..ul
约束条件：必选
数据来源：银行

标识符：010401002
中文名称：询证银行
英文名称：Bank_Who_Verify_Confirmation
说明：受理询证工作的银行、其他银行业金融机构或类似机构，即银行函证的“函证收件人”。
数据类型：字符型
表示：C..100
约束条件：必选
数据来源：银行

标识符：010401003
中文名称：询证银行网点名称
英文名称：Bank_Branch_Name_Who_Verify_Confirmation
说明：受理询证工作的银行、其他银行业金融机构或类似机构的网点名称。
数据类型：字符型
表示：C..60
约束条件：可选
数据来源：银行

标识符：010401004
中文名称：被询证企业
英文名称：Enterprise_Who_Accept_Confirmation
说明：需要询证银行确认银行函证中相关信息的企业，被审计单位或被验资单位。
数据类型：字符型

表示：C..100
约束条件：必选
数据来源：银行

标识符：010401005
中文名称：会计师事务所
英文名称：Accounting_Firm
说明：执行银行函证审计程序并将银行函证独立发送给询证银行的会计师事务所。
数据类型：字符型
表示：C..100
约束条件：必选
数据来源：银行

标识符：010401006
中文名称：财务报表年份
英文名称：Year_Of_Financial_Statements
说明：会计师事务所对该年度或期间的财务报表进行审计。
数据类型：字符型
表示：C..50
约束条件：必选
数据来源：银行

标识符：010401007
中文名称：回函地址
英文名称：Return_Address
说明：回复询证函的邮寄地址，即会计师事务所接收回函的地址。
数据类型：字符型
表示：C..100
约束条件：可选
数据来源：银行

标识符：010401008
中文名称：联系人
英文名称：Contact_Person_Of_Accounting_Firm
说明：会计师事务所的联系人姓名，即银行询证函中指定的会计师事务所收件人。
数据类型：字符型
表示：C..100

约束条件：必选
数据来源：银行

标识符：010401009
中文名称：电话
英文名称：Telephone_Number_Of_Accounting_Firm
说明：会计师事务所的联系电话。
数据类型：字符型
表示：C..20
约束条件：必选
数据来源：银行

标识符：010401010
中文名称：传真
英文名称：Fax_Of_Accounting_Firm
说明：会计师事务所的传真。
数据类型：字符型
表示：C..20
约束条件：必选
数据来源：银行

标识符：010401011
中文名称：邮编
英文名称：Postal_Code_Of_Return_Address
说明：回函地址的邮政编码。
数据类型：字符型
表示：C..20
约束条件：必选
数据来源：银行

标识符：010401012
中文名称：电子邮箱
英文名称：Email_Address_Of_Accounting_Firm
说明：会计师事务所的电子邮箱。
数据类型：字符型
表示：C..100
约束条件：必选

数据来源：银行

标识符：010401013
中文名称：支取函证费用的银行账户
英文名称：Bank_Account_Used_To_Withdraw_Confirmation_Fees
说明：支取办理询证函回函服务费用的银行账户。若注册会计师在同一封询证函下函证同一企业的多个账户，则应当指定其中一个账户为询证函扣款账户。若询证函所函银行账户均已注销，则应当明确其他函证费扣款方式。例如，该银行其他可扣款账户、现金缴费等。
数据类型：字符型
表示：C..100
约束条件：必选
数据来源：银行

标识符：010401014
中文名称：函证基准日
英文名称：Base_Date_Of_Confirmation
说明：会计师事务所进行询证的信息所对应的基准日期。
数据类型：日期时间型
表示：YYYY-MM-DD
约束条件：必选
数据来源：银行

6.2 银行存款 Bank_Deposit

标识符：010402001
中文名称：账户名称
英文名称：Name_Of_Bank_Account
说明：银行存款账户名称，应使用全称。
数据类型：字符型
表示：C..100
约束条件：必选
数据来源：银行

标识符：010402002
中文名称：银行账号
英文名称：Bank_Account
说明：银行账号应当与银行对账单上显示的账号保持完全一致。

数据类型：字符型
表示：C..60
约束条件：可选
数据来源：银行

标识符：010402003
中文名称：账户证件号码
英文名称：Account_Certificate_Number
说明：银行账号开户所使用的证明身份的有效证件号码。
数据类型：字符型
表示：C..30
约束条件：可选
数据来源：银行

标识符：010402004
中文名称：开户银行网点名称
英文名称：Bank_Branch_Name
说明：开户银行的网点名称。
数据类型：字符型
表示：C..60
约束条件：可选
数据来源：银行

标识符：010402005
中文名称：币种
英文名称：Currency
说明：银行货币的种类。按照ISO 4217规定的3字母代码表示。
数据类型：字符型
表示：C3
约束条件：可选
数据来源：银行

标识符：010402006
中文名称：利率
英文名称：Interest_Rate
说明：填写函证基准日适用的年化利率，如不适用则填写“见备注”，在“备注”栏进行说明。如为固定利率，应填写函证基准日适用的年化利率；如为活期存款、通知存款、协定存款、结构性存款及其他利率浮动型存款等，应逐笔填写函证基准日适用的执行利率及利率浮动型存款的具体类别。

数据类型：字符型

表示：C..ul

约束条件：可选

数据来源：银行

标识符：010402007

中文名称：账户类型

英文名称：Account_Type

说明：被审计单位银行存款账户的类型，包括但不限于基本存款账户、一般存款账户、专用存款账户、临时存款账户、外币资本项下账户、外币经常项下账户、保证金账户、定期存款账户、通知存款账户等，具体账户类型的填写可适当参考询证银行实际操作情况填写。

数据类型：字符型

表示：C..ul

约束条件：可选

数据来源：银行

标识符：010402008

中文名称：账户余额

英文名称：Account_Balance

说明：函证基准日被审计单位银行存款账户的银行对账单余额，特别对于资金池账户，已实际划出的资金（如已上存集团归集账户的金额）则不应包括在内。

数据类型：数值型

表示：N..22, 4

约束条件：可选

数据来源：银行

标识符：010402009

中文名称：可用余额

英文名称：Available_Balance

说明：被审计单位实际可支配金额。

数据类型：数值型

表示：N..22, 4

约束条件：可选

数据来源：银行

标识符：010402010

中文名称：是否属于资金归集账户

英文名称：Descriptions_Of_Whether_Bank_Account_Is_Used_For_Capital_Centralization

说明：判断银行存款账户是否用于资金归集或被资金归集。1表示是，0表示否。在选择1的情况下，则需要填写“资金归集账户具体信息”。

数据类型：布尔型

表示：C1

约束条件：可选

数据来源：银行

标识符：010402011

中文名称：起始日期

英文名称：Start_Date_Of_Bank_Deposit

说明：适用于具有约定期限类型账户的起始日期。

数据类型：日期时间型

表示：YYYY-MM-DD

约束条件：可选

数据来源：银行

标识符：010402012

中文名称：终止日期

英文名称：End_Date_Of_Bank_Deposit

说明：适用于具有约定期限类型账户的终止日期。

数据类型：日期时间型

表示：YYYY-MM-DD

约束条件：可选

数据来源：银行

标识符：010402013

中文名称：是否存在冻结、担保或其他使用限制

英文名称：Descriptions_Of_Whether_Bank_Account_Is_Frozen_Used_As_Guarantees_Or_Any_Other_Restrictions

说明：判断相关账户是否存在被冻结、担保及账户使用受限等情况。1表示是，0表示否。如选择1，请在备注中注明截至函证基准日受限金额，并在备注栏说明冻结、担保及账户使用受限的具体情况，包括但不限于（冻结、担保及其他使用限制）日期、发起（冻结、担保及其他使用限制）单位以及（冻结、担保及其他使用限制）原因。如选择0，则不需要注明。其他使用限制主要包括但不限于因反洗钱或案件触发的控制等外

部限制以及由于公司自身行为导致的银行存款账户资金无法随意支取、使用等情况，除上述以外其他原因导致银行与公司正常设立的资金托管账户、资金监管账户存在使用限制的，不属于本项目“其他使用限制”的情况；同时，若冻结事项存在法律法规上的保密要求，建议可仅就被冻结的事实进行填写。

数据类型：布尔型

表示：C1

约束条件：可选

数据来源：银行

标识符：010402014

中文名称：交易外部流水号

英文名称：Transaction_External_Serial_Number

说明：指非银行交易的明细，可与三方交易的订单号对应，匹配对应交易明细，查找相应的三方交易明细信息。

数据类型：字符型

表示：C..60

约束条件：可选

数据来源：银行

标识符：010402015

中文名称：现金标志

英文名称：Cash_Sign

说明：现金的交易，包括存或取。

数据类型：字符型

表示：C..60

约束条件：可选

数据来源：银行

标识符：010402016

中文名称：备注

英文名称：Remark

说明：需要补充说明的事项。例如，浮动利率的具体约定内容或条款、“其他使用限制”的具体情况等。

数据类型：字符型

表示：C..ul

约束条件：可选

数据来源：银行

6.3 银行借款 Bank_Loan

标识符：010403001

中文名称：借款人名称

英文名称：Name_Of_Borrowers_Account

说明：函证基准日被审计单位账号对应的借款人账户名称，应使用全称。银行借款包括被审计单位在询证银行尚未结清的、由询证银行发放的全部贷款和垫款，包括但不限于一般贷款和垫款、贸易融资项下的贷款和垫款、票据垫款等。

数据类型：字符型

表示：C..ul

约束条件：可选

数据来源：银行

标识符：010403002

中文名称：借款账号

英文名称：Bank_Account

说明：填写银行和被函证单位均可查询到且能对应到指定客户借贷关系的账号。例如，贷款账号、借据编号、银行结算账号等。每家银行业金融机构系统设置的账号名称可能有所不同。

数据类型：字符型

表示：C..60

约束条件：可选

数据来源：银行

标识符：010403003

中文名称：币种

英文名称：Currency

说明：银行借款银行货币的种类。按照ISO 4217规定的3字母代码表示。

数据类型：字符型

表示：C3

约束条件：可选

数据来源：银行

标识符：010403004

中文名称：余额

英文名称：Outstanding_Balance_Of_Loan_Account

说明：函证基准日被审计单位银行借款账户尚未偿还的余额。

数据类型：数值型

表示：N..22, 4
约束条件：可选
数据来源：银行

标识符：010403005
中文名称：借款日期
英文名称：Start_Date_Of_Bank_Loan
说明：银行借款的起息日，可根据银行贷款合同中约定的起息日或每一笔借款放款借据编号/放款账号对应日期填写。
数据类型：日期时间型
表示：YYYY-MM-DD
约束条件：可选
数据来源：银行

标识符：010403006
中文名称：到期日期
英文名称：End_Date_Of_Bank_Loan
说明：银行借款的到期日期。针对垫款类业务，可以填写“见备注”，在“备注”中根据实际情况具体说明和填写。
数据类型：字符型
表示：C..ul
约束条件：可选
数据来源：银行

标识符：010403007
中文名称：利率
英文名称：Interest_Rate
说明：填写函证基准日适用的年化利率，可按照贷款合同中约定的利率进行填写，包括固定贷款利率和浮动贷款利率等类型。如简单年化利率不适用，可以填写“见备注”，在“备注”中具体说明和填写。
数据类型：字符型
表示：C..ul
约束条件：可选
数据来源：银行

标识符：010403008
中文名称：抵（质）押品/担保人

英文名称：Collateral_Pledge_Or_Guarantor
说明：函证基准日被审计单位对应的借款抵（质）押品或担保人。
数据类型：字符型
表示：C..ul
约束条件：可选
数据来源：银行

标识符：010403009
中文名称：备注
英文名称：Remark
说明：需要补充说明的事项。
数据类型：字符型
表示：C..ul
约束条件：可选
数据来源：银行

6.4 已注销账户 Cancelled_Bank_Account

标识符：010404001
中文名称：起始日期
英文名称：Start_Date_Of_Cancelled_Bank_Account_Confirmation
说明：已注销账户询证期间起始日期。
数据类型：日期时间型
表示：YYYY-MM-DD
约束条件：可选
数据来源：银行

标识符：010404002
中文名称：截止日期
英文名称：End_Date_Of_Cancelled_Bank_Account_Confirmation
说明：已注销账户询证期间截止日期。
数据类型：日期时间型
表示：YYYY-MM-DD
约束条件：可选
数据来源：银行

标识符：010404003
中文名称：账户名称

英文名称：Name_Of_Bank_Account

说明：已注销账户询证期间中，被审计单位注销的银行存款账户名称，应使用全称。

数据类型：字符型

表示：C..100

约束条件：可选

数据来源：银行

标识符：010404004

中文名称：银行账号

英文名称：Bank_Account

说明：注销的银行存款账户的账号。

数据类型：字符型

表示：C..60

约束条件：可选

数据来源：银行

标识符：010404005

中文名称：币种

英文名称：Currency

说明：已注销账户银行货币的种类。按照ISO 4217规定的3字母代码表示。

数据类型：字符型

表示：C3

约束条件：可选

数据来源：银行

标识符：010404006

中文名称：注销账户日

英文名称：Date_Of_Cancelling_Bank_Account

说明：注销账户的日期。

数据类型：日期时间型

表示：YYYY-MM-DD

约束条件：可选

数据来源：银行

标识符：010404007

中文名称：销户银行网点

英文名称：Cancelled_Bank_Branch
说明：注销账户所在的银行网点。
数据类型：字符型
表示：C..60
约束条件：可选
数据来源：银行

6.5 本公司作为委托人的委托贷款 Entrusted_Loan_As_Lender

标识符：010405001
中文名称：账户名称
英文名称：Name_Of_Bank_Account
说明：函证基准日被审计单位作为委托人的银行结算账号对应的账户名称，应使用全称。
数据类型：字符型
表示：C..100
约束条件：可选
数据来源：银行

标识符：010405002
中文名称：银行结算账号
英文名称：Bank_Account
说明：委托贷款协议中约定的被审计单位银行结算账号。如未约定对应的银行结算账号，可以按照委托贷款账户的实际情况填写询证银行与被审计单位均可查询到且能对应到指定客户委托贷款关系的账号，并在“备注”中说明和填写账户性质。
数据类型：字符型
表示：C..60
约束条件：可选
数据来源：银行

标识符：010405003
中文名称：资金借入方
英文名称：Borrowers_Of_Entrusted_Loan
说明：委托贷款的资金借入方名称，应使用全称。
数据类型：字符型
表示：C..100
约束条件：可选
数据来源：银行

标识符：010405004
中文名称：币种
英文名称：Currency
说明：本公司作为委托人的委托贷款银行货币的种类。按照ISO 4217规定的3字母代码表示。
数据类型：字符型
表示：C3
约束条件：可选
数据来源：银行

标识符：010405005
中文名称：利率
英文名称：Interest_Rate
说明：填写函证基准日适用的年化利率，如简单年化利率不适用则填写“见备注”，应在“备注”栏进行说明和填写。
数据类型：字符型
表示：C..ul
约束条件：可选
数据来源：银行

标识符：010405006
中文名称：余额
英文名称：Actual_Lending_Balance_Of_Auditee
说明：该项委托贷款尚未偿还的余额。函证基准日被审计单位银行存款账户的银行对账单余额，特别对于资金池账户，已实际划出的资金（如已上存集团归集账户的金额）则不应包括在内。
数据类型：数值型
表示：N..22, 4
约束条件：可选
数据来源：银行

标识符：010405007
中文名称：初始贷款金额
英文名称：Initial_Loan_Amount_As_Entrusting_Party
说明：委托人的初始贷款金额。
数据类型：数值型
表示：N..22, 4

约束条件：可选
数据来源：银行

标识符：010405008
中文名称：贷款起始日期
英文名称：Start_Date_Of_Entrusted_Loan_As_Entrusting_Party
说明：委托贷款的起始日期。
数据类型：日期时间型
表示：YYYY-MM-DD
约束条件：可选
数据来源：银行

标识符：010405009
中文名称：贷款截止日期
英文名称：End_Date_Of_Entrusted_Loan_As_Entrusting_Party
说明：委托贷款的截止日期。
数据类型：日期时间型
表示：YYYY-MM-DD
约束条件：可选
数据来源：银行

标识符：010405010
中文名称：备注
英文名称：Remark
说明：需要补充说明的事项。例如，资金借入方在函证基准日存在本金或利息逾期未付情况，应进行补充说明和填写。
数据类型：字符型
表示：C..ul
约束条件：可选
数据来源：银行

6.6 本公司作为借款人的委托贷款 Entrusted_Loan_As_Borrower

标识符：010406001
中文名称：账户名称
英文名称：Name_Of_Bank_Account
说明：函证基准日被审计单位作为借款人的银行结算账号对应的账户名称，应使用全称。

数据类型：字符型
表示：C..100
约束条件：可选
数据来源：银行

标识符：010406002
中文名称：银行结算账号
英文名称：Bank_Account
说明：委托贷款协议中约定的被审计单位作为借款人的银行结算账号。如未约定对应的银行结算账号，可以按照委托贷款账户的实际情况填写询证银行与被审计单位均可查询到且能对应到指定客户委托贷款关系的账号，并在“备注”中说明和填写账户性质。
数据类型：字符型
表示：C..60
约束条件：可选
数据来源：银行

标识符：010406003
中文名称：资金借出方
英文名称：Lenders_Of_Entrusted_Loan
说明：委托贷款的资金借出方名称，应使用全称。
数据类型：字符型
表示：C..100
约束条件：可选
数据来源：银行

标识符：010406004
中文名称：币种
英文名称：Currency
说明：本公司作为借款人的委托贷款银行货币的种类。按照ISO 4217规定的3字母代码表示。
数据类型：字符型
表示：C3
约束条件：可选
数据来源：银行

标识符：010406005

中文名称：利率

英文名称：Interest_Rate

说明：填写函证基准日被审计单位作为借款人适用的年化利率，如简单年化利率不适用则填写“见备注”，应在“备注”栏进行说明和填写。

数据类型：字符型

表示：C..ul

约束条件：可选

数据来源：银行

标识符：010406006

中文名称：余额

英文名称：Actual_Borrowing_Balance_Of_Auditee

说明：该项委托贷款尚未偿还的余额。

数据类型：数值型

表示：N..22, 4

约束条件：可选

数据来源：银行

标识符：010406007

中文名称：初始借款金额

英文名称：Initial_Loan_Amount_As_Borrower

说明：借款人的初始借款金额。

数据类型：数值型

表示：N..22, 4

约束条件：可选

数据来源：银行

标识符：010406008

中文名称：贷款起始日期

英文名称：Start_Date_Of_Entrusted_Loan_As_Borrower

说明：本公司作为借款人的委托贷款起始日期。

数据类型：日期时间型

表示：YYYY-MM-DD

约束条件：可选

数据来源：银行

标识符：010406009

中文名称：贷款截止日期
英文名称：End_Date_Of_Entrusted_Loan_As_Borrower
说明：本公司作为借款人的委托贷款截止日期。
数据类型：日期时间型
表示：YYYY-MM-DD
约束条件：可选
数据来源：银行

标识符：010406010
中文名称：备注
英文名称：Remark
说明：需要补充说明的事项。例如，被审计单位在函证基准日存在本金或利息逾期未付情况，应进行补充说明和填写。
数据类型：字符型
表示：C..ul
约束条件：可选
数据来源：银行

6.7 本公司为其他单位提供的、以银行为担保受益人的担保 Guarantee_Provided_For_Other_Units_And_Considered_Bank_As_Beneficiary_Member

标识符：010407001
中文名称：被担保人
英文名称：Warrantee
说明：被担保人名称，应使用全称。
数据类型：字符型
表示：C..100
约束条件：可选
数据来源：银行

标识符：010407002
中文名称：担保方式
英文名称：Guarantee_Mode
说明：担保方式。包括保证、抵押、质押等担保方式，并区分最高额担保或一般担保等情形进行填写。
数据类型：字符型
表示：C..100
约束条件：可选

数据来源：银行

标识符：010407003

中文名称：币种

英文名称：Currency

说明：本公司为其他单位提供的、以银行为担保受益人的担保银行货币的种类。按照ISO 4217规定的3字母代码表示。

数据类型：字符型

表示：C3

约束条件：可选

数据来源：银行

标识符：010407004

中文名称：担保余额

英文名称：Balance_Of_Secured_Claim

说明："担保余额"应为主债权余额，当同一项担保合同对应多笔主债权时，担保债权余额应为担保的全部债权余额。进一步地，如果一笔主债权，涉及多项担保合同或多笔主债权，在交叉涉及多项担保合同的情况下，多项担保合同协议中通常未就所对应的一笔主债权或交叉对应的多笔主债权金额进行总债权金额的分配，因此，在上述情形下，"担保余额"可填写"见备注"，在备注栏填写和说明所有相关担保合同和债权合同情况，包括但不限于所涉及的合同编号、合同金额、债权余额。对于多个保证人签订同一份保证合同，多份保证合同为同一笔信贷业务担保，同一份保证合同为多笔信贷业务担保等复杂场景，保证人之间可能针对保证份额分担、相互求偿等作出单独约定，最终影响保证责任承担。

数据类型：数值型

表示：N..22, 4

约束条件：可选

数据来源：银行

标识符：010407005

中文名称：担保到期日

英文名称：End_Date_Of_Secured_Claim_Balance

说明：对于一般担保，"担保到期日"填写担保的主债权到期日；对于最高额担保，可能对应多笔主债权，当多笔主债权到期日不同时，若多笔主债权中最晚到期日早于最高额担保合同的到期日时，"担保到期日"按最高额担保合同的到期日进行填写；若多笔主债权中最晚到期日晚于最高额担保合同的到期日时，"担保到期日"按最晚到期的主债权合同的到期日填写。当最高额担保合同的到期日未明确填写在担保合同中，而以主债权合同的期限为依据确定到期日时，涉及多笔主债权合同的，“担保到期日”按最晚到期的主债权合同的到期日填写。同一主债权合同也可能存在多笔借据，仅填写主债权合同到期日。

数据类型：日期时间型

表示：YYYY-MM-DD

约束条件：可选

数据来源：银行

标识符：010407006

中文名称：担保合同编号

英文名称：Number_Of_Guarantee_Contract

说明：担保合同的编号。

数据类型：字符型

表示：C..ul

约束条件：可选

数据来源：银行

标识符：010407007

中文名称：备注

英文名称：Remark

说明：需要补充说明的事项。例如，采用保证金存款以外抵押或质押方式提供担保的，应在“备注”栏中说明抵押或质押物情况，包括但不限于抵质押品的类型、数量、权属、评估价值等；如被担保方在函证基准日存在本金或利息逾期未付情况，应在“备注”栏中予以说明；如果一笔主债权，涉及多项担保合同，或多笔主债权，交叉涉及多项担保合同的情况下，多项担保合同协议中通常未就所对应的一笔主债权或交叉对应的多笔主债权金额进行总债权金额的分配，在上述情形下，在“备注”栏填写和说明所有相关担保合同和债权合同情况，包括但不限于所涉及的合同编号、合同金额、债权余额。

数据类型：字符型

表示：C..ul

约束条件：可选

数据来源：银行

6.8 银行向本公司提供的担保 Guarantee_Provided_By_Bank_Including_Letter_Of_Guarantee_Standby_Letter_Of_Credit_Etc

标识符：010408001

中文名称：被担保人

英文名称：Warrantee
说明：银行向被审计单位提供担保时，被担保人名称，应使用全称。
数据类型：字符型
表示：C..100
约束条件：可选
数据来源：银行

标识符：010408002
中文名称：担保方式
英文名称：Guarantee_Mode
说明：担保方式，包括保函、备用信用证业务等。可以根据询证银行向被审计单位提供的具体业务分类进行填写。
数据类型：字符型
表示：C..100
约束条件：可选
数据来源：银行

标识符：010408003
中文名称：币种
英文名称：Currency
说明：银行向本公司提供的担保银行货币的种类。按照ISO 4217规定的3字母代码表示。
数据类型：字符型
表示：C3
约束条件：可选
数据来源：银行

标识符：010408004
中文名称：担保金额
英文名称：Amount_Of_Guarantee
说明：业务办理金额。如后续根据被函证单位与银行的协议约定调整了担保金额，应填写调整后的金额。
数据类型：数值型
表示：N..22, 4
约束条件：可选
数据来源：银行

标识符：010408005
中文名称：担保到期日
英文名称：End_Date_Of_Guarantee_Period_Provided_By_Bank
说明：银行提供开立保函、备用信用证等具体业务的有效期的到期日期。
数据类型：日期时间型
表示：YYYY-MM-DD
约束条件：可选
数据来源：银行

标识符：010408006
中文名称：担保合同编号
英文名称：Number_Of_Guarantee_Contract
说明：担保合同的编号，填写对应的业务合同编号。
数据类型：字符型
表示：C..ul
约束条件：可选
数据来源：银行

标识符：010408007
中文名称：备注
英文名称：Remark
说明：需要补充说明的事项。例如，“担保金额”存在其他需说明的情况等。
数据类型：字符型
表示：C..ul
约束条件：可选
数据来源：银行

6.9 本公司为出票人且由银行承兑尚未支付的承兑汇票 Bank_Acceptance_As_Drawer_Which_Should_Be_Accepted_By_Bank_But_Not_Yet_Paid

标识符：010409001
中文名称：银行承兑汇票号码
英文名称：Number_Of_Bank_Acceptance
说明：函证基准日被审计单位已签发且由询证银行承兑而尚未支付的银行承兑汇票号码。
数据类型：字符型
表示：C..ul
约束条件：可选

数据来源：银行

标识符：010409002
中文名称：结算账户账号
英文名称：Bank_Account
说明：询证银行为被审计单位开立银行承兑汇票所指定的银行结算账户账号。
数据类型：字符型
表示：C..60
约束条件：可选
数据来源：银行

标识符：010409003
中文名称：币种
英文名称：Currency
说明：本公司为出票人且由银行承兑尚未支付的承兑汇票银行货币的种类。按照ISO 4217规定的3字母代码表示。
数据类型：字符型
表示：C3
约束条件：可选
数据来源：银行

标识符：010409004
中文名称：票面金额
英文名称：Par_Value
说明：银行承兑汇票的票面金额。
数据类型：数值型
表示：N..22, 4
约束条件：可选
数据来源：银行

标识符：010409005
中文名称：出票日
英文名称：Issuance_Date
说明：银行承兑汇票的出票日期。
数据类型：日期时间型
表示：YYYY-MM-DD
约束条件：可选

数据来源：银行

标识符：010409006
中文名称：到期日
英文名称：Maturity_Date
说明：银行承兑汇票的到期日期。
数据类型：日期时间型
表示：YYYY-MM-DD
约束条件：可选
数据来源：银行

标识符：010409007
中文名称：抵/质押品
英文名称：Collateral_Pledge_Other_Than_Margin_Deposit
说明：保证金存款以外的抵/质押品。例如，被审计单位为银行承兑汇票提供保证金存款，在“银行存款”的“备注”项说明和填写。
数据类型：字符型
表示：C..ul
约束条件：可选
数据来源：银行

6.10 本公司向银行已贴现而尚未到期的商业汇票 Trade_Acceptance_Discounted_To_Bank_But_Not_Yet_Due

标识符：010410001
中文名称：商业汇票号码
英文名称：Number_Of_Trade_Acceptance
说明：函证基准日被审计单位作为持票人向询证银行已办理贴现而尚未到期的商业汇票号码。
数据类型：字符型
表示：C..ul
约束条件：可选
数据来源：银行

标识符：010410002
中文名称：承兑人名称
英文名称：Acceptor_Of_Trade_Acceptance_Or_Accepting_Bank_Of_Bank_Acceptance
说明：商业承兑汇票承兑付款人或银行承兑汇票承兑付款行名称，应使用全称。

数据类型：字符型
表示：C..100
约束条件：可选
数据来源：银行

标识符：010410003
中文名称：币种
英文名称：Currency
说明：本公司向银行已贴现而尚未到期的商业汇票银行货币的种类。按照ISO 4217规定的3字母代码表示。
数据类型：字符型
表示：C3
约束条件：可选
数据来源：银行

标识符：010410004
中文名称：票面金额
英文名称：Par_Value
说明：商业汇票的票面金额。
数据类型：数值型
表示：N..22, 4
约束条件：可选
数据来源：银行

标识符：010410005
中文名称：出票日
英文名称：Issuance_Date
说明：商业汇票的出票日期。
数据类型：日期时间型
表示：YYYY-MM-DD
约束条件：可选
数据来源：银行

标识符：010410006
中文名称：到期日
英文名称：Maturity_Date
说明：商业汇票的到期日期。

数据类型：日期时间型
表示：YYYY-MM-DD
约束条件：可选
数据来源：银行

标识符：010410007
中文名称：贴现日
英文名称：Discount_Date
说明：商业汇票进行贴现的日期。
数据类型：日期时间型
表示：YYYY-MM-DD
约束条件：可选
数据来源：银行

标识符：010410008
中文名称：贴现率
英文名称：Discount_Rate
说明：被审计单位办理贴现时适用的贴现率。
数据类型：数值型
表示：N..5, 4
约束条件：可选
数据来源：银行

标识符：010410009
中文名称：贴现净额
英文名称：Discount_Net_Value
说明：函证基准日商业汇票的贴现净额，即票面金额减去贴现利息。
数据类型：数值型
表示：N..22, 4
约束条件：可选
数据来源：银行

6.11 本公司为持票人且由银行托收的商业汇票 Trade_Acceptance_As_Holder_Collected_By_Bank

标识符：010411001
中文名称：商业汇票号码
英文名称：Number_Of_Trade_Acceptance

说明：函证基准日被审计单位作为持票人且委托询证银行托收的尚未收到款项且托收关系尚未终止的商业汇票号码。
数据类型：字符型
表示：C..ul
约束条件：可选
数据来源：银行

标识符：010411002
中文名称：承兑人名称
英文名称：Acceptor_Of_Trade_Acceptance_Or_Accepting_Bank_Of_Bank_Acceptance
说明：被审计单位作为持票人且由银行托收时，商业承兑汇票承兑付款人或银行承兑汇票承兑付款行名称，应使用全称。
数据类型：字符型
表示：C..100
约束条件：可选
数据来源：银行

标识符：010411003
中文名称：币种
英文名称：Currency
说明：本公司为持票人且由银行托收的商业汇票银行货币的种类。按照ISO 4217规定的3字母代码表示。
数据类型：字符型
表示：C3
约束条件：可选
数据来源：银行

标识符：010411004
中文名称：票面金额
英文名称：Par_Value
说明：被审计单位作为持票人且由银行托收时，商业汇票的票面金额。
数据类型：数值型
表示：N..22, 4
约束条件：可选
数据来源：银行

标识符：010411005

中文名称：出票日
英文名称：Issuance_Date
说明：被审计单位作为持票人且由银行托收时，商业汇票的出票日期。
数据类型：日期时间型
表示：YYYY-MM-DD
约束条件：可选
数据来源：银行

标识符：010411006
中文名称：到期日
英文名称：Maturity_Date
说明：被审计单位作为持票人且由银行托收时，商业汇票的到期日期。
数据类型：日期时间型
表示：YYYY-MM-DD
约束条件：可选
数据来源：银行

6.12 本公司为申请人、由银行开具的、未履行完毕的不可撤销信用证 Unfulfilled_Irrevocable_Letter_Of_Credit_As_Applicant_Issued_By_Bank

标识符：010412001
中文名称：信用证号码
英文名称：Number_Of_Letter_Of_Credit
说明：函证基准日被审计单位向询证银行申请已开具的、尚未履行完毕的不可撤销信用证编号。
数据类型：字符型
表示：C..ul
约束条件：可选
数据来源：银行

标识符：010412002
中文名称：受益人
英文名称：Beneficiary
说明：不可撤销的信用证受益人名称，应使用全称。
数据类型：字符型
表示：C..100
约束条件：可选
数据来源：银行

标识符：010412003
中文名称：币种
英文名称：Currency
说明：本公司为申请人、由银行开具的、未履行完毕的不可撤销信用证银行货币的种类。按照ISO 4217规定的3字母代码表示。
数据类型：字符型
表示：C3
约束条件：可选
数据来源：银行

标识符：010412004
中文名称：信用证金额
英文名称：Amount_Of_Credit
说明：信用证开立的金额，即询证银行开立信用证协议中不可撤销的总金额，可能存在金额基础上的百分比。例如，百分比的部分属于不可撤销金额，应当按照协议约定的内容填写完整，按照询证银行开立信用证浮动的最高比例、最大金额填列。
数据类型：数值型
表示：N..22, 4
约束条件：可选
数据来源：银行

标识符：010412005
中文名称：到期日
英文名称：Expiry_Date_Of_The_Credit
说明：信用证的到期日期，可根据信用证业务的有效期进行填写。
数据类型：日期时间型
表示：YYYY-MM-DD
约束条件：可选
数据来源：银行

标识符：010412006
中文名称：未使用金额
英文名称：Outstanding_Balance_Of_Letter_Of_Credit
说明：函证基准日没有被索偿的信用证余额（包括但不限于未到单金额和已承兑但询证银行尚未支付的金额），受益人可以向询证银行索偿。
数据类型：数值型

表示：N..22, 4
约束条件：可选
数据来源：银行

6.13 本公司与银行之间未履行完毕的外汇买卖合约 Outstanding_Foreign_Exchange_Purchase_And_Sale_Agreement_Between_Bank_And_Enterprise

标识符：010413001
中文名称：类别
英文名称：Type_Of_Foreign_Exchange_Agreement
说明：函证基准日未实际交收的外汇买卖合约的类别，包括但不限于即期结售汇、远期结售汇、掉期结售汇、即期外汇买卖、远期外汇买卖、掉期外汇买卖等，具体类别可参考询证银行实际操作情况填写，截至函证基准日已经交收的交易不填写。
数据类型：字符型
表示：C..ul
约束条件：可选
数据来源：银行

标识符：010413002
中文名称：合约号码
英文名称：Number_Of_Foreign_Exchange_Agreement
说明：用于标记外汇买卖合约的交易编号。
数据类型：字符型
表示：C..ul
约束条件：可选
数据来源：银行

标识符：010413003
中文名称：银行卖出币种
英文名称：Banks_Selling_Currency
说明：外汇买卖合约中询证银行卖出货币的种类。按照ISO 4217规定的3字母代码表示。
数据类型：字符型
表示：C3
约束条件：可选
数据来源：银行

标识符：010413004

中文名称：银行买入币种
英文名称：Banks_Buying_Currency
说明：外汇买卖合约中询证银行买入货币的种类。按照ISO 4217规定的3字母代码表示。
数据类型：字符型
表示：C3
约束条件：可选
数据来源：银行

标识符：010413005
中文名称：未履行的合约买卖金额
英文名称：Outstanding_Amount_Of_Foreign_Exchange_Agreement
说明：函证基准日未实际交收的外汇买卖合约（包括掉期、远期交易等尚未履行交割的部分）金额。例如，询证银行向被审计单位卖出100美元，买入700元人民币，可填写USD100/CNY700。
数据类型：字符型
表示：C..ul
约束条件：可选
数据来源：银行

标识符：010413006
中文名称：汇率
英文名称：Exchange_Rate
说明：外汇买卖合约中两种货币构成的货币兑换比率。
数据类型：数值型
表示：N..22, 4
约束条件：可选
数据来源：银行

标识符：010413007
中文名称：交收日期
英文名称：Transaction_Date_Of_Foreign_Exchange_Trading_Contract
说明：外汇买卖合约中买卖币种的交收日期，填写函证基准日尚未交割的日期。例如，外汇掉期交易，截至函证基准日已经交收的交易不反馈，“交收日期”即为“远端交收日”。
数据类型：日期时间型
表示：YYYY-MM-DD

约束条件：可选
数据来源：银行

6.14 本公司存放于银行托管的证券或其他产权文件 Securities_And_Other_Property_Documents_Custodied_By_Bank

标识符：010414001
中文名称：证券或其他产权文件名称
英文名称：Name_Of_Securities_And_Other_Property_Documents
说明：被审计单位在函证基准日托管在询证银行的证券或其他产权文件名称。主要针对被审计单位作为委托人（不包含作为管理人的情况）与询证银行签订托管合同，询证银行依约受托管理委托资产的行为。包括被审计单位对部分证券类资产、其他产权文件等进行资产托管的情况，不包含保险箱租赁业务，存放在询证银行的抵（质）押文件或凭证，或由询证银行托管但已在中央登记结算机构登记并可向其查询的股票、债券等。证券类资产包括但不限于未上市流通的股票、未在中央结算机构登记的股票或债券以及全球存托凭证等。其他产权文件包括但不限于存单、存款证实书、受益凭证、不动产（房屋及建筑物、土地使用权）权属证书等，不包含货币资金类资产，货币资金类资产在“银行存款”项目填写。
数据类型：字符型
表示：C..100
约束条件：可选
数据来源：银行

标识符：010414002
中文名称：证券代码或产权文件编号
英文名称：Code_Of_Securities_And_Other_Property_Documents
说明：托管在询证银行的证券代码或其他产权文件编号。
数据类型：字符型
表示：C..ul
约束条件：可选
数据来源：银行

标识符：010414003
中文名称：数量
英文名称：Number_Of_Securities_And_Other_Property_Documents
说明：托管在询证银行的证券或其他产权文件对应的证券或文件数量。
数据类型：数值型
表示：N..22, 4

约束条件：可选
数据来源：银行

标识符：010414004
中文名称：币种
英文名称：Currency
说明：本公司存放于银行托管的证券或其他产权文件银行货币的种类。按照ISO 4217规定的3字母代码表示。
数据类型：字符型
表示：C3
约束条件：可选
数据来源：银行

标识符：010414005
中文名称：金额
英文名称：Amount_Of_Securities_And_Other_Property_Documents
说明：托管在询证银行的证券或其他产权文件的对应票面或文件标注总金额。
数据类型：数值型
表示：N..22, 4
约束条件：可选
数据来源：银行

标识符：010414006
中文名称：存放日期
英文名称：Storage_Date
说明：存放的日期。
数据类型：日期时间型
表示：YYYY-MM-DD
约束条件：可选
数据来源：银行

6.15 本公司购买的由银行发行的未到期银行理财产品 Unexpired_Bank_Financial_Products_Issued_By_Bank

标识符：010415001
中文名称：产品名称
英文名称：Name_Of_Product
说明：函证基准日被审计单位持有的尚未到期的理财产品名称。

数据类型：字符型
表示：C..100
约束条件：可选
数据来源：银行

标识符：010415002
中文名称：产品类型
英文名称：Type_Of_Product
说明：持有理财产品的产品运作模式，01表示封闭式，02表示开放式。
数据类型：字符型
表示：C2
约束条件：可选
数据来源：银行

标识符：010415003
中文名称：币种
英文名称：Currency
说明：本公司购买的由银行发行的未到期银行理财产品银行货币的种类。按照ISO 4217规定的3字母代码表示。
数据类型：字符型
表示：C3
约束条件：可选
数据来源：银行

标识符：010415004
中文名称：持有份额
英文名称：Share_Held_By_Enterprise
说明：持有的理财产品份额（包括分红转份额）。
数据类型：数值型
表示：N..22, 4
约束条件：可选
数据来源：银行

标识符：010415005
中文名称：产品净值
英文名称：Net_Value_Of_Product
说明：函证基准日持有的理财产品总额。对于非净值型理财产品，应基于函证基准日的持有份额，填写被审计单位购买理财产品的余额。对于净值型理财产品，应基于函证基准日的持有份额和产品单位净值，填写被审计单位购买理财产品的总净值。函证基准日没有最新产品单位净值的理财产品，应当参照采用最近日期产品单位净值。对于函证基准日如为T日，产品单位净值需T日后取得的情况，应填写已取得的对应T日的净值。

数据类型：数值型

表示：N..22, 4

约束条件：可选

数据来源：银行

标识符：010415006

中文名称：购买日

英文名称：Purchase_Date_Of_Financial_Product

说明：被审计单位认购理财产品的起息日期。对于封闭式产品，可根据实际起息日填写。对于开放式产品，如无法确定被审计单位为该笔理财投资的到期日，应当填写“00000000”表示“不适用”。

数据类型：字符型

表示：C..ul

约束条件：可选

数据来源：银行

标识符：010415007

中文名称：到期日

英文名称：Maturity_Date_Of_Financial_Product

说明：被审计单位持有理财产品的到期日期。对于封闭式产品，可根据理财投资协议约定的产品到期日填写；对于开放式产品，如无法确定被审计单位为该笔理财投资的到期日，应当填写“00000000”表示“不适用”。

数据类型：字符型

表示：C..ul

约束条件：可选

数据来源：银行

标识符：010415008

中文名称：是否被用于担保或存在其他使用限制

英文名称：Descriptions_Of_Whether_Financial_Products_Used_As_Guarantees_Or_Any_Other_Restrictions

说明：判断理财是否用于质押或者存在担保或其他使用限制。例如，账户中部分份额用于质押，应填写“是”，并列示被用于质押部分的金额。

数据类型：字符型

表示：C..ul

约束条件：可选

数据来源：银行

6.16 注册会计师认为重大且应予函证的其他事项 Others

标识符：010416001

中文名称：其他

英文名称：Other_Matters_That_CPA_Consider_As_Significant_And_Need_To_Be_Confirmed

说明：（1）对标准银行询证函格式中第1-13项内容的补充和说明。（2）注册会计师认为重大且应予函证的其他事项。例如，欠银行的其他负债或者或有负债、已授予不可撤销的信用额度，除外汇买卖外的其他衍生品交易、贵金属交易等。（3）询证银行认为有需要告知注册会计师的进一步补充和说明事项。

数据类型：字符型

表示：C..ul

约束条件：可选

数据来源：银行

6.17 资金归集账户具体信息 Details_Of_Fund_Pooling_Accounts_Including_Fund_Pool_And_Other_Fund_Management_Accounts

标识符：010417001

中文名称：资金提供机构名称

英文名称：Name_Of_Fund_Provider

说明：拨入资金的具体机构名称，即向被审计单位提供资金，应使用全称。

数据类型：字符型

表示：C..100

约束条件：可选

数据来源：银行

标识符：010417002

中文名称：资金提供机构账号

英文名称：Bank_Account_Of_Fund_Provider

说明：拨入资金的具体机构的银行存款账户账号。

数据类型：字符型

表示：C..100

约束条件：可选

数据来源：银行

标识符：010417003
中文名称：资金使用机构名称
英文名称：Name_Of_Fund_User
说明：接收被审计单位资金拨入的具体机构名称，即向该具体机构拨出资金，应使用全称。
数据类型：字符型
表示：C..100
约束条件：可选
数据来源：银行

标识符：010417004
中文名称：资金使用机构账号
英文名称：Bank_Account_Of_Fund_User
说明：接收资金拨入的具体机构的银行存款账户账号。
数据类型：字符型
表示：C..100
约束条件：可选
数据来源：银行

标识符：010417005
中文名称：币种
英文名称：Currency
说明：资金归集账户具体信息银行货币的种类。按照ISO 4217规定的3字母代码表示。
数据类型：字符型
表示：C3
约束条件：可选
数据来源：银行

标识符：010417006
中文名称：截至函证基准日拨入或拨出资金余额
英文名称：Account_Balance_As_Of_The_Base_Date_Of_Confirmation
说明：对应账户截至函证基准日的资金池业务累计余额（不是函证期间的发生额），即仅列示资金池业务账户间内部划拨资金的累计净余额。拨出填列正数，拨入填列负数。

数据类型：数值型
表示：N..22, 4
约束条件：可选
数据来源：银行

标识符：010417007
中文名称：备注
英文名称：Remark
说明：需要补充说明的事项。例如，银行暂无法提供往来资金累计轧差值，应根据函证基准日时点，对本行系统存储最大时限内的累计数据进行回复，可进行备注并与会计师事务所进行沟通。
数据类型：字符型
表示：C..ul
约束条件：可选
数据来源：银行

6.18 验资业务 Capital_Verification_For_Capital_Verification_Service_Only

标识符：010418001
中文名称：缴款人
英文名称：Sponsor
说明：向询证银行缴存出资额的缴款人，一般填写投资人或股东名称，应使用全称。
数据类型：字符型
表示：C..ul
约束条件：必选
数据来源：银行

标识符：010418002
中文名称：缴入日期
英文名称：Date_Of_Payment
说明：缴款人向询证银行缴存出资额的日期。
数据类型：日期时间型
表示：YYYY-MM-DD
约束条件：必选
数据来源：银行

标识符：010418003

中文名称：账户性质

英文名称：Nature_Of_Account

说明：被询证企业的银行存款账户性质，包括如人民币账户、外币账户和其他类型的账户。人民币账户的账户性质为基本存款账户、一般存款账户、专用存款账户、临时存款账户等；外币账户或其他类型账户的填写可参考询证银行的实际操作情况。

数据类型：字符型

表示：C..10

约束条件：可选

数据来源：银行

标识符：010418004

中文名称：银行账号

英文名称：Bank_Account

说明：询证银行为被询证企业开立账户给予的账户编号。

数据类型：字符型

表示：C..60

约束条件：必选

数据来源：银行

标识符：010418005

中文名称：币种

英文名称：Currency

说明：验资业务中银行货币的种类。按照ISO 4217规定的3字母代码表示。

数据类型：字符型

表示：C3

约束条件：可选

数据来源：银行

标识符：010418006

中文名称：金额

英文名称：Amount_Of_Capital_Contribution

说明：缴存出资金额，一般指企业的注册资本，即截至验资函证基准日期止缴入款项的发生额。

数据类型：数值型

表示：N..22, 4

约束条件：必选

数据来源：银行

标识符：010418007
中文名称：款项用途
英文名称：Purpose_Of_Capital
说明：缴存的出资金额的具体用途。
数据类型：字符型
表示：C..ul
约束条件：必选
数据来源：银行

标识符：010418008
中文名称：款项来源
英文名称：Source_Of_Capital
说明：被询证企业向询证银行缴存出资款项的来源，一般分为境内或者境外。
数据类型：字符型
表示：C..100
约束条件：可选
数据来源：银行

标识符：010418009
中文名称：备注
英文名称：Remark
说明：需要补充说明的事项。
数据类型：字符型
表示：C..ul
约束条件：可选
数据来源：银行

6.19 银行询证函结论或银行确认 Conclusion_Or_Confirmation_Of_Bank

标识符：010419001
中文名称：银行询证函结论或银行确认
英文名称：Conclusion_Or_Confirmation_Of_Bank
说明：经询证银行核对，所函证项目与银行记载信息核对结果。
数据类型：字符型
表示：C..ul
约束条件：必选
数据来源：银行

标识符：010419002
中文名称：经办日期
英文名称：Confirmation_Date
说明：对会计师事务所回复询证函/办理回函业务的日期。
数据类型：日期时间型
表示：YYYY-MM-DD
约束条件：必选
数据来源：银行

标识符：010419003
中文名称：经办人
英文名称：Responsible_Person
说明：对会计师事务所回复询证函/办理回函业务的人员。
数据类型：字符型
表示：C..100
约束条件：必选
数据来源：银行

标识符：010419004
中文名称：经办人职务
英文名称：Title_Of_Responsible_Person
说明：办理回函业务人员的职务。
数据类型：字符型
表示：C..100
约束条件：可选
数据来源：银行

标识符：010419005
中文名称：经办人电话
英文名称：Telephone_Number_Of_Responsible_Person
说明：办理回函业务人员的联系方式。
数据类型：字符型
表示：C..20
约束条件：必选
数据来源：银行

标识符：010419006

中文名称：复核人
英文名称：Reviewer
说明：对银行回函结果再次进行复核的询证银行人员。
数据类型：字符型
表示：C..100
约束条件：必选
数据来源：银行

标识符：010419007
中文名称：复核人职务
英文名称：Title_Of_Reviewer
说明：对银行回函结果再次进行复核的询证银行人员的职务。
数据类型：字符型
表示：C..20
约束条件：必选
数据来源：银行

标识符：010419008
中文名称：复核人电话
英文名称：Telephone_Number_Of_Reviewer
说明：对银行回函结果再次进行复核的询证银行人员的联系方式。
数据类型：字符型
表示：C..20
约束条件：必选
数据来源：银行

6.20 询证银行 Confirmation_Bank

标识符：010420001
中文名称：银行名称_总行
英文名称：Bank_Name_Head_Office
说明：被询证银行的总行名称。例如，中国银行股份有限公司。
数据类型：字符型
表示：C..100
约束条件：必选
数据来源：被审计单位/银行

标识符：010420002

中文名称：银行名称_分行/支行
英文名称：Bank_Name_Branch
说明：被询证银行的分行或支行名称。例如，上海分行。
数据类型：字符型
表示：C..100
约束条件：可选
数据来源：被审计单位/银行

标识符：010420003
中文名称：银行地址_国家
英文名称：Bank_Address_Country
说明：被询证银行所在国家或者地区。按照ISO 3166-1规定的字母代码表示。
数据类型：字符型
表示：C..3
约束条件：必选
数据来源：被审计单位/银行

标识符：010420004
中文名称：银行地址_省
英文名称：Bank_Address_Province
说明：被询证银行所在的省或直辖市或地区。按照ISO 3166-2规定的字母代码表示。
数据类型：字符型
表示：C..6
约束条件：可选
数据来源：被审计单位/银行

标识符：010420005
中文名称：银行地址_市
英文名称：Bank_Address_City
说明：被询证银行所在的城市，若为直辖市，填写时需与省/地区栏保持一致。
数据类型：字符型
表示：C..100
约束条件：必选
数据来源：被审计单位/银行

标识符：010420006

中文名称：银行地址详细信息
英文名称：Bank_Address_Detailed
说明：被询证银行所在的具体地址，包括区、路、门牌号、大楼名称、楼层、房间等信息。
数据类型：字符型
表示：C..100
约束条件：必选
数据来源：被审计单位/银行

标识符：010420007
中文名称：所在地邮编
英文名称：Post_Code
说明：被询证银行所在地的邮编。
数据类型：字符型
表示：C..20
约束条件：可选
数据来源：被审计单位/银行

标识符：010420008
中文名称：银行联系人
英文名称：Bank_Contact_Person_Name
说明：被询证银行联系人的姓名。
数据类型：字符型
表示：C..100
约束条件：可选
数据来源：被审计单位/银行

标识符：010420009
中文名称：银行联系人电话
英文名称：Telephone_Number_Of_Bank_Contact_Person
说明：被询证银行联系人的联系方式。
数据类型：字符型
表示：C..20
约束条件：可选
数据来源：被审计单位/银行

标识符：010420010

中文名称：分/支银行办公电话
英文名称：Telephone_Number_Of_Branch_Bank_Office
说明：被询证银行分行或支行的办公电话。
数据类型：字符型
表示：C..20
约束条件：可选
数据来源：被审计单位/银行

6.21 银行流水 Bank_Transaction

标识符：010421001
中文名称：交易日期
英文名称：Date
说明：银行交易发生的日期。
数据类型：日期时间型
表示：YYYY-MM-DD
约束条件：必选
数据来源：银行

标识符：010421002
中文名称：交易时间
英文名称：Time
说明：银行交易发生的时间，一般采用24小时制hh：mm：ss显示。
数据类型：日期时间型
表示：hh：mm：ss
约束条件：可选
数据来源：银行

标识符：010421003
中文名称：本方名称
英文名称：Account_Name
说明：银行账户的名称。
数据类型：字符型
表示：C..100
约束条件：必选
数据来源：银行

标识符：010421004

中文名称：本方账号
英文名称：Account_Number
说明：银行账户的账号。
数据类型：字符型
表示：C..100
约束条件：必选
数据来源：银行

标识符：010421005
中文名称：本方银行
英文名称：Bank_Name
说明：银行账户的银行名称。
数据类型：字符型
表示：C..100
约束条件：必选
数据来源：银行

标识符：010421006
中文名称：本方证件号
英文名称：Certificate_Number
说明：本方预留在开户银行的证件号码。个人账户的证件号码为身份证号、护照号等，法人和其他组织账户的证件号码为统一社会信用代码。
数据类型：字符型
表示：C..30
约束条件：可选
数据来源：银行

标识符：010421007
中文名称：对方名称
英文名称：Counterparty_Name
说明：发生交易的对手方银行账户名称。
数据类型：字符型
表示：C..100
约束条件：必选
数据来源：银行

标识符：010421008
中文名称：对方账号
英文名称：Counterparty_Account_Number
说明：发生交易的对手方银行账号。
数据类型：字符型
表示：C..30
约束条件：必选
数据来源：银行

标识符：010421009
中文名称：对方银行
英文名称：Counterparty_Bank_Name
说明：对方银行账户的银行名称。
数据类型：字符型
表示：C..100
约束条件：必选
数据来源：银行

标识符：010421010
中文名称：对方证件号
英文名称：Counterparty_Certificate_Number
说明：对方预留在开户银行的证件号码。个人账户的证件号码为身份证号、护照号等，法人和其他组织账户的证件号码为统一社会信用代码。
数据类型：字符型
表示：C..30
约束条件：可选
数据来源：银行

标识符：010421011
中文名称：交易类型
英文名称：Transaction_Type
说明：银行账户的交易类型。例如，还款。
数据类型：字符型
表示：C..100
约束条件：可选
数据来源：银行

标识符：010421012
中文名称：摘要
英文名称：Summary
说明：交易内容的摘要信息。
数据类型：字符型
表示：C..300
约束条件：可选
数据来源：银行

标识符：010421013
中文名称：币种
英文名称：Currency
说明：银行流水中银行货币的种类。按照ISO 4217规定的3字母代码表示。
数据类型：字符型
表示：C3
约束条件：可选
数据来源：银行

标识符：010421014
中文名称：流入金额
英文名称：Credit
说明：银行账户流入的金额，一般也可表示为"贷""贷方""贷方发生额"等。
数据类型：数值型
表示：N..22, 4
约束条件：必选
数据来源：银行

标识符：010421015
中文名称：流出金额
英文名称：Debit
说明：银行账户流出的金额，一般也可表示为"借""借方""借方发生额"等。
数据类型：数值型
表示：N..22, 4
约束条件：必选
数据来源：银行

标识符：010421016
中文名称：交易后余额
英文名称：Balance
说明：银行账户交易后的余额信息，一般也可表示为“余额”“账户余额”等。
数据类型：数值型
表示：N..22, 4
约束条件：必选
数据来源：银行

标识符：010421017
中文名称：交易流水号
英文名称：Transaction_Serial_Number
说明：银行根据账户信息交易所产生的编号。
数据类型：字符型
表示：C..60
约束条件：必选
数据来源：银行

标识符：010421018
中文名称：参考资料
英文名称：Reference_Material
说明：为参考资料的描述内容。
数据类型：字符型
表示：C..ul
约束条件：可选
数据来源：银行

标识符：010421019
中文名称：备注
英文名称：Remark
说明：需要补充说明的事项。
数据类型：字符型
表示：C..ul
约束条件：可选
数据来源：银行

7 银行流水数据结构

7.1 基本信息表数据结构

基本信息表数据结构见表2。

表2 基本信息表数据结构

表编号	数据表名	数据元标识符	数据元名称
01	基本信息表	010401001	函证编号
		010401002	询证银行
		010401003	询证银行网点名称
		010401004	被询证企业
		010401005	会计师事务所
		010401006	财务报表年份
		010401007	回函地址
		010401008	联系人
		010401009	电话
		010401010	传真
		010401011	邮编
		010401012	电子邮箱
		010401013	支取函证费用的银行账户
		010401014	函证基准日
		010420001	银行名称_总行
		010420002	银行名称_分行/支行

基本信息表标识见表3。

表3 基本信息表标识

编号	数据元名称	标识	引用数据元	引用表
1	函证编号	主键	无	无
2	银行名称_总行	外键	银行名称_总行	银行流水-询证银行
3	银行名称_分行/支行	外键	银行名称_分行/支行	银行流水-询证银行

7.2 银行存款表数据结构

银行存款表数据结构见表4。

表4 银行存款表数据结构

表编号	数据表名	数据元标识符	数据元名称
02	银行存款表	010402001	账户名称
		010402002	银行账号
		010402003	账户证件号码
		010402004	开户银行网点名称
		010402005	币种
		010402006	利率
		010402007	账户类型
		010402008	账户余额
		010402009	可用余额
		010402010	是否属于资金归集账户
		010402011	起始日期
		010402012	终止日期
		010402013	是否存在冻结、担保或其他使用限制
		010402014	交易外部流水号
		010402015	现金标志
		010402016	备注
		010401001	函证编号

银行存款表标识见表5。

表5 银行存款表标识

编号	数据元名称	标识	引用数据元	引用表
1	函证编号	外键	函证编号	银行流水-基本信息

7.3 银行借款表数据结构

银行借款表数据结构见表6。

表6　银行借款表数据结构

表编号	数据表名	数据元标识符	数据元名称
03	银行借款表	010403001	借款人名称
		010403002	借款账号
		010403003	币种
		010403004	余额
		010403005	借款日期
		010403006	到期日期
		010403007	利率
		010403008	抵（质）押品/担保人
		010403009	备注
		010401001	函证编号

银行借款表标识见表7。

表7　银行借款表标识

编号	数据元名称	标识	引用数据元	引用表
1	函证编号	外键	函证编号	银行流水–基本信息

7.4　已注销账户表数据结构

已注销账户表数据结构见表8。

表8　已注销账户表数据结构

表编号	数据表名	数据元标识符	数据元名称
04	已注销账户表	010404001	起始日期
		010404002	截止日期
		010404003	账户名称
		010404004	银行账号
		010404005	币种
		010404006	注销账户日
		010404007	销户银行网点
		010401001	函证编号

已注销账户表标识见表9。

表9　已注销账户表标识

编号	数据元名称	标识	引用数据元	引用表
1	函证编号	外键	函证编号	银行流水－基本信息

7.5　本公司作为委托人的委托贷款表数据结构

本公司作为委托人的委托贷款表数据结构见表10。

表10　本公司作为委托人的委托贷款表数据结构

表编号	数据表名	数据元标识符	数据元名称
05	本公司作为委托人的委托贷款表	010405001	账户名称
		010405002	银行结算账号
		010405003	资金借入方
		010405004	币种
		010405005	利率
		010405006	余额
		010405007	初始贷款金额
		010405008	贷款起始日期
		010405009	贷款截止日期
		010405010	备注
		010401001	函证编号

本公司作为委托人的委托贷款表标识见表11。

表11　本公司作为委托人的委托贷款表标识

编号	数据元名称	标识	引用数据元	引用表
1	函证编号	外键	函证编号	银行流水－基本信息

7.6　本公司作为借款人的委托贷款表数据结构

本公司作为借款人的委托贷款表数据结构见表12。

表12　本公司作为借款人的委托贷款表数据结构

表编号	数据表名	数据元标识符	数据元名称
06	本公司作为借款人的委托贷款表	010406001	账户名称
		010406002	银行结算账号
		010406003	资金借出方
		010406004	币种
		010406005	利率
		010406006	余额
		010406007	初始借款金额
		010406008	贷款起始日期
		010406009	贷款截止日期
		010406010	备注
		010401001	函证编号

本公司作为借款人的委托贷款表标识见表13。

表13　本公司作为借款人的委托贷款表标识

编号	数据元名称	标识	引用数据元	引用表
1	函证编号	外键	函证编号	银行流水－基本信息

7.7　本公司为其他单位提供的、以银行为担保受益人的担保表数据结构

本公司为其他单位提供的、以银行为担保受益人的担保表数据结构见表14。

表14　本公司为其他单位提供的、以银行为担保受益人的担保表数据结构

表编号	数据表名	数据元标识符	数据元名称
07	本公司为其他单位提供的、以银行为担保受益人的担保表	010407001	被担保人
		010407002	担保方式
		010407003	币种
		010407004	担保余额
		010407005	担保到期日
		010407006	担保合同编号
		010407007	备注
		010401001	函证编号

本公司为其他单位提供的、以银行为担保受益人的担保表标识见表15。

表15　本公司为其他单位提供的、以银行为担保受益人的担保表标识

编号	数据元名称	标识	引用数据元	引用表
1	函证编号	外键	函证编号	银行流水–基本信息

7.8　银行向本公司提供的担保表数据结构

银行向本公司提供的担保表数据结构见表16。

表16　银行向本公司提供的担保表数据结构

表编号	数据表名	数据元标识符	数据元名称
08	银行向本公司提供的担保表	010408001	被担保人
		010408002	担保方式
		010408003	币种
		010408004	担保金额
		010408005	担保到期日
		010408006	担保合同编号
		010408007	备注
		010401001	函证编号

银行向本公司提供的担保表标识见表17。

表17　银行向本公司提供的担保表标识

编号	数据元名称	标识	引用数据元	引用表
1	函证编号	外键	函证编号	银行流水–基本信息

7.9　本公司为出票人且由银行承兑尚未支付的承兑汇票表数据结构

本公司为出票人且由银行承兑尚未支付的承兑汇票表数据结构见表18。

表18　本公司为出票人且由银行承兑尚未支付的承兑汇票表数据结构

表编号	数据表名	数据元标识符	数据元名称
09	本公司为出票人且由银行承兑尚未支付的承兑汇票表	010409001	银行承兑汇票号码
		010409002	结算账户账号
		010409003	币种
		010409004	票面金额
		010409005	出票日

续表

表编号	数据表名	数据元标识符	数据元名称
09	本公司为出票人且由银行承兑尚未支付的承兑汇票表	010409006	到期日
		010409007	抵/质押品
		010401001	函证编号

本公司为出票人且由银行承兑尚未支付的承兑汇票表标识见表19。

表19　本公司为出票人且由银行承兑尚未支付的承兑汇票表标识

编号	数据元名称	标识	引用数据元	引用表
1	函证编号	外键	函证编号	银行流水-基本信息

7.10　本公司向银行已贴现而尚未到期的商业汇票表数据结构

本公司向银行已贴现而尚未到期的商业汇票表数据结构见表20。

表20　本公司向银行已贴现而尚未到期的商业汇票表数据结构

表编号	数据表名	数据元标识符	数据元名称
10	本公司向银行已贴现而尚未到期的商业汇票表	010410001	商业汇票号码
		010410002	承兑人名称
		010410003	币种
		010410004	票面金额
		010410005	出票日
		010410006	到期日
		010410007	贴现日
		010410008	贴现率
		010410009	贴现净额
		010401001	函证编号

本公司向银行已贴现而尚未到期的商业汇票表标识见表21。

表21　本公司向银行已贴现而尚未到期的商业汇票表标识

编号	数据元名称	标识	引用数据元	引用表
1	函证编号	外键	函证编号	银行流水-基本信息

7.11 本公司为持票人且由银行托收的商业汇票表数据结构

本公司为持票人且由银行托收的商业汇票表数据结构见表22。

表22 本公司为持票人且由银行托收的商业汇票表数据结构

表编号	数据表名	数据元标识符	数据元名称
11	本公司为持票人且由银行托收的商业汇票表	010411001	商业汇票号码
		010411002	承兑人名称
		010411003	币种
		010411004	票面金额
		010411005	出票日
		010411006	到期日
		010401001	函证编号

本公司为持票人且由银行托收的商业汇票表标识见表23。

表23 本公司为持票人且由银行托收的商业汇票表标识

编号	数据元名称	标识	引用数据元	引用表
1	函证编号	外键	函证编号	银行流水–基本信息

7.12 本公司为申请人、由银行开具的、未履行完毕的不可撤销信用证表数据结构

本公司为申请人、由银行开具的、未履行完毕的不可撤销信用证表数据结构见表24。

表24 本公司为申请人、由银行开具的、未履行完毕的不可撤销信用证表数据结构

表编号	数据表名	数据元标识符	数据元名称
12	本公司为申请人、由银行开具的、未履行完毕的不可撤销信用证表	010412001	信用证号码
		010412002	受益人
		010412003	币种
		010412004	信用证金额
		010412005	到期日
		010412006	未使用金额
		010401001	函证编号

本公司为申请人、由银行开具的、未履行完毕的不可撤销信用证表标识见表25。

表25　本公司为申请人、由银行开具的、未履行完毕的不可撤销信用证表标识

编号	数据元名称	标识	引用数据元	引用表
1	函证编号	外键	函证编号	银行流水－基本信息

7.13　本公司与银行之间未履行完毕的外汇买卖合约表数据结构

本公司与银行之间未履行完毕的外汇买卖合约表数据结构见表26。

表26　本公司与银行之间未履行完毕的外汇买卖合约表数据结构

表编号	数据表名	数据元标识符	数据元名称
13	本公司与银行之间未履行完毕的外汇买卖合约表	010413001	类别
		010413002	合约号码
		010413003	银行卖出币种
		010413004	银行买入币种
		010413005	未履行的合约买卖金额
		010413006	汇率
		010413007	交收日期
		010401001	函证编号

本公司与银行之间未履行完毕的外汇买卖合约表标识见表27。

表27　本公司与银行之间未履行完毕的外汇买卖合约表标识

编号	数据元名称	标识	引用数据元	引用表
1	函证编号	外键	函证编号	银行流水－基本信息

7.14　本公司存放于银行托管的证券或其他产权文件表数据结构

本公司存放于银行托管的证券或其他产权文件表数据结构见表28。

表28　本公司存放于银行托管的证券或其他产权文件表数据结构

表编号	数据表名	数据元标识符	数据元名称
14	本公司存放于银行托管的证券或其他产权文件表	010414001	证券或其他产权文件名称
		010414002	证券代码或产权文件编号
		010414003	数量
		010414004	币种
		010414005	金额

续表

表编号	数据表名	数据元标识符	数据元名称
14	本公司存放于银行托管的证券或其他产权文件表	010414006	存放日期
		010401001	函证编号

本公司存放于银行托管的证券或其他产权文件表标识见表29。

表29 本公司存放于银行托管的证券或其他产权文件表标识

编号	数据元名称	标识	引用数据元	引用表
1	函证编号	外键	函证编号	银行流水-基本信息

7.15 本公司购买的由银行发行的未到期银行理财产品表数据结构

本公司购买的由银行发行的未到期银行理财产品表数据结构见表30。

表30 本公司购买的由银行发行的未到期银行理财产品表数据结构

表编号	数据表名	数据元标识符	数据元名称
15	本公司购买的由银行发行的未到期银行理财产品表	010415001	产品名称
		010415002	产品类型
		010415003	币种
		010415004	持有份额
		010415005	产品净值
		010415006	购买日
		010415007	到期日
		010415008	是否被用于担保或存在其他使用限制
		010401001	函证编号

本公司购买的由银行发行的未到期银行理财产品表标识见表31。

表31 本公司购买的由银行发行的未到期银行理财产品表标识

编号	数据元名称	标识	引用数据元	引用表
1	函证编号	外键	函证编号	银行流水-基本信息

7.16 注册会计师认为重大且应予函证的其他事项表数据结构

注册会计师认为重大且应予函证的其他事项表数据结构见表32。

表32　注册会计师认为重大且应予函证的其他事项表数据结构

表编号	数据表名	数据元标识符	数据元名称
16	注册会计师认为重大且应予函证的其他事项表	010416001	其他
		010401001	函证编号

注册会计师认为重大且应予函证的其他事项表标识见表33。

表33　注册会计师认为重大且应予函证的其他事项表标识

编号	数据元名称	标识	引用数据元	引用表
1	函证编号	外键	函证编号	银行流水－基本信息

7.17　资金归集账户具体信息表数据结构

资金归集账户具体信息表数据结构见表34。

表34　资金归集账户具体信息表数据结构

表编号	数据表名	数据元标识符	数据元名称
17	资金归集账户具体信息表	010417001	资金提供机构名称
		010417002	资金提供机构账号
		010417003	资金使用机构名称
		010417004	资金使用机构账号
		010417005	币种
		010417006	截至函证基准日拨入或拨出资金余额
		010417007	备注
		010401001	函证编号

资金归集账户具体信息表标识见表35。

表35　资金归集账户具体信息表标识

编号	数据元名称	标识	引用数据元	引用表
1	函证编号	外键	函证编号	银行流水－基本信息

7.18　验资业务表数据结构

验资业务表数据结构见表36。

表36　验资业务表数据结构

表编号	数据表名	数据元标识符	数据元名称
18	验资业务表	010418001	缴款人
		010418002	缴入日期
		010418003	账户性质
		010418004	银行账号
		010418005	币种
		010418006	金额
		010418007	款项用途
		010418008	款项来源
		010418009	备注
		010401001	函证编号

验资业务表标识见表37。

表37　验资业务表标识

编号	数据元名称	标识	引用数据元	引用表
1	函证编号	外键	函证编号	银行流水–基本信息

7.19　银行询证函结论或银行确认表数据结构

银行询证函结论或银行确认表数据结构见表38。

表38　银行询证函结论或银行确认表数据结构

表编号	数据表名	数据元标识符	数据元名称
19	银行询证函结论或银行确认表	010419001	银行询证函结论或银行确认
		010419002	经办日期
		010419003	经办人
		010419004	经办人职务
		010419005	经办人电话
		010419006	复核人
		010419007	复核人职务
		010419008	复核人电话
		010401001	函证编号

银行询证函结论或银行确认表标识见表39。

表39　银行询证函结论或银行确认表标识

编号	数据元名称	标识	引用数据元	引用表
1	函证编号	外键	函证编号	银行流水-基本信息

7.20　询证银行表数据结构

询证银行表数据结构见表40。

表40　询证银行表数据结构

表编号	数据表名	数据元标识符	数据元名称
20	询证银行表	010420001	银行名称_总行
		010420002	银行名称_分行/支行
		010420003	银行地址_国家
		010420004	银行地址_省
		010420005	银行地址_市
		010420006	银行地址详细信息
		010420007	所在地邮编
		010420008	银行联系人
		010420009	银行联系人电话
		010420010	分/支银行办公电话

询证银行表标识见表41。

表41　询证银行表标识

编号	数据元名称	标识	引用数据元	引用表
1	银行名称_总行	主键	无	无
2	银行名称_分行/支行	主键	无	无

7.21　银行流水表数据结构

银行流水表数据结构见表42。

表 42　银行流水表数据结构

表编号	数据表名	数据元标识符	数据元名称
21	银行流水表	010421001	交易日期
		010421002	交易时间
		010421003	本方名称
		010421004	本方账号
		010421005	本方银行
		010421006	本方证件号
		010421007	对方名称
		010421008	对方账号
		010421009	对方银行
		010421010	对方证件号
		010421011	交易类型
		010421012	摘要
		010421013	币种
		010421014	流入金额
		010421015	流出金额
		010421016	交易后余额
		010421017	交易流水号
		010421018	参考资料
		010421019	备注

附 录 A
（规范性）
银行流水数据文件输出格式


```
<?xml version="1.0" encoding="UTF-8"?>
<xs:schema xmlns:xs="http://www.w3.org/2001/XMLSchema"
xmlns:BANK="https://www.cicpa.org.cn/2023/audit_data/XMLSchema/BANK"
targetNamespace="https://www.cicpa.org.cn/2023/audit_data/XMLSchema/BANK"
elementFormDefault="qualified" attributeFormDefault="unqualified">
	<xs:element name="BANK">
		<xs:complexType>
			<xs:sequence>
				<xs:element ref="BANK:Basic_Information" minOccurs="0"
maxOccurs="unbounded" />
				<xs:element ref="BANK:Bank_Deposit" minOccurs="0"
maxOccurs="unbounded" />
				<xs:element ref="BANK:Bank_Loan" minOccurs="0"
maxOccurs="unbounded" />
				<xs:element ref="BANK:Cancelled_Bank_Account" minOccurs="0"
maxOccurs="unbounded" />
				<xs:element ref="BANK:Entrusted_Loan_As_Lender" minOccurs="0"
maxOccurs="unbounded" />
				<xs:element ref="BANK:Entrusted_Loan_As_Borrower" minOccurs="0"
maxOccurs="unbounded" />
				<xs:element ref="BANK:Guarantee_Provided_For_Other_Units_And_
Considered_Bank_As_Beneficiary_Member" minOccurs="0" maxOccurs="unbounded" />
				<xs:element ref="BANK:Guarantee_Provided_By_Bank_Including_Letter_
Of_Guarantee_Standby_Letter_Of_Credit_Etc" minOccurs="0" maxOccurs="unbounded" />
				<xs:element ref="BANK:Bank_Acceptance_As_Drawer_Which_Should_
Be_Accepted_By_Bank_But_Not_Yet_Paid" minOccurs="0" maxOccurs="unbounded" />
				<xs:element ref="BANK:Trade_Acceptance_Discounted_To_Bank_But_
```

```
Not_Yet_Due" minOccurs="0" maxOccurs="unbounded" />
                    <xs:element ref="BANK:Trade_Acceptance_As_Holder_Collected_By_Bank" minOccurs="0" maxOccurs="unbounded" />
                    <xs:element ref="BANK:Unfulfilled_Irrevocable_Letter_Of_Credit_As_Applicant_Issued_By_Bank" minOccurs="0" maxOccurs="unbounded" />
                    <xs:element ref="BANK:Outstanding_Foreign_Exchange_Purchase_And_Sale_Agreement_Between_Bank_And_Enterprise" minOccurs="0" maxOccurs="unbounded" />
                    <xs:element ref="BANK:Securities_And_Other_Property_Documents_Custodied_By_Bank" minOccurs="0" maxOccurs="unbounded" />
                    <xs:element ref="BANK:Unexpired_Bank_Financial_Products_Issued_By_Bank" minOccurs="0" maxOccurs="unbounded" />
                    <xs:element ref="BANK:Others" minOccurs="0" maxOccurs="unbounded" />
                    <xs:element ref="BANK:Details_Of_Fund_Pooling_Accounts_Including_Fund_Pool_And_Other_Fund_Management_Accounts" minOccurs="0" maxOccurs="unbounded" />
                    <xs:element ref="BANK:Capital_Verification_For_Capital_Verification_Service_Only" minOccurs="0" maxOccurs="unbounded" />
                    <xs:element ref="BANK:Conclusion_Or_Confirmation_Of_Bank" minOccurs="0" maxOccurs="unbounded" />
                    <xs:element ref="BANK:Confirmation_Bank" minOccurs="0" maxOccurs="unbounded" />
                    <xs:element ref="BANK:Bank_Transaction" minOccurs="0" maxOccurs="unbounded" />
                </xs:sequence>
            </xs:complexType>
        </xs:element>
        <xs:element name="Basic_Information">
            <xs:complexType>
                <xs:sequence>
                    <xs:element name="Number_Of_Confirmation" nillable="false">
                        <xs:annotation>
                            <xs:documentation>为银行函证的数字编号,是数字函证信息的唯一标识。</xs:documentation>
                        </xs:annotation>
                            <xs:simpleType>
                                <xs:restriction base="xs:string">
                                    <xs:minLength value="0"/>
```

```
                <xs:maxLength value="2000"/>
            </xs:restriction>
        </xs:simpleType>
    </xs:element>
    <xs:element name="Bank_Who_Verify_Confirmation" nillable="false">
        <xs:annotation>
            <xs:documentation>受理询证工作的银行、其他银行业金融机构或类似机构，即银行函证的“函证收件人”。</xs:documentation>
        </xs:annotation>
        <xs:simpleType>
            <xs:restriction base="xs:string">
                <xs:minLength value="0"/>
                <xs:maxLength value="100"/>
            </xs:restriction>
        </xs:simpleType>
    </xs:element>
    <xs:element name="Bank_Branch_Name_Who_Verify_Confirmation" nillable="true">
        <xs:annotation>
            <xs:documentation>受理询证工作的银行、其他银行业金融机构或类似机构的网点名称。</xs:documentation>
        </xs:annotation>
        <xs:simpleType>
            <xs:restriction base="xs:string">
                <xs:minLength value="0"/>
                <xs:maxLength value="60"/>
            </xs:restriction>
        </xs:simpleType>
    </xs:element>
    <xs:element name="Enterprise_Who_Accept_Confirmation" nillable="false">
        <xs:annotation>
            <xs:documentation>需要询证银行确认银行函证中相关信息的企业，被审计单位或被验资单位。</xs:documentation>
        </xs:annotation>
        <xs:simpleType>
            <xs:restriction base="xs:string">
                <xs:minLength value="0"/>
```

```
                <xs:maxLength value="100"/>
            </xs:restriction>
        </xs:simpleType>
</xs:element>
<xs:element name="Accounting_Firm" nillable="false">
    <xs:annotation>
        <xs:documentation>执行银行函证审计程序并将银行函证独立发送给询证银行的会计师事务所。</xs:documentation>
    </xs:annotation>
        <xs:simpleType>
            <xs:restriction base="xs:string">
                <xs:minLength value="0"/>
                <xs:maxLength value="100"/>
            </xs:restriction>
        </xs:simpleType>
</xs:element>
<xs:element name="Year_Of_Financial_Statements" nillable="false">
    <xs:annotation>
        <xs:documentation>会计师事务所对该年度或期间的财务报表进行审计。</xs:documentation>
    </xs:annotation>
        <xs:simpleType>
            <xs:restriction base="xs:string">
                <xs:minLength value="0"/>
                <xs:maxLength value="50"/>
            </xs:restriction>
        </xs:simpleType>
</xs:element>
<xs:element name="Return_Address" nillable="true">
    <xs:annotation>
        <xs:documentation>回复询证函的邮寄地址，即会计师事务所接收回函的地址。</xs:documentation>
    </xs:annotation>
        <xs:simpleType>
            <xs:restriction base="xs:string">
                <xs:minLength value="0"/>
                <xs:maxLength value="100"/>
```

```
                </xs:restriction>
            </xs:simpleType>
        </xs:element>
        <xs:element name="Contact_Person_Of_Accounting_Firm" nillable="false">
            <xs:annotation>
                <xs:documentation>会计师事务所的联系人姓名，即银行询证函中指定的会计师事务所收件人。</xs:documentation>
            </xs:annotation>
            <xs:simpleType>
                <xs:restriction base="xs:string">
                    <xs:minLength value="0"/>
                    <xs:maxLength value="100"/>
                </xs:restriction>
            </xs:simpleType>
        </xs:element>
        <xs:element name="Telephone_Number_Of_Accounting_Firm" nillable="false">
            <xs:annotation>
                <xs:documentation>会计师事务所的联系电话。</xs:documentation>
            </xs:annotation>
            <xs:simpleType>
                <xs:restriction base="xs:string">
                    <xs:minLength value="0"/>
                    <xs:maxLength value="20"/>
                </xs:restriction>
            </xs:simpleType>
        </xs:element>
        <xs:element name="Fax_Of_Accounting_Firm" nillable="false">
            <xs:annotation>
                <xs:documentation>会计师事务所的传真。</xs:documentation>
            </xs:annotation>
            <xs:simpleType>
                <xs:restriction base="xs:string">
                    <xs:minLength value="0"/>
                    <xs:maxLength value="20"/>
```

```
                </xs:restriction>
            </xs:simpleType>
        </xs:element>
        <xs:element name="Postal_Code_Of_Return_Address" nillable="false">
            <xs:annotation>
                <xs:documentation>回函地址的邮政编码。</xs:documentation>
            </xs:annotation>
            <xs:simpleType>
                <xs:restriction base="xs:string">
                    <xs:minLength value="0"/>
                    <xs:maxLength value="20"/>
                </xs:restriction>
            </xs:simpleType>
        </xs:element>
        <xs:element name="Email_Address_Of_Accounting_Firm"
nillable="false">
            <xs:annotation>
                <xs:documentation>会计师事务所的电子邮箱。</xs:documentation>
            </xs:annotation>
            <xs:simpleType>
                <xs:restriction base="xs:string">
                    <xs:minLength value="0"/>
                    <xs:maxLength value="100"/>
                </xs:restriction>
            </xs:simpleType>
        </xs:element>
        <xs:element name="Bank_Account_Used_To_Withdraw_Confirmation_
Fees" nillable="false">
            <xs:annotation>
                <xs:documentation>支取办理询证函回函服务费用的银行账户。
若注册会计师在同一封询证函下函证同一企业的多个账户，则应当指定其中一个账户为
询证函扣款账户。若询证函所函银行账户均已注销，则应当明确其他函证费扣款方式。
例如，该银行其他可扣款账户、现金缴费等。</xs:documentation>
            </xs:annotation>
            <xs:simpleType>
                <xs:restriction base="xs:string">
                    <xs:minLength value="0"/>
```

```
                        <xs:maxLength value="100"/>
                    </xs:restriction>
                </xs:simpleType>
            </xs:element>
            <xs:element name="Base_Date_Of_Confirmation" type = "xs:date" nillable="false">
                <xs:annotation>
                    <xs:documentation>会计师事务所进行询证的信息所对应的基准日期。</xs:documentation>
                </xs:annotation>
            </xs:element>
            <xs:element name="Bank_Name_Head_Office" nillable="false">
                <xs:annotation>
                    <xs:documentation>被询证银行的总行名称。例如，中国银行股份有限公司。</xs:documentation>
                </xs:annotation>
                    <xs:simpleType>
                        <xs:restriction base="xs:string">
                            <xs:minLength value="0"/>
                            <xs:maxLength value="100"/>
                        </xs:restriction>
                    </xs:simpleType>
            </xs:element>
            <xs:element name="Bank_Name_Branch" nillable="true">
                <xs:annotation>
                    <xs:documentation>被询证银行的分行或支行名称。例如，上海分行。</xs:documentation>
                </xs:annotation>
                    <xs:simpleType>
                        <xs:restriction base="xs:string">
                            <xs:minLength value="0"/>
                            <xs:maxLength value="100"/>
                        </xs:restriction>
                    </xs:simpleType>
            </xs:element>
        </xs:sequence>
    </xs:complexType>
```

```
</xs:element>
<xs:element name="Bank_Deposit">
    <xs:complexType>
        <xs:sequence>
            <xs:element name="Name_Of_Bank_Account" nillable="false">
                <xs:annotation>
                    <xs:documentation>银行存款账户名称，应使用全称。</xs:documentation>
                </xs:annotation>
                    <xs:simpleType>
                        <xs:restriction base="xs:string">
                            <xs:minLength value="0"/>
                            <xs:maxLength value="100"/>
                        </xs:restriction>
                    </xs:simpleType>
            </xs:element>
            <xs:element name="Bank_Account" nillable="true">
                <xs:annotation>
                    <xs:documentation>银行账号应当与银行对账单上显示的账号保持完全一致。</xs:documentation>
                </xs:annotation>
                    <xs:simpleType>
                        <xs:restriction base="xs:string">
                            <xs:minLength value="0"/>
                            <xs:maxLength value="60"/>
                        </xs:restriction>
                    </xs:simpleType>
            </xs:element>
            <xs:element name="Account_Certificate_Number" nillable="true">
                <xs:annotation>
                    <xs:documentation>银行账号开户所使用的证明身份的有效证件号码。</xs:documentation>
                </xs:annotation>
                    <xs:simpleType>
                        <xs:restriction base="xs:string">
                            <xs:minLength value="0"/>
                            <xs:maxLength value="30"/>
```

```
                </xs:restriction>
            </xs:simpleType>
    </xs:element>
    <xs:element name="Bank_Branch_Name" nillable="true">
        <xs:annotation>
            <xs:documentation>开户银行的网点名称。</xs:documentation>
        </xs:annotation>
            <xs:simpleType>
                <xs:restriction base="xs:string">
                    <xs:minLength value="0"/>
                    <xs:maxLength value="60"/>
                </xs:restriction>
            </xs:simpleType>
    </xs:element>
    <xs:element name="Currency" nillable="true">
        <xs:annotation>
            <xs:documentation>银行货币的种类。按照ISO 4217规定的3字母代码表示。</xs:documentation>
        </xs:annotation>
            <xs:simpleType>
                <xs:restriction base="xs:string">
                    <xs:length value="3" fixed="true"/>
                </xs:restriction>
            </xs:simpleType>
    </xs:element>
    <xs:element name="Interest_Rate" nillable="true">
        <xs:annotation>
            <xs:documentation>填写函证基准日适用的年化利率，如不适用则填写“见备注”，在“备注”栏进行说明。如为固定利率，应填写函证基准日适用的年化利率；如为活期存款、通知存款、协定存款、结构性存款及其他利率浮动型存款等，应逐笔填写函证基准日适用的执行利率及利率浮动型存款的具体类别。</xs:documentation>
        </xs:annotation>
            <xs:simpleType>
                <xs:restriction base="xs:string">
                    <xs:minLength value="0"/>
                    <xs:maxLength value="2000"/>
```

```xml
                </xs:restriction>
            </xs:simpleType>
        </xs:element>
        <xs:element name="Account_Type" nillable="true">
            <xs:annotation>
                <xs:documentation>被审计单位银行存款账户的类型，包括但不限于基本存款账户、一般存款账户、专用存款账户、临时存款账户、外币资本项下账户、外币经常项下账户、保证金账户、定期存款账户、通知存款账户等，具体账户类型的填写可适当参考询证银行实际操作情况填写。</xs:documentation>
            </xs:annotation>
                <xs:simpleType>
                    <xs:restriction base="xs:string">
                        <xs:minLength value="0"/>
                        <xs:maxLength value="2000"/>
                    </xs:restriction>
                </xs:simpleType>
        </xs:element>
        <xs:element name="Account_Balance" nillable="true">
            <xs:annotation>
                <xs:documentation>函证基准日被审计单位银行存款账户的银行对账单余额，特别对于资金池账户，已实际划出的资金（如已上存集团归集账户的金额）则不应包括在内。</xs:documentation>
            </xs:annotation>
            <xs:simpleType>
                <xs:restriction base="xs:decimal">
                    <xs:totalDigits value="22"/>
                    <xs:fractionDigits value="4"/>
                </xs:restriction>
            </xs:simpleType>
        </xs:element>
        <xs:element name="Available_Balance" nillable="true">
            <xs:annotation>
                <xs:documentation>被审计单位实际可支配金额。
</xs:documentation>
            </xs:annotation>
            <xs:simpleType>
                <xs:restriction base="xs:decimal">
```

```
                <xs:totalDigits value="22"/>
                <xs:fractionDigits value="4"/>
            </xs:restriction>
        </xs:simpleType>
    </xs:element>
    <xs:element name="Descriptions_Of_Whether_Bank_Account_Is_Used_
For_Capital_Centralization" nillable="true">
        <xs:annotation>
            <xs:documentation>判断银行存款账户是否用于资金归集或被
资金归集。1表示是，0表示否。在选择1的情况下，则需要填写“资金归集账户具体信
息”。</xs:documentation>
        </xs:annotation>
            <xs:simpleType>
                <xs:restriction base="xs:boolean">
                </xs:restriction>
            </xs:simpleType>
    </xs:element>
    <xs:element name="Start_Date_Of_Bank_Deposit" type = "xs:date"
nillable="true">
        <xs:annotation>
            <xs:documentation>适用于具有约定期限类型账户的起始日期。
</xs:documentation>
        </xs:annotation>
    </xs:element>
    <xs:element name="End_Date_Of_Bank_Deposit" type = "xs:date"
nillable="true">
        <xs:annotation>
            <xs:documentation>适用于具有约定期限类型账户的终止日期。
</xs:documentation>
        </xs:annotation>
    </xs:element>
    <xs:element name="Descriptions_Of_Whether_Bank_Account_Is_Frozen_
Used_As_Guarantees_Or_Any_Other_Restrictions" nillable="true">
        <xs:annotation>
            <xs:documentation>判断相关账户是否存在被冻结、担保及账
户使用受限等情况。1表示是，0表示否。如选择1，请在备注中注明截至函证基准日受
限金额，并在备注栏说明冻结、担保及账户使用受限的具体情况，包括但不限于（冻
```

```
结、担保及其他使用限制）日期、发起（冻结、担保及其他使用限制）单位以及（冻结、担保及其他使用限制）原因。如选择0，则不需要注明。其他使用限制主要包括但不限于因反洗钱或案件触发的控制等外部限制以及由于公司自身行为导致的银行存款账户资金无法随意支取、使用等情况，除上述以外其他原因导致银行与公司正常设立的资金托管账户、资金监管账户存在使用限制的，不属于本项目“其他使用限制”的情况；同时，若冻结事项存在法律法规上的保密要求，建议可仅就被冻结的事实进行填写。</xs:documentation>
                    </xs:annotation>
                        <xs:simpleType>
                            <xs:restriction base="xs:boolean">
                            </xs:restriction>
                        </xs:simpleType>
                </xs:element>
                <xs:element name="Transaction_External_Serial_Number" nillable="true">
                    <xs:annotation>
                        <xs:documentation>指非银行交易的明细，可与三方交易的订单号对应，匹配对应交易明细，查找相应的三方交易明细信息。</xs:documentation>
                    </xs:annotation>
                        <xs:simpleType>
                            <xs:restriction base="xs:string">
                                <xs:minLength value="0"/>
                                <xs:maxLength value="60"/>
                            </xs:restriction>
                        </xs:simpleType>
                </xs:element>
                <xs:element name="Cash_Sign" nillable="true">
                    <xs:annotation>
                        <xs:documentation>现金的交易，包括存或取。</xs:documentation>
                    </xs:annotation>
                        <xs:simpleType>
                            <xs:restriction base="xs:string">
                                <xs:minLength value="0"/>
                                <xs:maxLength value="60"/>
                            </xs:restriction>
                        </xs:simpleType>
```

```
                    </xs:element>
                    <xs:element name="Remark" nillable="true">
                        <xs:annotation>
                            <xs:documentation>需要补充说明的事项。例如，浮动利率的具体约定内容或条款、“其他使用限制” 的具体情况等。</xs:documentation>
                        </xs:annotation>
                            <xs:simpleType>
                                <xs:restriction base="xs:string">
                                    <xs:minLength value="0"/>
                                    <xs:maxLength value="2000"/>
                                </xs:restriction>
                            </xs:simpleType>
                    </xs:element>
                    <xs:element name="Number_Of_Confirmation" nillable="false">
                        <xs:annotation>
                            <xs:documentation>为银行函证的数字编号,是数字函证信息的唯一标识。</xs:documentation>
                        </xs:annotation>
                            <xs:simpleType>
                                <xs:restriction base="xs:string">
                                    <xs:minLength value="0"/>
                                    <xs:maxLength value="2000"/>
                                </xs:restriction>
                            </xs:simpleType>
                    </xs:element>
                </xs:sequence>
            </xs:complexType>
        </xs:element>
        <xs:element name="Bank_Loan">
            <xs:complexType>
                <xs:sequence>
                    <xs:element name="Name_Of_Borrowers_Account" nillable="true">
                        <xs:annotation>
                            <xs:documentation>函证基准日被审计单位账号对应的借款人账户名称，应使用全称。银行借款包括被审计单位在询证银行尚未结清的、由询证银行发放的全部贷款和垫款，包括但不限于一般贷款和垫款、贸易融资项下的贷款和垫款、票据垫款等。</xs:documentation>
```

```
        </xs:annotation>
            <xs:simpleType>
                <xs:restriction base="xs:string">
                    <xs:minLength value="0"/>
                    <xs:maxLength value="2000"/>
                </xs:restriction>
            </xs:simpleType>
    </xs:element>
    <xs:element name="Bank_Account" nillable="true">
        <xs:annotation>
            <xs:documentation>填写银行和被函证单位均可查询到且能对
应到指定客户借贷关系的账号。例如，贷款账号、借据编号、银行结算账号等。每家银
行业金融机构系统设置的账号名称可能有所不同。</xs:documentation>
        </xs:annotation>
            <xs:simpleType>
                <xs:restriction base="xs:string">
                    <xs:minLength value="0"/>
                    <xs:maxLength value="60"/>
                </xs:restriction>
            </xs:simpleType>
    </xs:element>
    <xs:element name="Currency" nillable="true">
        <xs:annotation>
            <xs:documentation>银行借款银行货币的种类。按照ISO 4217
规定的3字母代码表示。</xs:documentation>
        </xs:annotation>
            <xs:simpleType>
                <xs:restriction base="xs:string">
                    <xs:length value="3" fixed="true"/>
                </xs:restriction>
            </xs:simpleType>
    </xs:element>
    <xs:element name="Outstanding_Balance_Of_Loan_Account"
nillable="true">
        <xs:annotation>
            <xs:documentation>函证基准日被审计单位银行借款账户尚未
偿还的余额。</xs:documentation>
```

```
</xs:annotation>
<xs:simpleType>
    <xs:restriction base="xs:decimal">
        <xs:totalDigits value="22"/>
        <xs:fractionDigits value="4"/>
    </xs:restriction>
</xs:simpleType>
</xs:element>
<xs:element name="Start_Date_Of_Bank_Loan" type = "xs:date" nillable="true">
    <xs:annotation>
        <xs:documentation>银行借款的起息日，可根据银行贷款合同中约定的起息日或每一笔借款放款借据编号/放款账号对应日期填写。</xs:documentation>
    </xs:annotation>
</xs:element>
<xs:element name="End_Date_Of_Bank_Loan" nillable="true">
    <xs:annotation>
        <xs:documentation>银行借款的到期日期。针对垫款类业务，可以填写“见备注”，在“备注”中根据实际情况具体说明和填写。</xs:documentation>
    </xs:annotation>
        <xs:simpleType>
            <xs:restriction base="xs:string">
                <xs:minLength value="0"/>
                <xs:maxLength value="2000"/>
            </xs:restriction>
        </xs:simpleType>
</xs:element>
<xs:element name="Interest_Rate" nillable="true">
    <xs:annotation>
        <xs:documentation>填写函证基准日适用的年化利率，可按照贷款合同中约定的利率进行填写，包括固定贷款利率和浮动贷款利率等类型。如简单年化利率不适用，可以填写“见备注”，在“备注”中具体说明和填写。</xs:documentation>
    </xs:annotation>
        <xs:simpleType>
            <xs:restriction base="xs:string">
                <xs:minLength value="0"/>
                <xs:maxLength value="2000"/>
```

```
                </xs:restriction>
            </xs:simpleType>
        </xs:element>
        <xs:element name="Collateral_Pledge_Or_Guarantor" nillable="true">
            <xs:annotation>
                <xs:documentation>函证基准日被审计单位对应的借款抵（质）押品或担保人。</xs:documentation>
            </xs:annotation>
                <xs:simpleType>
                    <xs:restriction base="xs:string">
                        <xs:minLength value="0"/>
                        <xs:maxLength value="2000"/>
                    </xs:restriction>
                </xs:simpleType>
        </xs:element>
        <xs:element name="Remark" nillable="true">
            <xs:annotation>
                <xs:documentation>需要补充说明的事项。</xs:documentation>
            </xs:annotation>
                <xs:simpleType>
                    <xs:restriction base="xs:string">
                        <xs:minLength value="0"/>
                        <xs:maxLength value="2000"/>
                    </xs:restriction>
                </xs:simpleType>
        </xs:element>
        <xs:element name="Number_Of_Confirmation" nillable="false">
            <xs:annotation>
                <xs:documentation>为银行函证的数字编号,是数字函证信息的唯一标识。</xs:documentation>
            </xs:annotation>
                <xs:simpleType>
                    <xs:restriction base="xs:string">
                        <xs:minLength value="0"/>
                        <xs:maxLength value="2000"/>
                    </xs:restriction>
                </xs:simpleType>
```

```
                </xs:element>
            </xs:sequence>
        </xs:complexType>
    </xs:element>
    <xs:element name="Cancelled_Bank_Account">
        <xs:complexType>
            <xs:sequence>
                <xs:element name="Start_Date_Of_Cancelled_Bank_Account_Confirmation" type = "xs:date" nillable="true">
                    <xs:annotation>
                        <xs:documentation>已注销账户询证期间起始日期。</xs:documentation>
                    </xs:annotation>
                </xs:element>
                <xs:element name="End_Date_Of_Cancelled_Bank_Account_Confirmation" type = "xs:date" nillable="true">
                    <xs:annotation>
                        <xs:documentation>已注销账户询证期间截止日期。</xs:documentation>
                    </xs:annotation>
                </xs:element>
                <xs:element name="Name_Of_Bank_Account" nillable="true">
                    <xs:annotation>
                        <xs:documentation>已注销账户询证期间中，被审计单位注销的银行存款账户名称，应使用全称。</xs:documentation>
                    </xs:annotation>
                        <xs:simpleType>
                            <xs:restriction base="xs:string">
                                <xs:minLength value="0"/>
                                <xs:maxLength value="100"/>
                            </xs:restriction>
                        </xs:simpleType>
                </xs:element>
                <xs:element name="Bank_Account" nillable="true">
                    <xs:annotation>
                        <xs:documentation>注销的银行存款账户的账号。</xs:documentation>
```

```
				</xs:annotation>
					<xs:simpleType>
						<xs:restriction base="xs:string">
							<xs:minLength value="0"/>
							<xs:maxLength value="60"/>
						</xs:restriction>
					</xs:simpleType>
			</xs:element>
			<xs:element name="Currency" nillable="true">
				<xs:annotation>
					<xs:documentation>已注销账户银行货币的种类。按照ISO 4217规定的3字母代码表示。</xs:documentation>
				</xs:annotation>
					<xs:simpleType>
						<xs:restriction base="xs:string">
							<xs:length value="3" fixed="true"/>
						</xs:restriction>
					</xs:simpleType>
			</xs:element>
			<xs:element name="Date_Of_Cancelling_Bank_Account" type = "xs:date" nillable="true">
				<xs:annotation>
					<xs:documentation>注销账户的日期。</xs:documentation>
				</xs:annotation>
			</xs:element>
			<xs:element name="Cancelled_Bank_Branch" nillable="true">
				<xs:annotation>
					<xs:documentation>注销账户所在的银行网点。</xs:documentation>
				</xs:annotation>
					<xs:simpleType>
						<xs:restriction base="xs:string">
							<xs:minLength value="0"/>
							<xs:maxLength value="60"/>
						</xs:restriction>
					</xs:simpleType>
			</xs:element>
```

```
                <xs:element name="Number_Of_Confirmation" nillable="false">
                    <xs:annotation>
                        <xs:documentation>为银行函证的数字编号,是数字函证信息的唯一标识。</xs:documentation>
                    </xs:annotation>
                        <xs:simpleType>
                            <xs:restriction base="xs:string">
                                <xs:minLength value="0"/>
                                <xs:maxLength value="2000"/>
                            </xs:restriction>
                        </xs:simpleType>
                </xs:element>
            </xs:sequence>
        </xs:complexType>
    </xs:element>
    <xs:element name="Entrusted_Loan_As_Lender">
        <xs:complexType>
            <xs:sequence>
                <xs:element name="Name_Of_Bank_Account" nillable="true">
                    <xs:annotation>
                        <xs:documentation>函证基准日被审计单位作为委托人的银行结算账号对应的账户名称，应使用全称。</xs:documentation>
                    </xs:annotation>
                        <xs:simpleType>
                            <xs:restriction base="xs:string">
                                <xs:minLength value="0"/>
                                <xs:maxLength value="100"/>
                            </xs:restriction>
                        </xs:simpleType>
                </xs:element>
                <xs:element name="Bank_Account" nillable="true">
                    <xs:annotation>
                        <xs:documentation>委托贷款协议中约定的被审计单位银行结算账号。如未约定对应的银行结算账号，可以按照委托贷款账户的实际情况填写询证银行与被审计单位均可查询到且能对应到指定客户委托贷款关系的账号，并在“备注”中说明和填写账户性质。</xs:documentation>
                    </xs:annotation>
```

```
                <xs:simpleType>
                    <xs:restriction base="xs:string">
                        <xs:minLength value="0"/>
                        <xs:maxLength value="60"/>
                    </xs:restriction>
                </xs:simpleType>
        </xs:element>
        <xs:element name="Borrowers_Of_Entrusted_Loan" nillable="true">
            <xs:annotation>
                <xs:documentation>委托贷款的资金借入方名称，应使用全称。</xs:documentation>
            </xs:annotation>
                <xs:simpleType>
                    <xs:restriction base="xs:string">
                        <xs:minLength value="0"/>
                        <xs:maxLength value="100"/>
                    </xs:restriction>
                </xs:simpleType>
        </xs:element>
        <xs:element name="Currency" nillable="true">
            <xs:annotation>
                <xs:documentation>本公司作为委托人的委托贷款银行货币的种类。按照ISO 4217规定的3字母代码表示。</xs:documentation>
            </xs:annotation>
                <xs:simpleType>
                    <xs:restriction base="xs:string">
                        <xs:length value="3" fixed="true"/>
                    </xs:restriction>
                </xs:simpleType>
        </xs:element>
        <xs:element name="Interest_Rate" nillable="true">
            <xs:annotation>
                <xs:documentation>填写函证基准日适用的年化利率，如简单年化利率不适用则填写“见备注”，应在“备注”栏进行说明和填写。</xs:documentation>
            </xs:annotation>
                <xs:simpleType>
                    <xs:restriction base="xs:string">
```

```
                        <xs:minLength value="0"/>
                        <xs:maxLength value="2000"/>
                    </xs:restriction>
                </xs:simpleType>
            </xs:element>
            <xs:element name="Actual_Lending_Balance_Of_Auditee" nillable="true">
                <xs:annotation>
                    <xs:documentation>该项委托贷款尚未偿还的余额。函证基准日被审计单位银行存款账户的银行对账单余额，特别对于资金池账户，已实际划出的资金（如已上存集团归集账户的金额）则不应包括在内。</xs:documentation>
                </xs:annotation>
                <xs:simpleType>
                    <xs:restriction base="xs:decimal">
                        <xs:totalDigits value="22"/>
                        <xs:fractionDigits value="4"/>
                    </xs:restriction>
                </xs:simpleType>
            </xs:element>
            <xs:element name="Initial_Loan_Amount_As_Entrusting_Party" nillable="true">
                <xs:annotation>
                    <xs:documentation>委托人的初始贷款金额。</xs:documentation>
                </xs:annotation>
                <xs:simpleType>
                    <xs:restriction base="xs:decimal">
                        <xs:totalDigits value="22"/>
                        <xs:fractionDigits value="4"/>
                    </xs:restriction>
                </xs:simpleType>
            </xs:element>
            <xs:element name="Start_Date_Of_Entrusted_Loan_As_Entrusting_Party" type = "xs:date" nillable="true">
                <xs:annotation>
                    <xs:documentation>委托贷款的起始日期。</xs:documentation>
                </xs:annotation>
            </xs:element>
```

```
                <xs:element name="End_Date_Of_Entrusted_Loan_As_Entrusting_Party" type = "xs:date" nillable="true">
                    <xs:annotation>
                        <xs:documentation>委托贷款的截止日期。</xs:documentation>
                    </xs:annotation>
                </xs:element>
                <xs:element name="Remark" nillable="true">
                    <xs:annotation>
                        <xs:documentation>需要补充说明的事项。例如，资金借入方在函证基准日存在本金或利息逾期未付情况，应进行补充说明和填写。</xs:documentation>
                    </xs:annotation>
                        <xs:simpleType>
                            <xs:restriction base="xs:string">
                                <xs:minLength value="0"/>
                                <xs:maxLength value="2000"/>
                            </xs:restriction>
                        </xs:simpleType>
                </xs:element>
                <xs:element name="Number_Of_Confirmation" nillable="false">
                    <xs:annotation>
                        <xs:documentation>为银行函证的数字编号,是数字函证信息的唯一标识。</xs:documentation>
                    </xs:annotation>
                        <xs:simpleType>
                            <xs:restriction base="xs:string">
                                <xs:minLength value="0"/>
                                <xs:maxLength value="2000"/>
                            </xs:restriction>
                        </xs:simpleType>
                </xs:element>
            </xs:sequence>
        </xs:complexType>
    </xs:element>
    <xs:element name="Entrusted_Loan_As_Borrower">
        <xs:complexType>
            <xs:sequence>
```

```
<xs:element name="Name_Of_Bank_Account" nillable="true">
    <xs:annotation>
        <xs:documentation>函证基准日被审计单位作为借款人的银行结算账号对应的账户名称，应使用全称。</xs:documentation>
    </xs:annotation>
        <xs:simpleType>
            <xs:restriction base="xs:string">
                <xs:minLength value="0"/>
                <xs:maxLength value="100"/>
            </xs:restriction>
        </xs:simpleType>
</xs:element>
<xs:element name="Bank_Account" nillable="true">
    <xs:annotation>
        <xs:documentation>委托贷款协议中约定的被审计单位作为借款人的银行结算账号。如未约定对应的银行结算账号，可以按照委托贷款账户的实际情况填写询证银行与被审计单位均可查询到且能对应到指定客户委托贷款关系的账号，并在“备注”中说明和填写账户性质。</xs:documentation>
    </xs:annotation>
        <xs:simpleType>
            <xs:restriction base="xs:string">
                <xs:minLength value="0"/>
                <xs:maxLength value="60"/>
            </xs:restriction>
        </xs:simpleType>
</xs:element>
<xs:element name="Lenders_Of_Entrusted_Loan" nillable="true">
    <xs:annotation>
        <xs:documentation>委托贷款的资金借出方名称，应使用全称。</xs:documentation>
    </xs:annotation>
        <xs:simpleType>
            <xs:restriction base="xs:string">
                <xs:minLength value="0"/>
                <xs:maxLength value="100"/>
            </xs:restriction>
        </xs:simpleType>
```

```
</xs:element>
<xs:element name="Currency" nillable="true">
    <xs:annotation>
        <xs:documentation>本公司作为借款人的委托贷款银行货币的种类。按照ISO 4217规定的3字母代码表示。</xs:documentation>
    </xs:annotation>
        <xs:simpleType>
            <xs:restriction base="xs:string">
                <xs:length value="3" fixed="true"/>
            </xs:restriction>
        </xs:simpleType>
</xs:element>
<xs:element name="Interest_Rate" nillable="true">
    <xs:annotation>
        <xs:documentation>填写函证基准日被审计单位作为借款人适用的年化利率，如简单年化利率不适用则填写“见备注”，应在“备注”栏进行说明和填写。</xs:documentation>
    </xs:annotation>
        <xs:simpleType>
            <xs:restriction base="xs:string">
                <xs:minLength value="0"/>
                <xs:maxLength value="2000"/>
            </xs:restriction>
        </xs:simpleType>
</xs:element>
<xs:element name="Actual_Borrowing_Balance_Of_Auditee" nillable="true">
    <xs:annotation>
        <xs:documentation>该项委托贷款尚未偿还的余额。
</xs:documentation>
    </xs:annotation>
    <xs:simpleType>
        <xs:restriction base="xs:decimal">
            <xs:totalDigits value="22"/>
            <xs:fractionDigits value="4"/>
        </xs:restriction>
    </xs:simpleType>
</xs:element>
```

```
<xs:element name="Initial_Loan_Amount_As_Borrower" nillable="true">
    <xs:annotation>
        <xs:documentation>借款人的初始借款金额。
</xs:documentation>
    </xs:annotation>
    <xs:simpleType>
        <xs:restriction base="xs:decimal">
            <xs:totalDigits value="22"/>
            <xs:fractionDigits value="4"/>
        </xs:restriction>
    </xs:simpleType>
</xs:element>
<xs:element name="Start_Date_Of_Entrusted_Loan_As_Borrower" type =
"xs:date" nillable="true">
    <xs:annotation>
        <xs:documentation>本公司作为借款人的委托贷款起始日期。
</xs:documentation>
    </xs:annotation>
</xs:element>
<xs:element name="End_Date_Of_Entrusted_Loan_As_Borrower" type =
"xs:date" nillable="true">
    <xs:annotation>
        <xs:documentation>本公司作为借款人的委托贷款截止日期。
</xs:documentation>
    </xs:annotation>
</xs:element>
<xs:element name="Remark" nillable="true">
    <xs:annotation>
        <xs:documentation>需要补充说明的事项。例如，被
审计单位在函证基准日存在本金或利息逾期未付情况，应进行补充说明和填写。
</xs:documentation>
    </xs:annotation>
        <xs:simpleType>
            <xs:restriction base="xs:string">
                <xs:minLength value="0"/>
                <xs:maxLength value="2000"/>
            </xs:restriction>
```

```
                </xs:simpleType>
            </xs:element>
            <xs:element name="Number_Of_Confirmation" nillable="false">
                <xs:annotation>
                    <xs:documentation>为银行函证的数字编号,是数字函证信息的唯一标识。</xs:documentation>
                </xs:annotation>
                <xs:simpleType>
                    <xs:restriction base="xs:string">
                        <xs:minLength value="0"/>
                        <xs:maxLength value="2000"/>
                    </xs:restriction>
                </xs:simpleType>
            </xs:element>
        </xs:sequence>
    </xs:complexType>
</xs:element>
<xs:element name="Guarantee_Provided_For_Other_Units_And_Considered_Bank_As_Beneficiary_Member">
    <xs:complexType>
        <xs:sequence>
            <xs:element name="Warrantee" nillable="true">
                <xs:annotation>
                    <xs:documentation>被担保人名称，应使用全称。</xs:documentation>
                </xs:annotation>
                <xs:simpleType>
                    <xs:restriction base="xs:string">
                        <xs:minLength value="0"/>
                        <xs:maxLength value="100"/>
                    </xs:restriction>
                </xs:simpleType>
            </xs:element>
            <xs:element name="Guarantee_Mode" nillable="true">
                <xs:annotation>
                    <xs:documentation>担保方式。包括保证、抵押、质押等担保方式，并区分最高额担保或一般担保等情形进行填写。</xs:documentation>
```

```
        </xs:annotation>
            <xs:simpleType>
                <xs:restriction base="xs:string">
                    <xs:minLength value="0"/>
                    <xs:maxLength value="100"/>
                </xs:restriction>
            </xs:simpleType>
    </xs:element>
    <xs:element name="Currency" nillable="true">
        <xs:annotation>
            <xs:documentation>本公司为其他单位提供的、以银行为担保
受益人的担保银行货币的种类。按照ISO 4217规定的3字母代码表示。
</xs:documentation>
        </xs:annotation>
            <xs:simpleType>
                <xs:restriction base="xs:string">
                    <xs:length value="3" fixed="true"/>
                </xs:restriction>
            </xs:simpleType>
    </xs:element>
    <xs:element name="Balance_Of_Secured_Claim" nillable="true">
        <xs:annotation>
            <xs:documentation>“担保余额”应为主债权余额，当同一项
担保合同对应多笔主债权时，担保债权余额应为担保的全部债权余额。进一步地，如果
一笔主债权，涉及多项担保合同或多笔主债权，在交叉涉及多项担保合同的情况下，多
项担保合同协议中通常未就所对应的一笔主债权或交叉对应的多笔主债权金额进行总债
权金额的分配，因此，在上述情形下，“担保余额”可填写“见备注”，在备注栏填写和
说明所有相关担保合同和债权合同情况，包括但不限于所涉及的合同编号、合同金额、
债权余额。对于多个保证人签订同一份保证合同，多份保证合同为同一笔信贷业务担
保，同一份保证合同为多笔信贷业务担保等复杂场景，保证人之间可能针对保证份额分
担、相互求偿等作出单独约定，最终影响保证责任承担。</xs:documentation>
        </xs:annotation>
        <xs:simpleType>
            <xs:restriction base="xs:decimal">
                <xs:totalDigits value="22"/>
                <xs:fractionDigits value="4"/>
            </xs:restriction>
```

```
                </xs:simpleType>
            </xs:element>
            <xs:element name="End_Date_Of_Secured_Claim_Balance" type = "xs:date" nillable="true">
                <xs:annotation>
                    <xs:documentation>对于一般担保，“担保到期日”填写担保的主债权到期日；对于最高额担保，可能对应多笔主债权，当多笔主债权到期日不同时，若多笔主债权中最晚到期日早于最高额担保合同的到期日时，“担保到期日”按最高额担保合同的到期日进行填写；若多笔主债权中最晚到期日晚于最高额担保合同的到期日时，“担保到期日”按最晚到期的主债权合同的到期日填写。当最高额担保合同的到期日未明确填写在担保合同中，而以主债权合同的期限为依据确定到期日时，涉及多笔主债权合同的，“担保到期日”按最晚到期的主债权合同的到期日填写。同一主债权合同也可能存在多笔借据，仅填写主债权合同到期日。</xs:documentation>
                </xs:annotation>
            </xs:element>
            <xs:element name="Number_Of_Guarantee_Contract" nillable="true">
                <xs:annotation>
                    <xs:documentation>担保合同的编号。</xs:documentation>
                </xs:annotation>
                    <xs:simpleType>
                        <xs:restriction base="xs:string">
                            <xs:minLength value="0"/>
                            <xs:maxLength value="2000"/>
                        </xs:restriction>
                    </xs:simpleType>
            </xs:element>
            <xs:element name="Remark" nillable="true">
                <xs:annotation>
                    <xs:documentation>需要补充说明的事项。例如，采用保证金存款以外抵押或质押方式提供担保的，应在“备注”栏中说明抵押或质押物情况，包括但不限于抵质押品的类型、数量、权属、评估价值等；如被担保方在函证基准日存在本金或利息逾期未付情况，应在“备注”栏中予以说明；如果一笔主债权，涉及多项担保合同，或多笔主债权，交叉涉及多项担保合同的情况下，多项担保合同协议中通常未就所对应的一笔主债权或交叉对应的多笔主债权金额进行总债权金额的分配，在上述情形下，在“备注”栏填写和说明所有相关担保合同和债权合同情况，包括但不限于所涉及的合同编号、合同金额、债权余额。</xs:documentation>
                </xs:annotation>
```

```
                    <xs:simpleType>
                        <xs:restriction base="xs:string">
                            <xs:minLength value="0"/>
                            <xs:maxLength value="2000"/>
                        </xs:restriction>
                    </xs:simpleType>
                </xs:element>
                <xs:element name="Number_Of_Confirmation" nillable="false">
                    <xs:annotation>
                        <xs:documentation>为银行函证的数字编号,是数字函证信息的唯一标识。</xs:documentation>
                    </xs:annotation>
                    <xs:simpleType>
                        <xs:restriction base="xs:string">
                            <xs:minLength value="0"/>
                            <xs:maxLength value="2000"/>
                        </xs:restriction>
                    </xs:simpleType>
                </xs:element>
            </xs:sequence>
        </xs:complexType>
    </xs:element>
    <xs:element name="Guarantee_Provided_By_Bank_Including_Letter_Of_Guarantee_Standby_Letter_Of_Credit_Etc">
        <xs:complexType>
            <xs:sequence>
            <xs:element name="Warrantee" nillable="true">
                    <xs:annotation>
                        <xs:documentation>银行向被审计单位提供担保时，被担保人名称，应使用全称。</xs:documentation>
                    </xs:annotation>
                    <xs:simpleType>
                        <xs:restriction base="xs:string">
                            <xs:minLength value="0"/>
                            <xs:maxLength value="100"/>
                        </xs:restriction>
                    </xs:simpleType>
```

```xml
		</xs:element>
		<xs:element name="Guarantee_Mode" nillable="true">
			<xs:annotation>
				<xs:documentation>担保方式，包括保函、备用信用证业务等。可以根据询证银行向被审计单位提供的具体业务分类进行填写。</xs:documentation>
			</xs:annotation>
				<xs:simpleType>
					<xs:restriction base="xs:string">
						<xs:minLength value="0"/>
						<xs:maxLength value="100"/>
					</xs:restriction>
				</xs:simpleType>
		</xs:element>
		<xs:element name="Currency" nillable="true">
			<xs:annotation>
				<xs:documentation>银行向本公司提供的担保银行货币的种类。按照ISO 4217规定的3字母代码表示。</xs:documentation>
			</xs:annotation>
				<xs:simpleType>
					<xs:restriction base="xs:string">
						<xs:length value="3" fixed="true"/>
					</xs:restriction>
				</xs:simpleType>
		</xs:element>
		<xs:element name="Amount_Of_Guarantee" nillable="true">
			<xs:annotation>
				<xs:documentation>业务办理金额。如后续根据被函证单位与银行的协议约定调整了担保金额，应填写调整后的金额。</xs:documentation>
			</xs:annotation>
			<xs:simpleType>
				<xs:restriction base="xs:decimal">
					<xs:totalDigits value="22"/>
					<xs:fractionDigits value="4"/>
				</xs:restriction>
			</xs:simpleType>
		</xs:element>
		<xs:element name="End_Date_Of_Guarantee_Period_Provided_By_Bank"
```

```
type = "xs:date" nillable="true">
                    <xs:annotation>
                        <xs:documentation>银行提供开立保函、备用信用证等具体业
务的有效期的到期日期。</xs:documentation>
                    </xs:annotation>
                </xs:element>
                <xs:element name="Number_Of_Guarantee_Contract" nillable="true">
                    <xs:annotation>
                        <xs:documentation>担保合同的编号，填写对应的业务合同编
号。</xs:documentation>
                    </xs:annotation>
                        <xs:simpleType>
                            <xs:restriction base="xs:string">
                                <xs:minLength value="0"/>
                                <xs:maxLength value="2000"/>
                            </xs:restriction>
                        </xs:simpleType>
                </xs:element>
                <xs:element name="Remark" nillable="true">
                    <xs:annotation>
                        <xs:documentation>需要补充说明的事项。例如，“担保金额”
存在其他需说明的情况等。</xs:documentation>
                    </xs:annotation>
                        <xs:simpleType>
                            <xs:restriction base="xs:string">
                                <xs:minLength value="0"/>
                                <xs:maxLength value="2000"/>
                            </xs:restriction>
                        </xs:simpleType>
                </xs:element>
                <xs:element name="Number_Of_Confirmation" nillable="false">
                    <xs:annotation>
                        <xs:documentation>为银行函证的数字编号,是数字函证信息的
唯一标识。</xs:documentation>
                    </xs:annotation>
                        <xs:simpleType>
                            <xs:restriction base="xs:string">
```

```
                        <xs:minLength value="0"/>
                        <xs:maxLength value="2000"/>
                    </xs:restriction>
                </xs:simpleType>
            </xs:element>
        </xs:sequence>
    </xs:complexType>
</xs:element>
<xs:element name="Bank_Acceptance_As_Drawer_Which_Should_Be_Accepted_By_Bank_But_Not_Yet_Paid">
    <xs:complexType>
        <xs:sequence>
            <xs:element name="Number_Of_Bank_Acceptance" nillable="true">
                <xs:annotation>
                    <xs:documentation>函证基准日被审计单位已签发且由询证银行承兑而尚未支付的银行承兑汇票号码。</xs:documentation>
                </xs:annotation>
                <xs:simpleType>
                    <xs:restriction base="xs:string">
                        <xs:minLength value="0"/>
                        <xs:maxLength value="2000"/>
                    </xs:restriction>
                </xs:simpleType>
            </xs:element>
            <xs:element name="Bank_Account" nillable="true">
                <xs:annotation>
                    <xs:documentation>询证银行为被审计单位开立银行承兑汇票所指定的银行结算账户账号。</xs:documentation>
                </xs:annotation>
                <xs:simpleType>
                    <xs:restriction base="xs:string">
                        <xs:minLength value="0"/>
                        <xs:maxLength value="60"/>
                    </xs:restriction>
                </xs:simpleType>
            </xs:element>
            <xs:element name="Currency" nillable="true">
```

```
<xs:annotation>
    <xs:documentation>本公司为出票人且由银行承兑尚未支付的承兑汇票银行货币的种类。按照ISO 4217规定的3字母代码表示。</xs:documentation>
</xs:annotation>
    <xs:simpleType>
        <xs:restriction base="xs:string">
            <xs:length value="3" fixed="true"/>
        </xs:restriction>
    </xs:simpleType>
</xs:element>
<xs:element name="Par_Value" nillable="true">
    <xs:annotation>
        <xs:documentation>银行承兑汇票的票面金额。</xs:documentation>
    </xs:annotation>
    <xs:simpleType>
        <xs:restriction base="xs:decimal">
            <xs:totalDigits value="22"/>
            <xs:fractionDigits value="4"/>
        </xs:restriction>
    </xs:simpleType>
</xs:element>
<xs:element name="Issuance_Date" type = "xs:date" nillable="true">
    <xs:annotation>
        <xs:documentation>银行承兑汇票的出票日期。</xs:documentation>
    </xs:annotation>
</xs:element>
<xs:element name="Maturity_Date" type = "xs:date" nillable="true">
    <xs:annotation>
        <xs:documentation>银行承兑汇票的到期日期。</xs:documentation>
    </xs:annotation>
</xs:element>
<xs:element name="Collateral_Pledge_Other_Than_Margin_Deposit" nillable="true">
    <xs:annotation>
```

```
                        <xs:documentation>保证金存款以外的抵/质押品。例如，被审计单位为银行承兑汇票提供保证金存款，在“银行存款”的“备注”项说明和填写。</xs:documentation>
                    </xs:annotation>
                    <xs:simpleType>
                        <xs:restriction base="xs:string">
                            <xs:minLength value="0"/>
                            <xs:maxLength value="2000"/>
                        </xs:restriction>
                    </xs:simpleType>
                </xs:element>
                <xs:element name="Number_Of_Confirmation" nillable="false">
                    <xs:annotation>
                        <xs:documentation>为银行函证的数字编号,是数字函证信息的唯一标识。</xs:documentation>
                    </xs:annotation>
                    <xs:simpleType>
                        <xs:restriction base="xs:string">
                            <xs:minLength value="0"/>
                            <xs:maxLength value="2000"/>
                        </xs:restriction>
                    </xs:simpleType>
                </xs:element>
            </xs:sequence>
        </xs:complexType>
    </xs:element>
    <xs:element name="Trade_Acceptance_Discounted_To_Bank_But_Not_Yet_Due">
        <xs:complexType>
            <xs:sequence>
                <xs:element name="Number_Of_Trade_Acceptance" nillable="true">
                    <xs:annotation>
                        <xs:documentation>函证基准日被审计单位作为持票人向询证银行已办理贴现而尚未到期的商业汇票号码。</xs:documentation>
                    </xs:annotation>
                    <xs:simpleType>
                        <xs:restriction base="xs:string">
                            <xs:minLength value="0"/>
```

```
                <xs:maxLength value="2000"/>
            </xs:restriction>
        </xs:simpleType>
</xs:element>
<xs:element name="Acceptor_Of_Trade_Acceptance_Or_Accepting_Bank_Of_Bank_Acceptance" nillable="true">
    <xs:annotation>
        <xs:documentation>商业承兑汇票承兑付款人或银行承兑汇票承兑付款行名称，应使用全称。</xs:documentation>
    </xs:annotation>
        <xs:simpleType>
            <xs:restriction base="xs:string">
                <xs:minLength value="0"/>
                <xs:maxLength value="100"/>
            </xs:restriction>
        </xs:simpleType>
</xs:element>
<xs:element name="Currency" nillable="true">
    <xs:annotation>
        <xs:documentation>本公司向银行已贴现而尚未到期的商业汇票银行货币的种类。按照ISO 4217规定的3字母代码表示。</xs:documentation>
    </xs:annotation>
        <xs:simpleType>
            <xs:restriction base="xs:string">
                <xs:length value="3" fixed="true"/>
            </xs:restriction>
        </xs:simpleType>
</xs:element>
<xs:element name="Par_Value" nillable="true">
    <xs:annotation>
        <xs:documentation>商业汇票的票面金额。</xs:documentation>
    </xs:annotation>
    <xs:simpleType>
        <xs:restriction base="xs:decimal">
            <xs:totalDigits value="22"/>
            <xs:fractionDigits value="4"/>
        </xs:restriction>
```

```xml
            </xs:simpleType>
        </xs:element>
        <xs:element name="Issuance_Date" type = "xs:date" nillable="true">
            <xs:annotation>
                <xs:documentation>商业汇票的出票日期。</xs:documentation>
            </xs:annotation>
        </xs:element>
        <xs:element name="Maturity_Date" type = "xs:date" nillable="true">
            <xs:annotation>
                <xs:documentation>商业汇票的到期日期。</xs:documentation>
            </xs:annotation>
        </xs:element>
        <xs:element name="Discount_Date" type = "xs:date" nillable="true">
            <xs:annotation>
                <xs:documentation>商业汇票进行贴现的日期。</xs:documentation>
            </xs:annotation>
        </xs:element>
        <xs:element name="Discount_Rate" nillable="true">
            <xs:annotation>
                <xs:documentation>被审计单位办理贴现时适用的贴现率。</xs:documentation>
            </xs:annotation>
            <xs:simpleType>
                <xs:restriction base="xs:decimal">
                    <xs:totalDigits value="5"/>
                    <xs:fractionDigits value="4"/>
                </xs:restriction>
            </xs:simpleType>
        </xs:element>
        <xs:element name="Discount_Net_Value" nillable="true">
            <xs:annotation>
                <xs:documentation>函证基准日商业汇票的贴现净额，即票面金额减去贴现利息。</xs:documentation>
            </xs:annotation>
            <xs:simpleType>
                <xs:restriction base="xs:decimal">
```

```
                        <xs:totalDigits value="22"/>
                        <xs:fractionDigits value="4"/>
                    </xs:restriction>
                </xs:simpleType>
            </xs:element>
            <xs:element name="Number_Of_Confirmation" nillable="false">
                <xs:annotation>
                    <xs:documentation>为银行函证的数字编号,是数字函证信息的唯一标识。</xs:documentation>
                </xs:annotation>
                    <xs:simpleType>
                        <xs:restriction base="xs:string">
                            <xs:minLength value="0"/>
                            <xs:maxLength value="2000"/>
                        </xs:restriction>
                    </xs:simpleType>
            </xs:element>
        </xs:sequence>
    </xs:complexType>
</xs:element>
<xs:element name="Trade_Acceptance_As_Holder_Collected_By_Bank">
    <xs:complexType>
        <xs:sequence>
            <xs:element name="Number_Of_Trade_Acceptance" nillable="true">
                <xs:annotation>
                    <xs:documentation>函证基准日被审计单位作为持票人且委托询证银行托收的尚未收到款项且托收关系尚未终止的商业汇票号码。</xs:documentation>
                </xs:annotation>
                    <xs:simpleType>
                        <xs:restriction base="xs:string">
                            <xs:minLength value="0"/>
                            <xs:maxLength value="2000"/>
                        </xs:restriction>
                    </xs:simpleType>
            </xs:element>
            <xs:element name="Acceptor_Of_Trade_Acceptance_Or_Accepting_Bank_Of_Bank_Acceptance" nillable="true">
```

```
                <xs:annotation>
                    <xs:documentation>被审计单位作为持票人且由银行托收时，
商业承兑汇票承兑付款人或银行承兑汇票承兑付款行名称，应使用全称。
</xs:documentation>
                </xs:annotation>
                    <xs:simpleType>
                        <xs:restriction base="xs:string">
                            <xs:minLength value="0"/>
                            <xs:maxLength value="100"/>
                        </xs:restriction>
                    </xs:simpleType>
            </xs:element>
            <xs:element name="Currency" nillable="true">
                <xs:annotation>
                    <xs:documentation>本公司为持票人且由银行托收的商业汇票
银行货币的种类。按照ISO 4217规定的3字母代码表示。</xs:documentation>
                </xs:annotation>
                    <xs:simpleType>
                        <xs:restriction base="xs:string">
                            <xs:length value="3" fixed="true"/>
                        </xs:restriction>
                    </xs:simpleType>
            </xs:element>
            <xs:element name="Par_Value" nillable="true">
                <xs:annotation>
                    <xs:documentation>被审计单位作为持票人且由银行托收时，
商业汇票的票面金额。</xs:documentation>
                </xs:annotation>
                <xs:simpleType>
                    <xs:restriction base="xs:decimal">
                        <xs:totalDigits value="22"/>
                        <xs:fractionDigits value="4"/>
                    </xs:restriction>
                </xs:simpleType>
            </xs:element>
            <xs:element name="Issuance_Date" type = "xs:date" nillable="true">
                <xs:annotation>
```

```
                    <xs:documentation>被审计单位作为持票人且由银行托收时，
商业汇票的出票日期。</xs:documentation>
                </xs:annotation>
            </xs:element>
            <xs:element name="Maturity_Date" type = "xs:date" nillable="true">
                <xs:annotation>
                    <xs:documentation>被审计单位作为持票人且由银行托收时，
商业汇票的到期日期。</xs:documentation>
                </xs:annotation>
            </xs:element>
            <xs:element name="Number_Of_Confirmation" nillable="false">
                <xs:annotation>
                    <xs:documentation>为银行函证的数字编号,是数字函证信息的
唯一标识。</xs:documentation>
                </xs:annotation>
                    <xs:simpleType>
                        <xs:restriction base="xs:string">
                            <xs:minLength value="0"/>
                            <xs:maxLength value="2000"/>
                        </xs:restriction>
                    </xs:simpleType>
            </xs:element>
        </xs:sequence>
    </xs:complexType>
</xs:element>
<xs:element name="Unfulfilled_Irrevocable_Letter_Of_Credit_As_Applicant_Issued_
By_Bank">
    <xs:complexType>
        <xs:sequence>
            <xs:element name="Number_Of_Letter_Of_Credit" nillable="true">
                <xs:annotation>
                    <xs:documentation>函证基准日被审计单位向询证银行申请已
开具的、尚未履行完毕的不可撤销信用证编号。</xs:documentation>
                </xs:annotation>
                    <xs:simpleType>
                        <xs:restriction base="xs:string">
                            <xs:minLength value="0"/>
```

```
                <xs:maxLength value="2000"/>
            </xs:restriction>
        </xs:simpleType>
</xs:element>
<xs:element name="Beneficiary" nillable="true">
    <xs:annotation>
        <xs:documentation>不可撤销的信用证受益人名称，应使用全称。</xs:documentation>
    </xs:annotation>
        <xs:simpleType>
            <xs:restriction base="xs:string">
                <xs:minLength value="0"/>
                <xs:maxLength value="100"/>
            </xs:restriction>
        </xs:simpleType>
</xs:element>
<xs:element name="Currency" nillable="true">
    <xs:annotation>
        <xs:documentation>本公司为申请人、由银行开具的、未履行完毕的不可撤销信用证银行货币的种类。按照ISO 4217规定的3字母代码表示。</xs:documentation>
    </xs:annotation>
        <xs:simpleType>
            <xs:restriction base="xs:string">
                <xs:length value="3" fixed="true"/>
            </xs:restriction>
        </xs:simpleType>
</xs:element>
<xs:element name="Amount_Of_Credit" nillable="true">
    <xs:annotation>
        <xs:documentation>信用证开立的金额，即询证银行开立信用证协议中不可撤销的总金额，可能存在金额基础上的百分比。例如，百分比的部分属于不可撤销金额，应当按照协议约定的内容填写完整，按照询证银行开立信用证浮动的最高比例、最大金额填列。</xs:documentation>
    </xs:annotation>
    <xs:simpleType>
        <xs:restriction base="xs:decimal">
```

```
                        <xs:totalDigits value="22"/>
                        <xs:fractionDigits value="4"/>
                    </xs:restriction>
                </xs:simpleType>
            </xs:element>
            <xs:element name="Expiry_Date_Of_The_Credit" type = "xs:date"
nillable="true">
                <xs:annotation>
                    <xs:documentation>信用证的到期日期，可根据信用证业务的
有效期进行填写。</xs:documentation>
                </xs:annotation>
            </xs:element>
            <xs:element name="Outstanding_Balance_Of_Letter_Of_Credit"
nillable="true">
                <xs:annotation>
                    <xs:documentation>函证基准日没有被索偿的信用证余额（包
括但不限于未到单金额和已承兑但询证银行尚未支付的金额），受益人可以向询证银行
索偿。</xs:documentation>
                </xs:annotation>
                <xs:simpleType>
                    <xs:restriction base="xs:decimal">
                        <xs:totalDigits value="22"/>
                        <xs:fractionDigits value="4"/>
                    </xs:restriction>
                </xs:simpleType>
            </xs:element>
            <xs:element name="Number_Of_Confirmation" nillable="false">
                <xs:annotation>
                    <xs:documentation>为银行函证的数字编号,是数字函证信息的
唯一标识。</xs:documentation>
                </xs:annotation>
                    <xs:simpleType>
                        <xs:restriction base="xs:string">
                            <xs:minLength value="0"/>
                            <xs:maxLength value="2000"/>
                        </xs:restriction>
                    </xs:simpleType>
```

```
                </xs:element>
            </xs:sequence>
        </xs:complexType>
    </xs:element>
    <xs:element name="Outstanding_Foreign_Exchange_Purchase_And_Sale_Agreement_Between_Bank_And_Enterprise">
        <xs:complexType>
            <xs:sequence>
                <xs:element name="Type_Of_Foreign_Exchange_Agreement" nillable="true">
                    <xs:annotation>
                        <xs:documentation>函证基准日未实际交收的外汇买卖合约的类别，包括但不限于即期结售汇、远期结售汇、掉期结售汇、即期外汇买卖、远期外汇买卖、掉期外汇买卖等，具体类别可参考询证银行实际操作情况填写，截至函证基准日已经交收的交易不填写。</xs:documentation>
                    </xs:annotation>
                    <xs:simpleType>
                        <xs:restriction base="xs:string">
                            <xs:minLength value="0"/>
                            <xs:maxLength value="2000"/>
                        </xs:restriction>
                    </xs:simpleType>
                </xs:element>
                <xs:element name="Number_Of_Foreign_Exchange_Agreement" nillable="true">
                    <xs:annotation>
                        <xs:documentation>用于标记外汇买卖合约的交易编号。</xs:documentation>
                    </xs:annotation>
                    <xs:simpleType>
                        <xs:restriction base="xs:string">
                            <xs:minLength value="0"/>
                            <xs:maxLength value="2000"/>
                        </xs:restriction>
                    </xs:simpleType>
                </xs:element>
                <xs:element name="Banks_Selling_Currency" nillable="true">
```

```
            <xs:annotation>
                <xs:documentation>外汇买卖合约中询证银行卖出货币的种类。
按照ISO 4217规定的3字母代码表示。</xs:documentation>
            </xs:annotation>
                <xs:simpleType>
                    <xs:restriction base="xs:string">
                        <xs:length value="3" fixed="true"/>
                    </xs:restriction>
                </xs:simpleType>
        </xs:element>
        <xs:element name="Banks_Buying_Currency" nillable="true">
            <xs:annotation>
                <xs:documentation>外汇买卖合约中询证银行买入货币的种类。
按照ISO 4217规定的3字母代码表示。</xs:documentation>
            </xs:annotation>
                <xs:simpleType>
                    <xs:restriction base="xs:string">
                        <xs:length value="3" fixed="true"/>
                    </xs:restriction>
                </xs:simpleType>
        </xs:element>
        <xs:element name="Outstanding_Amount_Of_Foreign_Exchange_
Agreement" nillable="true">
            <xs:annotation>
                <xs:documentation>函证基准日未实际交收的外汇买卖合约
（包括掉期、远期交易等尚未履行交割的部分）金额。例如，询证银行向被审计单位卖
出100美元，买入700元人民币，可填写USD100/CNY700。</xs:documentation>
            </xs:annotation>
                <xs:simpleType>
                    <xs:restriction base="xs:string">
                        <xs:minLength value="0"/>
                        <xs:maxLength value="2000"/>
                    </xs:restriction>
                </xs:simpleType>
        </xs:element>
        <xs:element name="Exchange_Rate" nillable="true">
            <xs:annotation>
```

```
<xs:documentation>外汇买卖合约中两种货币构成的货币兑换比率。</xs:documentation>
            </xs:annotation>
            <xs:simpleType>
                <xs:restriction base="xs:decimal">
                    <xs:totalDigits value="22"/>
                    <xs:fractionDigits value="4"/>
                </xs:restriction>
            </xs:simpleType>
        </xs:element>
        <xs:element name="Transaction_Date_Of_Foreign_Exchange_Trading_Contract" type = "xs:date" nillable="true">
            <xs:annotation>
                <xs:documentation>外汇买卖合约中买卖币种的交收日期，填写函证基准日尚未交割的日期。例如，外汇掉期交易，截至函证基准日已经交收的交易不反馈，“交收日期”即为“远端交收日”。</xs:documentation>
            </xs:annotation>
        </xs:element>
        <xs:element name="Number_Of_Confirmation" nillable="false">
            <xs:annotation>
                <xs:documentation>为银行函证的数字编号,是数字函证信息的唯一标识。</xs:documentation>
            </xs:annotation>
                <xs:simpleType>
                    <xs:restriction base="xs:string">
                        <xs:minLength value="0"/>
                        <xs:maxLength value="2000"/>
                    </xs:restriction>
                </xs:simpleType>
        </xs:element>
    </xs:sequence>
</xs:complexType>
</xs:element>
<xs:element name="Securities_And_Other_Property_Documents_Custodied_By_Bank">
    <xs:complexType>
        <xs:sequence>
```

```xml
        <xs:element name="Name_Of_Securities_And_Other_Property_Documents" nillable="true">
            <xs:annotation>
                <xs:documentation>被审计单位在函证基准日托管在询证银行的证券或其他产权文件名称。主要针对被审计单位作为委托人（不包含作为管理人的情况）与询证银行签订托管合同，询证银行依约受托管理委托资产的行为。包括被审计单位对部分证券类资产、其他产权文件等进行资产托管的情况，不包含保险箱租赁业务，存放在询证银行的抵（质）押文件或凭证，或由询证银行托管但已在中央登记结算机构登记并可向其查询的股票、债券等。证券类资产包括但不限于未上市流通的股票、未在中央结算机构登记的股票或债券以及全球存托凭证等。其他产权文件包括但不限于存单、存款证实书、受益凭证、不动产（房屋及建筑物、土地使用权）权属证书等，不包含货币资金类资产，货币资金类资产在“银行存款”项目填写。</xs:documentation>
            </xs:annotation>
                <xs:simpleType>
                    <xs:restriction base="xs:string">
                        <xs:minLength value="0"/>
                        <xs:maxLength value="100"/>
                    </xs:restriction>
                </xs:simpleType>
        </xs:element>
        <xs:element name="Code_Of_Securities_And_Other_Property_Documents" nillable="true">
            <xs:annotation>
                <xs:documentation>托管在询证银行的证券代码或其他产权文件编号。</xs:documentation>
            </xs:annotation>
                <xs:simpleType>
                    <xs:restriction base="xs:string">
                        <xs:minLength value="0"/>
                        <xs:maxLength value="2000"/>
                    </xs:restriction>
                </xs:simpleType>
        </xs:element>
        <xs:element name="Number_Of_Securities_And_Other_Property_Documents" nillable="true">
            <xs:annotation>
                <xs:documentation>托管在询证银行的证券或其他产权文件对
```

```
应的证券或文件数量。</xs:documentation>
                    </xs:annotation>
                    <xs:simpleType>
                        <xs:restriction base="xs:decimal">
                            <xs:totalDigits value="22"/>
                            <xs:fractionDigits value="4"/>
                        </xs:restriction>
                    </xs:simpleType>
                </xs:element>
                <xs:element name="Currency" nillable="true">
                    <xs:annotation>
                        <xs:documentation>本公司存放于银行托管的证券或其他产权文件银行货币的种类。按照ISO 4217规定的3字母代码表示。</xs:documentation>
                    </xs:annotation>
                        <xs:simpleType>
                            <xs:restriction base="xs:string">
                                <xs:length value="3" fixed="true"/>
                            </xs:restriction>
                        </xs:simpleType>
                </xs:element>
                <xs:element name="Amount_Of_Securities_And_Other_Property_Documents" nillable="true">
                    <xs:annotation>
                        <xs:documentation>托管在询证银行的证券或其他产权文件的对应票面或文件标注总金额。</xs:documentation>
                    </xs:annotation>
                    <xs:simpleType>
                        <xs:restriction base="xs:decimal">
                            <xs:totalDigits value="22"/>
                            <xs:fractionDigits value="4"/>
                        </xs:restriction>
                    </xs:simpleType>
                </xs:element>
                <xs:element name="Storage_Date" type = "xs:date" nillable="true">
                    <xs:annotation>
                        <xs:documentation>存放的日期。</xs:documentation>
                    </xs:annotation>
```

```xml
                </xs:element>
                <xs:element name="Number_Of_Confirmation" nillable="false">
                    <xs:annotation>
                        <xs:documentation>为银行函证的数字编号,是数字函证信息的唯一标识。</xs:documentation>
                    </xs:annotation>
                        <xs:simpleType>
                            <xs:restriction base="xs:string">
                                <xs:minLength value="0"/>
                                <xs:maxLength value="2000"/>
                            </xs:restriction>
                        </xs:simpleType>
                </xs:element>
            </xs:sequence>
        </xs:complexType>
    </xs:element>
    <xs:element name="Unexpired_Bank_Financial_Products_Issued_By_Bank">
        <xs:complexType>
            <xs:sequence>
                <xs:element name="Name_Of_Product" nillable="true">
                    <xs:annotation>
                        <xs:documentation>函证基准日被审计单位持有的尚未到期的理财产品名称。</xs:documentation>
                    </xs:annotation>
                        <xs:simpleType>
                            <xs:restriction base="xs:string">
                                <xs:minLength value="0"/>
                                <xs:maxLength value="100"/>
                            </xs:restriction>
                        </xs:simpleType>
                </xs:element>
                <xs:element name="Type_Of_Product" nillable="true">
                    <xs:annotation>
                        <xs:documentation>持有理财产品的产品运作模式，01表示封闭式，02表示开放式。</xs:documentation>
                    </xs:annotation>
                        <xs:simpleType>
```

```
                <xs:restriction base="xs:string">
                    <xs:length value="2" fixed="true"/>
                </xs:restriction>
            </xs:simpleType>
        </xs:element>
        <xs:element name="Currency" nillable="true">
            <xs:annotation>
                <xs:documentation>本公司购买的由银行发行的未到期银行理财产品银行货币的种类。按照ISO 4217规定的3字母代码表示。</xs:documentation>
            </xs:annotation>
            <xs:simpleType>
                <xs:restriction base="xs:string">
                    <xs:length value="3" fixed="true"/>
                </xs:restriction>
            </xs:simpleType>
        </xs:element>
        <xs:element name="Share_Held_By_Enterprise" nillable="true">
            <xs:annotation>
                <xs:documentation>持有的理财产品份额（包括分红转份额）。</xs:documentation>
            </xs:annotation>
            <xs:simpleType>
                <xs:restriction base="xs:decimal">
                    <xs:totalDigits value="22"/>
                    <xs:fractionDigits value="4"/>
                </xs:restriction>
            </xs:simpleType>
        </xs:element>
        <xs:element name="Net_Value_Of_Product" nillable="true">
            <xs:annotation>
                <xs:documentation>函证基准日持有的理财产品总额。对于非净值型理财产品，应基于函证基准日的持有份额，填写被审计单位购买理财产品的余额。对于净值型理财产品，应基于函证基准日的持有份额和产品单位净值，填写被审计单位购买理财产品的总净值。函证基准日没有最新产品单位净值的理财产品，应当参照采用最近日期产品单位净值。对于函证基准日如为T日，产品单位净值需T日后取得的情况，应填写已取得的对应T日的净值。</xs:documentation>
            </xs:annotation>
```

```
                <xs:simpleType>
                    <xs:restriction base="xs:decimal">
                        <xs:totalDigits value="22"/>
                        <xs:fractionDigits value="4"/>
                    </xs:restriction>
                </xs:simpleType>
            </xs:element>
            <xs:element name="Purchase_Date_Of_Financial_Product" nillable="true">
                <xs:annotation>
                    <xs:documentation>被审计单位认购理财产品的起息日期。对
于封闭式产品，可根据实际起息日填写。对于开放式产品，如无法确定被审计单位为该
笔理财投资的到期日，应当填写“00000000”表示“不适用”。</xs:documentation>
                </xs:annotation>
                    <xs:simpleType>
                        <xs:restriction base="xs:string">
                            <xs:minLength value="0"/>
                            <xs:maxLength value="2000"/>
                        </xs:restriction>
                    </xs:simpleType>
            </xs:element>
            <xs:element name="Maturity_Date_Of_Financial_Product" nillable="true">
                <xs:annotation>
                    <xs:documentation>被审计单位持有理财产品的到期日期。对
于封闭式产品，可根据理财投资协议约定的产品到期日填写；对于开放式产品，如无
法确定被审计单位为该笔理财投资的到期日，应当填写“00000000”表示“不适用”。
</xs:documentation>
                </xs:annotation>
                    <xs:simpleType>
                        <xs:restriction base="xs:string">
                            <xs:minLength value="0"/>
                            <xs:maxLength value="2000"/>
                        </xs:restriction>
                    </xs:simpleType>
            </xs:element>
            <xs:element name="Descriptions_Of_Whether_Financial_Products_Used_
As_Guarantees_Or_Any_Other_Restrictions" nillable="true">
                <xs:annotation>
```

```
                        <xs:documentation>判断理财是否用于质押或者存在担保或其他使用限制。例如，账户中部分份额用于质押，应填写“是”，并列示被用于质押部分的金额。</xs:documentation>
                    </xs:annotation>
                    <xs:simpleType>
                        <xs:restriction base="xs:string">
                            <xs:minLength value="0"/>
                            <xs:maxLength value="2000"/>
                        </xs:restriction>
                    </xs:simpleType>
                </xs:element>
                <xs:element name="Number_Of_Confirmation" nillable="false">
                    <xs:annotation>
                        <xs:documentation>为银行函证的数字编号,是数字函证信息的唯一标识。</xs:documentation>
                    </xs:annotation>
                    <xs:simpleType>
                        <xs:restriction base="xs:string">
                            <xs:minLength value="0"/>
                            <xs:maxLength value="2000"/>
                        </xs:restriction>
                    </xs:simpleType>
                </xs:element>
            </xs:sequence>
        </xs:complexType>
    </xs:element>
    <xs:element name="Others">
        <xs:complexType>
            <xs:sequence>
                <xs:element name="Other_Matters_That_CPA_Consider_As_Significant_And_Need_To_Be_Confirmed" nillable="true">
                    <xs:annotation>
                        <xs:documentation>（1）对标准银行询证函格式中第1-13项内容的补充和说明。（2）注册会计师认为重大且应予函证的其他事项。例如，欠银行的其他负债或者或有负债、已授予不可撤销的信用额度，除外汇买卖外的其他衍生品交易、贵金属交易等。（3）询证银行认为有需要告知注册会计师的进一步补充和说明事项。</xs:documentation>
```

```xml
                        </xs:annotation>
                            <xs:simpleType>
                                <xs:restriction base="xs:string">
                                    <xs:minLength value="0"/>
                                    <xs:maxLength value="2000"/>
                                </xs:restriction>
                            </xs:simpleType>
                    </xs:element>
                    <xs:element name="Number_Of_Confirmation" nillable="false">
                        <xs:annotation>
                            <xs:documentation>为银行函证的数字编号,是数字函证信息的唯一标识。</xs:documentation>
                        </xs:annotation>
                            <xs:simpleType>
                                <xs:restriction base="xs:string">
                                    <xs:minLength value="0"/>
                                    <xs:maxLength value="2000"/>
                                </xs:restriction>
                            </xs:simpleType>
                    </xs:element>
                </xs:sequence>
            </xs:complexType>
        </xs:element>
        <xs:element name="Details_Of_Fund_Pooling_Accounts_Including_Fund_Pool_And_Other_Fund_Management_Accounts">
            <xs:complexType>
                <xs:sequence>
                    <xs:element name="Name_Of_Fund_Provider" nillable="true">
                        <xs:annotation>
                            <xs:documentation>拨入资金的具体机构名称，即向被审计单位提供资金，应使用全称。</xs:documentation>
                        </xs:annotation>
                            <xs:simpleType>
                                <xs:restriction base="xs:string">
                                    <xs:minLength value="0"/>
                                    <xs:maxLength value="100"/>
                                </xs:restriction>
```

```
                </xs:simpleType>
            </xs:element>
            <xs:element name="Bank_Account_Of_Fund_Provider" nillable="true">
                <xs:annotation>
                    <xs:documentation>拨入资金的具体机构的银行存款账户账号。</xs:documentation>
                </xs:annotation>
                <xs:simpleType>
                    <xs:restriction base="xs:string">
                        <xs:minLength value="0"/>
                        <xs:maxLength value="100"/>
                    </xs:restriction>
                </xs:simpleType>
            </xs:element>
            <xs:element name="Name_Of_Fund_User" nillable="true">
                <xs:annotation>
                    <xs:documentation>接收被审计单位资金拨入的具体机构名称，即向该具体机构拨出资金，应使用全称。</xs:documentation>
                </xs:annotation>
                <xs:simpleType>
                    <xs:restriction base="xs:string">
                        <xs:minLength value="0"/>
                        <xs:maxLength value="100"/>
                    </xs:restriction>
                </xs:simpleType>
            </xs:element>
            <xs:element name="Bank_Account_Of_Fund_User" nillable="true">
                <xs:annotation>
                    <xs:documentation>接收资金拨入的具体机构的银行存款账户账号。</xs:documentation>
                </xs:annotation>
                <xs:simpleType>
                    <xs:restriction base="xs:string">
                        <xs:minLength value="0"/>
                        <xs:maxLength value="100"/>
                    </xs:restriction>
                </xs:simpleType>
```

```
</xs:element>
<xs:element name="Currency" nillable="true">
    <xs:annotation>
        <xs:documentation>资金归集账户具体信息银行货币的种类。按照ISO 4217规定的3字母代码表示。</xs:documentation>
    </xs:annotation>
        <xs:simpleType>
            <xs:restriction base="xs:string">
                <xs:length value="3" fixed="true"/>
            </xs:restriction>
        </xs:simpleType>
</xs:element>
<xs:element name="Account_Balance_As_Of_The_Base_Date_Of_Confirmation" nillable="true">
    <xs:annotation>
        <xs:documentation>对应账户截至函证基准日的资金池业务累计余额（不是函证期间的发生额），即仅列示资金池业务账户间内部划拨资金的累计净余额。拨出填列正数，拨入填列负数。</xs:documentation>
    </xs:annotation>
    <xs:simpleType>
        <xs:restriction base="xs:decimal">
            <xs:totalDigits value="22"/>
            <xs:fractionDigits value="4"/>
        </xs:restriction>
    </xs:simpleType>
</xs:element>
<xs:element name="Remark" nillable="true">
    <xs:annotation>
        <xs:documentation>需要补充说明的事项。例如，银行暂无法提供往来资金累计轧差值，应根据函证基准日时点，对本行系统存储最大时限内的累计数据进行回复，可进行备注并与会计师事务所进行沟通。</xs:documentation>
    </xs:annotation>
        <xs:simpleType>
            <xs:restriction base="xs:string">
                <xs:minLength value="0"/>
                <xs:maxLength value="2000"/>
            </xs:restriction>
```

```
                    </xs:simpleType>
                </xs:element>
                <xs:element name="Number_Of_Confirmation" nillable="false">
                    <xs:annotation>
                        <xs:documentation>为银行函证的数字编号,是数字函证信息的唯一标识。</xs:documentation>
                    </xs:annotation>
                    <xs:simpleType>
                        <xs:restriction base="xs:string">
                            <xs:minLength value="0"/>
                            <xs:maxLength value="2000"/>
                        </xs:restriction>
                    </xs:simpleType>
                </xs:element>
            </xs:sequence>
        </xs:complexType>
    </xs:element>
    <xs:element name="Capital_Verification_For_Capital_Verification_Service_Only">
        <xs:complexType>
            <xs:sequence>
                <xs:element name="Sponsor" nillable="false">
                    <xs:annotation>
                        <xs:documentation>向询证银行缴存出资额的缴款人，一般填写投资人或股东名称，应使用全称。</xs:documentation>
                    </xs:annotation>
                    <xs:simpleType>
                        <xs:restriction base="xs:string">
                            <xs:minLength value="0"/>
                            <xs:maxLength value="2000"/>
                        </xs:restriction>
                    </xs:simpleType>
                </xs:element>
                <xs:element name="Date_Of_Payment" type = "xs:date" nillable="false">
                    <xs:annotation>
                        <xs:documentation>缴款人向询证银行缴存出资额的日期。</xs:documentation>
                    </xs:annotation>
```

```
</xs:element>
<xs:element name="Nature_Of_Account" nillable="true">
    <xs:annotation>
        <xs:documentation>被询证企业的银行存款账户性质，包括如人民币账户、外币账户和其他类型的账户。人民币账户的账户性质为基本存款账户、一般存款账户、专用存款账户、临时存款账户等；外币账户或其他类型账户的填写可参考询证银行的实际操作情况。</xs:documentation>
    </xs:annotation>
        <xs:simpleType>
            <xs:restriction base="xs:string">
                <xs:minLength value="0"/>
                <xs:maxLength value="10"/>
            </xs:restriction>
        </xs:simpleType>
</xs:element>
<xs:element name="Bank_Account" nillable="false">
    <xs:annotation>
        <xs:documentation>询证银行为被询证企业开立账户给予的账户编号。</xs:documentation>
    </xs:annotation>
        <xs:simpleType>
            <xs:restriction base="xs:string">
                <xs:minLength value="0"/>
                <xs:maxLength value="60"/>
            </xs:restriction>
        </xs:simpleType>
</xs:element>
<xs:element name="Currency" nillable="true">
    <xs:annotation>
        <xs:documentation>验资业务中银行货币的种类。按照ISO 4217规定的3字母代码表示。</xs:documentation>
    </xs:annotation>
        <xs:simpleType>
            <xs:restriction base="xs:string">
                <xs:length value="3" fixed="true"/>
            </xs:restriction>
        </xs:simpleType>
```

```xml
                </xs:element>
                <xs:element name="Amount_Of_Capital_Contribution" nillable="false">
                    <xs:annotation>
                        <xs:documentation>缴存出资金额，一般指企业的注册资本，即截至验资函证基准日期止缴入款项的发生额。</xs:documentation>
                    </xs:annotation>
                    <xs:simpleType>
                        <xs:restriction base="xs:decimal">
                            <xs:totalDigits value="22"/>
                            <xs:fractionDigits value="4"/>
                        </xs:restriction>
                    </xs:simpleType>
                </xs:element>
                <xs:element name="Purpose_Of_Capital" nillable="false">
                    <xs:annotation>
                        <xs:documentation>缴存的出资金额的具体用途。</xs:documentation>
                    </xs:annotation>
                        <xs:simpleType>
                            <xs:restriction base="xs:string">
                                <xs:minLength value="0"/>
                                <xs:maxLength value="2000"/>
                            </xs:restriction>
                        </xs:simpleType>
                </xs:element>
                <xs:element name="Source_Of_Capital" nillable="true">
                    <xs:annotation>
                        <xs:documentation>被询证企业向询证银行缴存出资款项的来源，一般分为境内或者境外。</xs:documentation>
                    </xs:annotation>
                        <xs:simpleType>
                            <xs:restriction base="xs:string">
                                <xs:minLength value="0"/>
                                <xs:maxLength value="100"/>
                            </xs:restriction>
                        </xs:simpleType>
                </xs:element>
```

```
                <xs:element name="Remark" nillable="true">
                    <xs:annotation>
                        <xs:documentation>需要补充说明的事项。</xs:documentation>
                    </xs:annotation>
                        <xs:simpleType>
                            <xs:restriction base="xs:string">
                                <xs:minLength value="0"/>
                                <xs:maxLength value="2000"/>
                            </xs:restriction>
                        </xs:simpleType>
                </xs:element>
                <xs:element name="Number_Of_Confirmation" nillable="false">
                    <xs:annotation>
                        <xs:documentation>为银行函证的数字编号,是数字函证信息的唯一标识。</xs:documentation>
                    </xs:annotation>
                        <xs:simpleType>
                            <xs:restriction base="xs:string">
                                <xs:minLength value="0"/>
                                <xs:maxLength value="2000"/>
                            </xs:restriction>
                        </xs:simpleType>
                </xs:element>
            </xs:sequence>
        </xs:complexType>
    </xs:element>
    <xs:element name="Conclusion_Or_Confirmation_Of_Bank">
        <xs:complexType>
            <xs:sequence>
                <xs:element name="Conclusion_Or_Confirmation_Of_Bank" nillable="false">
                    <xs:annotation>
                        <xs:documentation>经询证银行核对，所函证项目与银行记载信息核对结果。</xs:documentation>
                    </xs:annotation>
                        <xs:simpleType>
                            <xs:restriction base="xs:string">
```

```
                    <xs:minLength value="0"/>
                    <xs:maxLength value="2000"/>
                </xs:restriction>
            </xs:simpleType>
    </xs:element>
    <xs:element name="Confirmation_Date" type = "xs:date" nillable="false">
        <xs:annotation>
            <xs:documentation>对会计师事务所回复询证函/办理回函业务
的日期。</xs:documentation>
        </xs:annotation>
    </xs:element>
    <xs:element name="Responsible_Person" nillable="false">
        <xs:annotation>
            <xs:documentation>对会计师事务所回复询证函/办理回函业务
的人员。</xs:documentation>
        </xs:annotation>
            <xs:simpleType>
                <xs:restriction base="xs:string">
                    <xs:minLength value="0"/>
                    <xs:maxLength value="100"/>
                </xs:restriction>
            </xs:simpleType>
    </xs:element>
    <xs:element name="Title_Of_Responsible_Person" nillable="true">
        <xs:annotation>
            <xs:documentation>办理回函业务人员的职务。
</xs:documentation>
        </xs:annotation>
            <xs:simpleType>
                <xs:restriction base="xs:string">
                    <xs:minLength value="0"/>
                    <xs:maxLength value="100"/>
                </xs:restriction>
            </xs:simpleType>
    </xs:element>
    <xs:element name="Telephone_Number_Of_Responsible_Person"
nillable="false">
```

```
            <xs:annotation>
                <xs:documentation>办理回函业务人员的联系方式。
</xs:documentation>
            </xs:annotation>
                <xs:simpleType>
                    <xs:restriction base="xs:string">
                        <xs:minLength value="0"/>
                        <xs:maxLength value="20"/>
                    </xs:restriction>
                </xs:simpleType>
        </xs:element>
        <xs:element name="Reviewer" nillable="false">
            <xs:annotation>
                <xs:documentation>对银行回函结果再次进行复核的询证银行
人员。</xs:documentation>
            </xs:annotation>
                <xs:simpleType>
                    <xs:restriction base="xs:string">
                        <xs:minLength value="0"/>
                        <xs:maxLength value="100"/>
                    </xs:restriction>
                </xs:simpleType>
        </xs:element>
        <xs:element name="Title_Of_Reviewer" nillable="false">
            <xs:annotation>
                <xs:documentation>对银行回函结果再次进行复核的询证银行
人员的职务。</xs:documentation>
            </xs:annotation>
                <xs:simpleType>
                    <xs:restriction base="xs:string">
                        <xs:minLength value="0"/>
                        <xs:maxLength value="20"/>
                    </xs:restriction>
                </xs:simpleType>
        </xs:element>
        <xs:element name="Telephone_Number_Of_Reviewer" nillable="false">
            <xs:annotation>
```

```
                    <xs:documentation>对银行回函结果再次进行复核的询证银行
人员的联系方式。</xs:documentation>
                </xs:annotation>
                    <xs:simpleType>
                        <xs:restriction base="xs:string">
                            <xs:minLength value="0"/>
                            <xs:maxLength value="20"/>
                        </xs:restriction>
                    </xs:simpleType>
            </xs:element>
            <xs:element name="Number_Of_Confirmation" nillable="false">
                <xs:annotation>
                    <xs:documentation>为银行函证的数字编号,是数字函证信息的
唯一标识。</xs:documentation>
                </xs:annotation>
                    <xs:simpleType>
                        <xs:restriction base="xs:string">
                            <xs:minLength value="0"/>
                            <xs:maxLength value="2000"/>
                        </xs:restriction>
                    </xs:simpleType>
            </xs:element>
        </xs:sequence>
    </xs:complexType>
</xs:element>
<xs:element name="Confirmation_Bank">
    <xs:complexType>
        <xs:sequence>
            <xs:element name="Bank_Name_Head_Office" nillable="false">
                <xs:annotation>
                    <xs:documentation>被询证银行的总行名称。例如，中国银行
股份有限公司。</xs:documentation>
                </xs:annotation>
                    <xs:simpleType>
                        <xs:restriction base="xs:string">
                            <xs:minLength value="0"/>
                            <xs:maxLength value="100"/>
```

```
                </xs:restriction>
            </xs:simpleType>
    </xs:element>
    <xs:element name="Bank_Name_Branch" nillable="true">
        <xs:annotation>
            <xs:documentation>被询证银行的分行或支行名称。例如，上海分行。</xs:documentation>
        </xs:annotation>
            <xs:simpleType>
                <xs:restriction base="xs:string">
                    <xs:minLength value="0"/>
                    <xs:maxLength value="100"/>
                </xs:restriction>
            </xs:simpleType>
    </xs:element>
    <xs:element name="Bank_Address_Country" nillable="false">
        <xs:annotation>
            <xs:documentation>被询证银行所在国家或者地区。按照ISO 3166-1规定的字母代码表示。</xs:documentation>
        </xs:annotation>
            <xs:simpleType>
                <xs:restriction base="xs:string">
                    <xs:minLength value="0"/>
                    <xs:maxLength value="3"/>
                </xs:restriction>
            </xs:simpleType>
    </xs:element>
    <xs:element name="Bank_Address_Province" nillable="true">
        <xs:annotation>
            <xs:documentation>被询证银行所在的省或直辖市或地区。按照ISO 3166-2规定的字母代码表示。</xs:documentation>
        </xs:annotation>
            <xs:simpleType>
                <xs:restriction base="xs:string">
                    <xs:minLength value="0"/>
                    <xs:maxLength value="6"/>
                </xs:restriction>
```

```
				</xs:simpleType>
			</xs:element>
			<xs:element name="Bank_Address_City" nillable="false">
				<xs:annotation>
					<xs:documentation>被询证银行所在的城市，若为直辖市，填
写时需与省/地区栏保持一致。</xs:documentation>
				</xs:annotation>
				<xs:simpleType>
					<xs:restriction base="xs:string">
						<xs:minLength value="0"/>
						<xs:maxLength value="100"/>
					</xs:restriction>
				</xs:simpleType>
			</xs:element>
			<xs:element name="Bank_Address_Detailed" nillable="false">
				<xs:annotation>
					<xs:documentation>被询证银行所在的具体地址，包括区、路、
门牌号、大楼名称、楼层、房间等信息。</xs:documentation>
				</xs:annotation>
				<xs:simpleType>
					<xs:restriction base="xs:string">
						<xs:minLength value="0"/>
						<xs:maxLength value="100"/>
					</xs:restriction>
				</xs:simpleType>
			</xs:element>
			<xs:element name="Post_Code" nillable="true">
				<xs:annotation>
					<xs:documentation>被询证银行所在地的邮编。
</xs:documentation>
				</xs:annotation>
				<xs:simpleType>
					<xs:restriction base="xs:string">
						<xs:minLength value="0"/>
						<xs:maxLength value="20"/>
					</xs:restriction>
				</xs:simpleType>
```

```
                </xs:element>
                <xs:element name="Bank_Contact_Person_Name" nillable="true">
                    <xs:annotation>
                        <xs:documentation>被询证银行联系人的姓名。
</xs:documentation>
                    </xs:annotation>
                        <xs:simpleType>
                            <xs:restriction base="xs:string">
                                <xs:minLength value="0"/>
                                <xs:maxLength value="100"/>
                            </xs:restriction>
                        </xs:simpleType>
                </xs:element>
                <xs:element name="Telephone_Number_Of_Bank_Contact_Person"
nillable="true">
                    <xs:annotation>
                        <xs:documentation>被询证银行联系人的联系方式。
</xs:documentation>
                    </xs:annotation>
                        <xs:simpleType>
                            <xs:restriction base="xs:string">
                                <xs:minLength value="0"/>
                                <xs:maxLength value="20"/>
                            </xs:restriction>
                        </xs:simpleType>
                </xs:element>
                <xs:element name="Telephone_Number_Of_Branch_Bank_Office"
nillable="true">
                    <xs:annotation>
                        <xs:documentation>被询证银行分行或支行的办公电话。
</xs:documentation>
                    </xs:annotation>
                        <xs:simpleType>
                            <xs:restriction base="xs:string">
                                <xs:minLength value="0"/>
                                <xs:maxLength value="20"/>
                            </xs:restriction>
```

```
                </xs:simpleType>
            </xs:element>
        </xs:sequence>
    </xs:complexType>
</xs:element>
<xs:element name="Bank_Transaction">
    <xs:complexType>
        <xs:sequence>
            <xs:element name="Date" type = "xs:date" nillable="false">
                <xs:annotation>
                    <xs:documentation>银行交易发生的日期。</xs:documentation>
                </xs:annotation>
            </xs:element>
            <xs:element name="Time" type = "xs:time" nillable="true">
                <xs:annotation>
                    <xs:documentation>银行交易发生的时间，一般采用24小时制hh：mm：ss显示。</xs:documentation>
                </xs:annotation>
            </xs:element>
            <xs:element name="Account_Name" nillable="false">
                <xs:annotation>
                    <xs:documentation>银行账户的名称。</xs:documentation>
                </xs:annotation>
                    <xs:simpleType>
                        <xs:restriction base="xs:string">
                            <xs:minLength value="0"/>
                            <xs:maxLength value="100"/>
                        </xs:restriction>
                    </xs:simpleType>
            </xs:element>
            <xs:element name="Account_Number" nillable="false">
                <xs:annotation>
                    <xs:documentation>银行账户的账号。</xs:documentation>
                </xs:annotation>
                    <xs:simpleType>
                        <xs:restriction base="xs:string">
                            <xs:minLength value="0"/>
```

```
                        <xs:maxLength value="100"/>
                    </xs:restriction>
                </xs:simpleType>
        </xs:element>
        <xs:element name="Bank_Name" nillable="false">
            <xs:annotation>
                <xs:documentation>银行账户的银行名称。</xs:documentation>
            </xs:annotation>
                <xs:simpleType>
                    <xs:restriction base="xs:string">
                        <xs:minLength value="0"/>
                        <xs:maxLength value="100"/>
                    </xs:restriction>
                </xs:simpleType>
        </xs:element>
        <xs:element name="Certificate_Number" nillable="true">
            <xs:annotation>
                <xs:documentation>本方预留在开户银行的证件号码。个人账户的证件号码为身份证号、护照号等，法人和其他组织账户的证件号码为统一社会信用代码。</xs:documentation>
            </xs:annotation>
                <xs:simpleType>
                    <xs:restriction base="xs:string">
                        <xs:minLength value="0"/>
                        <xs:maxLength value="30"/>
                    </xs:restriction>
                </xs:simpleType>
        </xs:element>
        <xs:element name="Counterparty_Name" nillable="false">
            <xs:annotation>
                <xs:documentation>发生交易的对手方银行账户名称。</xs:documentation>
            </xs:annotation>
                <xs:simpleType>
                    <xs:restriction base="xs:string">
                        <xs:minLength value="0"/>
                        <xs:maxLength value="100"/>
```

```
                </xs:restriction>
            </xs:simpleType>
        </xs:element>
        <xs:element name="Counterparty_Account_Number" nillable="false">
            <xs:annotation>
                <xs:documentation>发生交易的对手方银行账号。</xs:documentation>
            </xs:annotation>
            <xs:simpleType>
                <xs:restriction base="xs:string">
                    <xs:minLength value="0"/>
                    <xs:maxLength value="30"/>
                </xs:restriction>
            </xs:simpleType>
        </xs:element>
        <xs:element name="Counterparty_Bank_Name" nillable="false">
            <xs:annotation>
                <xs:documentation>对方银行账户的银行名称。</xs:documentation>
            </xs:annotation>
            <xs:simpleType>
                <xs:restriction base="xs:string">
                    <xs:minLength value="0"/>
                    <xs:maxLength value="100"/>
                </xs:restriction>
            </xs:simpleType>
        </xs:element>
        <xs:element name="Counterparty_Certificate_Number" nillable="true">
            <xs:annotation>
                <xs:documentation>对方预留在开户银行的证件号码。个人账户的证件号码为身份证号、护照号等，法人和其他组织账户的证件号码为统一社会信用代码。</xs:documentation>
            </xs:annotation>
            <xs:simpleType>
                <xs:restriction base="xs:string">
                    <xs:minLength value="0"/>
                    <xs:maxLength value="30"/>
```

```
                </xs:restriction>
            </xs:simpleType>
    </xs:element>
    <xs:element name="Transaction_Type" nillable="true">
        <xs:annotation>
            <xs:documentation>银行账户的交易类型。例如，还款。</xs:documentation>
        </xs:annotation>
            <xs:simpleType>
                <xs:restriction base="xs:string">
                    <xs:minLength value="0"/>
                    <xs:maxLength value="100"/>
                </xs:restriction>
            </xs:simpleType>
    </xs:element>
    <xs:element name="Summary" nillable="true">
        <xs:annotation>
            <xs:documentation>交易内容的摘要信息。</xs:documentation>
        </xs:annotation>
            <xs:simpleType>
                <xs:restriction base="xs:string">
                    <xs:minLength value="0"/>
                    <xs:maxLength value="300"/>
                </xs:restriction>
            </xs:simpleType>
    </xs:element>
    <xs:element name="Currency" nillable="true">
        <xs:annotation>
            <xs:documentation>银行流水中银行货币的种类。按照ISO 4217规定的3字母代码表示。</xs:documentation>
        </xs:annotation>
            <xs:simpleType>
                <xs:restriction base="xs:string">
                    <xs:length value="3" fixed="true"/>
                </xs:restriction>
            </xs:simpleType>
    </xs:element>
```

```
<xs:element name="Credit" nillable="false">
    <xs:annotation>
        <xs:documentation>银行账户流入的金额，一般也可表示为“贷”“贷方”“贷方发生额”等。</xs:documentation>
    </xs:annotation>
    <xs:simpleType>
        <xs:restriction base="xs:decimal">
            <xs:totalDigits value="22"/>
            <xs:fractionDigits value="4"/>
        </xs:restriction>
    </xs:simpleType>
</xs:element>
<xs:element name="Debit" nillable="false">
    <xs:annotation>
        <xs:documentation>银行账户流出的金额，一般也可表示为“借”“借方”“借方发生额”等。</xs:documentation>
    </xs:annotation>
    <xs:simpleType>
        <xs:restriction base="xs:decimal">
            <xs:totalDigits value="22"/>
            <xs:fractionDigits value="4"/>
        </xs:restriction>
    </xs:simpleType>
</xs:element>
<xs:element name="Balance" nillable="false">
    <xs:annotation>
        <xs:documentation>银行账户交易后的余额信息，一般也可表示为“余额”“账户余额”等。</xs:documentation>
    </xs:annotation>
    <xs:simpleType>
        <xs:restriction base="xs:decimal">
            <xs:totalDigits value="22"/>
            <xs:fractionDigits value="4"/>
        </xs:restriction>
    </xs:simpleType>
</xs:element>
<xs:element name="Transaction_Serial_Number" nillable="false">
```

```
                    <xs:annotation>
                        <xs:documentation>银行根据账户信息交易所产生的编号。
</xs:documentation>
                    </xs:annotation>
                        <xs:simpleType>
                            <xs:restriction base="xs:string">
                                <xs:minLength value="0"/>
                                <xs:maxLength value="60"/>
                            </xs:restriction>
                        </xs:simpleType>
                </xs:element>
                <xs:element name="Reference_Material" nillable="true">
                    <xs:annotation>
                        <xs:documentation>为参考资料的描述内容。
</xs:documentation>
                    </xs:annotation>
                        <xs:simpleType>
                            <xs:restriction base="xs:string">
                                <xs:minLength value="0"/>
                                <xs:maxLength value="2000"/>
                            </xs:restriction>
                        </xs:simpleType>
                </xs:element>
                <xs:element name="Remark" nillable="true">
                    <xs:annotation>
                        <xs:documentation>需要补充说明的事项。</xs:documentation>
                    </xs:annotation>
                        <xs:simpleType>
                            <xs:restriction base="xs:string">
                                <xs:minLength value="0"/>
                                <xs:maxLength value="2000"/>
                            </xs:restriction>
                        </xs:simpleType>
                </xs:element>
            </xs:sequence>
        </xs:complexType>
    </xs:element>
</xs:schema>
```

附 录 B
（资料性）
银行流水数据实例


```xml
<?xml version="1.0" encoding="UTF-8"?>
<BANK xmlns="https://www.cicpa.org.cn/2023/audit_data/XMLSchema/BANK" xmlns:xsi="http://www.w3.org/2001/XMLSchema-instance" xsi:schemaLocation="https://www.cicpa.org.cn/2023/audit_data/XMLSchema/BANK BANK.xsd">
    <Basic_Information>
        <Number_Of_Confirmation>001-210804-09223-02</Number_Of_Confirmation>
        <Bank_Who_Verify_Confirmation>工商银行</Bank_Who_Verify_Confirmation>
        <Bank_Branch_Name_Who_Verify_Confirmation>五道口支行</Bank_Branch_Name_Who_Verify_Confirmation>
        <Enterprise_Who_Accept_Confirmation>北京无忧公司</Enterprise_Who_Accept_Confirmation>
        <Accounting_Firm>AA特殊普通合伙事务所</Accounting_Firm>
        <Year_Of_Financial_Statements>2021</Year_Of_Financial_Statements>
        <Return_Address>知春路1号学院国际大厦15层</Return_Address>
        <Contact_Person_Of_Accounting_Firm>张小萌</Contact_Person_Of_Accounting_Firm>
        <Telephone_Number_Of_Accounting_Firm>15810810750</Telephone_Number_Of_Accounting_Firm>
        <Fax_Of_Accounting_Firm>010-62880304</Fax_Of_Accounting_Firm>
        <Postal_Code_Of_Return_Address>100001</Postal_Code_Of_Return_Address>
        <Email_Address_Of_Accounting_Firm>zhangxiaomeng@enn.com</Email_Address_Of_Accounting_Firm>
        <Bank_Account_Used_To_Withdraw_Confirmation_Fees>6222080000041316</Bank_Account_Used_To_Withdraw_Confirmation_Fees>
        <Base_Date_Of_Confirmation>2021-12-31</Base_Date_Of_Confirmation>
        <Bank_Name_Head_Office>中国工商银行</Bank_Name_Head_Office>
        <Bank_Name_Branch>五道口支行</Bank_Name_Branch>
    </Basic_Information>
```

<Basic_Information>
<Number_Of_Confirmation>001-210804-09223-03</Number_Of_Confirmation>
<Bank_Who_Verify_Confirmation>中国银行</Bank_Who_Verify_Confirmation>
<Bank_Branch_Name_Who_Verify_Confirmation>清华园支行</Bank_Branch_Name_Who_Verify_Confirmation>
<Enterprise_Who_Accept_Confirmation>北京无忧公司</Enterprise_Who_Accept_Confirmation>
<Accounting_Firm>AA特殊普通合伙事务所</Accounting_Firm>
<Year_Of_Financial_Statements>2021</Year_Of_Financial_Statements>
<Return_Address>知春路1号学院国际大厦15层</Return_Address>
<Contact_Person_Of_Accounting_Firm>李志同</Contact_Person_Of_Accounting_Firm>
<Telephone_Number_Of_Accounting_Firm>18677651342</Telephone_Number_Of_Accounting_Firm>
<Fax_Of_Accounting_Firm>010-62884488</Fax_Of_Accounting_Firm>
<Postal_Code_Of_Return_Address>100001</Postal_Code_Of_Return_Address>
<Email_Address_Of_Accounting_Firm>zhitong.li@cyc.com</Email_Address_Of_Accounting_Firm>
<Bank_Account_Used_To_Withdraw_Confirmation_Fees>6217864312180914321</Bank_Account_Used_To_Withdraw_Confirmation_Fees>
<Base_Date_Of_Confirmation>2021-12-31</Base_Date_Of_Confirmation>
<Bank_Name_Head_Office>中国银行</Bank_Name_Head_Office>
<Bank_Name_Branch>清华园支行</Bank_Name_Branch>
</Basic_Information>
<Basic_Information>
<Number_Of_Confirmation>001-210804-09223-04</Number_Of_Confirmation>
<Bank_Who_Verify_Confirmation>建设银行</Bank_Who_Verify_Confirmation>
<Bank_Branch_Name_Who_Verify_Confirmation>三元桥支行</Bank_Branch_Name_Who_Verify_Confirmation>
<Enterprise_Who_Accept_Confirmation>北京无忧公司</Enterprise_Who_Accept_Confirmation>
<Accounting_Firm>AA特殊普通合伙事务所</Accounting_Firm>
<Year_Of_Financial_Statements>2021</Year_Of_Financial_Statements>
<Return_Address>知春路1号学院国际大厦15层</Return_Address>
<Contact_Person_Of_Accounting_Firm>王勇</Contact_Person_Of_Accounting_Firm>
<Telephone_Number_Of_Accounting_Firm>13142568932</Telephone_Number_

Of_Accounting_Firm>
<Fax_Of_Accounting_Firm>010-62882367</Fax_Of_Accounting_Firm>
<Postal_Code_Of_Return_Address>100001</Postal_Code_Of_Return_Address>
<Email_Address_Of_Accounting_Firm>wangyong01@eyy.com</Email_Address_Of_Accounting_Firm>
<Bank_Account_Used_To_Withdraw_Confirmation_Fees>6236683304128045635</Bank_Account_Used_To_Withdraw_Confirmation_Fees>
<Base_Date_Of_Confirmation>2021-12-31</Base_Date_Of_Confirmation>
<Bank_Name_Head_Office>中国建设银行</Bank_Name_Head_Office>
<Bank_Name_Branch>三元桥支行</Bank_Name_Branch>
</Basic_Information>
<Bank_Deposit>
<Name_Of_Bank_Account>信息技术测试有限公司</Name_Of_Bank_Account>
<Bank_Account>6222080000041316</Bank_Account>
<Account_Certificate_Number/>
<Bank_Branch_Name>五道口支行</Bank_Branch_Name>
<Currency>CNY</Currency>
<Interest_Rate>活期</Interest_Rate>
<Account_Type>基本存款账户</Account_Type>
<Account_Balance>10000</Account_Balance>
<Available_Balance>10000</Available_Balance>
<Descriptions_Of_Whether_Bank_Account_Is_Used_For_Capital_Centralization>0</Descriptions_Of_Whether_Bank_Account_Is_Used_For_Capital_Centralization>
<Start_Date_Of_Bank_Deposit>2020-09-01</Start_Date_Of_Bank_Deposit>
<End_Date_Of_Bank_Deposit>2021-07-02</End_Date_Of_Bank_Deposit>
<Descriptions_Of_Whether_Bank_Account_Is_Frozen_Used_As_Guarantees_Or_Any_Other_Restrictions>0</Descriptions_Of_Whether_Bank_Account_Is_Frozen_Used_As_Guarantees_Or_Any_Other_Restrictions>
<Transaction_External_Serial_Number>3200011222201</Transaction_External_Serial_Number>
<Cash_Sign/>
<Remark>无</Remark>
<Number_Of_Confirmation>001-210804-09223-02</Number_Of_Confirmation>
</Bank_Deposit>
<Bank_Deposit>
<Name_Of_Bank_Account>信息技术测试有限公司</Name_Of_Bank_Account>
<Bank_Account>6217864312180914321</Bank_Account>

<Account_Certificate_Number/>
<Bank_Branch_Name>清华园支行</Bank_Branch_Name>
<Currency>CNY</Currency>
<Interest_Rate>活期</Interest_Rate>
<Account_Type>一般存款账户</Account_Type>
<Account_Balance>10001</Account_Balance>
<Available_Balance>10001</Available_Balance>
<Descriptions_Of_Whether_Bank_Account_Is_Used_For_Capital_Centralization>1 </Descriptions_Of_Whether_Bank_Account_Is_Used_For_Capital_Centralization>
<Start_Date_Of_Bank_Deposit>2020-01-02</Start_Date_Of_Bank_Deposit>
<End_Date_Of_Bank_Deposit>2020-09-30</End_Date_Of_Bank_Deposit>
<Descriptions_Of_Whether_Bank_Account_Is_Frozen_Used_As_Guarantees_Or_Any_Other_Restrictions>0</Descriptions_Of_Whether_Bank_Account_Is_Frozen_Used_As_Guarantees_Or_Any_Other_Restrictions>
<Transaction_External_Serial_Number>3200011222202</Transaction_External_Serial_Number>
<Cash_Sign/>
<Remark>无</Remark>
<Number_Of_Confirmation>001-210804-09223-03</Number_Of_Confirmation>
</Bank_Deposit>
<Bank_Deposit>
<Name_Of_Bank_Account>信息技术测试有限公司</Name_Of_Bank_Account>
<Bank_Account>6236683304128045635</Bank_Account>
<Account_Certificate_Number/>
<Bank_Branch_Name>三元桥支行</Bank_Branch_Name>
<Currency>CNY</Currency>
<Interest_Rate>活期</Interest_Rate>
<Account_Type>基本存款账户</Account_Type>
<Account_Balance>10000</Account_Balance>
<Available_Balance>10000</Available_Balance>
<Descriptions_Of_Whether_Bank_Account_Is_Used_For_Capital_Centralization>0 </Descriptions_Of_Whether_Bank_Account_Is_Used_For_Capital_Centralization>
<Start_Date_Of_Bank_Deposit>2020-01-02</Start_Date_Of_Bank_Deposit>
<End_Date_Of_Bank_Deposit>2021-04-30</End_Date_Of_Bank_Deposit>
<Descriptions_Of_Whether_Bank_Account_Is_Frozen_Used_As_Guarantees_Or_Any_Other_Restrictions>0</Descriptions_Of_Whether_Bank_Account_Is_Frozen_Used_As_Guarantees_Or_Any_Other_Restrictions>

<Transaction_External_Serial_Number>3200011222203</Transaction_External_Serial_Number>
<Cash_Sign/>
<Remark>无</Remark>
<Number_Of_Confirmation>001-210804-09223-04</Number_Of_Confirmation>
</Bank_Deposit>
<Bank_Deposit>
<Name_Of_Bank_Account>信息技术测试有限公司</Name_Of_Bank_Account>
<Bank_Account>6236683304128045635</Bank_Account>
<Account_Certificate_Number/>
<Bank_Branch_Name>三元桥支行</Bank_Branch_Name>
<Currency>CNY</Currency>
<Interest_Rate>活期</Interest_Rate>
<Account_Type>基本存款账户</Account_Type>
<Account_Balance>1</Account_Balance>
<Available_Balance>1</Available_Balance>
<Descriptions_Of_Whether_Bank_Account_Is_Used_For_Capital_Centralization>0</Descriptions_Of_Whether_Bank_Account_Is_Used_For_Capital_Centralization>
<Start_Date_Of_Bank_Deposit>2021-08-02</Start_Date_Of_Bank_Deposit>
<End_Date_Of_Bank_Deposit>2022-08-31</End_Date_Of_Bank_Deposit>
<Descriptions_Of_Whether_Bank_Account_Is_Frozen_Used_As_Guarantees_Or_Any_Other_Restrictions>0</Descriptions_Of_Whether_Bank_Account_Is_Frozen_Used_As_Guarantees_Or_Any_Other_Restrictions>
<Transaction_External_Serial_Number>3200011222204</Transaction_External_Serial_Number>
<Cash_Sign/>
<Remark>无</Remark>
<Number_Of_Confirmation>001-210804-09223-04</Number_Of_Confirmation>
</Bank_Deposit>
<Bank_Loan>
<Name_Of_Borrowers_Account>信息技术部测试有限公司</Name_Of_Borrowers_Account>
<Bank_Account>6222080000041316</Bank_Account>
<Currency>CNY</Currency>
<Outstanding_Balance_Of_Loan_Account>10000</Outstanding_Balance_Of_Loan_Account>
<Start_Date_Of_Bank_Loan>2019-01-01</Start_Date_Of_Bank_Loan>

<End_Date_Of_Bank_Loan>2020-01-31</End_Date_Of_Bank_Loan>
<Interest_Rate>4%</Interest_Rate>
<Collateral_Pledge_Or_Guarantor>抵押担保 </Collateral_Pledge_Or_Guarantor>
<Remark>无 </Remark>
<Number_Of_Confirmation>001-210804-09223-02</Number_Of_Confirmation>
</Bank_Loan>
<Bank_Loan>
<Name_Of_Borrowers_Account>信息技术部测试有限公司 </Name_Of_Borrowers_Account>
<Bank_Account>6217864312180914321</Bank_Account>
<Currency>CNY</Currency>
<Outstanding_Balance_Of_Loan_Account>10000</Outstanding_Balance_Of_Loan_Account>
<Start_Date_Of_Bank_Loan>2019-01-01</Start_Date_Of_Bank_Loan>
<End_Date_Of_Bank_Loan>2024-01-31</End_Date_Of_Bank_Loan>
<Interest_Rate>5.5%</Interest_Rate>
<Collateral_Pledge_Or_Guarantor>抵押担保 </Collateral_Pledge_Or_Guarantor>
<Remark>无 </Remark>
<Number_Of_Confirmation>001-210804-09223-03</Number_Of_Confirmation>
</Bank_Loan>
<Bank_Loan>
<Name_Of_Borrowers_Account>信息技术部测试有限公司 </Name_Of_Borrowers_Account>
<Bank_Account>6236683304128045635</Bank_Account>
<Currency>CNY</Currency>
<Outstanding_Balance_Of_Loan_Account>10000</Outstanding_Balance_Of_Loan_Account>
<Start_Date_Of_Bank_Loan>2019-01-01</Start_Date_Of_Bank_Loan>
<End_Date_Of_Bank_Loan>2021-01-31</End_Date_Of_Bank_Loan>
<Interest_Rate>5%</Interest_Rate>
<Collateral_Pledge_Or_Guarantor>抵押担保 </Collateral_Pledge_Or_Guarantor>
<Remark>无 </Remark>
<Number_Of_Confirmation>001-210804-09223-04</Number_Of_Confirmation>
</Bank_Loan>
<Cancelled_Bank_Account>
<Start_Date_Of_Cancelled_Bank_Account_Confirmation>2020-01-01</Start_Date_Of_Cancelled_Bank_Account_Confirmation>

<End_Date_Of_Cancelled_Bank_Account_Confirmation>2020-12-31</End_Date_Of_Cancelled_Bank_Account_Confirmation>
<Name_Of_Bank_Account>123测试有限公司</Name_Of_Bank_Account>
<Bank_Account>6222080000044056</Bank_Account>
<Currency>CNY</Currency>
<Date_Of_Cancelling_Bank_Account>2020-03-01</Date_Of_Cancelling_Bank_Account>
<Cancelled_Bank_Branch>五道口支行</Cancelled_Bank_Branch>
<Number_Of_Confirmation>001-210804-09223-02</Number_Of_Confirmation>
</Cancelled_Bank_Account>
<Entrusted_Loan_As_Lender>
<Name_Of_Bank_Account>信息技术测试有限公司</Name_Of_Bank_Account>
<Bank_Account>6222080000041316</Bank_Account>
<Borrowers_Of_Entrusted_Loan>国家电投集团贵州股份有限公司</Borrowers_Of_Entrusted_Loan>
<Currency>CNY</Currency>
<Interest_Rate>6.50%</Interest_Rate>
<Actual_Lending_Balance_Of_Auditee>200000000</Actual_Lending_Balance_Of_Auditee>
<Initial_Loan_Amount_As_Entrusting_Party>0</Initial_Loan_Amount_As_Entrusting_Party>
<Start_Date_Of_Entrusted_Loan_As_Entrusting_Party>2020-04-09</Start_Date_Of_Entrusted_Loan_As_Entrusting_Party>
<End_Date_Of_Entrusted_Loan_As_Entrusting_Party>2023-03-03</End_Date_Of_Entrusted_Loan_As_Entrusting_Party>
<Remark>无</Remark>
<Number_Of_Confirmation>001-210804-09223-02</Number_Of_Confirmation>
</Entrusted_Loan_As_Lender>
<Entrusted_Loan_As_Lender>
<Name_Of_Bank_Account>信息技术测试有限公司</Name_Of_Bank_Account>
<Bank_Account>6217864312180914321</Bank_Account>
<Borrowers_Of_Entrusted_Loan>国家电投集团贵州股份有限公司</Borrowers_Of_Entrusted_Loan>
<Currency>CNY</Currency>
<Interest_Rate>6.50%</Interest_Rate>
<Actual_Lending_Balance_Of_Auditee>200000000</Actual_Lending_Balance_Of_Auditee>

<Initial_Loan_Amount_As_Entrusting_Party>0</Initial_Loan_Amount_As_Entrusting_Party>
<Start_Date_Of_Entrusted_Loan_As_Entrusting_Party>2020-04-15</Start_Date_Of_Entrusted_Loan_As_Entrusting_Party>
<End_Date_Of_Entrusted_Loan_As_Entrusting_Party>2023-02-23</End_Date_Of_Entrusted_Loan_As_Entrusting_Party>
<Remark>无</Remark>
<Number_Of_Confirmation>001-210804-09223-03</Number_Of_Confirmation>
</Entrusted_Loan_As_Lender>
<Entrusted_Loan_As_Lender>
<Name_Of_Bank_Account>信息技术测试有限公司</Name_Of_Bank_Account>
<Bank_Account>6236683304128045635</Bank_Account>
<Borrowers_Of_Entrusted_Loan>国家电投集团贵州股份有限公司</Borrowers_Of_Entrusted_Loan>
<Currency>CNY</Currency>
<Interest_Rate>6.50%</Interest_Rate>
<Actual_Lending_Balance_Of_Auditee>250000000</Actual_Lending_Balance_Of_Auditee>
<Initial_Loan_Amount_As_Entrusting_Party>0</Initial_Loan_Amount_As_Entrusting_Party>
<Start_Date_Of_Entrusted_Loan_As_Entrusting_Party>2020-04-15</Start_Date_Of_Entrusted_Loan_As_Entrusting_Party>
<End_Date_Of_Entrusted_Loan_As_Entrusting_Party>2023-02-03</End_Date_Of_Entrusted_Loan_As_Entrusting_Party>
<Remark>无</Remark>
<Number_Of_Confirmation>001-210804-09223-04</Number_Of_Confirmation>
</Entrusted_Loan_As_Lender>
<Entrusted_Loan_As_Borrower>
<Name_Of_Bank_Account>信息技术测试有限公司</Name_Of_Bank_Account>
<Bank_Account>6222080000041316</Bank_Account>
<Lenders_Of_Entrusted_Loan>BCD有限责任公司</Lenders_Of_Entrusted_Loan>
<Currency>CNY</Currency>
<Interest_Rate>5%</Interest_Rate>
<Actual_Borrowing_Balance_Of_Auditee>1</Actual_Borrowing_Balance_Of_Auditee>
<Initial_Loan_Amount_As_Borrower>1000000</Initial_Loan_Amount_As_

Borrower>
<Start_Date_Of_Entrusted_Loan_As_Borrower>2020-04-09</Start_Date_Of_Entrusted_Loan_As_Borrower>
<End_Date_Of_Entrusted_Loan_As_Borrower>2023-03-03</End_Date_Of_Entrusted_Loan_As_Borrower>
<Remark>无</Remark>
<Number_Of_Confirmation>001-210804-09223-02</Number_Of_Confirmation>
</Entrusted_Loan_As_Borrower>
<Entrusted_Loan_As_Borrower>
<Name_Of_Bank_Account>信息技术测试有限公司</Name_Of_Bank_Account>
<Bank_Account>6217864312180914321</Bank_Account>
<Lenders_Of_Entrusted_Loan>BCD有限责任公司</Lenders_Of_Entrusted_Loan>
<Currency>CNY</Currency>
<Interest_Rate>5%</Interest_Rate>
<Actual_Borrowing_Balance_Of_Auditee>2</Actual_Borrowing_Balance_Of_Auditee>
<Initial_Loan_Amount_As_Borrower>1000000</Initial_Loan_Amount_As_Borrower>
<Start_Date_Of_Entrusted_Loan_As_Borrower>2020-04-15</Start_Date_Of_Entrusted_Loan_As_Borrower>
<End_Date_Of_Entrusted_Loan_As_Borrower>2023-02-23</End_Date_Of_Entrusted_Loan_As_Borrower>
<Remark>无</Remark>
<Number_Of_Confirmation>001-210804-09223-03</Number_Of_Confirmation>
</Entrusted_Loan_As_Borrower>
<Entrusted_Loan_As_Borrower>
<Name_Of_Bank_Account>信息技术测试有限公司</Name_Of_Bank_Account>
<Bank_Account>6236683304128045635</Bank_Account>
<Lenders_Of_Entrusted_Loan>BCD有限责任公司</Lenders_Of_Entrusted_Loan>
<Currency>CNY</Currency>
<Interest_Rate>5%</Interest_Rate>
<Actual_Borrowing_Balance_Of_Auditee>3</Actual_Borrowing_Balance_Of_Auditee>
<Initial_Loan_Amount_As_Borrower>1000000</Initial_Loan_Amount_As_Borrower>
<Start_Date_Of_Entrusted_Loan_As_Borrower>2020-04-15</Start_Date_Of_Entrusted_Loan_As_Borrower>

<End_Date_Of_Entrusted_Loan_As_Borrower>2023-02-03</End_Date_Of_Entrusted_Loan_As_Borrower>
<Remark>无</Remark>
<Number_Of_Confirmation>001-210804-09223-04</Number_Of_Confirmation>
</Entrusted_Loan_As_Borrower>
<Guarantee_Provided_For_Other_Units_And_Considered_Bank_As_Beneficiary_Member>
<Warrantee>BD有限责任公司</Warrantee>
<Guarantee_Mode>保证</Guarantee_Mode>
<Currency>CNY</Currency>
<Balance_Of_Secured_Claim>1</Balance_Of_Secured_Claim>
<End_Date_Of_Secured_Claim_Balance>2021-02-01</End_Date_Of_Secured_Claim_Balance>
<Number_Of_Guarantee_Contract>CBDC01</Number_Of_Guarantee_Contract>
<Remark>无</Remark>
<Number_Of_Confirmation>001-210804-09223-02</Number_Of_Confirmation>
</Guarantee_Provided_For_Other_Units_And_Considered_Bank_As_Beneficiary_Member>
<Guarantee_Provided_For_Other_Units_And_Considered_Bank_As_Beneficiary_Member>
<Warrantee>BD有限责任公司</Warrantee>
<Guarantee_Mode>保证</Guarantee_Mode>
<Currency>CNY</Currency>
<Balance_Of_Secured_Claim>2</Balance_Of_Secured_Claim>
<End_Date_Of_Secured_Claim_Balance>2021-02-01</End_Date_Of_Secured_Claim_Balance>
<Number_Of_Guarantee_Contract>CBDC02</Number_Of_Guarantee_Contract>
<Remark>无</Remark>
<Number_Of_Confirmation>001-210804-09223-03</Number_Of_Confirmation>
</Guarantee_Provided_For_Other_Units_And_Considered_Bank_As_Beneficiary_Member>
<Guarantee_Provided_For_Other_Units_And_Considered_Bank_As_Beneficiary_Member>
<Warrantee>BD有限责任公司</Warrantee>
<Guarantee_Mode>保证</Guarantee_Mode>
<Currency>CNY</Currency>
<Balance_Of_Secured_Claim>3</Balance_Of_Secured_Claim>

<End_Date_Of_Secured_Claim_Balance>2021-02-01</End_Date_Of_Secured_Claim_Balance>
<Number_Of_Guarantee_Contract>CBDC03</Number_Of_Guarantee_Contract>
<Remark>无</Remark>
<Number_Of_Confirmation>001-210804-09223-04</Number_Of_Confirmation>
</Guarantee_Provided_For_Other_Units_And_Considered_Bank_As_Beneficiary_Member>
<Guarantee_Provided_By_Bank_Including_Letter_Of_Guarantee_Standby_Letter_Of_Credit_Etc>
<Warrantee>张三</Warrantee>
<Guarantee_Mode>保证</Guarantee_Mode>
<Currency>CNY</Currency>
<Amount_Of_Guarantee>1000000</Amount_Of_Guarantee>
<End_Date_Of_Guarantee_Period_Provided_By_Bank>2021-02-01</End_Date_Of_Guarantee_Period_Provided_By_Bank>
<Number_Of_Guarantee_Contract>DBDC01</Number_Of_Guarantee_Contract>
<Remark>无</Remark>
<Number_Of_Confirmation>001-210804-09223-02</Number_Of_Confirmation>
</Guarantee_Provided_By_Bank_Including_Letter_Of_Guarantee_Standby_Letter_Of_Credit_Etc>
<Bank_Acceptance_As_Drawer_Which_Should_Be_Accepted_By_Bank_But_Not_Yet_Paid>
<Number_Of_Bank_Acceptance>190729000011420200101637903191</Number_Of_Bank_Acceptance>
<Bank_Account>6222080000041316</Bank_Account>
<Currency>CNY</Currency>
<Par_Value>100000</Par_Value>
<Issuance_Date>2020-01-01</Issuance_Date>
<Maturity_Date>2021-02-01</Maturity_Date>
<Collateral_Pledge_Other_Than_Margin_Deposit>无</Collateral_Pledge_Other_Than_Margin_Deposit>
<Number_Of_Confirmation>001-210804-09223-02</Number_Of_Confirmation>
</Bank_Acceptance_As_Drawer_Which_Should_Be_Accepted_By_Bank_But_Not_Yet_Paid>
<Bank_Acceptance_As_Drawer_Which_Should_Be_Accepted_By_Bank_But_Not_Yet_Paid>
<Number_Of_Bank_Acceptance>190729000011420200101637942893</Number_

Of_Bank_Acceptance>
<Bank_Account>6217864312180914321</Bank_Account>
<Currency>CNY</Currency>
<Par_Value>2100000</Par_Value>
<Issuance_Date>2020-01-01</Issuance_Date>
<Maturity_Date>2021-02-01</Maturity_Date>
<Collateral_Pledge_Other_Than_Margin_Deposit>无</Collateral_Pledge_Other_Than_Margin_Deposit>
<Number_Of_Confirmation>001-210804-09223-03</Number_Of_Confirmation>
</Bank_Acceptance_As_Drawer_Which_Should_Be_Accepted_By_Bank_But_Not_Yet_Paid>
<Bank_Acceptance_As_Drawer_Which_Should_Be_Accepted_By_Bank_But_Not_Yet_Paid>
<Number_Of_Bank_Acceptance>190729000011420200101637948893</Number_Of_Bank_Acceptance>
<Bank_Account>6236683304128045635</Bank_Account>
<Currency>CNY</Currency>
<Par_Value>400000</Par_Value>
<Issuance_Date>2020-01-01</Issuance_Date>
<Maturity_Date>2021-02-01</Maturity_Date>
<Collateral_Pledge_Other_Than_Margin_Deposit>无</Collateral_Pledge_Other_Than_Margin_Deposit>
<Number_Of_Confirmation>001-210804-09223-04</Number_Of_Confirmation>
</Bank_Acceptance_As_Drawer_Which_Should_Be_Accepted_By_Bank_But_Not_Yet_Paid>
<Trade_Acceptance_Discounted_To_Bank_But_Not_Yet_Due>
<Number_Of_Trade_Acceptance>190729000012320200101637903191</Number_Of_Trade_Acceptance>
<Acceptor_Of_Trade_Acceptance_Or_Accepting_Bank_Of_Bank_Acceptance>大宇科技有限公司</Acceptor_Of_Trade_Acceptance_Or_Accepting_Bank_Of_Bank_Acceptance>
<Currency>CNY</Currency>
<Par_Value>1</Par_Value>
<Issuance_Date>2020-01-01</Issuance_Date>
<Maturity_Date>2021-02-01</Maturity_Date>
<Discount_Date>2020-09-01</Discount_Date>
<Discount_Rate>0.05</Discount_Rate>

<Discount_Net_Value>0.95</Discount_Net_Value>
<Number_Of_Confirmation>001-210804-09223-02</Number_Of_Confirmation>
</Trade_Acceptance_Discounted_To_Bank_But_Not_Yet_Due>
<Trade_Acceptance_Discounted_To_Bank_But_Not_Yet_Due>
<Number_Of_Trade_Acceptance>190729000012320200101637942893</Number_Of_Trade_Acceptance>
<Acceptor_Of_Trade_Acceptance_Or_Accepting_Bank_Of_Bank_Acceptance>无畏信息技术有限公司</Acceptor_Of_Trade_Acceptance_Or_Accepting_Bank_Of_Bank_Acceptance>
<Currency>CNY</Currency>
<Par_Value>2</Par_Value>
<Issuance_Date>2020-01-01</Issuance_Date>
<Maturity_Date>2021-02-01</Maturity_Date>
<Discount_Date>2020-09-01</Discount_Date>
<Discount_Rate>0.05</Discount_Rate>
<Discount_Net_Value>1.9</Discount_Net_Value>
<Number_Of_Confirmation>001-210804-09223-03</Number_Of_Confirmation>
</Trade_Acceptance_Discounted_To_Bank_But_Not_Yet_Due>
<Trade_Acceptance_Discounted_To_Bank_But_Not_Yet_Due>
<Number_Of_Trade_Acceptance>190729000012320200101637948893</Number_Of_Trade_Acceptance>
<Acceptor_Of_Trade_Acceptance_Or_Accepting_Bank_Of_Bank_Acceptance>小蜜蜂股份有限公司</Acceptor_Of_Trade_Acceptance_Or_Accepting_Bank_Of_Bank_Acceptance>
<Currency>CNY</Currency>
<Par_Value>3</Par_Value>
<Issuance_Date>2020-01-01</Issuance_Date>
<Maturity_Date>2021-02-01</Maturity_Date>
<Discount_Date>2020-09-01</Discount_Date>
<Discount_Rate>0.05</Discount_Rate>
<Discount_Net_Value>2.85</Discount_Net_Value>
<Number_Of_Confirmation>001-210804-09223-04</Number_Of_Confirmation>
</Trade_Acceptance_Discounted_To_Bank_But_Not_Yet_Due>
<Trade_Acceptance_As_Holder_Collected_By_Bank>
<Number_Of_Trade_Acceptance>190729000012320200101632473191</Number_Of_Trade_Acceptance>
<Acceptor_Of_Trade_Acceptance_Or_Accepting_Bank_Of_Bank_Acceptance>

大宇科技有限公司 </Acceptor_Of_Trade_Acceptance_Or_Accepting_Bank_Of_Bank_Acceptance>
<Currency>CNY</Currency>
<Par_Value>20000</Par_Value>
<Issuance_Date>2020-01-01</Issuance_Date>
<Maturity_Date>2021-02-01</Maturity_Date>
<Number_Of_Confirmation>001-210804-09223-02</Number_Of_Confirmation>
</Trade_Acceptance_As_Holder_Collected_By_Bank>
<Trade_Acceptance_As_Holder_Collected_By_Bank>
<Number_Of_Trade_Acceptance>190729000012320200101637334893</Number_Of_Trade_Acceptance>
<Acceptor_Of_Trade_Acceptance_Or_Accepting_Bank_Of_Bank_Acceptance>无畏信息技术有限公司 </Acceptor_Of_Trade_Acceptance_Or_Accepting_Bank_Of_Bank_Acceptance>
<Currency>CNY</Currency>
<Par_Value>300000</Par_Value>
<Issuance_Date>2020-01-01</Issuance_Date>
<Maturity_Date>2021-07-01</Maturity_Date>
<Number_Of_Confirmation>001-210804-09223-03</Number_Of_Confirmation>
</Trade_Acceptance_As_Holder_Collected_By_Bank>
<Trade_Acceptance_As_Holder_Collected_By_Bank>
<Number_Of_Trade_Acceptance>190729000012320200101637428893</Number_Of_Trade_Acceptance>
<Acceptor_Of_Trade_Acceptance_Or_Accepting_Bank_Of_Bank_Acceptance>小蜜蜂股份有限公司 </Acceptor_Of_Trade_Acceptance_Or_Accepting_Bank_Of_Bank_Acceptance>
<Currency>CNY</Currency>
<Par_Value>43000</Par_Value>
<Issuance_Date>2020-01-01</Issuance_Date>
<Maturity_Date>2021-09-30</Maturity_Date>
<Number_Of_Confirmation>001-210804-09223-04</Number_Of_Confirmation>
</Trade_Acceptance_As_Holder_Collected_By_Bank>
<Unfulfilled_Irrevocable_Letter_Of_Credit_As_Applicant_Issued_By_Bank>
<Number_Of_Letter_Of_Credit>190729000012320200101632473231</Number_Of_Letter_Of_Credit>
<Beneficiary>大宇科技有限公司 </Beneficiary>
<Currency>CNY</Currency>

<Amount_Of_Credit>21000</Amount_Of_Credit>
<Expiry_Date_Of_The_Credit>2021-02-01</Expiry_Date_Of_The_Credit>
<Outstanding_Balance_Of_Letter_Of_Credit>1</Outstanding_Balance_Of_Letter_Of_Credit>
<Number_Of_Confirmation>001-210804-09223-02</Number_Of_Confirmation>
</Unfulfilled_Irrevocable_Letter_Of_Credit_As_Applicant_Issued_By_Bank>
<Unfulfilled_Irrevocable_Letter_Of_Credit_As_Applicant_Issued_By_Bank>
<Number_Of_Letter_Of_Credit>19072900012320200101637364593</Number_Of_Letter_Of_Credit>
<Beneficiary>无畏信息技术有限公司</Beneficiary>
<Currency>CNY</Currency>
<Amount_Of_Credit>230000</Amount_Of_Credit>
<Expiry_Date_Of_The_Credit>2021-02-01</Expiry_Date_Of_The_Credit>
<Outstanding_Balance_Of_Letter_Of_Credit>1</Outstanding_Balance_Of_Letter_Of_Credit>
<Number_Of_Confirmation>001-210804-09223-03</Number_Of_Confirmation>
</Unfulfilled_Irrevocable_Letter_Of_Credit_As_Applicant_Issued_By_Bank>
<Unfulfilled_Irrevocable_Letter_Of_Credit_As_Applicant_Issued_By_Bank>
<Number_Of_Letter_Of_Credit>19072900012320200101632328893</Number_Of_Letter_Of_Credit>
<Beneficiary>小蜜蜂股份有限公司</Beneficiary>
<Currency>CNY</Currency>
<Amount_Of_Credit>323000</Amount_Of_Credit>
<Expiry_Date_Of_The_Credit>2021-02-01</Expiry_Date_Of_The_Credit>
<Outstanding_Balance_Of_Letter_Of_Credit>1</Outstanding_Balance_Of_Letter_Of_Credit>
<Number_Of_Confirmation>001-210804-09223-04</Number_Of_Confirmation>
</Unfulfilled_Irrevocable_Letter_Of_Credit_As_Applicant_Issued_By_Bank>
<Outstanding_Foreign_Exchange_Purchase_And_Sale_Agreement_Between_Bank_And_Enterprise>
<Type_Of_Foreign_Exchange_Agreement>贵行卖予本公司</Type_Of_Foreign_Exchange_Agreement>
<Number_Of_Foreign_Exchange_Agreement>CT0003</Number_Of_Foreign_Exchange_Agreement>
<Banks_Selling_Currency>AUD</Banks_Selling_Currency>
<Banks_Buying_Currency>CNY</Banks_Buying_Currency>
<Outstanding_Amount_Of_Foreign_Exchange_Agreement>20000</Outstanding_

Amount_Of_Foreign_Exchange_Agreement>
<Exchange_Rate>1</Exchange_Rate>
<Transaction_Date_Of_Foreign_Exchange_Trading_Contract>2020-01-01
</Transaction_Date_Of_Foreign_Exchange_Trading_Contract>
<Number_Of_Confirmation>001-210804-09223-02</Number_Of_Confirmation>
</Outstanding_Foreign_Exchange_Purchase_And_Sale_Agreement_Between_Bank_
And_Enterprise>
<Outstanding_Foreign_Exchange_Purchase_And_Sale_Agreement_Between_Bank_
And_Enterprise>
<Type_Of_Foreign_Exchange_Agreement>贵行卖予本公司</Type_Of_Foreign_
Exchange_Agreement>
<Number_Of_Foreign_Exchange_Agreement>CT0004</Number_Of_Foreign_
Exchange_Agreement>
<Banks_Selling_Currency>AUD</Banks_Selling_Currency>
<Banks_Buying_Currency>CNY</Banks_Buying_Currency>
<Outstanding_Amount_Of_Foreign_Exchange_Agreement>349000</Outstanding_
Amount_Of_Foreign_Exchange_Agreement>
<Exchange_Rate>1</Exchange_Rate>
<Transaction_Date_Of_Foreign_Exchange_Trading_Contract>2020-01-01
</Transaction_Date_Of_Foreign_Exchange_Trading_Contract>
<Number_Of_Confirmation>001-210804-09223-03</Number_Of_Confirmation>
</Outstanding_Foreign_Exchange_Purchase_And_Sale_Agreement_Between_Bank_
And_Enterprise>
<Outstanding_Foreign_Exchange_Purchase_And_Sale_Agreement_Between_Bank_
And_Enterprise>
<Type_Of_Foreign_Exchange_Agreement>贵行卖予本公司</Type_Of_Foreign_
Exchange_Agreement>
<Number_Of_Foreign_Exchange_Agreement>CT0005</Number_Of_Foreign_
Exchange_Agreement>
<Banks_Selling_Currency>AUD</Banks_Selling_Currency>
<Banks_Buying_Currency>CNY</Banks_Buying_Currency>
<Outstanding_Amount_Of_Foreign_Exchange_Agreement>342000</Outstanding_
Amount_Of_Foreign_Exchange_Agreement>
<Exchange_Rate>1</Exchange_Rate>
<Transaction_Date_Of_Foreign_Exchange_Trading_Contract>2020-01-01
</Transaction_Date_Of_Foreign_Exchange_Trading_Contract>
<Number_Of_Confirmation>001-210804-09223-04</Number_Of_Confirmation>

</Outstanding_Foreign_Exchange_Purchase_And_Sale_Agreement_Between_Bank_And_Enterprise>
<Securities_And_Other_Property_Documents_Custodied_By_Bank>
<Name_Of_Securities_And_Other_Property_Documents>基金</Name_Of_Securities_And_Other_Property_Documents>
<Code_Of_Securities_And_Other_Property_Documents>000001</Code_Of_Securities_And_Other_Property_Documents>
<Number_Of_Securities_And_Other_Property_Documents>3000000</Number_Of_Securities_And_Other_Property_Documents>
<Currency>CNY</Currency>
<Amount_Of_Securities_And_Other_Property_Documents>3228000</Amount_Of_Securities_And_Other_Property_Documents>
<Storage_Date>2020-08-31</Storage_Date>
<Number_Of_Confirmation>001-210804-09223-02</Number_Of_Confirmation>
</Securities_And_Other_Property_Documents_Custodied_By_Bank>
<Securities_And_Other_Property_Documents_Custodied_By_Bank>
<Name_Of_Securities_And_Other_Property_Documents>基金</Name_Of_Securities_And_Other_Property_Documents>
<Code_Of_Securities_And_Other_Property_Documents>000005</Code_Of_Securities_And_Other_Property_Documents>
<Number_Of_Securities_And_Other_Property_Documents>2400000</Number_Of_Securities_And_Other_Property_Documents>
<Currency>CNY</Currency>
<Amount_Of_Securities_And_Other_Property_Documents>2501520</Amount_Of_Securities_And_Other_Property_Documents>
<Storage_Date>2020-08-31</Storage_Date>
<Number_Of_Confirmation>001-210804-09223-03</Number_Of_Confirmation>
</Securities_And_Other_Property_Documents_Custodied_By_Bank>
<Securities_And_Other_Property_Documents_Custodied_By_Bank>
<Name_Of_Securities_And_Other_Property_Documents>基金</Name_Of_Securities_And_Other_Property_Documents>
<Code_Of_Securities_And_Other_Property_Documents>000028</Code_Of_Securities_And_Other_Property_Documents>
<Number_Of_Securities_And_Other_Property_Documents>340000</Number_Of_Securities_And_Other_Property_Documents>
<Currency>CNY</Currency>
<Amount_Of_Securities_And_Other_Property_Documents>386886</Amount_Of_

Securities_And_Other_Property_Documents>
<Storage_Date>2020-08-31</Storage_Date>
<Number_Of_Confirmation>001-210804-09223-04</Number_Of_Confirmation>
</Securities_And_Other_Property_Documents_Custodied_By_Bank>
<Unexpired_Bank_Financial_Products_Issued_By_Bank>
<Name_Of_Product>理财</Name_Of_Product>
<Type_Of_Product>02</Type_Of_Product>
<Currency>CNY</Currency>
<Share_Held_By_Enterprise>1500000</Share_Held_By_Enterprise>
<Net_Value_Of_Product>1725000</Net_Value_Of_Product>
<Purchase_Date_Of_Financial_Product>2020-01-01</Purchase_Date_Of_Financial_Product>
<Maturity_Date_Of_Financial_Product>2020-12-31</Maturity_Date_Of_Financial_Product>
<Descriptions_Of_Whether_Financial_Products_Used_As_Guarantees_Or_Any_Other_Restrictions>否</Descriptions_Of_Whether_Financial_Products_Used_As_Guarantees_Or_Any_Other_Restrictions>
<Number_Of_Confirmation>001-210804-09223-02</Number_Of_Confirmation>
</Unexpired_Bank_Financial_Products_Issued_By_Bank>
<Unexpired_Bank_Financial_Products_Issued_By_Bank>
<Name_Of_Product>理财</Name_Of_Product>
<Type_Of_Product>02</Type_Of_Product>
<Currency>CNY</Currency>
<Share_Held_By_Enterprise>1200000</Share_Held_By_Enterprise>
<Net_Value_Of_Product>1238400</Net_Value_Of_Product>
<Purchase_Date_Of_Financial_Product>2020-01-01</Purchase_Date_Of_Financial_Product>
<Maturity_Date_Of_Financial_Product>2021-12-31</Maturity_Date_Of_Financial_Product>
<Descriptions_Of_Whether_Financial_Products_Used_As_Guarantees_Or_Any_Other_Restrictions>否</Descriptions_Of_Whether_Financial_Products_Used_As_Guarantees_Or_Any_Other_Restrictions>
<Number_Of_Confirmation>001-210804-09223-03</Number_Of_Confirmation>
</Unexpired_Bank_Financial_Products_Issued_By_Bank>
<Unexpired_Bank_Financial_Products_Issued_By_Bank>
<Name_Of_Product>理财</Name_Of_Product>
<Type_Of_Product>02</Type_Of_Product>

<Currency>CNY</Currency>
<Share_Held_By_Enterprise>2000000</Share_Held_By_Enterprise>
<Net_Value_Of_Product>2462000</Net_Value_Of_Product>
<Purchase_Date_Of_Financial_Product>2020-01-01</Purchase_Date_Of_Financial_Product>
<Maturity_Date_Of_Financial_Product>2020-07-31</Maturity_Date_Of_Financial_Product>
<Descriptions_Of_Whether_Financial_Products_Used_As_Guarantees_Or_Any_Other_Restrictions>否</Descriptions_Of_Whether_Financial_Products_Used_As_Guarantees_Or_Any_Other_Restrictions>
<Number_Of_Confirmation>001-210804-09223-04</Number_Of_Confirmation>
</Unexpired_Bank_Financial_Products_Issued_By_Bank>
<Others>
<Other_Matters_That_CPA_Consider_As_Significant_And_Need_To_Be_Confirmed>无</Other_Matters_That_CPA_Consider_As_Significant_And_Need_To_Be_Confirmed>
<Number_Of_Confirmation>001-210804-09223-02</Number_Of_Confirmation>
</Others>
<Others>
<Other_Matters_That_CPA_Consider_As_Significant_And_Need_To_Be_Confirmed>无</Other_Matters_That_CPA_Consider_As_Significant_And_Need_To_Be_Confirmed>
<Number_Of_Confirmation>001-210804-09223-03</Number_Of_Confirmation>
</Others>
<Others>
<Other_Matters_That_CPA_Consider_As_Significant_And_Need_To_Be_Confirmed>无</Other_Matters_That_CPA_Consider_As_Significant_And_Need_To_Be_Confirmed>
<Number_Of_Confirmation>001-210804-09223-04</Number_Of_Confirmation>
</Others>
<Details_Of_Fund_Pooling_Accounts_Including_Fund_Pool_And_Other_Fund_Management_Accounts>
<Name_Of_Fund_Provider>北京恒通科技有限公司</Name_Of_Fund_Provider>
<Bank_Account_Of_Fund_Provider>6222080001041316</Bank_Account_Of_Fund_Provider>
<Name_Of_Fund_User>北京快金融股份有限公司</Name_Of_Fund_User>
<Bank_Account_Of_Fund_User>6217864312334414321</Bank_Account_Of_

Fund_User>
<Currency>CNY</Currency>
<Account_Balance_As_Of_The_Base_Date_Of_Confirmation>20000</Account_Balance_As_Of_The_Base_Date_Of_Confirmation>
<Remark>无</Remark>
<Number_Of_Confirmation>001-210804-09223-02</Number_Of_Confirmation>
</Details_Of_Fund_Pooling_Accounts_Including_Fund_Pool_And_Other_Fund_Management_Accounts>
<Capital_Verification_For_Capital_Verification_Service_Only>
<Sponsor>张晓文</Sponsor>
<Date_Of_Payment>2022-04-20</Date_Of_Payment>
<Nature_Of_Account>基本户</Nature_Of_Account>
<Bank_Account>6217864332680914321</Bank_Account>
<Currency>CNY</Currency>
<Amount_Of_Capital_Contribution>100</Amount_Of_Capital_Contribution>
<Purpose_Of_Capital>yongtu</Purpose_Of_Capital>
<Source_Of_Capital>境内</Source_Of_Capital>
<Remark/>
<Number_Of_Confirmation>YH0001</Number_Of_Confirmation>
</Capital_Verification_For_Capital_Verification_Service_Only>
<Capital_Verification_For_Capital_Verification_Service_Only>
<Sponsor>张三</Sponsor>
<Date_Of_Payment>2018-02-03</Date_Of_Payment>
<Nature_Of_Account>基本户</Nature_Of_Account>
<Bank_Account>6236683304132345637</Bank_Account>
<Currency>CNY</Currency>
<Amount_Of_Capital_Contribution>2000</Amount_Of_Capital_Contribution>
<Purpose_Of_Capital>-</Purpose_Of_Capital>
<Source_Of_Capital>境内</Source_Of_Capital>
<Remark>备注内容测试</Remark>
<Number_Of_Confirmation>YH0002</Number_Of_Confirmation>
</Capital_Verification_For_Capital_Verification_Service_Only>
<Conclusion_Or_Confirmation_Of_Bank>
<Conclusion_Or_Confirmation_Of_Bank>相符</Conclusion_Or_Confirmation_Of_Bank>
<Confirmation_Date>2022-04-01</Confirmation_Date>
<Responsible_Person>李梅</Responsible_Person>

<Title_Of_Responsible_Person>柜台</Title_Of_Responsible_Person>
<Telephone_Number_Of_Responsible_Person>(010)82380675</Telephone_Number_Of_Responsible_Person>
<Reviewer>(010)82380675</Reviewer>
<Title_Of_Reviewer>经理</Title_Of_Reviewer>
<Telephone_Number_Of_Reviewer>(010)82380675</Telephone_Number_Of_Reviewer>
<Number_Of_Confirmation>001-210804-09223-02</Number_Of_Confirmation>
</Conclusion_Or_Confirmation_Of_Bank>
<Confirmation_Bank>
<Bank_Name_Head_Office>工商银行</Bank_Name_Head_Office>
<Bank_Name_Branch>五道口支行</Bank_Name_Branch>
<Bank_Address_Country>CN</Bank_Address_Country>
<Bank_Address_Province>CN-BJ</Bank_Address_Province>
<Bank_Address_City>北京</Bank_Address_City>
<Bank_Address_Detailed>海淀区成府路23-4号华联商厦对面(工人影院东侧)</Bank_Address_Detailed>
<Post_Code>100000</Post_Code>
<Bank_Contact_Person_Name>李梅</Bank_Contact_Person_Name>
<Telephone_Number_Of_Bank_Contact_Person>(010)82380675</Telephone_Number_Of_Bank_Contact_Person>
<Telephone_Number_Of_Branch_Bank_Office>(010)82380675</Telephone_Number_Of_Branch_Bank_Office>
</Confirmation_Bank>
<Bank_Transaction>
<Date>2021-01-01</Date>
<Time>13:00:55</Time>
<Account_Name>五道口支行</Account_Name>
<Account_Number>6217864312180975892</Account_Number>
<Bank_Name>工商银行</Bank_Name>
<Certificate_Number>91320594088140947F</Certificate_Number>
<Counterparty_Name>企查查科技有限公司</Counterparty_Name>
<Counterparty_Account_Number>6236683301289045645</Counterparty_Account_Number>
<Counterparty_Bank_Name>工商银行</Counterparty_Bank_Name>
<Counterparty_Certificate_Number>91320594088140955A</Counterparty_Certificate_Number>

<Transaction_Type>转账</Transaction_Type>
<Summary>转账</Summary>
<Currency>CNY</Currency>
<Credit>0</Credit>
<Debit>200</Debit>
<Balance>956423</Balance>
<Transaction_Serial_Number>486136548962414</Transaction_Serial_Number>
<Reference_Material>无</Reference_Material>
<Remark>无</Remark>
</Bank_Transaction>
</BANK>

参 考 文 献

[1] GB/T 18391.1—2009 信息技术 元数据注册系统（MDR）第1部分：框架
[2] GB/T 24589（所有部分）财经信息技术 会计核算软件数据接口
[3] GB/T 32180（所有部分）财经信息技术 企业资源计划软件数据接口
[4] 财办会〔2020〕21号 银行函证及回函工作操作指引
[5] 财会便〔2021〕7号 银行审计函证数据标准（试行版）
[6] ISO 21378:2019 Audit data collection
[7] 美国注册会计师协会（AICPA）Audit data standards